"十三五"国家重点出版物出版规划项目

经济科学译丛

管理经济学
基于战略的视角
（第二版）

蒂莫西·费希尔（Timothy Fisher）

戴维·普伦蒂斯（David Prentice）　著

罗伯特·瓦希克（Robert Waschik）

余慕鸿 等 译

Managerial Economics
A Strategic Approach
（Second Edition）

中国人民大学出版社
·北京·

谨以此书献给我们三位作者的父母：
吉尔和戈登
伊夫琳和尼尔
罗丝和弗兰克

《经济科学译丛》总序

　　中国是一个文明古国，有着几千年的辉煌历史。近百年来，中国由盛而衰，一度成为世界上最贫穷、落后的国家之一。1949年中国共产党领导的革命，把中国从饥饿、贫困、被欺侮、被奴役的境地中解放出来。1978年以来的改革开放，使中国真正走上了通向繁荣富强的道路。

　　中国改革开放的目标是建立一个有效的社会主义市场经济体制，加速发展经济，提高人民生活水平。但是，要完成这一历史使命绝非易事，我们不仅需要从自己的实践中总结教训，也要从别人的实践中获取经验，还要用理论来指导我们的改革。市场经济虽然对我们这个共和国来说是全新的，但市场经济的运行在发达国家已有几百年的历史，市场经济的理论亦在不断发展完善，并形成了一个现代经济学理论体系。虽然许多经济学名著出自西方学者之手，研究的是西方国家的经济问题，但他们归纳出来的许多经济学理论反映的是人类社会的普遍行为，这些理论是全人类的共同财富。要想迅速稳定地改革和发展我国的经济，我们必须学习和借鉴世界各国包括西方国家在内的先进经济学的理论与知识。

　　本着这一目的，我们组织翻译了这套经济学教科书系列。这套译丛的特点是：第一，全面系统。除了经济学、宏观经济学、微观经济学等基本原理之外，这套译丛还包括了产业组织理论、国际经济学、发展经济学、货币金融学、财政学、劳动经济学、计量经济学等重要领域。第二，简明通俗。与经济学的经典名著不同，这套丛书都是国外大学通用的经济学教科书，大部分都已发行了几版或十几版。作者尽可能地用简明通俗的语言来阐述深奥的经济学原理，并附有案例与习题，对于初学者来说，更容易理解与掌握。

　　经济学是一门社会科学，许多基本原理的应用受各种不同的社会、政治或经济体制的影响，许多经济学理论是建立在一定的假设条件上的，假设条件不同，结论也就不一定成立。因此，正确理解掌握经济分析的方法而不是生搬硬套某些不同条件下产生的结论，才是我们学习当代经济学的正确方法。

本套译丛于 1995 年春由中国人民大学出版社发起筹备并成立了由许多经济学专家学者组织的编辑委员会。中国留美经济学会的许多学者参与了原著的推荐工作。中国人民大学出版社向所有原著的出版社购买了翻译版权。北京大学、中国人民大学、复旦大学以及中国社会科学院的许多专家教授参与了翻译工作。前任策划编辑梁晶女士为本套译丛的出版做出了重要贡献，在此表示衷心的感谢。在中国经济体制转轨的历史时期，我们把这套译丛献给读者，希望为中国经济的深入改革与发展做出贡献。

《经济科学译丛》编辑委员会

管理经济学：基于战略的视角（第二版）

前　言

商业即博弈——如果你知道怎么玩，那商业就是世界上最伟大的博弈。

——托马斯·J. 沃森，美国IBM公司创始人

商科类学生都倾向于讲究实际。他们倾向于将理论应用于商务实践之中，而对理论少有兴趣。大多数商科类学生对入门课程经济学都有这样的印象：经济学是理论的集合，与真实世界联系不多。

将以上两种情况归纳起来，我们可以清楚地知道，为商科类学生讲授微观经济学对教师来说是一种实实在在的挑战。编撰本书意味着我们愿意接受这一挑战！

对我们来说，引领商科类学生的关键，是使他们明白何为微观经济学，也就是要让他们高度关注企业战略。因为对于任何企业来说，决策至关重要。一个企业的决策将影响到其竞争对手的行为。回答这一问题的关键，就在于尽量减少对企业竞争对手的负面影响。换句话说，这就是企业战略。令我们感到欣慰的是，由于博弈论尤其适用于处理企业间的竞争，因此，我们可以自信地说，经济学理论与所有企业决策的关系都十分密切。

那些读过传统管理经济学教科书的人，在这里找不到这些内容。在这一领域中，传统教材一般仅含有中级微观经济学的内容，使用回归理论、线性规划、风险分析和资金预算，使其与商科类学生更加相关。这类教材很少分析寡头市场，尽管寡头市场在一些发达国家中是市场主导机构；也很少有篇幅涉及博弈论，尽管它是微观经济学理论中的核心内容。除此之外，这些内容在商科的其他课程中均有全面的论述。例如，在统计学课程中讲述回归理论，在运筹学课程中讲述线性规划，而在金融学和会计学课程中分别讲述风险分析和资金预算。在本书写作过程中，作者采用了奥卡姆剃刀理论，删减了管理经济学的一些内容，增加了基于微观经济学的主流理论，如博弈论。这一增一减，便确定了本书的内容。

除第 1 章导论外，本书共分四大部分。第 1 部分分为四章，有利于学生尽快了解一个企业的基本微观理论，使之与本书导论中的经济学理论联系起来。由于学生熟悉利润最大化的概念，因此，本书也提供了利润最大化的诸多问题。全书以三种方式呈现问题，即既使用直观的示例、图表，又使用代数方法。通过对本书第 1 部分的学习，学生能够意识到在企业决策中，博弈论具有非常重要的作用。

第 2 部分分为四章，内容涉及企业间的策略互动，包括产量竞争和价格竞争、产品差异化、阻止进入与容纳进入以及政府管制等内容。

第 3 部分也分为四章，内容涉及企业内部的策略互动，包括横向一体化与纵向一体化、劳动市场、培训与激励工人以及工会等内容。

第 4 部分涉及营销经济学的一些内容。本部分在对信息的作用进行分析之后，对广告、捆绑销售、耐用品营销、拍卖和产品生命周期进行了叙述。

本书是为那些具有一定经济学基础的学生编写的，适用于商科专业本科学生和 MBA 学生。我们假定学生具有基本的微分方程基础知识，但是任何使用微分方程的数学处理，总是涉及简单的线性函数，而且本书中也提供了完整推导的内容。

本书的写作风格自然，平实浅显。来自商界的真实典型案例贯穿全书，辅之以对重要概念的延伸和直观解释。本书作者颇具国际视野，其案例来自美国、英国、加拿大、澳大利亚、墨西哥和法国等国家。每章后的练习，可用于检验学生对教材知识的掌握情况。

在此，作者谨向以下各位同人致以衷心感谢。在本书的出版过程中，他们花费了宝贵的时间，付出了辛勤的努力，对本书慨以审读评论，惠予及时评估。他们是：Maria Gallego、Joe Kushner、Steven Law、A. Matadeen、Robert Morrison、Ingrid Peters-Fransen、Abdul Rahman 和 Tom Ross。戴维·普伦蒂斯应邀帮助我们开发了营销经济学的课程。他的课程得益于 Robert Dixon 和 John Freebairn 的良好建议，因为在这之前，他们在澳大利亚墨尔本大学也开发过同类课程。戴维曾在加州大学洛杉矶分校讲授过菲利普·莱斯利产业组织课程，其授课经验对于开发这些课程大有裨益。

在过去的几年中，来自加拿大劳瑞尔大学和澳大利亚拉筹伯大学从本科到硕士的不同层次的学生均使用了本教材。从教材使用者反馈的意见来看，我们获悉，这是一本很好的教材。最后，我们还要对 Routledge 出版社的 Robert Langham、Terry Clague 和 Emily Senior 所给予的帮助和支持致以衷心的感谢。

管理经济学：基于战略的视角（第二版）

2

目　录

管理经济学：基于战略的视角（第二版）

目 录

第1章

导　论

2009 年 3 月 19 日（星期四），西南航空公司宣布降低该公司航空网的票价。从洛杉矶到旧金山的航班单程票价降至 49 美元。从佛罗里达州西棕榈滩到芝加哥的单程票价降至 69 美元。对于旅客来说，这的确是福音。但我们设想一下，西南航空公司的主要竞争对手即美国航空公司、美国联合航空公司和达美航空公司的情况将会怎样？机票价格下调的确意义重大。西南航空公司声称：机票价格下调将持续到 2009 年 8 月 14 日，时间跨度覆盖暑期的大部分旅游时段。因此，其他航空公司不得不迅速做出反应，否则这些公司的业务将被西南航空公司抢占。事实上，其他航空公司在获悉西南航空公司调低机票价格的几小时内也纷纷跟进，下调西南航空公司所指定大部分航线的票价。受美国经济衰退和 2008 年年底全球金融危机的影响，旅游需求急剧减少。因此，可以毫不夸张地说，对西南航空公司调低机票价格，其他航空公司反应迅速、明智，才能保证获利。

此外，假设西南航空公司的某人首先想到调低机票票价的点子，该公司最关心的莫过于其他航空公司的反应如何。由于西南航空公司的管理者们都很清楚，其他航空公司的经营也无多大利润，因此他们预料到：美国航空公司、联合航空公司和达美航空公司对西南航空公司的调低票价会做出反应。所以，当西南航空公司决定调低票价时，西南航空公司的管理者也必须考虑其竞争对手将会如何做出反应。

这个例子并没有什么特别之处。它仅用于说明本书的主题：提前规划和预测对手可能做何反应。换言之，**战略**（strategy，又称策略）是企业运营非常重要的组成部分。任何参加运动或比赛的人，都会本能地知道战略的重要性。战略之于企业，也毫不例外。企业如何应对外来影响，对于其决策至关重要。

常见的例子就是汽油价格战，一年中在美国任何一个州的任一主要城市都会发生几次。如果你开车，你就会特别注意汽油价格的波动，对汽油价格一周内的变动情况做到心中有数。例如，在澳大利亚悉尼，汽油价格在任何给定的月份均会有超过 20% 的上下波动。从钻井成本、运输成本、炼油成本、分销成本来看，汽油价格上下波动超过 20% 是不可能的。而这一价格变化源于公司间市场份额的激烈竞争。

以上航空公司机票价格变化的原理也适用于这里的汽油价格变化。每次决定降价（或涨价），公司必须考虑其竞争对手对于该决定的反应。因此，公司也必须想出应对其反应的办法。换句话说，在企业竞争环境下，战略非常重要。

以上两个例子讨论了定价战略，但企业的战略问题并不局限于定价战略。在有些行业中，广告被广泛使用，特别是在啤酒和洗涤剂零售行业中。我们看到广告在定位公司产品和竞争对手产品中具有战略作用。投资也是一个重要的战略元素。丰田汽车加拿大公司最近在安大略省剑桥投资 5 亿加元，扩建生产丰田花冠的工厂。其行为等于告诉丰田花冠的竞争者，在可预见的未来，它将致力于在加拿大生产更多的汽车，这对于丰田花冠的竞争者定价和定产具有指导意义。此外，企业并购和企业研发均是企业运营可用的战略元素。关于企业战略，我们将在本书各章中逐一讨论。

▪ 1.1 博弈论的应用

经济学学生都了解供求模型。这套简单但很强大的工具描述了代表自身利益的参与人所构成的市场，如何决定整体价格和产量水平。在市场的需求端，**消费者**（consumer）做出既定资源的配置决策，购买商品以实现效用最大化。在市场的供给端，**企业**（firm）提供产品和服务。在竞争性市场结构下，企业被假定为能够最小化成本，追求利润最大化。最简单的市场结构是企业没有市场势力的市场［**完全竞争**（perfect competition）］或者单一企业拥有完全市场势力的市场［**垄断**（monopoly）］。

但是，真正符合以上市场供给端情况的企业很少。西南航空公司、美国联合航空公司、壳牌公司、英国石油公司、丰田公司、通用汽车公司的运作情况也是这样，它们要么没有市场势力，要么有完全市场势力。如果要描述企业管理者旨在实现利润最大化或者成本最小化的决定是如何做出的，我们需要扩大供求模型，以便考虑由管理者的市场决策所带来的战略影响。那个简单的供求模型所遗漏的要素就是：一个公司的管理者将会影响同一市场上其他管理者的行为。所有管理者均清楚，西南航空公司的管理者也明白，美国联合航空公司和其他航空公司均会对机票定价战略做出反应，而西南航空公司管理者工作的一部分就是要知晓美国联合航空公司等是怎样应对他们的定价战略的。

我们认为，战略决策是企业重要商业决策的核心。这里你可能会想到大凡在商务环境下，就会有战略决策。毕竟，这与众多商学院所进行的案例分析存有暗合。案例分析常刻意带有轶事趣闻，通过案例讲述故事，而各个故事又有所不同。正因为每个故事各有不同，因此要通过分析各种商务情况得出通用模式似乎十分困难。

但这恰恰是我们应用**博弈论**（game theory）所力求做到的，而博弈论是一门以分析冲突与合作见长的数理科学。我们将向大家演示：一些业务情况可以被解构为几个基本条件，并被进行系统分析。同时，我们将看到：我们可以把这些战略拆分为一些要

管理经济学：基于战略的视角（第二版）

素，并且可以分析其在各个要素中所起的作用。因而，通过博弈论，我们将得出理解这一战略的通用方法，以及战略选择如何影响某些情况下的结果。尽管在课堂上进行理论分析效果非常好，但它永远不能完全替代经验。这就是为什么本书的每个章节均用几个案例来说明和扩展理论材料，以便与现实世界相联系。

1.2 传统管理经济学

我们的方法对于管理经济学有什么特别之处吗？答案很简单：重点关注战略。传统上，管理经济学被简单地视为适用于商科类学生的中级微观经济学。这种做法没有将20世纪70年代后期经济学的主要发展情况——博弈论的应用考虑进去。

不在经济学中应用博弈论，犹如分析一个成功的职业体育团队，仅仅关注运动员的适应性体能。诚然，体能是体育运动中的一个重要因素。但是在现代，每个体育团队均有能力确保每个队员的身体状况处于巅峰状态，因此，运动员的个人体能并非运动员胜败的关键。成功的团队属于那些拥有最好战略的团队，无论是球员获得、球员交易，还是在比赛中所采用的战术，均离不开战略。

眼下，亚历克斯·弗格森爵士所率领的曼联队和何塞·穆里尼奥所率领的国际米兰队，虽然并不掌控最高工资，但是这两位著名教练能使那些足球运动员在薪资方面各得其所，这两个球队的成功足以证明他们的出色战略。

1.3 本书概述

本书分为四个部分：基本理论、博弈论在企业间互动中的应用、博弈论在企业内部互动中的应用、基于营销经济学的应用。第1部分，包括第1至5章，内容涉及企业的基本经济工具，并包括博弈论这一分析策略行为的基本工具。第2部分，包括第6至9章，使用博弈论工具分析企业间的策略互动。第3部分，包括第10至13章，分析企业内部的策略互动。第4部分，包括第14至19章。第4部分与第1部分以及第2部分的第6至7章，构成了营销经济学的标准主题。

在第2章中，我们回溯到管理者的角度分析问题，阐述企业为什么是第一位的。很显然，如果我们不知道企业为什么存在，我们将很难弄清楚企业应当做什么，因此，我们也不可能明白管理者应当做什么。通过分析企业存在的主要原因，我们就会思考管理者可能面临何种问题，以及何种战略可能起作用。

第3章的编写基于两个目的。第一，它提供了一些基本的分析工具，这些分析工具将应用于本书。第二，该章作为经济学导论的一个简要回顾，旨在让读者重新认识那些将在本书使用的术语。该章的一些内容类似于传统管理经济学的内容。在这里，我们分析两种极端竞争情况：企业面临众多竞争者（完全竞争）和没有任何竞争者（垄断）。这些截然相反的竞争例子对于引入将在本书使用的一些术语十分有用。这些术语很有用，因为它们反映了战略在一些案例中扮演着相对次要的作用，意味着我们可以专注于公司运作的更日常的方面。相较于战略而言，这些术语对于公司来说显得尤为重要，表明我们更加关注公司的运行。

第 4 章继续分析垄断企业，旨在引入价格歧视的概念。尤其是我们将认真考察企业将使用的各种不同定价方法。本书对企业为了从客户中获得更多收益而采用的很多巧妙的定价方法进行了讨论。

第 5 章引入了博弈论。在这里，我们定义了什么是"博弈"，什么是"战略"等。我们还介绍了各种不同背景下的博弈类型，并贯穿全书。该章作为全书的核心部分，构成了全书的基本架构。

在本书的第 2 部分中，第 6 章将首次对商业情境下的企业战略进行分析。我们考察由两个公司构成一个行业的相对简化的情形。在这里，我们通过考察同行业的两个公司，即双头垄断市场，使我们的分析不拘泥于两种极端市场结构（完全竞争与完全垄断）。该章通过两种情形，即怎样确定价格和产出来分析企业战略。因此，第 6 章叙述了博弈论的首次具体应用。

第 7 章就产品定位进行了阐述。假设一个公司正在考虑进入一个市场，而这又是一个新市场。那么，该公司是设计新产品直接与现有的产品竞争，还是通过新产品定位，让消费者觉得产品与众不同，从而力求利润最大化？在上述两种情形中，尽管来自竞争对手的战略反应是不同的，但它能够为管理者所预期。

在任一时点上，当一个公司赚取高额利润时，其他公司也想进入逐利，这就构成了潜在威胁。在第 8 章中，我们分析了公司如何应对其他公司进入的潜在威胁。公司在阻止它们进入，还是在容纳对手进入、保障市场地位的情形下境况会更好？此外，怎样的市场条件可能会导致一个公司进入充分竞争的市场？

大多数公司都不满政府干预。但也确有很多充分的（无法抗拒的）理由支持政府监管，有关内容将在第 9 章讨论。从中我们可以看到政府监管的基本原理；我们还将讨论垄断、知识产权、非公平商业活动和环境的监管等。

本书第 3 部分着重讨论公司本身的战略问题。第 10 章讲述了多部门公司问题。那些多部门公司生产具有竞争性的产品，同时它们还为其他部门提供商品或服务，这些公司必须保证相关激励措施有效稳妥，以期实现利润最大化。其中一个关键问题就是转移定价。为了最大化总利润，关键是必须准确计算企业内部部门间的交易价格。

第 11 至 13 章着重阐述公司内的中心问题：人力资源管理。第 11 章介绍了完全竞争劳动市场的基本模型。该模型对于引入基本人力雇佣规则、劳动市场决定企业所支付薪资的方式具有十分重要的意义。

但是，正如该标准模型在解释产品市场的大部分交易方面还不全面一样，它在描述现代企业劳动力招聘、报酬方面也不够准确。当观察企业员工行为存在困难甚至需付出很大代价时，关键在于如何激励员工使他们竭尽全力地工作。第 12 章阐述了企业如何制定人力资源政策，以便使企业在人力资源上的花费最少，员工能位适其才、人尽其用。同时，我们还讨论了管理层报酬方案。从某种意义上说，在管理经济学教材中讨论该问题是合适的。

第 13 章阐述了企业工人成为工会会员所产生的问题。内容包括经济发达国家三种劳资关系的简要比较。该章还讨论了讨价还价理论、工会力量、罢工以及工会对企业的影响等。

在第 4 部分中，第 14 章叙述了信息的作用。企业有时对客户的特点没有把握，因此，信息非常重要。例如，保险公司面临的主要问题是很多客户可能有严重的风险。尽管这样，保险公司还是可以设计出不同的保险品种，尽量减少风险。另外，客户对他们要购买保险的公司特点了解不多。公司产品信息的可靠性对于潜在客户来说十分重要。我们将讨论一些相关策略，这些策略能说服客户，使得他们购买一些物有所值的保险产品。

第 15 章讨论了广告的作用。随着大量消费品的出现和新产品的不断开发，广告使得很多客户了解到企业产品的特点。但是，广告仍然发挥着战略性的重要作用。企业管理者可以通过增加广告支出改变用户消费观念，扩大企业产品需求。

但因广告支出费用昂贵，故通过广告扩大产品需求的积极作用，不能被过度支出的广告费用所抵消，二者应该保持平衡。在第 15 章中，我们考察了广告如何影响市场的竞争结构，广告如何影响市场需求和企业利润。

第 16 章分析了捆绑销售如何能够提高盈利能力。除了技术或选项的原因外，如果消费者对不同商品的估值是负相关关系，则与单独销售这两种产品相比较，捆绑销售能使公司收取更高的价格。捆绑销售的产品也可以单个售出，但通过组合捆绑销售，卖给那些有极端估值的消费者，则可进一步提高销售利润。该章指出，不同捆绑类型的盈利取决于消费者的估值分布。该章还讨论了搭售，并将其作为一种价格歧视进行分析。

第 17 章分析了耐用品营销的三个问题。耐用品可以为顾客带来多个时期的利益实惠。销售耐用品的公司通常比那些销售非耐用品的公司更有市场势力。销售耐用品的公司可以采取营销手法，如租赁，而不是售卖，以增强其市场势力和增加企业利润。我们还阐述了垄断者如何应对二手产品的潜在市场。在某些情况下，垄断者通过推出新产品来清除二手产品市场是更有利可图的。但公司有时更愿意通过市场运作获得更高的初始销售价格。最后，我们讨论了究竟是垄断市场还是竞争市场能生产更耐用、更优质的产品。

第 18 章讨论了通过拍卖的方式买卖商品。我们应用博弈论很好地分析了买方或者卖方缺少信息或者买卖双方都缺少某些信息的拍卖情况。例如，当你在 eBay 上购买东西时，你不能看到你所购买的东西：充其量只能看到一张照片。该章介绍了四种不同类型的拍卖，同时还讨论了每一种拍卖类型所采用的最低价格和最优出价战略。此外，该章还讨论了公共价值拍卖中的赢者的诅咒问题及其实证意义。

第 19 章讨论了产品生命周期。该章介绍了产品生命周期的四个阶段（导入期、成长期、成熟期和衰退期）后，还对每一阶段的几种模式进行了叙述。该章还应用巴斯（Bass）产品扩散模型和产品网络外部性模型对产品生命周期中的导入期、成长期进行了分析。

研究发现，产品生命周期的市场结构分别取决于外生性沉没成本（如建工厂）和内生性沉没成本（如做广告）。内生性沉没成本越大，随着市场规模的扩大，其产业市场集中度越高。此外，竞争越激烈，企业在产品生命周期中的获利越少。该章最后论述，如果经济规模不是很大，在产品生命周期的衰退期中，企业规模可能成为战略缺陷，相比之下，规模较大的企业先行退出。

1.4 局部均衡与一般均衡

在我们开始分析竞争和垄断之前，我们需做最后一点陈述。一个国家的国民经济是由成千上万的企业和数百万计的消费者组成的。从某种意义上说，每个企业或消费者的行为均会对其他企业或消费者产生影响。

例如，当西南航空公司的票价发生变化时，一些消费者便会改变他们的旅行计划。显然，西南航空公司希望许多本不打算乘坐飞机的消费者现在会下定决心乘飞机去探亲访友，实际上这样的情况很可能发生。一些决定旅行的消费者将改变他们花费的收入，也许他们旅行了一次，就可能推迟购买一辆新车、一台洗衣机的计划，或者他们在一两个月内就没法去餐馆聚餐。每个决定对经济中的企业均有不同的影响。汽车销售量的下降会对汽车销售商和生产商产生影响。洗衣机销量的下降对洗衣机零售商和生产商也有影响。餐馆因为聚餐顾客少了，也会显得不像往日那样热闹，如此等等，不一而足。因此，餐馆、零售商和生产商就会减少其员工的工作时间。这样一来，这些员工也会调整他们自己的消费决定，随之而来的是，也会对经济中的其他企业、其他人带来影响。

我们所叙述的是**一般均衡**（general equilibrium）的经济行为。经济活动中市场行为的变化会对整个经济的市场产生影响，有时，这些影响很小。但重要的是，我们必须承认市场间作用的确存在，甚至可能是非常重要的。

一般来说，我们对企业与直接竞争者的关系应予以充分关注。用经济学的语言来讲，我们可以说这样的分析的本质是**局部均衡**（partial equilibrium）。我们也应该关注管理者的战略决策对其市场运作的影响。西南航空公司也可能降低其机票价格，而由于机票价格下降，乘坐飞机旅行的客户需求可能增加，因此西南航空公司在当地的代理商也不得不增加人手，处理日渐增多的飞机票务电话。西南航空公司的管理者只关心其定价策略对公司市场的影响，但未必会考虑对其代理商的影响。局部均衡仅仅对某一时间单一市场的均衡情况加以考虑。

1.5 消费者的作用

本书是有关企业运营管理者行为的教材。一般来说，企业生产产品或提供服务给消费者。用经济学的语言来说，企业**提供**（supply）产品或服务，满足消费者的**需求**（demand）。生产产品或提供服务是通过**市场**（market）的交易来实现的。总的来说，本书对消费者在市场上所扮演的角色没有涉及，我们通过需求曲线总结了消费者行为，该曲线准确地反映了消费者对购买某一特定产品或服务的偏好，用数学公式表达为：

$$q = D(p)$$

其中，q 代表消费者对产品或服务的需求量，p 代表价格。有时，我们可以通过在公式的左边写出价格的方式更方便地表达需求方程，在这种情况下，即为逆需求函数，用公式表达为：

$$p = P(q)$$

其中，q 代表消费者对产品或服务的需求量，p 代表价格。通常情况下，我们采用线性需求曲线，其基本形式是：$q = a - bp$。求解 p，我们得到：$p = (a/b) - (1/b)q$，这正是逆需求曲线。

与需求曲线相关的一个重要的概念是**需求价格弹性**（price elasticity of demand），常被简称为"价格弹性"，此概念计量了需求数量变化与价格变化的对比情况。产品或服务的价格弹性为：

$$\epsilon = \text{需求数量变化百分比} \div \text{价格变化百分比} \tag{1.1}$$

在整本书中，我们用符号 ϵ 代表价格弹性。以微分形式表示的价格弹性的计算公式为[①]：

$$\epsilon = \frac{\partial q / q}{\partial p / p}$$

由于需求曲线向下倾斜，价格提高将导致需求数量减少。换句话说，如果分母为正，则分子将为负，这意味着该比率为负：价格弹性 ϵ 将始终是负数。

该价格弹性方程的另一种表达形式是：

$$\epsilon = \left(\frac{\partial q}{\partial p}\right)\frac{p}{q} = \left(\frac{\partial p}{\partial q}\right)^{-1}\frac{p}{q}$$

第一个等式表明，对于给定的 p 和 q 值，价格弹性等于需求函数的导数乘以 p 和 q 的比率。第二个等式表明，价格弹性也可以被计算为一个逆需求函数的斜率乘以 p 和 q 的比率。如果 $-1 < \epsilon < 0$，需求是**缺乏弹性的**（inelastic），也就是说，对价格的变化比较迟钝。如果 $-\infty < \epsilon < -1$，需求是**富有弹性的**（elastic），即对价格的变化比较敏感。

例 子

假设需求函数为 $q = a - bp$，其中，$a > 0$ 且 $b > 0$。那么对于任何点 (q, p) 都有 $\partial q / \partial p = -b$ 和 $\epsilon = -bp/q$。由于 $q = a - bp$，我们也可以写成：$\epsilon = -bp/(a-bp)$。

这里我们使用最后一个概念，以此来总结消费者福利水平，这个概念就是**消费者剩余**（consumer surplus），此概念是指消费者消费一定数量的某种商品愿意支付的最高价格与实际支付的市场价格间的差额。图 1-1 简要说明了消费者愿意支付的最高价格与实际市场价格之间的差额情况。例如，当价格 $p=2$ 时，消费者愿意购买 $q=6$ 单位产品；如果价格高于 $p=2$，消费者愿意购买少于 $q=6$ 单位产品。但需求曲线表明，消费者愿意支付较高的价格来购买更少单位的产品。因此，当价格 $p=2$ 时，消费者因购买

---

① 分子为 q 中的比例变化，如果乘以 100，百分比在 q 范围内变化。同样地，分母为 p 中的比例变化，如果乘以 100，百分比在 p 范围内变化。因此，其比率等值于式（1.1）。

更少单位产品而获得了更多的净收益。所以，图中的阴影部分代表了当价格 $p=2$ 时，消费者购买 6 单位产品所获得的消费者剩余。一般情况下，**消费者剩余**（consumer surplus）就是需求曲线下方与现行市场价格上方的面积。当价格 $p=2$ 时，阴影三角形面积表明消费者购买 6 单位产品的消费者剩余是 18 美元。我们回顾一下，一个直角三角形的面积是 $1/2 \times$ 底 $\times$ 高。

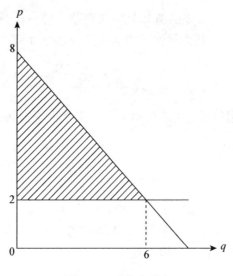

图 1-1　消费者剩余

小　结

● 企业可能采取一系列行动进入市场，或者在同一市场对其他企业的行动做出反应，所有这些被统称为企业战略。与任何经济情况相关的产出水平、定价、营销、研发等均含有战略要素。

● 需求和供给分析忽视了战略要素，因为在一个竞争激烈的市场中，价格和产量是由市场决定的，而不是由任何单个企业决定的。

● 传统管理经济学在很大程度上忽略了战略的作用，而主要的工具经济学被发展起来以处理战略问题，这就是博弈论。本书强调企业决策的战略方面，并把博弈论作为主要的分析工具。

● 一般均衡分析认为，市场的每一个变化对经济中的其他市场都会有影响。局部均衡分析注重某一时间的某一市场，忽略其他市场的溢出效应。

● 消费者整体对某一产品或服务的购买决策概括在需求曲线中。一般来说，需求曲线存在于经济中的每一种产品或服务之中。逆需求曲线表明了与需求曲线相同的信息，但是它把价格而非需求量作为自变量。

练　习

1. 给定下面的两个方程：

$$P = 5 - 0.05Q \tag{1.2}$$

管理经济学：基于战略的视角（第二版）

$$P = 0.75 + 0.012\,5Q \tag{1.3}$$

（a）辨别方程（1.2）和方程（1.3）哪一个是需求函数，哪一个是供给函数。

（b）计算均衡价格和均衡数量。

（c）计算均衡价格和均衡数量中的需求价格弹性。此时的需求有弹性吗？

（d）假设对产品征收每单位 0.25 美元的税收，而且生产商必须自行缴税，请计算市场上新的均衡价格和均衡数量。[提示：在征税之前，当 $p=2$ 美元时生产商愿意提供 100 单位。在征税之后，生产商需要 2.25 美元的价格才提供 100 单位。]

（e）请分别计算转移给消费者的税收以及生产商负担的税收。

（f）请画出税前和税后的均衡图，标明其需求曲线和供给曲线，显示消费者价格、生产者价格和税收情况。

2. 假设某产品的需求和供给情况为：

$$Q = 0.001Y - 0.5P$$
$$Q = 0.5P$$

其中，Y 代表户均收入。

（a）如果户均收入为 40 000 美元，请计算出均衡价格和均衡数量。

（b）假设购买产品的消费税为 25%，生产商必须自行缴税。（假设户均收入保持在 40 000 美元。）请计算新的均衡价格和均衡数量。

（c）请用曲线图显示税前和税后的供给函数和需求函数，并用图形分别说明有税和无税时的均衡价格。

（d）请确定生产商和消费者的税收和税负情况。

3. 假设产品的需求和供给情况为：

$$P = 100 - 0.05Q$$
$$P = -200 + 0.25Q$$

（a）请计算均衡价格和均衡数量。

（b）假设政府制定的价格上限为 40 美元，请确定出现的超额需求。

（c）假设黑市商人购买了全部法定产量，请先找出黑市价格，然后确定黑市商人的利润。

（d）请画出价格上限的均衡图，说明黑市价格、产量和利润情况。

4. 假设牛奶在你当地城镇的每日需求情况为：

$$Q = 10 - 0.1P$$

其单位为百万升，则国家牛奶供给曲线为：

$$Q = 4.9P$$

假设世界牛奶价格是每升 1 美元。

（a）当国外牛奶允许进入国内市场时，请计算均衡价格、均衡产量和需求。在这种情况下，将进口多少牛奶？

（b）假设牛奶被禁止进口，请计算均衡价格和均衡产量。

第 1 章

导 论

（c）假定农民价格支持计划的游说得以成功，而且其支持价格确定为每升 3 美元，请确定国内需求、产量，并计算出因超额生产牛奶而产生的每天存货增加量。

（d）假设政府采取配额制度，旨在解决由于价格支持计划而导致的过度供给问题。现设定每一个配额为 10 万升，每升价格为 3 美元，请问需要发行多少配额？

（e）如果有价格支持计划和配额计划，农民更愿意选择哪一个？为什么？

管理经济学：基于战略的视角（第二版）

第 1 部分

理论

第 2 章

管 理 者 与 企 业

学完本章，你应该理解：

● 企业为何会存在，且总以一定形式存在。

● 影响企业规模的几个因素。

● 企业中所有者（企业主）、管理者与工人之间的代理问题。

● 为何用利润分享计划来缓解代理问题存在不确定性。

● 影响企业运营环境的几个因素。

要理解企业管理者的行为，首先需要准确理解企业一词的含义。我们有必要从头开始，弄清楚企业为何会存在。回答了这个问题，我们才能赋予管理者一个准确的定位，进而更好地理解管理者所担当的角色。角色明确了，我们才能开始分析管理者的行为，当然，这也正是本书的目的所在。

因此，在 2.1 节我们将探讨企业存在的理由，以及与此相伴的问题：企业为何总以一定的形式存在？既然企业存在的理由有多种，理所当然其有某种存在形式。例如，微软是一个大型软件企业，2007 年收入 511 亿美元①但实际上世界上也存在着成千上万的小型软件企业。问题就在于这些小企业如何与这个大型企业竞争呢？换句话说，为何企业规模差异如此之大？但这只是问题的一个方面：为何企业总以一定形式存在？或者说，只有弄清楚了大企业和小企业各自形成的原因，我们才能理解它们之间如何展开竞争。

在 2.2 节我们将概述管理者的工作。实际上很简单，管理者的目标就是努力使企业利润最大化。那么问题就是：既然企业所有者意在实现投资回报最大化，那么他如何授

---

① 登录网站 www.microsoft.com/msft/reports/default.mspx 并参见 2007 年微软公司利润表。

13

权管理者去实际运营企业以达到目的呢？

2.1 企业为何会存在

在讨论企业存在的各种原因之前，我们首先要弄清楚我们所讨论的对象的内涵。所以，我们首先给企业下一个定义。

> **定 义**
>
> **企业**（firm）就是劳动力和资本的集合体。**劳动力**（labour）包括工人和管理者；**资本**（capital）包括用于生产产品或服务的有形资产，比如工厂里的机器或者服务业企业中的计算机。

企业存在的主要原因是**规模收益递增**（increasing returns to scale）的存在。规模收益是与生产率直接相关的一个概念。假设一个企业拥有一定数量的劳动力和资本用以产出一定数量的产品，当资本与劳动力的投入递增 1% 时，如果产出的增加远远超过 1%，那么，规模收益递增就产生了。

现在，我们举一个简单的例子来证明有了规模收益递增才有企业的存在。假设你有一架钢琴，你想把它从家里的一个位置移到另一个位置，但钢琴太重了，你自己移不动，因此你移动钢琴的生产率就等同于零。但是，两个人一起却可以移动它。在这种情况下，就存在规模收益递增，因为当移动钢琴的人数从一个增加到两个时，个人生产率或**人均生产率**（average productivity）就增加了。你可能会雇人或者请专门的服务企业来帮你移动钢琴，不管使用哪种方式，你雇用了劳力来从事某种服务，而这项活动就映射了企业的存在。

劳动力产生递增收益主要有三种潜在的方式：**劳动分工**（division of labour）、**专业化**（specialization）、**干中学**（learning-by-doing）。当分工会提高工人的工作效率时，就采取分工的形式。比如说，在一个项目团队中工作时，你会发现在分工条件下，工作更容易完成：一些人搞研究，一些人搞文字，一些人专门打字，等等。至少，分工避免了重复劳动，比如，两个人为同一个项目找到相同的参考文献的情形，也避免了两个人在同一键盘打字这样的无用功。

与分工相关的是专业化。当人们分工完成不同的任务时，他们的表现会好于单打独斗。这样，个人效率也就提升了。最后，与专业化相关的是干中学。当个人表现越来越好时，他们也更容易找到一种更高效的工作方法。

所以，因为劳动力的收益递增，工人们一起工作比单打独斗时有更多的产出。这让工人们更愿意一起工作，这反过来就促进了企业的形成。

单考虑规模收益，似乎企业能发展得越来越大，因为工人的生产率一直在增长。但实际上，收益的增长是有限度的。举一个比较恰当的例子，就是在生产线生产产品的情形，比如汽车。假设这条生产线是完整的。首先生产的就是汽车的底盘。沿生产线走，不同部件会在底盘的不同地方焊接上去。发动机会用螺栓固定，等等。现在，我们假设整条生产线的工作由一个工人（一个熟练工人）完成；当我们增加生产线的工人数时，人均生产率就会提升，因为劳动分工会产生收益（因为每个工人会专注于一项工作），专业化与干中学也会产生收益（因为工人由于经验会对分配的工作更加熟练）。可是，当工人数量增加到一定量时，效率会不增反降，因为工人们开始妨碍对方了。生产技术的这个特点一般归结于**劳动力边际产量**（marginal product of labour）的最终消失。

还有一个与企业的规模相关的更深入的问题需要指出：当一个人组装整条生产线时，评价工人的工作比较简单，只需要算出一个工人组装一辆车所需要的时间；可是，当一条组装生产线有较多人同时工作时，评价变得困难了。一些人工作很努力，另一些人却会消极怠工。多人在一条生产线上工作是一件好事，因为收益递增了；但企业需要雇用另外一些人去管理和监督工人的工作。这时随着规模的扩大，企业又多了一项成本：监督成本。[①]

我们进一步分析监督的问题。为什么要首先分析这个问题？目前涉及的只有生产线上参与生产的工人们。但实际上还有一些人对生产线上汽车的生产方式同样感兴趣：企业所有者。实际上，这两类人或者**经济主体**（economic agents）有着不同的关注点：

- 汽车企业的所有者包括所有股东，他们关注的是企业如何被运营以最大化其收益。
- 生产线上的工人想的却是如何为自己赚更多的钱。收入的取得与一定时间内汽车的产量没有必然的联系。

给企业下定义有一个关键的因素：所有权与控制权的区别与联系。这一点对于区分企业的规模、结构以及运作方式很重要。接下来，我们需要关注的是企业的最终目标或者企业所有者的最终目标。

2.2 企业的目标

企业所有者的目标在于企业价值的最大化。评价企业价值的主要因素就是企业的总利润。利润指某一时段 t 内产品销售收入与所投入生产成本的差额。将一段时间 t 内的利润标注为 π_t，总收入标注为 r_t，总成本标注为 c_t，就有：

$$\pi_t = r_t - c_t$$

为研究方便，我们将企业所有者的目标定义为企业利润最大化。

我们已经将企业定义为工人、管理者以及生产产品的有形资产的集合体。但企业是如何实现利润最大化的呢？有形资产如厂房、生产线本身不会实现利润最大化，工人与管理者直接参与了生产的全过程，但他们的目标未必是实现利润最大化。在经济学中，我们将工人与管理者定义为消费者，因为他们出卖服务给劳动市场，用所赚取的收入来最大限度地改善自己的生活。因此，任何工人或者管理者的目标都是拥有一份工作，赚

---

① 有许多优秀的参考书也讨论了团队生产和内在的管制成本的关系，比较经典的有 Alchian 和 Demsetz（1972），以及 Tirole（1988；Chapter 1）与其中涉及的参考文献。

尽可能多的钱。但这些目标与高效地生产汽车或者说实现企业利润最大化没有必然联系。

我们需要指出的是，企业所有者并不能直接实现企业利润最大化，因为他们不直接参与产品的生产。这就涉及**代理问题**（agency problem）。当企业所有者的目标（或者说股东们的目标是利润最大化）与他们的代理人的目标（工人与管理者的目标是拥有一份工作并赚取收入）不一致时，代理问题就产生了。比如，我持有汽车企业的股份，我所感兴趣的就是企业的利润最大化，但我自己不直接在生产线上工作，也不直接参与汽车的生产。

我们可以将一个企业的典型组织架构/决策层的分布图定义如下：

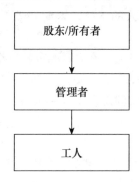

一个小企业管理者与经营者可能是同一个人或几个人。如果钢琴搬运企业的所有者为两个人，他们不仅做所有的钢琴搬运工作，而且是企业的管理者，并直接参与产品的生产。在这种情况下，代理问题就不存在了。这时，因为所有者与工人是同一批人，因而两者的目标是一致的。街角的小店可能是同样的情况，因为管理和经营该小店的可能是同一个家庭或者是相同的人。另一种情况则是，企业有几个所有者和许多工人，而且所有者不参与经营。如果那家商店是 7 - 11 便利连锁店，那么经营小店的人——也就是柜台后的人——就不是所有者。7 - 11 连锁店是 7 - 11 控股有限公司的分店，在世界零售界排名第五，在 100 多个国家里拥有数千家门店。你碰到的这家 7 - 11 连锁店为集团企业的股东们所拥有，而且很可能这家店的经营者或者工人没见过任何一个股东。

利润分享与代理问题

当企业给员工的薪酬建立在企业绩效或盈利基础上，或至少部分是这样时，我们就说企业采用了**利润分享**（profit-sharing）计划。世界上运用这种模型的企业比例在增加。在美国，20%～23%的企业有类似的机制，而在加拿大采用此类计划的企业比例达到了 17%。类似的机制在法国也很流行，早在 1988 年，就有 450 万名工人参与其中；在英国，这项计划也变得越来越重要。基于企业运营状况的薪酬制度也早就在韩国、新加坡和日本实行，在 30 人以上的企业当中，有 97% 的企业会为员工派发相当于三个月工资的奖金（Jones et al.，1997）。

那么，这些计划是如何成为一项机制来解决企业所有者与工人之间的代理问题的呢？工人工资的一部分来自企业的利润。这样的话，企业的利润越多，他们分到的越多；于是他们会更努力地工作，使企业的利润更多。事实上，有相当数量的研究表明，此项计划能提升生产力达 10% 之多。更高的生产率带来的是更多的盈利，这符合企业所有者与希望从利润中分一杯羹的工人们的共同利益。研究同样表明，利润分享能降低辞职、离职以及旷工的比例（Jones et al.，1997）。

当然也有其他解决代理难题的机制。我们会在第 12 章讨论企业如何激励员工与管理者时进一步研究这些计划是如何符合企业所有者与雇员双方的利益的。

7-11 连锁店的所有者如何保证他们所有店的经营者均能恪尽职守？你也许会说，他们只需要雇一些管理者来约束经营者就可以了。那么另外一个问题来了：如何保证这些管理者能尽职尽责？考虑到了这一点，就可以说整个 7-11 集团，从总部的总监到直接面对顾客的经营者，都是企业所有者的代理人，或者说是在围绕所有者的利益工作。但所有者是如何让这一切都运转顺畅的呢？

一种方法就是把管理者的薪金与企业的利润挂钩。比如，管理者（或者从事类似工作的雇员）的薪水直接来自企业的利润。在这种情况下，企业的利润越多，管理者薪金越高，这就保证了管理者的目标与企业所有者的利益一致。事实上，美国的 7-11 分店普遍采取了一种被称作**特许经营**（franchise）的机制：任意一家 7-11 分店的管理者在特许期内（通常是 15 年）只需要向母公司缴纳经营所得的 50% 作为特许经营费。

这种建立在企业利润基础上的管理者的报酬机制对于管理者来说是危险的。比如在某一年中，由于经济不景气，企业利润很低，即使他们拼尽了全力，仍然可能面临颗粒无收的窘境。因此，有必要在所有者的需求与管理者的需求之间寻求一种均衡，以保证管理者有一份相对合理稳定的收入。现在，我们就需要忽略管理者的行为，假设有一种机制从中发挥作用，确保管理者围绕所有者的利益行事。我们会在第 12 章继续探讨管理者的行为。

2.3　市场环境

我们已经了解了企业的内部情况，以及关于企业运作、企业的结构以及规模等问题，也知道了企业存在的原因。现在，我们回过头来看下企业赖以生存的环境：市场。

从图 2-1 中我们可以清楚看到企业赖以生存的市场的概况。① 企业本身处于图中心的方框内。被标注为"行业竞争者"的方框代表了企业销售产品的市场。这些竞争者生产的产品或者服务直接与企业自身形成竞争关系。从横向看，与企业直接发生关系的一侧是供应商，另一侧是消费者。往企业下方看，与企业形成竞争的还有生产和销售该企业替代品的企业。在企业上方，一些潜在的可能进入该市场的企业也会对市场产生影响。为了实现利润最大化，企业管理者必须将所有这些因素考虑在内，并对每个因素的重要性做出评估。

我们举一个火力发电厂的例子。它需要煤的供应来保证产出。因此，它必须与某一

---

① 图 2-1 是对 Porter（1980：4）中图 1-1 的修订。

个供应商达成协议。实际上，我们看到的是这个企业把发电设备建在煤矿附近。

另外，对汽车制造商来说，其与轮胎供应商的关系可能没有那么重要，因为有很多轮胎制造商会争着向汽车厂商供货。可是，北美的汽车制造商不得不非常关注来自日本和韩国的汽车行业进入者的威胁。因此，一个汽车企业的管理者不得不更多关注那些潜在市场进入者的表现及结构。

理解了图2-1所描述的种种关系，知道了在某个市场中什么才是对企业最重要的，管理者就对管理决策如何影响企业盈利能力有了深刻洞见。

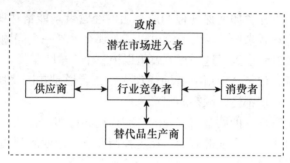

图2-1 市场环境

2.4 政府的角色

在图2-1中我们还有一个因素没有讨论：环绕企业所在的市场的是政府。现代企业在很多方面受**政府**（government）的影响。在企业产品和服务方面有很多关于质量的规章，比如房屋的建筑标准，制药的行政许可，企业生产过程中的衍生废弃物的处理规定，企业对员工的福利待遇问题的相关规定，以及企业必须缴纳的税收如商品和劳务税以及企业所得税等方面的规定。

讨论政府的角色有一个重要的问题必须考虑。假设我们正在审视一个没有政府介入的市场的行为。那么，如果政府从某一方面介入，会改变经济主体的行为，从而使市场行为在某一方面更佳吗？

假设没有关于造纸业废弃物处理的规章制度，我们来看一下造纸厂的行为。这个市场的相关主体是造纸厂与消费者。这两个主体之间互动产生的市场关系是：工厂生产纸，消费者购买纸。但纸浆的生产会产生废弃物，而处理废弃物成本很高。虽然消费者会因为有纸用而受益，可是伴随这个结果的也有一个消极因素或**负外部性**（externality）：废弃物的不当处理。这时，需要政府介入规范造纸厂的废弃物处理行为。这种处理可能代价比较高，因此，造纸厂会提高纸品的价格，但是，如果消除污染足以抵消此项额外成本，消费者愿意承担这个价格。

当然，也有政府介入使得市场结果变坏的例子。政府管制在不同的市场都存在，而且有不同的形式。比如，政府会强制规定销售啤酒的最低价。这会抑制啤酒市场的价格竞争。在澳大利亚（澳大利亚通信局）、法国（法国电信局）和加拿大（加拿大广播电视与电信委员会），政府对电信市场的管制有重要影响，规定了电视和广播节目的种类。

　　总之，我们是想找出政府采取何种行为能改进市场运行结果，或者说政府可以采取哪些行为来改进市场运行结果。

小　结

- 企业可以定义为生产产品与提供服务的劳动力和资本的集合体。
- 企业由于规模收益递增的存在而存在。
- 企业规模的增大会产生诸如管制成本和劳动力效率下降等结构成本。
- 企业内部的决策必须与企业的目标相一致，包括利润最大化。
- 当企业所有者的目标与管理者和工人的目标不一致时，他们之间的代理问题就产生了。
- 单纯的利润分享计划能缓解代理问题。
- 当管理者制定一项商业策略时，必须考虑所有影响企业运营环境的相关重要因素（包括行业竞争者、供应商、消费者、潜在市场进入者、替代品生产商以及政府的角色等）。

练　习

　　1. 假设所有互联网服务供应商都需要取得政府颁发的行政许可，该许可的价格为 $\hat{p}$。假如这个价格偏高，你设想一下该市场内的企业数是多还是少？每一个企业是大型还是小型？如果这项费用降低 95%，你认为会对企业的规模和数量产生什么影响？

　　2. 在一些大企业，管理者会有权以一个之前设定好的价格 $\bar{s}$ 购买企业的股票。

　　(a) 这项策略是如何解决所有者与管理者的代理问题的？

　　(b) 假如技术份额下降导致股价低于 $\bar{s}$，会造成何种影响？

　　3. 用图 2-1 分析影响下列企业市场环境的各种因素：

　　(a) 微软公司。

　　(b) 希捷科技公司（硬盘驱动器制造商）。

　　(c) 澳洲航空公司。

　　(d) 你最喜欢的意大利餐厅。

　　在每一种情况下，对管理者利润最大化目标造成影响的最重要因素是什么？

参考文献与延伸阅读

　　Alchian, A. and Demsetz, H. (1972) "Production, Information Costs, and Economic Organization", *American Economic Review* 77: 388—410.

　　Jones, D. C., Katom, T. and Pliskin, J. (1997) "Profit Sharing and Gain Sharing: A Review of Theory, Incidence, and Effects", in D. Lewin, D. Mitchell and M. Zaidi (eds) *The Human Resource Management Handbook*, Part 1. London: JAI Press.

　　Porter, M. E. (1980) *Competitive Strategy: Techniques for Analysing Industries and Competitors*. New York: Free Press.

　　Tirole, J. (1988) *The Theory of Industrial Organization*. Cambridge, MA: MIT Press, especially Chapter 1.

第 3 章

垄断与完全竞争

学完本章，你应该理解：

- 市场结构与市场势力的含义。
- 垄断、寡头垄断与完全竞争的区别。
- 垄断、寡头垄断与完全竞争的实例。
- 企业利润最大化的数学条件。
- 平均成本、平均可变成本、平均固定成本与边际成本的关系。

本章有两重目的。首先，这是分析企业的开始。从第 6 章开始，我们会分析一种产业，其中只有少数几个企业存在。在这种环境下，每个企业必须将竞争者的种种行为与反应考虑在内。这就涉及战略。分析战略很复杂，因此，本章我们主要考虑两种特殊案例，其中不涉及战略因素。这就方便我们引入一些会在后面章节中用到的术语，把后面的内容也一并考虑。本章的第二个目的就是介绍跟微观经济学相关的内容。有了微观经济学的基础，我们就容易理解本章所要讨论的两种形态的市场——垄断与完全竞争了。

为了区分垄断与完全竞争，3.1 节首先介绍经济学家对市场或产业（这两个术语或多或少有点同义）的分类。这有助于你思考本书后面的内容。这一节你需要明白的是，除了垄断与完全竞争外，战略在其他任何产业里都是很重要的。在发达经济体中，完全竞争产业与垄断产业相较于其他产业非常罕见，这也是我们花大量篇幅讨论其他产业类型的原因。

在 3.2 节我们将会继续讨论在第 2 章中已经做了简要介绍的关于企业利润最大化的基础问题。本节的主要观点是：不管企业处于何种市场环境，它们都遵循一些相同的基本规则。我们会暂时离题讨论一下企业的成本函数问题。这些大多数都是经济学专业一年级的课程。介绍了成本曲线后，我们就会讨论利润最大化问题。接下来，我们会分析垄断企业，因为这可能是最简单的例子。之后，我们再讨论完全竞争。

本书要用到的许多知识会在本章做出介绍，因此，理解本章的内容至关重要。如果在这之后，你一时忘记了成本以及利润最大化的一些基本原则，你可以回到本章来回顾一下。

3.1 市场分类

在本书中我们会不断使用**市场**（market，又称行业）与**产业**（industry）这两个同义词。这两个词是什么意思呢？通俗地讲，一个市场或产业可以通过生产的产品或服务来划分。因此，我们可以谈论汽车市场（汽车产业），或者法律服务市场，或者劳动市场。这样定义不是很准确，但已够用了。除了以生产的产品或服务划分外，经济学家也会根据一个产业所拥有的企业数量以及产业中企业所拥有的市场势力大小来划分企业。一种产业中的企业数是一个直观概念。**市场势力**（market power）指的是一个企业对产品或服务价格的控制程度。

在市场势力定义中的"控制"是一个很重要的词。乍看上去，你也许会认为每个企业都可以控制自己产品的价格。但这忽略了产业中来自其他企业的竞争。实际上，由于竞争的存在，多数企业对价格只有有限的自由裁量权。比如，当通用汽车公司对雪佛兰骑士定价时，它不得不考虑与骑士款汽车竞争的其他企业汽车的定价，比如福特护卫者、丰田花冠、本田思域等。因为通用汽车公司要和其他企业竞争，骑士汽车的价格在某种程度上取决于其他企业的汽车定价。因此，经济学家说通用汽车公司没有骑士汽车的完全定价权。同样的情形适用于任何一个企业，哪怕其只有一个竞争对手。竞争会限制企业的定价，因此，企业失去了一些自由裁量权，或者说对价格的控制权。

一个企业的市场势力与产业中的企业数量有关。粗略地说，在一个产业中，企业越多，单个企业对价格的控制权越弱。显然，一种产业拥有的企业数最少的情况是只有一个。从微观经济学中我们知道只有一个企业的产业形态叫**垄断**（monopoly）。垄断的例子，尤其是电力和本地电话服务，直到20世纪80年代，在发达经济体中才没有那么普遍。发端于美国和英国，之后波及欧洲其他国家、加拿大以及澳大利亚的放宽管制的浪潮，打破了电力和电信行业的垄断局面。垄断在发展中国家更常见，比如墨西哥的汽油垄断供应商墨西哥石油公司以及南非的本地电话服务垄断供应商南非电信公司。[1] 如今，在发达国家，垄断常见于专利，这是政府立法系统制造的法律垄断。因为从定义看，垄断是少数几种没有竞争者，企业对价格拥有绝对控制的情形。[2]

另一种产业中拥有最少企业数的情况是有两个企业，这叫作**双头垄断**（duopoly）。世界上只有两个生产大型商用飞机的企业：波音公司与空客集团。因此商用飞机制造就存在双头垄断。双头垄断中的企业对价格有一些控制权，毕竟除去一个，就构成了垄

---

① 更具体地讲，南非电信公司是南非陆上通信的垄断者。南非政府法律最近有所变化，它已经允许非陆上通信供应商参与电信服务竞争，包括无线服务供应商三代广电信号公司、WBS 有限公司和南非第二国家运营商。

② 当然，这忽视了一种可能性，即垄断价格可能受政府机构管制。我们将在第 9 章讨论更多关于管制问题的细节。

断。但是，它们还是必须考虑对手的定价。因此，在其他条件相同的情况下，双头垄断对价格的控制程度小于垄断。

经济学家没有对产业中只有三个、四个或者几个企业的情况一一命名，而是把它们统统叫作**寡头垄断**（oligopoly）。寡头垄断是目前为止在众多经济体中最常见的产业类型。汽车制造业即属于此类型，全球范围只有十二家左右的企业在销售规模生产的汽车（通用、丰田、福特、克莱斯勒、马自达、大众、本田、宝马、奔驰、现代、雷诺）；烟草制造业也属于此类型，全球范围只有六个左右的烟草企业（英美烟草集团、雷诺烟草公司、菲利普·莫里斯、帝国烟草集团）。

另一种情形就是一种产业包含众多企业。一般来说，这些产业中的企业对价格的控制权微乎其微。在完全竞争的例子中，单个企业对价格完全没有控制权。完全竞争的例子有金融市场和农产品市场。例如，个人对于他们贷款或存款的利息没有任何控制权。萨斯喀彻温省或者南澳大利亚的一个小麦农场主对于硬质粗粒小麦粉的价格就没有控制权。利率和小麦价格由市场势力决定。

如果一个企业对价格有一定的控制权，那么价格就是一个战略变量。例如，一个有市场势力的企业，可以以牺牲对手企业为代价，通过调控价格来争夺消费者。但是，在完全竞争条件下，任何单个企业对价格都没有控制权，因此，它们不可能通过控制价格来取得竞争优势。如果企业不能定价，那么价格是如何确定的呢？答案是价格由市场决定。从某种意义上说，完全竞争条件下企业市场势力的缺失有点像民主大选中个人选举权的缺失。在民主大选中，哪个党派被选为执政党，不是由选民个人决定的，而是由集体投票的结果决定的。在民主制国家中，单个选民没有决定选举结果的"市场势力"；同理，完全竞争条件下的单个企业也没有控制价格的权力。

市场势力的另一方面就是同一产业中相互竞争的企业所生产的产品的差异程度。我们假设完全竞争产业中的所有企业生产的都是相同或**同质化**（homogeneous）的产品。如果企业生产的产品不同，那么它们可以通过非价格因素来获取市场势力。但是，如果企业生产同样的产品，那么消费者可以任意选择一个购买。换一种说法，生产相同产品的企业只有通过价格来与对手展开竞争。

同质化产品并不只限于完全竞争的产业：一些寡头垄断产业也会生产同质化产品。石油企业便是一个很好的例子。成品油零售商本来就不多（炼油企业就更少了）。大多数司机对于在哪里加油并不在乎，壳牌也好，英国石油公司也罢，对他们来说都是一样的。

还有一种市场结构类型，与完全竞争一样，拥有众多企业，不同的是其中的企业拥有一些市场势力。这种市场结构叫作**垄断竞争**（monopolistic competition）。之所以有市场势力，是因为它们都生产有细微差别的产品。餐厅就是这种类型。一个中等城市就有许多餐厅，每家味道都不同。即使菜品是一样的，每家餐厅由于用料、氛围、位置不同，也会不一样。例如，许多城市随处可见的意大利餐厅就是这样。

比较常见的情况是，农产品好像都差不多。因此，我们不可能在阿德莱德港的谷物升降机上分辨一种小麦来自南澳大利亚的哪家农场。然而，在同一种产业中，不同企业生产的产品或提供的服务并不完全相同。例如，喜力公司和嘉士伯啤酒公司在广告中都极力宣称自己的产品与众不同。它们的品牌忠诚度证明它们是成功的。因此，消费者不会认为这两种啤酒是一样的。同样，数千次的品尝也证明百事可乐跟可口可乐也不完全相同。在第 7 章我们将继续讨论**差异化产品**（differentiated products）是怎样扮演着重要的战略性角色的。

表 3-1 可以概括本章讨论的内容。实际上，只有两点需要注意。市场势力从左到右是增加的，因为在同等条件下，市场势力与产业中企业的数量有关；从上到下，市场势力也是增加的，因为在同等条件下，生产差异化产品的企业拥有更强的市场势力。表 3-1 也给出了不同市场类型的例子。

表 3-1	产业类型		
产品	企业数		
	许多	几个	一个
同质的	完全竞争 （小麦农场主）	同质化寡头垄断 （石油生产者）	
异质的	垄断竞争 （餐厅）	差异化垄断 （汽车生产者）	垄断 （墨西哥石油公司）

3.2 利润最大化的一些基础问题

在经济体中任意选择一个企业。可以是一个跨国企业如埃克森美孚公司，也可以是你所在城市的一个小型法律企业，甚至可以是一个比萨连锁店。我们之前说过，企业的管理者负责利润（π）最大化。无论是完全竞争、寡头垄断还是垄断市场，我们都假设利润最大化就是管理者的目标。因为利润等于收入（r）减去成本（c），管理者的目标就是使利润最大化：

$$\pi = r - c$$

3.2.1 利 润

需要注意的是这里 π 代表的是**经济利润**（economic profit），而不是其他计量口径下的利润，比如会计利润。关键的不同在于经济利润在计算生产成本时要考虑**机会成本**（opportunity cost）。生产中的机会成本指的是另辟他途要花费的代价。在通常情况下，企业为比如说劳动力付出的成本，就是机会成本。但在所有者与经营者一体的情况下，问题就来了。

如果一些人是经营自己的事业，那么经济利润就要与他们从事其他行业赚取薪水所需的时间成本进行比较。从事自己的事业就失去了从事其他行业的机会。同样地，投资于自己的事业，计算经济利润时就要把这笔钱作为当前市场利率下的商业贷款。因为投资于自己的事业，他们就失去了投资其他东西的机会。

经济利润规定不以历史成本为基础。所有成本都以现行价格衡量，而不是以企业以往的支付来测度。比如，一个出租车企业刚以 80 美分/升的价格购买了 100 万升汽油，汽油价格就涨到了 110 美分/升。在这种情况下，在计算经济利润时，出租车企业所付出的汽油成本就是以 110 美分/升为准。

这并不是说会计利润就是错的，经济利润就是对的。只是每种计算方式的目的不一样而已。经济利润只是对商业变量进行了准确计量。而会计利润在审计、征税等情形下就显得很重要。

□ 3.2.2 收　入

假设一个企业现在只生产一种产品，产品也只有一种价格，也就是说收入等于产品数量乘以产品价格。[①]

$$r=p \cdot q \qquad (3.1)$$

企业无法随意定价，并且无法销售任何东西，除非以消费者能接受的价格销售。换言之，企业需要按需生产产品。假设企业有一条需求曲线 $q=d(p)$，同时有一条逆需求曲线 $p=p(q)$，用逆需求曲线替换方程（3.1）中的价格，于是有：

$$r=p(q) \cdot q$$

因此，收入等于 q 乘以 q 的函数，所以，我们可以把它写成更严谨的形式：

$$r=r(q) \qquad (3.2)$$

这个式子说明收入取决于 q。价格可以用含 q 的式子表示，这一点可以从下面的例子得以说明。

例　子

假设逆需求曲线 $p=a-bq$，这是一条标准的线性需求曲线。在这种情况下，$r=p \cdot q=(a-bq) \cdot q=aq-bq^2$。用 q 的函数替换 p 后，收入函数就只取决于 q。我们之前已经把原始需求曲线归纳为 $q=A-Bp$，而不是逆需求曲线 $p=a-bq$。在这种情况下，总收入就为：$r=p \cdot q=p \cdot (A-Bp)=Ap-Bp^2$。这样，总收入就变成了价格 p 的函数。

□ 3.2.3 成　本

成本取决于每一项用于生产的**投入**（input）量与其相应的价格。投入指的是任何用于生产的要素，比如工人、原材料、电力、机械等。投入量反过来又取决于产出量。[②] 现在，我们假设投入的价格是一定的，因此成本最终取决于产出的数量。为探讨管理者的问题，我们说成本是产出的一个函数：

$$c=c(q)$$

例　子

我们在本书频繁列举的例子——成本函数主要体现为产出的线性表达：$c=a+bq$，其中 $a>0$，$b>0$。成本的另一种表达是产出的二次方程表达法：$c=d+eq^2$，其中 $d>0$，$e>0$。两个例子都说明，企业即使什么都不生产也有成本支出。当第一个式子中的 $q=0$ 时，$c=a$；当第二个式子中的 $q=0$ 时，$c=d$。我们随后会探讨这个问题。

[①] 为简单起见，我们假设所有生产出来的商品都能卖掉，也就是说没有库存。

[②] 投入与产出的数学关系能通过生产函数看出来，这将在第11章讨论。

管理经济学：基于战略的视角（第二版）

在讨论企业的利润最大化问题之前，我们要简单探讨一下企业的成本问题。我们这样做有两个原因。首先，这是介绍成本概念的一个逻辑点，而成本概念会贯穿整个分析过程。这部分讲的内容可以适用于任何企业。其次，详细的成本分析对于表格分析是必要的，后者是本书大量采用的分析方式。

当讨论生产成本时，区别成本是立刻能改变的还是一段时间后才能改变的是有必要的。从**短期**（short run）来看，企业有办公场所、仓库设施，因为这些不易被消耗。换句话说，企业可能签订了多年的财产、机械、办公器材租赁合同，这些都无法在短期内改变。因此在短期内，一些投入是固定的。这些投入叫**固定成本**（fixed cost）。因为企业在短期内无法舍弃这些固定投入，所以即使企业不生产任何东西，也要为此付出成本。

当然，不是所有投入在短期内都是固定的。例如，根据需完成的工作量的大小，每天的劳动时间都不一样。短期内可以改变的投入成本叫作**可变成本**（variable cost）。少用可变性投入就可以少付出可变成本。假设没有可变成本，生产就无法进行，而且可变成本投入越多，产量越大。因此，如果企业**停工**（shut down）（不生产任何产品），可变成本就为零。

从**长期**（long run）来看，没有严格意义上的固定投入。租约可以到期、租用的设备会被返还或者升级。同样地，企业可以通过租赁、购买新设备更换地址。当然，一切能在短期内改变的也可以被长期改变。因此，从长远看，一切成本都是可变的。根据定义，固定成本只在短期内存在。

区分短期和长期与分析企业有无固定投入有关：在短期内，有些投入是固定的，但从长期看，所有投入都是可变的。短期或长期并没有明确的时间期限。开一家比萨快餐店可能只是几个月的事，只需要提前租赁场地，弄好微波炉就行了；但是开一家汽车厂可能需要的时间就很长。从选址、设计、修建到搞好绿化，可能会花费 3～4 年的时间。

短期成本可以归纳如下：

$$c(q)=c_F+c_V(q) \tag{3.3}$$

其中，c_V 代表可变成本，c_F 代表固定成本。固定成本是个常量，不会随着产出的变化而变化。用 a 和 d 来代表固定成本。可变成本跟产量有关。产出越多，需要的可变成本就越多，也就增加了可变成本。总成本 $c(q)$ 也就成为固定成本与可变成本的和。

平均成本曲线

从平均生产成本的角度而不是从总生产成本的角度来看问题更有意义，如方程（3.3）所示。为了说明这个问题，我们用产量来除方程（3.3）：

$$AC=c(q)/q=c_F/q+c_V(q)/q \tag{3.4}$$

式子左边表示产品的**平均成本**（average cost，AC）。有时也叫**单位生产成本**（unit cost of production），因为 $c(q)/q$ 表示生产 q 单位产品产生的平均成本。式子右边是**平均固定成本**（average fixed cost，AFC）和**平均可变成本**（average variable cost，AVC），因此，我们也可以写成：

$$AC=AFC+AVC$$

图 3-1 表示的是短期内的平均成本曲线。平均固定成本曲线的形状如左图所示，

当 $q=0$ 时，平均固定成本是无限大的，当 q 从 0 递增时，平均固定成本下降，因为固定成本被越来越多的产品所分担。

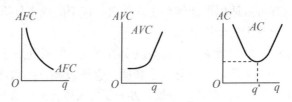

图 3-1 平均成本曲线

平均可变成本先降后升。这只是通常情况，当然也有可能是平均可变成本先稳后升。最重要的是平均可变成本最终是增长了。为什么是这样？回想一下在短期内，企业至少有一种固定投入的情况。比如一个生产汽车的企业，它的固定投入就是工厂。原则上，工人增加，产量就会增加。只要工厂够大，很可能就是工人增加 10%，产量增加相应的量。这会使可变成本增加 10%，而平均可变成本不变，平均可变成本函数就会趋于平缓。事实上，如果生产很有效率，10% 的工人增加会带动多于 10% 的产出，如图 3-1 所示，平均可变成本会一开始就处于下降趋势。

但是，若产出想继续增长，相对固定的工厂规模会是一个限制。继续增加工人，因为工厂已经人满为患，要得到相同的产出需要增加比以前更多的工人。也就是说，现在如果要增加 10% 的产出，需要增加 15% 的工人。这意味着平均可变成本的增加。这样，固定因子的出现就意味着平均可变成本的增加，如图 3-1 所示。

因为平均成本是平均可变成本与平均固定成本的和，方程（3.4）已经很清楚地表明了，因此，由图 3-1 中左边两幅图也可以看出，当平均固定成本和平均可变成本相加时，平均成本曲线就呈现 U 形，如右图所示。下降的平均固定成本最终会被高产出时增加的平均可变成本所抵消，也就是说，平均成本曲线先降后升。

我们看到，平均成本的下降是因为固定成本的存在。若平均成本下降，我们就说存在**规模经济**（economies of scale）。因此，固定成本导致规模经济的出现。在图 3-1 中，当产量范围在 $q=0$ 到 $q=q^*$ 时，规模经济都存在。规模经济是本书将反复出现的一个重要概念。早在第 2 章我们就知道了为什么规模经济是企业存在的最主要原因。所以，要确保你知道什么是规模经济，它来自哪里。同时也要注意的是，假设没有固定成本，平均成本和平均可变成本会是同一个概念并且是一样的。

边际成本曲线

还有一种很有用的成本曲线可以被用来分析企业的成本。**边际成本**（marginal cost）是与产量相关的总成本的一个导数：

$$MC=\partial c(q)/\partial q \tag{3.5}$$

换言之，边际成本就是单位产出的增加导致的成本增加，或者说是成本变化率。它也可以叫增量成本。我们还记得，固定成本并不随着产量的增加而改变。因此，可以说边际成本就是单位产出的增长导致的可变成本的增长。

图 3-2 是典型的边际成本曲线，同时也有平均成本曲线和平均可变成本曲线。可以看出，边际成本曲线穿过了两条平均成本曲线的最底部。这不是偶然，我们沿着平均

可变成本曲线去思考为什么会是这样。如果平均可变成本曲线是下降的，在那个点多生产一单位产品的成本一定比平均成本低。边际成本低于平均成本，因此会导致平均成本下降。为了使平均成本下降，额外的单位成本必须低于平均成本。另外，如果平均成本是上升的，在那个点多生产一单位产品的成本一定高于平均成本。要使平均成本上升，额外的单位成本必须高于平均成本。[①]

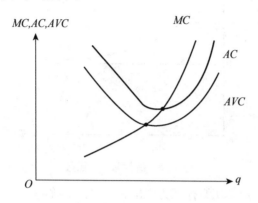

图3-2　边际成本曲线和平均成本曲线

综合起来说就是当边际成本低于平均可变成本时，平均可变成本下降，反之亦然。只有当平均可变成本既不上升也不下降时（例如，平均可变成本处于最低处时），边际成本与平均可变成本一致。因此，边际成本曲线穿过平均可变成本曲线的最低处。同样的论述可以运用到平均成本曲线中：当平均成本曲线下降时，边际成本曲线位于其下方；当平均成本曲线上升时，边际成本曲线位于其上方。

成本函数的例子

为使这些概念更直观，我们来看两个例子。首先，用产出的线性函数来表示企业的成本函数：

$$c(q) = f + aq, \quad a > 0$$

从这个方程可以推出：

固定成本：$c_F = f$
平均固定成本：$AFC = f/q$
可变成本：$c_V = aq$
平均可变成本：$AVC = a$
平均成本：$AC = f/q + a$

求与 q 相关的成本函数的导数就得出了边际成本：

边际成本：$MC = a$

图3-3展示了该例子中的平均成本函数和边际成本函数。可以看到，平均可变成

① 设想一位教授在给期中考试阅卷。如果后面的或者边际的试卷分数比前面已经批改过的试卷的平均分低，那么，包含新批改的试卷的平均分就会更低：后面的或者边际的试卷的分数拉低了平均分。如果后面的试卷分数比前面已经批改过的试卷的平均分高，那么，包含新批改的试卷的平均分就高。

本是固定的，等于边际成本 a。这个特殊的例子将经常作为例证在本书出现。

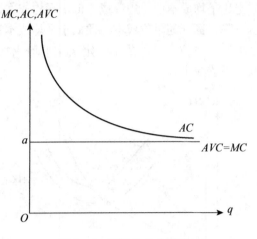

图 3-3　线性总成本函数

在另一个例子中，成本函数体现为产出的二次方函数：

$$c(q)=f+bq^2，b>0$$

显然，固定成本和平均固定成本还是和原来一样。同样有：

可变成本：$c_v=bq^2$

平均可变成本：$AVC=bq$

平均成本：$AC=f/q+bq$

求与 q 相关的成本函数的导数就得出了边际成本：

边际成本：$MC=2bq$

图 3-4 展示了这个例子中的平均成本函数和边际成本函数。在这种情况下，边际成本与平均成本都是增长的线性函数，而且边际成本的增速是平均可变成本的 2 倍。

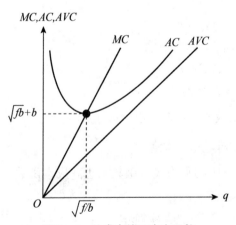

图 3-4　总成本的二次方函数

管理经济学：基于战略的视角（第二版）

□ 3.2.4 利润最大化

现在我们可以正式讨论管理者的利润最大化了。

$$\max_{q} \pi = r(q) - c(q)$$

关键就在于选择一个合适的产量 q 使收入与成本的差额最大化。这个问题对于任何企业（不管是大还是小）或者任何市场（垄断、完全竞争或者我们将会在本书中碰到的任何一种市场类型）都是一样的：管理者总是想使利润最大化。

我们可以通过画一幅像图 3-5 那样的利润函数图来清晰详细地展示这个问题。当产出为零时，收入也为零，唯一的成本就是固定成本 f，因此，利润就是固定成本的负数。管理者要做的就是确定那个合适的 q^* 点，使利润最大化。我们注意到，在这一点利润函数的斜率趋近于零。

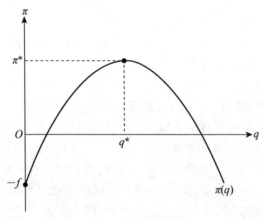

图 3-5 利润函数

由利润最大化的一阶条件得出：

$$\frac{\partial \pi(q)}{\partial q} = \frac{\partial r(q)}{\partial q} - \frac{\partial c(q)}{\partial q} = 0 \tag{3.6}$$

因为函数的导数就是函数的斜率，我们发现一阶条件会帮助我们在图 3-5 中确定产出 q^*，这时利润函数的斜率为零，利润最大。

方程（3.6）的右边就是与 q 有关的成本函数的导数，也就是边际成本。左边是与 q 有关的收入函数的导数，也就是**边际收入**（marginal revenue）。方程（3.6）两边都增加边际成本，用 MR 代表边际收入，则一阶条件可以重新写作：

$$MR(q) = MC(q) \tag{3.7}$$

这个条件简单地说明要实现利润最大化，企业会选择产出水平，以保证边际收入等于边际成本。方程（3.7）也许是本书最重要的一种情况，它对于任何企业都适用。读者要确保熟记于心。

我们很容易看到这个结果是很直观化的。我们知道边际成本就是单位产出增加引起的企业成本的增加额。同样，边际收入就是单位产出增加引起的企业收入的增加额。假设企业生产处于 $MR \neq MC$ 的情形，那么必然有 $MR > MC$ 或者 $MR < MC$。

如果 $MR>MC$，随着企业产出增加一单位，收入的增加会多于成本的增加。意思就是每增加一单位产出，利润将会增加。事实上，只要 $MR>MC$，增加产出就会增加利润。相反，如果 $MR<MC$，企业要增加利润就得减少产出：少生产一单位产出节约的成本比卖出一单位产出得到的收入要大。因此，对于 $MR>MC$ 的情况，企业依靠增加产出来增加利润；对于 $MR<MC$ 的情况，企业依靠减少产出来增加利润。于是我们知道当 $MR=MC$ 时，利润最大。

有了上述知识铺垫，我们就可以开始探讨一年级课程中涉及的两种市场形态：垄断与完全竞争。

3.3 垄　断

垄断的出现可以归结于许多原因。在德比尔斯公司的案例中，直到 20 世纪末，它控制了全球 80% 以上的钻石供应，这时垄断就因为企业对某种特殊资源的控制而出现了。同理，一个企业生产出一种新产品，在有竞争对手生产出足以形成对抗的产品前，这个企业都拥有垄断地位。例如，早在 20 世纪 80 年代初，索尼公司就开发出了随身听，几个月后松下公司和胜利（JVC）公司开发的个人音响产品才投入市场。于是，索尼公司自然在个人音响市场拥有垄断地位。同样，当明尼苏达矿业制造公司（3M）开发出黏性便笺纸生产线时，竞争性的产品几个月后才出现。直到竞争性产品的出现，3M 才失去了在便笺纸市场上的垄断地位。在这些例子中，垄断只在对手出现之前的短暂期间出现。但有时当一个企业生产出的新产品取得了政府**专利**（patent）许可时，专利可以保证相对固定时期内不会有其他企业生产同类型产品。比如，世界贸易组织成员专利一般可以保护 20 年。关于专利的问题，我们将在第 9 章详细讨论。专利垄断一般出现在制药业中，比如治疗精神病的百忧解就属于这类药品；或者出现在农业中，比如孟山都公司生产的转基因作物抗草甘膦油菜籽也是如此。

垄断出现的另一个原因是，由一个企业为市场提供服务是最具成本有效性的方式。就拿本地通话服务来说，在 20 世纪 80 年代末移动手机出现之前，本地通话服务具有垄断地位。试想一下，假如一个城市有两家服务商，会发生什么？如果有了电话机却只能拨打一半的电话号码显然是不够用的，不管家庭还是企业都需要同时开通两种服务。这就意味着每家每户都需要两套线路。从生产成本来看，两个企业远不如一个企业效率高。在这个例子中，垄断企业可以以较低的价格提供相同的服务。一种产业中只有一个企业，且价格更低的例子，我们称之为**自然垄断**（natural monopoly）。运用在移动电话中的技术革新让电话网络覆盖的成本低了很多，因为建一座无线电发射站比挨家挨户装线便宜多了。结果就是在许多国家，消费者可以选择使用哪个企业。[①] 这也就意味着自然垄断在技术革新后消失了。我们将在第 9 章探讨自然垄断的例子。

垄断力量的来源将使得企业的策略选择变得不同。例如，一个拥有专利权的企业或者

[①] 有线电视在技术革新之前也属于自然垄断行业。低成本卫星电视服务和宽带网络电视的发展使得有线电视服务提供商的垄断不再持续。

一个拥有自然垄断力量的企业可以在一段时间内不用考虑竞争对手的存在。20年的时间对于保证不出现竞争性产品来说已经很长了。自然垄断企业不用特别担心竞争，除非有了技术革命。比起开发新产品的企业，自然垄断企业或者专利企业可以说是远离竞争的。在第1章我们就强调过，在对手企业中有竞争的存在就会有策略的存在。在第5章之前的内容都不涉及任何策略性的东西。因此，我们在这里只讨论垄断可以持续多年的例子（不管是自然垄断还是专利垄断），在第8章以后我们才介绍因为开发新产品而出现的短暂性垄断。

现在，我们来总结一下上述讨论的垄断的两个假设：

● 产业中只有一个企业存在。

● 其他企业不能随便进入该产业。

第一个假设是垄断的定义。第二个假设保证了垄断的存在。如果允许企业进入垄断产业，并且生产同类型的产品或提供同样的服务，那么垄断将不复存在。企业要保持垄断地位，就必须存在阻止企业进入产业的**进入壁垒**（barriers to entry）。进入壁垒的例子前面已经给出：自然垄断企业所拥有的专利阻止了其他企业进入市场，因此构成了进入壁垒。

□ 企业的最优化

垄断企业的利润最大化可以表述为：

$$\max_{q} \pi = r(q) - c(q) \tag{3.8}$$

这跟我们上述讨论的基本问题是一致的。我们知道由这个问题的一阶条件能够得出如下条件：

$$MR(q) = MC(q) \tag{3.9}$$

这个式子说的是垄断企业在边际收入等于边际成本处生产。

我们现在对垄断条件下利润最大化的情况有了进一步的了解。我们写出垄断中收入的表达式：$p \cdot q$。因为垄断意味着市场上只有一个企业，垄断企业的需求曲线就是市场的需求曲线 $q = D(p)$。垄断企业只能通过逆需求曲线定价，因此有 $p = P(q)$。因此，垄断企业的收益函数就是 $r(q) = P(q) \cdot q$。把产出与收入函数的导数一起考虑就得出了边际收入。因此，根据收益函数的差异化生产原则，一阶条件（3.7）可以写为：

$$P(q) + \frac{\partial P(q)}{\partial q} q = MC(q) \tag{3.10}$$

左边的式子需要更多一点的讨论。

当垄断企业增加一单位产出时，这会对收入有两方面影响。第一，对消费者每卖出一单位产品所收取的价格越高，收入越多；第二，为了多卖出产品，垄断企业不得不在产量增加之前降低单位产品的价格。这两点从方程（3.10）左边可以看出。销售的单位产品所产生的收入标示为 $P(q)$，降低的价格标示为 $\partial P(q)/\partial q$。在第二个式子中，产量增加之前的单位产品价格所减少的收入等于 $\partial P(q)/\partial q$ 乘以 q。我们做这些就是把边际收入分为两部分。两者相加就得出了产出的边际收入。

方程（3.10）还有一点需要注意。第一项就是需求曲线中的价格。因为需求曲线斜率为负，$\partial P(q)/\partial q < 0$，也就是说第二项为负。因此，对于任何产出的价值，$MR(q)$ 都比 $P(q)$ 少。从图形来看，这意味着边际收入曲线 $MR(q)$ 位于需求曲线下方。

但是方程（3.10）不容易直观理解。为了看得更清楚，我们把每一项都用市场价格 p 来除：

$$p/p+[\partial P(q)/\partial q]\cdot q/p=MC/p$$

我们在 1.5 节中提到过需求弹性的定义：$\epsilon=[\partial q/\partial p]\cdot p/q$。这跟上面式子中的第二项正好相反，因此，我们将一阶条件写为：

$$1+[1/\epsilon]=MC/p$$

$$\frac{\epsilon+1}{\epsilon}=MC/p$$

$$p=\frac{\epsilon}{\epsilon+1}\cdot MC$$

我们已经把一阶条件变为简单的**加成定价规则**（markup pricing rule），它只取决于两个因素：边际成本 MC 与 $\frac{\epsilon}{\epsilon+1}$ 项，而后者只跟需求弹性 ϵ 有关。例如，垄断企业如果知道它们的产品的需求弹性 ϵ 是 -3，那么 $\frac{\epsilon}{\epsilon+1}=\frac{-3}{-3+1}=1.5$，因此，它们只需要按边际成本的 1.5 倍定价就可以了，也就是加价 50%。

方程（3.7）可以很清楚地通过我们对成本曲线与利润最大化的条件展示出垄断者关心的利润最大化问题。从图 3-6 中我们可以看出，最优化的产量 q^M 出现在边际收入曲线与边际成本曲线的交点处，这与方程（3.7）是相符的。垄断价格与需求曲线有关。如果产出是 q^M，那么价格就是 p^M。

通过重新定义利润就可由图 3-6 得出垄断者的利润。我们知道利润就是收入与成本的差额：$\pi=r(q)-c(q)$。如果我们用价格与产量相乘代替总收入，那么我们用产量去乘和除总成本就得到：

$$\pi=p\cdot q-[c(q)/q]\cdot q$$

我们注意到 $c(q)/q$ 是平均成本，分析出 q 就有：

$$\pi=[p-AC]\cdot q$$

我们已经将利润写成平均成本 $[p-AC]$ 与产量 q 的乘积。这样写就可以方便地分辨出利润就是图 3-6 中的阴影区域。因为 $p^M>AC^M$，垄断者是盈利的。

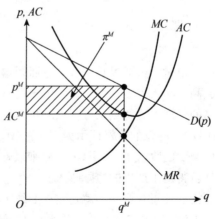

图 3-6　垄断企业的最佳选择

在通常情况下，能赚钱就能吸引其他企业加入这个产业。但是，为了分析方便，我们已经假设其他企业不能随意进入。因为没有其他企业进入，对于垄断企业来说，短期与长期看起来是一致的。[①] 但我们知道，在充分竞争的环境下，短期与长期是有很大区别的。

肉豆蔻的垄断贸易

虽然垄断的原因有多种，但是都有一些共同的特征：必须有天然的或人为的进入壁垒，而且没有相应的替代品。垄断对市场结果也有一些共同的影响。与竞争市场相比，垄断会导致更高的价格、更低的质量，为垄断企业带来更多的利润。

在垄断影响市场的例子中，肉豆蔻贸易是个典型案例。

肉豆蔻是从肉豆蔻种子中提炼出来的一种香料。因为没有其他香料能比得上其特有的味道，所以它没有替代品。世界上 95％的肉豆蔻产自印度尼西亚和格林纳达。但这两个地区种植肉豆蔻的有许多农场，它们把产品卖给出口企业，后者随后再转卖给世界各地的香料进口商。

到现在为止这看起来还构不成垄断。尽管肉豆蔻没有替代品，世界肉豆蔻市场也没有形成垄断。但是，在 1986 年，印度尼西亚政府引入了出口管制，使得该产业有了垄断的意味。管制允许政府成立**卡特尔**（cartel），所有来自印度尼西亚和格林纳达的肉豆蔻都被销售到一个营销局。所有香料进口都需要通过这个唯一的营销局，它实际扮演的就是垄断企业的角色。在短短 2 年内，肉豆蔻的价格从每千克 1 美元涨到每千克 4 美元。从这两个区域出口的肉豆蔻产量下降了 50％（Marks and Pomeroy，1995）。营销局的成立，使得肉豆蔻种植户和出口商扮演了垄断者的角色，赚取了巨额的垄断利润。

卡特尔在许多发达国家是非法的。但在许多例子中，因为卡特尔的存在而改变了的市场势力让其自身难以持续。肉豆蔻市场出现了两个问题：首先，肉豆蔻的供应是非常富有弹性的，大批未卖掉的肉豆蔻被储存了起来；其次，因为它的价格涨幅非常大，有人就想通过走私来获取部分收入。这种种活动逐渐瓦解了肉豆蔻卡特尔，终于在印度尼西亚政府废除出口管制后分崩离析了。肉豆蔻的价格也迅速回落到了卡特尔出现之前的水平。

注：这个专栏中使用的数据以及更多的关于全球肉豆蔻市场以及印度尼西亚成立的肉豆蔻卡特尔所发挥作用的信息，都取自马克斯和波默罗伊（Marks and Pomeroy，1995）。

3.4 完全竞争

一般来说，一个完全竞争行业满足如下假设：

● 市场中企业众多。

---

① 当然，需求可能会变化，这会对利润最大化产出有影响。

- 企业没有市场势力。
- 企业生产同质化产品。
- 企业可以自由进入和退出行业。

这几个假设中的每一个都是构成完全竞争市场必不可少的。理解这几个假设很重要，因为它们跟本书后面部分有很强的关联性。前三个主要是防止任何策略性行为的发生。在3.1节我们就知道许多生产同质化产品的企业没有市场势力，也没有定价权。

能够自由进出一个行业保证了在长期中没有市场势力的存在。换句话说，我们说这个市场中没有进入壁垒或者**退出壁垒**（barriers to exit）。正如之前讨论过的，进入壁垒的存在是由于行业内存在的成本、管制或者在位企业的策略性行为。退出壁垒保证了企业不会离开此行业。例如，电力企业依法必须向偏远地区供电，即使这对它们来说是亏本的。[①]

外汇市场

平均来算，每天世界外汇市场有３２万亿美元流动（国际清算银行，2007）。为了让你看清楚这个数字的大小，我们举个例子：它相当于中国 2007 年生产的货物及劳务价值的总和。因此，当有人为到佛罗里达度假去附近银行兑换美元时，他能换回的钱比起任何一天两种货币的交易总额来说简直是沧海一粟。因为个人在外汇交易市场的交易都是无穷小的，也就是说，任何人都没有操纵汇率的力量。有时，政府会介入外汇市场，通过绝对的市场购买力来对该市场施加影响。但是，任何个人买家或者卖家对外汇市场均没有市场势力。这样就满足了完全竞争市场的第二个假设。

钱是世界性的。任何一个人的美元与他人的无二，这满足了第三个假设。最后，发达国家对谁买或者卖美元没有限制，这满足了进出自由的假设。因此，美元市场满足完全竞争市场的四个假设。

□ 3.4.1 一个企业的最优化

完全竞争行业的利润最大化可以写作：

$$\max_{q} \pi = r(q) - c(q) \tag{3.11}$$

一阶条件还和以前一样。企业根据

$$MR(q) = MC(q) \tag{3.12}$$

设定产量。

鉴于完全竞争市场下的企业没有市场势力的假设，每个企业都是价格接受者。也就是说，各个企业的价格都是由市场决定的 p 水平。这就意味着企业每多卖一单位产

[①] 在这种情况下，企业会从其他消费者那里获取利润，以弥补损失。这样的话，偏远地区的电力消费者得到了非偏远地区电力消费者的实际补助。这种交叉补贴是否有益于社会，我们在此不做讨论。

管理经济学：基于战略的视角（第二版）

品得到的额外收入只有 p，也就是：$MR(q)=p$，因此，一阶条件可以写为：

$$p=MC(q) \tag{3.13}$$

方程（3.13）已经说明了完全竞争的产出是在市场价格和边际成本相等条件下的产出，也就是图3-7中市场价格 p^* 所处的位置。在这个例子中，q^* 就是利润最大化的产量。我们看到这与垄断情形是截然不同的。通常情况是边际收入被价格替代，而价格在市场中是一定的。

从方程（3.13）中可以导出企业的供给函数。不同的市场价格 p' 只是改变了方程（3.13）的左边。如果 $p'<p^*$，企业会减少产量，反之亦然，直到边际成本与价格重新对等。但是，这就意味着从图3-7中的边际成本可以描绘出价格和产量的关系，根据定义，这就是企业的供给函数。

事实上，供给函数远非这般简单。有时企业根本就不供应任何东西。假设企业有了亏损，那么它就有可能选择停产。如果停产，企业只是不用再投入可变成本：它解雇工人、关掉电源、取消材料订单等。因此可变成本变为零。但是企业仍然产生固定成本。从定义看，它必然要负担固定成本——可能因为租赁、借款偿还产生的契约义务——不管它是否再生产。

假设企业不管是关闭还是继续经营都会赔钱，那么企业该怎么办？很明显，应该选择损失小的方案。如果企业关闭，利润等于固定成本的负数，即 $-c_F$；如果营业，利润等于 $p \cdot q - c_V - c_F$。如果 $p \cdot q - c_V - c_F < -c_F$，企业会选择关闭。

两边同时加上 c_F，重新调整后得出关闭的条件是：

$$p \cdot q < c_V$$

两边除以 q，得出右边是 c_V/q，这是平均可变成本。因此，也可以说关闭条件是：

$$p < AVC$$

只要价格高于平均可变成本，企业就按照 $p=MC(q)$ 的标准生产；如果价格低于平均可变成本，企业将不生产任何东西。因此，企业的供给曲线就是平均可变成本曲线之上的边际成本曲线，也就是图3-7中所示的边际成本曲线加粗部分。

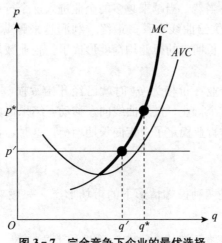

图3-7　完全竞争下企业的最优选择

□ 3.4.2 短期内的行业均衡

问题是：市场价格是如何确定的？行业**均衡**（equilibrium）就是市场供给曲线与需求曲线的交点。市场供给曲线就是行业中所有企业供给曲线（或者边际成本曲线）的总和。同理，需求曲线就是所有对这个市场感兴趣的消费者的需求曲线的总和。[①] 如图 3-8 所示，供给曲线 S 与需求曲线 D 的交点决定了均衡价格 p^* 和均衡产量 q^*。

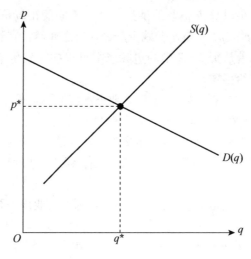

图 3-8　完全竞争下的市场均衡

价格是所有市场参与者——企业与消费者——共同作用的结果。没有哪一方可以左右该结果。

□ 3.4.3 长期内的行业均衡

如图 3-8 所示的短期内的行业均衡与如图 3-7 所示的一个具有代表性的企业利润最优化并不是最终结果。假设企业在市场价格 p^* 时有盈利。也就是说，假设在 q^* 这个产量上 $p^* > AC^*$，这会吸引行业外企业的进入。因为进入行业是不受限的，一些企业就会生产同类型的产品。当然，当越来越多的企业进入这个行业时，供给增加，这会使得价格从 p^* 开始回落，供给曲线右移。最终，利润越来越薄直到为零。到了这个点，新企业不再进入，这时，长期内的行业均衡就形成了。企业数量保持不变，并且任何企业都不盈利。

相反，假如短期内企业在价格为 p^* 时就已经开始亏损，整个过程就完全相反了。亏损让一部分企业离开这个行业，供给曲线向左移动，结果市场价格上升。最终价格上升到足以抵消亏损，此时行业稳定了，走向长期均衡，这时，企业赚取零利润。

小　结

● 垄断与完全竞争是两种极端情形下的市场形态。一般来说，行业中的企业数增

---

① 企业间的供给曲线或消费者间的需求曲线的加总必须以单位产品来求得。因为产量 Q 在横轴上，加总供给曲线和需求曲线叫作横向求和。

多，市场势力减弱；产品差异化程度增加，市场势力增强。

● 管理者的目标就是企业经济利润的最大化，也就是保持边际收入与边际成本相等时的产量。

● 企业的成本描述方式有平均成本、平均可变成本和平均固定成本。边际成本曲线穿过平均成本曲线与平均可变成本曲线的底部。

● 新产品或者服务、专利、技术等原因会引起垄断，而只有后两种能持续较长时间。

● 垄断企业只会维持边际收入和边际成本相等时的产量。如果有进入壁垒，垄断企业会持续赚取正的经济利润。

● 完全竞争的特征是有许多企业。但是，没有企业有市场势力，并且价格由市场决定。正的经济利润和负的经济利润都不会在长期内持续，因为会有企业不断进出行业，市场价格最终会进行调整直到出现零利润。

练 习

1. 列举表 3-1 的五个圆括号内的例子。也就是举出一些由许多企业或者几个企业生产同质化产品的行业的例子，以及由许多企业或者几个企业、垄断企业生产同质化产品的行业的例子。

2. 假设企业有逆需求 $p=10-2q$，计算企业的收入函数。计算当 $q=0$、1、2、3、4、5 时函数的值，并把各点连起来绘制收入函数。

3. 假设企业有成本函数 $c=5+q$。

(a) 这是一个长期还是短期成本函数？理由是什么？

(b) 确定固定成本（c_F）函数与可变成本（c_v）函数。

(c) 确定平均固定成本（AFC）函数、平均可变成本（AVC）函数和平均成本（AC）函数。

(d) 确定边际成本（MC）函数。

4. 假设企业的成本函数为 $c=2q^2$。

(a) 这是一个长期还是短期成本函数？理由是什么？

(b) 确定固定成本（c_F）函数与可变成本（c_v）函数。

(c) 确定平均固定成本（AFC）函数、平均可变成本（AVC）函数和平均成本（AC）函数。

(d) 确定边际成本（MC）函数。

5. 假设企业有逆需求曲线 $p=10-2q$，其中成本函数为 $c=5+q$。

(a) 确定收入函数。

(b) 确定利润最大化时的产量水平。

(c) 确定企业的价格。

(d) 计算企业利润最大化时的成本、收入和利润。

6. 假设企业有逆需求曲线 $p=10-2q$，其中成本函数为 $c=2q^2$。

(a) 确定收入函数。

(b) 确定利润最大化时的产量水平。

(c) 确定企业的价格。

(d) 计算企业利润最大化时的成本、收入和利润。

7. 假设一个行业只有一个企业，其成本函数为 $c=100+9q^2$，逆需求曲线为 $p=20-q$。

(a) 确定垄断企业在利润最大化时的产量水平。

(b) 确定企业的定价及利润水平。

(c) 从长远看，企业会留在此行业吗？为什么？

(d) 其他企业会被吸引到该行业吗？为什么？

8. 假设一个完全竞争行业有 100 个企业。假设每个企业的成本曲线都为 $c=q^2$，并且假设逆需求曲线为 $p=10-0.02Q$。

(a) 确定每个企业的边际成本曲线。

(b) 确定每个企业的供给方程。

(c) 确定行业供给方程。

(d) 确定行业的均衡价格和数量。

(e) 确定每个企业的产出和利润。

(f) 这是行业的长期均衡吗？为什么？

参考文献与延伸阅读

Bank for International Settlements（2007）*Triennial Central Bank Survey*. Basel，Switzerland：Bank for International Settlements.

Marks，S. and Pomeroy，J.（1995）"International Trade in Nutmeg and Mace：Issues and Options for Indonesia"，*Bulletin of Indonesian Economic Studies* 31（3）：103–118.

Tirole，J.（1988）*The Theory of Industrial Organization*. Cambridge，MA：MIT Press.

Varian，H. R.（2006）*Intermediate Microeconomics*，7th edn. New York：Norton.

第 4 章

价格歧视

学完本章，你应该理解：

● 价格歧视的含义。

● 价格歧视的实施条件。

● 一级、二级、三级三种价格歧视的差别。

● 价格歧视的现实例子。

● 三级价格歧视的逆弹性法则。

● 公司如何运用需求弹性对不同消费群体实施价格歧视。

● 为什么移动电话公司、健身俱乐部以及其他公司会提供不同的套餐包。

下次你坐飞机的时候，问一下你周围的人花多少钱买的票。很可能你们的票价是不一样的。① 即使你们的目的地是一样的，接受的服务也一样，可是价格不一样。当不同消费者接受相同的服务和产品而支付不同的价格时，经济学家称之为**价格歧视**（price discrimination）。价格歧视的例子很常见。除了飞机票，在酒店订房、租赁汽车及买火车票时也会发生价格歧视。②

本章主要探讨价格歧视的成因以及类型。最根本的原因就是为了从消费者那里得到额外的收入（从而得到更多的利润）；如果向每个顾客都收取一样的价钱，就达不到这个目的了。极端的例子是，企业可以对每个顾客都实施价格歧视。这种情况只会发生在小众群体中，比如说偏远社区的牙科服务。在这种情况下，牙医对富人定的价

---

① 为了避免引起不良反应，我们假设你是一名商务或者经济学专业的学生，只是在复习管理经济学上过的课程。

② 所有例子均与旅行有关。我们会在本章后面的内容中解释为什么这么做。

格可能会高一点，对不那么富有的人的定价则低一点。当然，这需要牙医有可靠的信息来源，此类信息在小地方不难搜集到（至少猜起来比较容易）。重要的是，通过价格歧视，牙医可以从顾客那里赚取更多的收入。如果是**统一定价**（uniform price），一方面，由于定价过高可能损失一部分消费者；另一方面，如果对富人定价过低则会损失大笔的收入。

价格歧视的另一种形式是**两部收费**（two-part tariff）。两部收费指的是企业对购买的产品或服务的权利先行收取一笔费用，而这与购买的数量无关，而后对产品或服务按单位收取额外的费用。许多互联网企业会实行两部收费：除了每月的月费外，对下载的信息按单位收费。另一个两部收费的例子是消费品仓储企业如美国好市多公司，会每年收取会员费。只要付了这笔费用，消费者可以购买任意连锁企业所提供的折扣商品。正如我们所看到的，两部收费和价格歧视是一个目的：从顾客那里得到更多的收入，从而赚取更多的利润，而统一定价则没有这个效果。

另外一种价格歧视的情形是企业能够根据一些明显的特征对不同的消费群体进行区分，他们有明显的特征，如年龄、区域。航空公司对乘坐同一航班的商务旅客和度假旅客的定价不同就是这种情况。商务旅客容易区分是因为他们总是在临行前最后一刻才买票，而且不会在周六晚上留下过夜。航空公司通常只会给那些至少提前三个星期订票且会在周六晚上留下过夜的度假旅客优惠价格。这样，企业就可以通过这个明显的特征，即通过比较订票时间的提前程度来区分商务旅客和度假旅客。同样，对旅客实施价格歧视也是为了收取更多的额外收入，而统一定价是不可能做到这一点的。

本章我们将探讨价格歧视的三种形态。每种形态的价格歧视都是为了收取统一定价不可能带来的额外收入。为了弄清这些概念，本章将采用垄断企业的例子。但是，实施价格歧视的关键是企业有市场势力。因此可以说，任何有市场势力的企业都可以实施价格歧视，而不仅仅限于垄断企业。事实上，只有完全竞争的市场不会出现价格歧视。我们接下来将看到许多价格歧视的例子。不管是不是垄断企业，价格歧视都是一种常用的定价策略。

4.1　一级价格歧视

我们从一个特殊的例子开始分析价格歧视：假设一个商务旅客会在某个给定月份多次打车外出。[①] 她对出租车的需求可以写成线性（逆）需求函数：

$$p=3-0.02q$$

其中，q 代表每月出租车行驶的里程数，p 代表出租车每千米里程收取的价格。这条需求曲线如图 4-1 所示。

---

① 关于一级价格歧视的文献是 Walter Qi（1971）：A Disneyland Dilemma。

管理经济学：基于战略的视角（第二版）

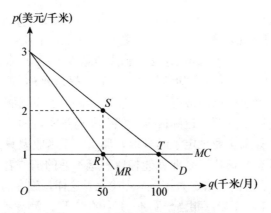

图 4-1　出租车企业的两部收费

假设市里只有一个出租车企业，那么它就具有垄断性。它提供出租车服务的边际成本是固定的，等于每千米 1 美元。因此，出租车企业通过提供出租车服务获取的总收入就是：

$$r(q) = p(q) \cdot q = 3q - 0.02q^2$$

要使利润最大化，出租车企业会让边际收入与边际成本相等。边际收入由总收入函数的导数得出，因此，企业会求解：

$$MR = 3 - 0.04q = 1 = MC$$
$$0.04q = 2$$
$$q = 2/0.04 = 50$$

这就是图 4-1 中的点 R。当 $q = 50$ 时，旅客的需求函数给出价格为 $p = 3 - 0.02 \times 50 = 2$（图 4-1 中的点 S）。因此，出租车企业每千米收取 2 美元，旅客每月乘车 50 千米，出租车企业的利润就会最大化。出租车企业每月收入 100 美元，便会发生成本 50 美元，于是得到利润 50 美元。我们看到，旅客在需求曲线下方区域以高于市场的价格得到了消费者剩余：

$$CS = (3 - 2) \times 50 \div 2 = 25（美元）$$

垄断企业能否做到更好呢？在给定的价格框架内，答案是否定的。但是出租车企业可以采取不同的定价方式，比如说收取起步价。当你坐上一辆出租车，司机打开计价器，开始你的行程时，表上会有一个价格。这个起步价是你必须支付的固定的价格，不管出租车是走了 1 千米、10 千米还是 100 千米。在这种情况下，出租车企业的总收入就为：

$$r(q) = A + p \cdot q$$

其中，A 是起步价。这时，我们说出租车企业实行的是两部收费，因为现在企业的收入有两部分：可变收入部分 $p \cdot q$，这是根据行驶里程计算的；起步价 A，这是固定收入部分，与里程数无关。

企业如何确定 A 的大小以使利润最大呢？我们刚才说那个旅客得到了一笔 $CS=$

25 美元的消费者剩余。如果设立了起步价，旅客每月乘坐出租车旅行 50 千米就得支付 $CS+p \cdot q=125$ 美元而不是 $p \cdot q=100$ 美元。因此，企业会将起步价设定为与消费者剩余相等的价格，即：$A=25$，这样，企业的总收入就为 $r(q)=A+p \cdot q=125$ 美元。通过两部收费，出租车企业增加了收入，把利润提高到 $\pi=75$ 美元。

事实上，出租车企业可以做得更好。一般来说，为了使利润最大化，企业会选择里程数和价格以使边际收入等于边际成本。但企业通过实行两部收费来实施价格歧视时，这就不正确了。如果企业设定了起步价，那么每千米收费只能越低越好，因为这样可以吸引更多的顾客。这样，企业就能榨取一笔不菲的消费者剩余。因为边际成本是每千米 1 美元，企业会把价格定为每千米 1 美元，这样，旅客的需求曲线就告诉我们他每个月会乘车旅行 100 千米（相当于图 4-1 中的点 T）。消费者会得到消费者剩余：

$$CS=(3-1)\times100\div2=100（美元）$$

现在，企业将起步价设为 $A=100$，这样它会赚取总收入：

$$r(q)=A+p \cdot q=100+1\times100=200（美元）$$

总成本为 $c(q)=1\times100=100$ 美元，因此，利润增至 $\pi=100$ 美元。当采取两部收费时，为使利润最大化，企业需要做到：

- 让单位价格 p 等于边际成本。
- 通过固定费用 A 赚取顾客的消费者剩余。

注意在图 4-1 中的点 S 与点 T 的顾客是不一样的。在点 S，起步价为 25 美元，每千米价格为 2 美元，旅客乘坐 50 千米得到的消费者剩余为零。[1] 在点 T，起步价为 100 美元，每千米价格为 1 美元，旅客乘坐 100 千米得到的消费者剩余仍为零。但是出租车企业明显能从点 T 受益，与点 S 相比，点 T 的利润为 100 美元，而在点 S 只有 75 美元。

当企业通过收取固定费用来赚取消费者剩余时，我们说企业能够实施**完全价格歧视**（perfectly price discrimination）。我们注意到完全价格歧视与完全竞争的情况是一样的，只有一点除外：在完全竞争条件下，消费者得到正消费者剩余，竞争企业获取零（经济）利润；而在完全价格歧视情况下，消费者剩余为零，垄断企业得到了正利润。结果的不同之处只在于哪一方获得了剩余：企业还是消费者。

尽管企业采取价格歧视是很常见的，但是，许多原因致使一级价格歧视在现实中是不可行的。我们假设出租车企业要实行一级价格歧视和压榨所有消费者剩余是需要一定信息的。比如它需要知道旅客的需求曲线的恰当特征。换句话说，它需要知道能从旅客身上压榨的准确的消费者剩余额为多少。出租车企业可能得到下列信息：

司机：您去哪？

旅客：机场。

司机：从这里到机场有 100 千米，每千米 1 美元的话，需要 100 美元，那么请

---

① 如果在总消费者剩余为零的前提下，对消费者决定购买商品觉得奇怪，我们可以假设出租车企业收取的起步价为 $CS-1$ 美元，这样旅客就得到了有限的消费者剩余。为简单起见，我们假设只要消费者剩余大于或等于零（不为负），消费者就会购买。

问您的消费者剩余是多少？

旅客：付给你 100 美元后，我的消费者剩余为 100 美元。

司机：那我收您起步价 100 美元，祝旅途愉快。

很难想象会有这样的交流。旅客会尽力隐瞒自己的剩余额。因此，司机只能靠猜测以确定准确的起步价。在不同的旅客乘车时，这个过程会不断地重复。当然，不同消费者可能有不同的乘坐出租车偏好，这些不同的偏好可加总为不同的需求曲线。即使出租车企业想要猜测每个乘客的需求曲线，出租车企业也不能向不同的乘客收取不同的起步价以及不同的每千米费用。

这个小小的思考过程提出了企业实施价格歧视时会出现的几个重要的问题：

● 不同的消费者有不同的偏好，企业怎么定价才能从每个消费者那里获得最高的利润？

● 有时企业可以分辨不同类型的消费者，但假如企业不能区分，该怎么办？

第一点是 4.2 节的主题，此时企业实行三级价格歧视。第二点有些复杂，将在 4.3 节讨论，此时企业实行二级价格歧视。

4.2 三级价格歧视

4.1 节很好地介绍了价格歧视的概念，也给出了企业实施价格歧视的措施：

● 定价要尽可能低以引导顾客降低他们的需求曲线，然后

● 采用收取固定费用的方式赚取尽可能多的消费者剩余。

但是，假设有许多不同类型的消费者，情形又如何？如果企业没有能力通过收取固定费用来赚取消费者剩余，该怎么办呢？健身俱乐部、CD 俱乐部、移动电话企业和互联网服务提供商都能从消费者那里收取固定费用。但许多情况是，企业没有能力通过收取固定费用来区别对待顾客。在本节，我们将只关注那些没有能力收取固定费用的企业。

在三级价格歧视的例子中，不同的顾客对企业的产品或服务有不同的需求。但是，垄断企业可以通过一些明显的消费者信息将大市场细分为若干个小市场。例如，企业可以区分消费者的年龄，给年长者提供折扣。航空公司可以向那些购票日期稍早一些的人提供折扣。铁路企业可以向学生乘客提供折扣。电脑企业可以向高学历者提供折扣，出版商可以向首次订阅者提供折扣。在所有这些例子中，企业依据一些显著特征对一些群体收费高一些，对另一些群体收费适当低一些。这就是说，企业可以运用显著信息实施价格歧视。

举个例子，假设垄断企业服务于两个有明显差异的子市场或消费者群体。每个子市场都有一条明显向下倾斜的需求曲线，而企业清楚这一点。两个市场的需求量可以分别写为 $q_1 = D^1(p_1)$ 和 $q_2 = D^2(p_2)$。假设两个群体间没有套利现象。也就是说，已经以低价购买到商品的消费者群体无法把产品转卖给本应支付更高价格的消费者群体。还要假设垄断企业不能区别对待任何群体中的个人。有了这些假设，垄断企业必须对同一个群体中的每一个人都收取相同的价格，但是不同群体间的价格可以不同。于是，垄断企业

的总需求就为：

$$q = q_1 + q_2$$

让垄断的总成本为 $c(q) = c(q_1 + q_2)$，利润最大化公式就为

$$\max_{p_1, p_2} p_1 q_1 + p_2 q_2 - c(q_1 + q_2)$$

这里是用总收入减去总成本，总收入为两个子市场收入的总和。用 $D^1(p_1)$ 替代 q_1，用 $D^2(p_2)$ 替代 q_2，就有：

$$\max_{p_1, p_2} p_1 D^1(p_1) + p_2 D^2(p_2) - c(D^1(p_1) + D^2(p_2)) \tag{4.1}$$

因为 p_1 和 p_2 是对称出现的，我们只关注其中一个价格 p_1。利润最大化的一阶条件就为：

$$p_1 \frac{\partial D^1}{\partial p_1} + D^1 - \frac{\partial c}{\partial D^1} \frac{\partial D^1}{\partial p_1} = 0$$

现在 $\partial c / \partial D^1 = \partial c / \partial q_1 = MC$。① 两边减去 MC，再除以 $\partial D^1 / \partial p_1$，就有：

$$p_1 + \frac{D^1}{\partial D^1 / \partial p_1} = MC \tag{4.2}$$

每一项再除以 p_1，一阶条件就为：

$$1 + \frac{D^1 / p_1}{\partial D^1 \partial p_1} = 1 + \frac{1}{\varepsilon_1} = \frac{MC}{p_1}$$

这里的 $\varepsilon_1 = (\partial D^1 / \partial p_1) / (D^1 / p_1)$ 只是第一个市场中的需求弹性。我们注意到 $1 + \frac{1}{\varepsilon_1} = \frac{\varepsilon_1 + 1}{\varepsilon_1}$，我们将等式重写为：

$$p_1 = \frac{\varepsilon_1}{1 + \varepsilon_1} \cdot MC \tag{4.3}$$

考虑到方程（4.1）中的对称性，第二个市场的一阶条件就可以类推出来：

$$p_2 = \frac{\varepsilon_2}{1 + \varepsilon_2} \cdot MC \tag{4.4}$$

这里的 $\varepsilon_2 = (\partial D^2 / \partial p_2) / (D^2 / p_2)$ 只是第二个市场中的需求弹性。这只是我们熟悉的加成定价规则，和我们在第 1 章中推导的一样。

观察三级价格歧视背后的经济学知识，回到方程（4.2），就有：

$$\frac{p_i - MC}{p_i} = -\frac{D^i / p_i}{\partial D^i / \partial p_i} = -\frac{1}{\varepsilon_i} \tag{4.5}$$

---

① 从总成本函数我们看到：$\frac{\partial c}{\partial q_1} = \frac{\partial c}{\partial q_2} = \frac{\partial c}{\partial q} = MC$。这就是说，从企业的角度来看，单位产品卖给消费者 1 或消费者 2 都是一样的：企业的成本变化是一样的，都等于边际成本 MC。

这样，在子市场边际成本基础上的加价等于那个子市场的逆需求弹性。我们把它叫作**垄断的逆弹性法则**（inverse-elasticity rule）。为讨论方便，我们假设 $\varepsilon_1 < \varepsilon_2$。这样，市场 1 的需求弹性就比市场 2 的要小，也就是说，第一个子市场的消费者对价格的反应程度比第二个市场的消费者的反应程度要小。如果 $\varepsilon_1 < \varepsilon_2$，就有 $1/\varepsilon_1 > 1/\varepsilon_2$，因此，第一个市场的加价就比第二个要大。这样一想，就有意义了。垄断企业会抬高价格，使得需求量更少。

这条法则就解释了为什么学生和老人能得到优惠。因为他们对价格增长更敏感（他们有较大的需求弹性），所以可以支付较低的费用。他们也很容易区分，因为学生有学生证，老人的驾照上有出生日期。这条法则也解释了为什么商务旅客一般要比度假旅客支付更多费用。因为从必要性上来讲，商务旅客比度假旅客需求更强，也就是说，后者对价格更敏感，因此支付的费用也少。航空公司区分商务旅客和度假旅客主要靠订票时间的早晚。这个方法很管用，因为商务安排一般不会很早确定。这个法则同样也解释了为什么加拿大和美国产品价格不同（在汇率一定的情况下）。两个国家的需求弹性不同导致了价格歧视。

下面几组航空业的数据说明了企业如何运用需求弹性信息来定价。市场研究表明，航空旅行的需求弹性会导致美国到欧洲的票价不同：若提前 21 天购买，价格会便宜 1.83 美元；若提前时间少于 21 天，则只便宜 1.30 美元（Cigliano，1980）。从之前的讨论可以看出，提前少于 21 天花费更高，因为他们的需求弹性小。但是它们到底会贵多少呢？我们采用方程（4.3）与方程（4.4）中关于加成定价规则的比率，可得到：

$$\frac{p_1}{p_2} = \left(\frac{\varepsilon_1}{1+\varepsilon_1}\right)\left(\frac{1+\varepsilon_2}{\varepsilon_2}\right) \tag{4.6}$$

欧洲之星的票价

与许多交通企业一样，欧洲之星在伦敦与巴黎间的铁路服务也实施明显的价格歧视。比如，从伦敦到巴黎的二等座双程票价为 309 英镑*，甚至在出发日期两个月之后都可以全额退还。然而，还有一种不可退换的周票，价格在 59～159 英镑之间。年满 60 岁的人可以买到价格为 59 英镑的不可退换票。还有一种专供年轻人的不可退换票，26 岁以下拥有身份证明的年轻人只要 49 英镑。所有这些都是三级价格歧视的例子，因为它们都是建立在一些明显的特征人群（年龄）、不同的需求弹性上的。（老年人和青年人，尤其是学生，相较其他旅客对价格更敏感。）

欧洲之星也提供商务特等座。往返伦敦和巴黎要花费 570 英镑，如果只可退款 50% 票价则是 339～450 英镑。严格来讲，二等座与商务座的价格歧视不能代表三级价格歧视，因为这两种座位的服务不同。商务座可以优先登车，座位更大，有各种饮料，提供三餐、报纸以及到站后的出租车服务。然而，价格歧视的一个内在因素让商务座成为可能。正如我们在 4.3 节将看到的，欧洲之星提供商务座服务是为了从富有的消费者那里赚取更多的消费者剩余（更多的收入），从而得到更多的利润。

* 该票价自 2008 年 9 月 23 日起实行，摘录自欧洲之星网站 www.eurostar.com。

我们把提前少于 21 天购买的车票标注为子市场 1，那么，$\varepsilon_1 = -1.30$，$\varepsilon_2 = -1.83$。把它们代入方程（4.6）得到 $p_1/p_2 = 1.97$。换句话说，提前时间少于 21 天购买的票比提前 21 天以上购买的票要多花 97% 的钱，这几乎翻倍了。

知道了子市场的需求弹性与价格呈负相关的信息之后，我们来看一个例子。一个有垄断地位的曲棍球棒生产商对于加拿大和美国有如下需求曲线：

加拿大：$q_C = 500 - 20p_C$ （4.7）

美国：$q_U = 500 - 10p_U$ （4.8）

假设生产球棒的总成本是 $TC = 10q$，其中 $q = q_C + q_U$，不管生产多少球棒，边际成本均为 $MC = 10$。从一阶条件（4.3）和（4.4），我们知道两国的价格部分地由 ε_C 和 ε_U 决定：

$$\varepsilon_C = \left(\frac{\partial q_C}{\partial p_C}\right)\frac{p_C}{q_C} = (-20)\frac{p_C}{500 - 20p_C} = \frac{-20p_C}{500 - 20p_C} \tag{4.9}$$

和

$$\varepsilon_U = \left(\frac{\partial q_U}{\partial p_U}\right)\frac{p_U}{q_U} = (-10)\frac{p_U}{500 - 10p_U} = \frac{-10p_U}{500 - 10p_U} \tag{4.10}$$

运用逆弹性法则和 $MC = 10$，我们可以知道加拿大的市场就为：

$$\frac{p_C - 10}{p_C} = \frac{500 - 20p_C}{20p_C}$$
$$20p_C - 200 = 500 - 20p_C$$
$$40p_C = 700$$
$$p_C = 17.5$$

同样地，美国市场为：

$$\frac{p_U - 10}{p_U} = \frac{500 - 10p_U}{10p_U}$$
$$10p_U - 100 = 500 - 10p_U$$
$$20p_U = 600$$
$$p_U = 30$$

企业对曲棍球棒的定价在加拿大为 17.5 美元，而在美国为 30 美元。因为美国的价格更高，其需求弹性一定更小，这很容易从弹性公式检验出来。把 $p_C = 17.5$ 代入方程（4.9）中，得出 $\varepsilon_C = -2.33$。同样，将 $p_U = 30$ 代入方程（4.10）中，得出 $\varepsilon_U = -1.5$。我们看到美国的需求弹性较小。

图 4-2 用另外一种方式来解释例子。左图是美国市场，右图是加拿大市场。为使利润最大化，企业在边际成本 $MC = 10$ 与边际收入相等时才会出售。此时价格由每个市场的需求曲线决定。美国的需求弹性比加拿大的需求弹性要小，所以美国的价格更高。

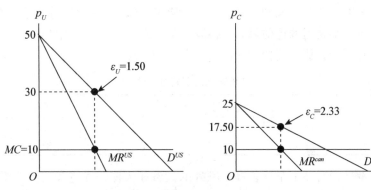

图 4-2　加拿大和美国的最优定价

4.3 二级价格歧视

在 4.2 节中，垄断者能从不同群体中区分消费者的不同显著特征。例如，他们可以通过年龄或者学生身份来断定其需求弹性。在本节，我们来看如果消费群体间有潜在的区别，但垄断者无法观察到那些能识别消费者所属群体的特征，又将会发生什么。换句话说，假设一种情景：由于没有诸如学生证之类的东西，垄断者无法分辨个体是否为学生。要注意的是，通过询问消费者是否为学生是没有用的，因为所有消费者都会声称自己是学生以得到折扣。

为方便起见，假设有两种消费者：高收入者与低收入者。而企业不清楚个人的收入，所以没法断定其收入的高低。但是高收入者愿意花更多的钱来购买产品或服务，因此，这也是垄断者在高低收入消费者之间实现价格歧视的兴趣所在。从垄断者的角度看，他会为高收入者设计一个套餐，为低收入者也设计一个，这样各选各自适合的套餐。高收入者会选择垄断者为他们设计的套餐，而不会选择为低收入者设计的套餐。反之亦然。这样，套餐就满足了一个自我选择的标准。二级价格歧视的问题是：既然企业无法确定不同的消费者，那么价格歧视是如何实现的呢？

两部收费是一个解决二级价格歧视问题的机制。我们知道两部收费由固定费用或者额外费用 A（这是购买产品或服务的前提，与购买的数量无关）与购买每单位产品的单位费用组成。这样，如果消费者以单价 p 购买 q 单位产品，总成本就是：

$$T=A+pq \tag{4.11}$$

之前我们说过，两部收费的例子包括出租车运营、电话套餐、电话租赁。现在，我们把问题想得再简单些，只考虑购买产品或服务的总价格 T。举一个十分容易理解的例子。假设消费者对于所有的商品都只购买一单位，但是可供选择的商品类型有区别，如汽车、电冰箱、个人电脑都是很好的例子。大多数人只需要一台冰箱，你可能会买一台功能简单的小冰箱，或者一台大的、顶部或下部有冷库或者左右各有一个冷库的冰箱，或者一台顶部带有一体化电视机的冰箱。为简单起见，我们假设消费者要购买的是小汽车。消费者只需要购买一台丰田花冠。消费者可以选择购买标配型，或者是高配型，后者配有天窗、导航、优质音响和其他设备。在购买之前，消费者会拿已有的型号同要购买的型号做比较。消费者的评估最后会换算成车会值多少美元。当然，不同的消费者会有不同的偏好和评价。假设消费者的评估如表4-1所示。

表4-1　　　　　　　　　　　　丰田花冠的消费者评估　　　　　　　　　　　单位：美元

	标配	高配
低收入者	20 000	22 000
高收入者	26 000	35 000

两种消费者都会对高配车评价高，额外的设备如天窗、优质音响会让车物有所值。但是对于同一个型号的车，高收入者比低收入者的评价更高。

假设丰田汽车的销售人员已经做了充分的市场调研，知道两种类型消费者的评价。那么，既然无法区分高低收入者，他们如何对标配车的价格 p_b 以及高配车的价格 p_f 定价以实现利润最大呢？

为了回答这个问题，我们举一些价格例子，看消费者会购买哪些。假设标配车的价格 $p_b=18\,000$ 美元，而高配车的价格 $p_f=28\,000$ 美元。消费者会购买他们评价和实际支付差最大的那种型号，因为这样会使他们的净剩余最大。例如，如果消费者购买标配车，他的净剩余就是评估价格 20 000 美元减去实际价格 18 000 美元，也就是 2 000 美元。不同消费者购买每种型号车的净剩余如表4-2所示。

低收入者购买标配车得到 2 000 美元的净剩余，可是购买高配车得到的净剩余却为 -6 000 美元。当净剩余为负时，消费者不会购买任何产品，因为不买时剩余为零，这比剩余为负要好。因此，低收入者会购买标配车。而高收入者不管是购买标配车还是高配车都有净剩余。但是购买标配车的净剩余要高一些，所以他们会购买标配车。

当然，丰田会改变定价以使利润更高。低收入者愿意花 20 000 美元购买标配车，因此，他们会把价格设定为 $P_b=20\,000$ 美元。[①] 高收入者也会购买标配车。

表4-2　　　　当 $P_b=18\,000$ 美元、$P_f=28\,000$ 美元时，购买丰田花冠的净剩余　　　单位：美元

	标配	高配
低收入者	2 000	-6 000
高收入者	8 000	7 000

丰田更希望高收入顾客购买高配车，因为高收入者对高配车的评估更高，企业可以赚取更多利润。在这种情况下，我们说标配车的销售侵蚀（cannibalized）了高配车的需求。尽管高收入者愿意为购买高配车支付溢价，购买标配车所节余的钱足以弥补所缺的。从丰田的角度来说，它已经将标配车的价格定得过低，或高配车的价格定得过高，或者两者都是。

假设丰田设定 $P_b=20\,000$ 美元、$P_f=35\,000$ 美元。也就是说，把标配车的价格设定为与低收入者的评价一致，把高配车的价格设定为与高收入者的评价一致。净剩

---

① 我们继续假设即使净剩余为 0，消费者仍然会购买。如果觉得麻烦，我们依然设想丰田将价格定为 $P_b=$ 19 999 美元。

余与更新的价格总结在表 4 - 3 中。

表 4 - 3　　　　　当 P_b＝20 000 美元、P_f＝35 000 美元时，购买丰田花冠的净剩余　　　单位：美元

	低配	高配
低收入者	0	−13 000
高收入者	6 000	0

　　低收入者仍然会购买标配车，因为高配车的净剩余是负值。但是，因为丰田已经将标配车的价格定为与低收入者的评价一致，所以低收入者的净剩余为零：丰田销售标配花冠车的收入与利润更高。高收入者购买高配车的净剩余也是零。因为高收入者对标配车的评价比低收入者的评价要高，高收入者仍然对标配车有净剩余，所以仍然会购买标配车。

　　这时的价格比原始价格要高，因为丰田已经收取了低收入者的剩余。为了从高收入者那里赚取剩余，丰田对高配车的定价已经够高了。利润**侵蚀**（cannibalization）问题仍然存在。要解决这个问题，丰田必须设定高配车的价格以使高收入者愿意购买这款车型。丰田有一个事实不能回避，那就是高收入者购买标配车也要赚取一部分剩余。如果丰田将标配车的价格 p_b 定为高于 20 000 美元，那么低收入者将不会购买任何车型。因此，它需要将高配车的价格设定为 35 000 美元减去高收入者购买标配车的剩余：p_f＝29 000 美元。顾客更新的净剩余显示在表 4 - 4 中。

　　现在，低收入者会购买标配车，高收入者则会购买高配车。[①] 这些价格使丰田的收入和利润最大。

表 4 - 4　　　　　　　　　　丰田花冠最优价格的净剩余　　　　　　　　　　单位：美元

	标配	高配
低收入者	0	−7 000
高收入者	6 000	6 000

　　从这个例子中，我们得到企业运用二级价格歧视所遵循的一般定价规律。

　　(1) 设定低价位的价格来赚取低收入者的剩余。

　　(2) 设定高价位的价格来使高收入者更偏好高价位。

　　在本案例中，低价位的是标配花冠车，低需求消费者是低收入群体。但需要注意的一点是：企业不需要分辨高低收入者，因为消费者会自己选择最适合他们的车型。

　　我们通过对企业二级价格歧视直观式的描述得出了这个定价规律。现在我们用代数和图表的方式来解决这个问题。我们继续假设只有两种消费者，而且每一种消费者只会购买一种产品。他们愿意花更多的钱购买高质量的产品。这种愿意为质量买单的行为可以由下面的逆需求函数表示：

　　高收入：$p＝100-q$

――――――――――

① 即使高收入者从两种型号中得到相同的净剩余，我们也假设他们仍会购买高配车。

低收入：$p=70-2q$

其中，q 代表的是质量水平。例如，q 越大，表示花冠车配有天窗、防晒膜、导航以及其他设备；q 值较小，表示无任何其他配置的标配花冠车，这些需求曲线如图 4-3 所示。

假设垄断者的边际成本是固定的，等于 10。要解决垄断者的二级价格歧视问题，我们首先看第一个一般结论：设定价格和质量水平，以赚取低收入消费者的所有剩余。要得到尽可能多的剩余，垄断者必须使 $p=MC=10$。这意味着适合低收入消费者的质量水平 $q=30$。这需要将面向低收入消费者的低质量产品的单位价格设定为面积 a_l 和 b_l 的和。面积 $a_l=10\times30=300$，面积 $b_l=(70-10)\times30/2=900$。因此，在质量指数为 $q=30$ 时，垄断者将会对每单位产出收取 1 200 美元。

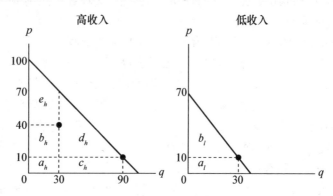

图 4-3　不同消费者的质量需求

要想从高收入者处得到尽可能多的剩余，垄断者必须使 $p=MC=10$，也就是说，高收入者的质量水平 $q=90$。垄断者会通过使一单位高质量产品的价格等于面积 $a_h+b_h+c_h+d_h+e_h=4\,950$ 美元把所有高收入消费者的净剩余都榨取完。但是这样的话，高收入者从消费单位高质量产品中得到的净剩余为零。那么，高收入者就会购买低质量产品。这时，质量指数为 $q=30$。消费者这时只需支付为低收入者设定的价格 $a_h+b_h=1\,200$ 美元[①]，从而得到净剩余，等于 $e_h=(100-70)\times30/2+(70-40)\times30=1\,350$ 美元。这样因为能得到净剩余 1 350 美元，高收入者会选择购买低质量产品，而不会购买定价为 4 950 美元的产品，因为净剩余为零。

我们以前也遇到过这个问题：因为高品质产品价格过高，所以让低质量产品挤占了高质量产品的市场。要解决这个问题，垄断者必须降低高质量产品的价格，直到高收入者不再关心高、低质量产品的价格差异。这就是说，垄断者必须把价格降到 $e_h=1\,350$ 美元。如果高质量产品以价格 $a_h+b_h+c_h+d_h=3\,600$ 美元销售，那么，高收入者会得到面积为 e_h 的净剩余，从而选择购买高质量产品，而企业利润也会增加 $d_h=1\,800$ 美元。

结果是，垄断者能通过调整低质量产品的质量水平而做得比以前更好。要知道：垄

① 注意面积 a_h 必须等于面积 a_l，面积 b_h 必须与面积 b_l 一样。请记住垄断者无法区分高、低收入者，因此，必须按相同的价格 $a_h+b_h=a_l+b_l=1\,200$ 美元将低质量产品卖给所有消费者。

断者在已经得到了低收入消费者的所有净剩余时，仍想得到高收入者更多的剩余。要做到这一点，他需要通过降低低质量产品的质量水平来使 e_h 的值更小。

为了弄清楚为什么会这样，我们来看图 4-4，我们已经将每个消费者的需求曲线都放在同一幅图中展示。当 $q=c=30$ 时，垄断者对每一单位低质量产品收取的价格为面积 $abcd$，高收入者赚取的净盈余为面积 $abef$。

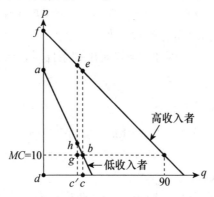

图 4-4   通过降低低质量产品的质量增加利润

现在，假设垄断者将低质量产品的质量降到了 c'，那么它的价格会降到 $ahc'd$。垄断者在低质量产品上损失的利润为 bgh。但是当低质量产品的质量从 c 降到 c' 时，高收入者购买低质量产品的净剩余也下降了面积 $beih$，因此，垄断者可以提高高质量产品的价格。面积 $beih$ 大于利润的损失面积 bgh，因此，当垄断者将低质量产品的质量降低到 c 以下时，垄断者的利润增加了。[①] 当 $q=90$ 时，高收入者仍然会购买高质量产品，不过这时他们支付的钱更多了。低收入者会购买低质量产品，支付较低的价格，净剩余为零。

垄断者通过降低低质量产品的质量之所以能增加盈利，是因为这样一来，低质量产品对高收入者的吸引力会降低。当低质量产品的质量低于 $q=30$ 时，低质量产品就不足以成为高质量产品的替代品，因此，高收入者会愿意购买高质量产品。这样我们可以设想一个例子。假设低质量产品和高质量产品分别代表纽约飞往伦敦的经济舱和商务舱。降低低质量产品的价格相当于缩减经济舱的位置，或者说降低经济舱的服务质量以使经济舱的旅客为食物和饮料支付更多。假设你是一个高收入者，支付完经济舱的价格后仍有盈余，当经济舱的质量下降后，它成为商务舱的替代品的可能性越来越小。这样，当你选择乘坐商务舱，为此支付了高费用，航空企业就能赚取更多的剩余。对于低收入者来说，他们乘坐经济舱时，附带的质量也降低了。

□   二级价格歧视与两部收费

如果企业可以采取两部收费，二级价格歧视问题会有什么不同吗？要回答这个问题，我们试想消费者可以选择交纳一份固定会员费，如健身俱乐部、运动俱乐部或者读

---

①   事实上，垄断者可以通过降低 c 继续增加利润，直到收益面积与损失面积相等。垄断者向市场提供的低质量产品的质量水平取决于单个消费者需求曲线的相对斜率，以及高低收入人数比。

书、CD/DVD 俱乐部。假设你走进附近一家健身俱乐部，而你不是会员，那么你需要支付较高的使用费。我们把非会员交纳的日使用费标为 p_n。而该俱乐部的会员只需要支付低得多的会员费：$p_m < p_n$。当然，要成为会员只需要支付一定的年会员费。这部分费用与实际使用次数无关。会员可能一周使用 3～4 次，或者干脆不用，却仍然要支付相同的会员费 A。

那么你如何决定是否加入该健身俱乐部呢？这就需要考虑会员有什么好处，而非会员又有什么好处。如果成为会员你需要支付 $A + p_m \cdot q$，其中，q 是去俱乐部的天数。如果是非会员，花费为 $p_n \cdot q$。因此，当满足下列条件时，你会加入俱乐部：

$$p_n \cdot q > A + p_m \cdot q$$
$$(p_n - p_m) \cdot q > A$$

上述表达式左边是你每次去俱乐部时非会员和会员所支付费用的差，当这个差大于会员费 A 时，你会选择入会。你去的次数越多（最大是 q），你越可能入会。如果你一周只去 1～2 次，你不会入会。

这种定价策略如何为企业带来收益呢？企业还可以选择不采用价格歧视。这就是说，它可以对所有人或者收取较高使用费或者收取较低使用费，所收取的费用是一样的。如果定价过高，就无法吸引那些经常光顾俱乐部的人，因为这样一来，他们需要支付更多的费用。但是，如果定价过低，它仍然需要收取会费来弥补收入的不足，因为有些人只会偶尔光顾，他们支付会费就不值得。因此，采取两部收费能让俱乐部吸引更多的顾客从而得到更多的收入。要吸引更多的顾客，俱乐部需要做的是：

● 对于那些较少使用服务或者购买产品量比较小的顾客，收取较低的会员费和较高的单位产品价格。

● 对于那些较多使用服务或者购买产品量比较大的顾客，收取较高的会员费和较低的单位产品价格。

移动套餐选择

非线性的收费标准初看有点奇怪，却是现实中常见的。两部收费运用得较多的是手机服务。我们看一下澳大利亚电话企业澳洲电信在 2008 年 2 月的服务收费。澳洲电信为潜在的非商务消费者提供了不少于八种套餐：

套餐	月最低消费（澳元）	包含分钟数	费率（澳元/半分钟）
20	20	15	0.49
30	30	25	0.46
40	40	35	0.38
60	60	50	0.28
80	80	70	0.26
100	100	90	0.22
150	150	135	0.20
250	250	235	0.19

对于每一种套餐，都有月最低消费（相当于固定费用，与消费的分钟数无关）和由每半分钟费率代表的单位收费，这与我们讨论过的两部收费是吻合的。套餐20～80的收费计划显示在下图中。

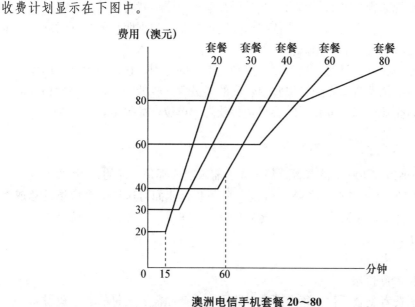

澳洲电信手机套餐 20～80

最让消费者困惑的是如何选择最合适他们的套餐，也就是用最少的花费选择需要的分钟数。这幅图的横轴表示需要的分钟数，纵轴表示相应的费用。如果你希望月通话时长为一个小时，那么套餐40就是最合适的，此时每月消费为45.32澳元（不含税）。套餐选错的话会很浪费钱。例如，选择再贵点的套餐60，则每月消费60美元，此时包含90分钟。你得为你打不完的分钟数买单。那么，你选择合适的套餐了吗？

资料来源：信息来自澳洲电信网站，www. telstra. com. au/mobile/plans/phone_plan. html。

我们注意到，这里讨论的价格歧视的运行机制和最简单的一级价格歧视是一样的：企业通过增加销售量来赚取更多的收入。对于健身俱乐部来说，数量就是个人来访量。对于移动电话企业来说，数量就是用户使用的分钟数。如果企业可以区分不同群体，那么可以通过不同的定价策略来增加利润。如果要区分的群体多于两个，那么定价策略也会大于2。大多数俱乐部会针对不同标准制订不同的计划：上班时间、周末、单身、带小孩的、老年人。移动公司（像本节列举的澳洲电信的例子）对于使用频率高和低的消费者采用不同的计划。在任何一个例子中，企业不需要区别每个消费者。如果你加入了健身俱乐部，企业才不会关心你是否只是一个月去一次，前提是你缴纳了会员费。

小 结

- 当相同的产品或服务以不同的价格被提供给不同的消费者时，就有了价格歧视。
- 相较于统一定价，价格歧视是一种在产出一定的基础上得到更多收入的方式。
- 当每个消费者的收费都不一样时，一级价格歧视就产生了；当针对明显的特征采取不同的收费方式时，三级价格歧视就产生了；当即使消费者特征不明显也采取不同的收费计划时，二级价格歧视就产生了。

● 一级价格歧视是很少见的，因为企业需要知道每一个消费者的信息。

● 三级价格歧视是很常见的。企业依据加成定价规则，根据明显的特征对那些需求弹性较小的消费者收取较高的费用。

● 二级价格歧视也是常见的，这需要企业制订不同的计划，让消费者自主选择。

● 对于高需求的消费者，企业可以收取较高的会员费和较低的单位产品价格；对于低需求的消费者，企业可以收取较低的会员费和较高的单位产品价格。

练 习

1. 假设一个小镇有 100 个消费者，每个人的需求曲线都是一样的：$q=10-2p$，其中，q 是购买的数量，p 是支付的价格。假设一个垄断企业面对这样一个市场的总成本函数是 $TC=2Q$，其中，Q 是总产量。假设企业知道该曲线的方程，这样就能采取两部收费对产品定价了。

（a）确定市场需求曲线方程。

（b）确定单位产品价格。

（c）确定总消费者剩余，得出每个消费者购买企业产品需要支付的固定费用。

（d）计算企业的总收入、总成本以及总利润。

（e）企业能从该市场获得更多收入吗？请解释。

2. 假设一个较偏远的地方只有两个顾客和一名牙医。低收入顾客对牙医服务的需求为：

$$q_P = 10 - 2p$$

高收入顾客对牙医服务的需求为：

$$q_R = 10 - p$$

假设牙医的总成本函数为 $TC=2q$，其中，q 为服务的次数。牙医很清楚可以采用两部收费对高低收入者收取不同的费用。

（a）确定牙医每次收取的价格。

（b）弄清楚牙医对低收入者收取的固定费用，并确定消费者接受的服务次数。

（c）弄清楚牙医对高收入者收取的固定费用，并确定消费者接受的服务次数。

（d）计算牙医的利润。

3. 一个垄断企业的成本函数为 $C=5Q$，企业在两个完全不同的市场销售产品，其（逆）需求曲线为：

$$P_1 = 55 - Q_1$$
$$P_2 = 35 - Q_2$$

（a）垄断者在什么条件下会在这两个市场成功实施价格歧视？

（b）确定每个市场利润最大时的销售量，从而计算企业的总产量。

（c）确定垄断企业对每个市场收取的价格。

(d) 计算企业的总利润。

4. 一个垄断企业的成本函数是 $C=100+8Q$。企业在两个完全不同的市场销售产品，因而有可能实施价格歧视。企业在这两个市场的（逆）需求曲线为：

$$P_1=20-2Q_1$$
$$P_2=40-Q_2$$

(a) 确定每个市场利润最大时的销售量，从而计算企业的总产量。

(b) 确定垄断企业在每个市场的定价，计算总利润。

(c) 说明垄断企业对需求较小的市场收取了较高的价格。

(d) 这个结果背后的直观性是什么？

5. 一个垄断企业的成本函数是 $C=Q^2+10Q$。企业在两个完全不同的市场销售产品，其（逆）需求曲线为：

$$P_1=80-2.5Q_1$$
$$P_2=180-10Q_2$$

(a) 假设对两个市场实施价格歧视是可能的，确定每个市场利润最大时的销售量，从而计算企业的总产量。

(b) 确定垄断企业在每个市场的定价，计算总利润。

(c) 假设价格歧视是被禁止的，两个市场价格一样，确定每个市场利润最大时的销售量。

(d) 确定该情形下企业的总利润。

6. 一个垄断企业生产的一种产品有两种型号。假设固定成本为零，每种型号的边际成本是一定的，等于零。消费者只会购买 1 或 0 单位产品。市场上只有两种消费者。下表显示了购买每种产品的总剩余。

	型号 1	型号 2
消费者 A	120	140
消费者 B	150	240

假设垄断者无法区分消费者。

(a) 如果对型号 1 和型号 2 分别定价 100 和 200，消费者会购买哪种型号？垄断者的盈利是多少？

(b) 这个价格能使利润最大吗？如果不能，利润最大化价格是多少？

(c) 如果消费者 A 从型号 2 得到的总剩余是 170 而不是 140，你的答案会改变吗？

7. 一个企业有两类消费者 b 和 l，b 的逆需求方程为：

$$p_b=130-2q$$

l 的逆需求方程为：

$$p_l=90-4q$$

生产产品的边际成本为 10。

（a）企业有两种产量 q_b 和 q_l，边际成本等于边际支付意愿。设计二级价格歧视中利润最大时的价格，并计算得自每种类型每个消费者的利润。

（b）如果企业将 l 的数量减少 5 单位，重新计算在每种类型的每个消费者身上赚取的价格和利润。解释为什么和（a）的答案不同。

参考文献与延伸阅读

Cigliano，J.（1980）"Price and Income Elasticities for Airline Travel：The North Atlantic Market"，*Business Economics* 15（4）：17-21.

Oi，W.（1971）"A Disneyland Dilemma：Two-Part Tariffs for a Mickey Mouse Monopoly"，*Quarterly Journal of Economics* 85（1）：77-96.

Tirole，J.（1988）*The Theory of Industrial Organization*. Cambridge，MA：MIT Press.

第 5 章

博 弈 论

学完本章，你应该理解：

● 管理者的策略选择（如市场价格、广告支出和研发支出）通常会影响竞争者的策略选择，而且这一策略互动可通过博弈论来体现。

● 一场博弈是如何通过参与人、策略、支付和规则来描述的。

● 一个参与人的最佳反应策略是什么以及如何确定一个参与人是否具有占优策略。

● 如何得出博弈的纳什均衡。

● 如何利用反应函数来表示最佳反应策略，以及如何利用反应函数来说明纳什均衡。

● 当行动是策略替代的（策略补充的）时，反应函数有负斜率（有正斜率）。

5.1 导 语

安大略省华沙加海滩是世界上最长的淡水海滩。6 月的一个阳光明媚的日子，年轻的企业家沿着人行道漫步去海边。西边，太阳还很耀眼。东边不远处，有他此行的目的地：整个海滩唯一的热狗供应点。他暗喜自己已经做过功课。他找到了只有一个竞争对手的地方。他可以把他的售货车延伸到这里，使之成为整个海滩的第二个售卖点。在多伦多，他曾经经营过 7 辆热狗售货车，这是他第一次走出大城市。①

---

① 这个例子将在第 7 章有关产品差异化的内容中讨论，它是受著名的霍特林模型启发，参见 Hotelling（1929）。另一个优秀的参考文献是 Tirole（1988：279-287）。

背景是美好的。两边望去是数英里海滩，而他的竞争对手只有一个，此时正在兜售东西给一对晒日光浴的夫妻。他走过去买了一杯软饮，但他的目标是去观察他卖哪些东西。热狗、椒盐卷饼、花生、炸土豆条、软饮料以及各种瓶装水：都是些小东西。他喝了口饮料，接着开始沿着海岸向东走。

现在，真正的工作开始了。他需要加快进度赶在国庆日长周末之前准备就绪。那他应该在哪里摆放车子呢？他的热狗该卖多少钱呢？他应该把范围扩大也卖汉堡吗？也许，他应该和刚才卖给他热狗的那个年轻女人聊一下。"那才是问题的关键，不是吗？"他想。她会如何回应呢？这在多伦多可不是问题。政府给他发了许可证，允许他在一个繁华区域卖热狗，不用担心有人占他的地盘。在他的地盘他可以很从容地摆放自己的售货车。

采取折中的办法可不可以呢？他现在可以看到沙滩尽头了。他可以把他的车子放在已有的推车和东边尽头之间。"但是这样不是把整个西边都让给她了吗？"他想。或许她会往西挪一点？但是，如果她是一个爱较真的人，她也许会把他挤出海滩。"我不能降低价格，我有多伦多很好的供应商，那么她会卖多少钱呢？"她会如何回应？"如果她也降到我的价位呢？那样我们都会在这场价格战中赔钱的。"

5.2 博弈论的必要性

前面的讨论对于帮助我们年轻的企业家摆脱困境作用不大。这个极其简单的例子很好地描述了决策者们每天要面临的复杂问题。如果我们涨价，我们的竞争对手会有什么反应呢？如果我们通过降价来增加需求，会导致价格战吗？如果我们开发一种新产品，对手会在各自份额内竞争，还是跟我们直接竞争？如果我们增加广告投入，对手也会像我们一样做吗？

这些问题的答案会影响产品和服务的价格、竞争双方的市场份额、产品和服务的类型，以及其他一些经济学变量。我们讨论的情况有一个非常重要的共同点：

- 一个管理者的行为会引起另一个有竞争关系的管理者的行为。

为什么这一点很重要呢？为什么我们不能用完全竞争模型来处理这个问题呢？在完全竞争市场中，相对于市场来说，每一个经济主体都是极小的。在这样一个市场中，管理者的一个行为引起的市场反应是很小的，市场均衡不受任何影响。没有哪个管理者会对这一变化做出回应。另外，垄断者不需要预期其他管理者的反应，因为没有人能对他构成威胁。没有其他企业与垄断企业竞争。

这两种极端市场结构的例子是很少见的，大多数管理者的决定或行为会导致市场均衡的改变，这将影响市场中的其他管理者。我们需要超越之前章节关于完全竞争与垄断的讨论，以确保我们了解管理者所处决策环境的策略特征。我们主要看寡头垄断的例子，即市场只有几个企业，每个企业有一定的市场势力。我们用来观察决策者之间的策略互动的工具就是**博弈论**（game theory）。

5.3　博弈的定义

要用博弈论来分析市场行为，我们把市场比喻成一场博弈。一场完整的博弈有 4 个因素：

- 许多参与人。
- 每个参与人都有许多策略和行动。
- 描述每个参与人的每个策略组合的收益情况。
- 博弈规则。

要弄明白这些要素，可以想一下刚才在海滩上竞争的两个热狗小贩之间的博弈模型。这场博弈的参与人就是两个热狗小贩。策略或行动就是每个人所卖的东西（热狗、汉堡、椒盐卷饼），商品价格以及停放推车的位置。收益就是总收入。但是，每一策略组合的利润或收益需要逐一细化。我们对策略组合下了如下定义：

定义：策略组合就是一系列策略，每场博弈中的每个参与人任选其一。

因此，我们的一个策略组合就是两个热狗小贩在海滩的两个相反方向摆放推车，只卖热狗一种商品，每个售价 1.5 美元。另一个策略组合就是两个人把车子摆在一起，每个售价 0.75 美元。一般来说，每个参与人的每个策略组合或策略选择都有不一样的收益或利润。最后，博弈的规则就是商贩不能改变手推车的位置，而且必须按政府规定的价格卖出。

博弈可能很简单，也可能很复杂，同理，一个经济市场的行为可能很简单，也可能很复杂。但是我们可以将所有博弈都归结到一些基本的组，这取决于代表一个市场的最重要的因素是什么。

□ 5.3.1　时　间

博弈可能是静态的，也可能是动态的。在静态博弈中，所有参与人同时选择策略和行动，博弈就这样决定了。例如，在每场大联盟棒球博弈开始之前，球队的管理层会给教练安排阵容和击球顺序。静态的博弈就像棒球博弈。但是，在动态博弈中，一个参与人选择动作，另一个参与人根据第一个参与人的决定来做出反应。例如，在职业冰球博弈中，主队被允许在每次哨响之后做出调整。这样就给了主队以巨大的优势，当看到对方派出最强的攻击手的时候，主队教练可以相应地安排他防守能力最强的队员出战。一场动态博弈就像冰球博弈。

事实上，在动态博弈中，做跟随者并不往往都是有利的（如冰球博弈中的主队）。例如，一个企业如果率先推出一款新品，就能在别的企业还没做出反应时就占有一定的市场份额。但是，如果第一个开发出新品的企业在营销上出了问题，那么后来者如果从中吸取教训，也能占有后发优势。

□ 5.3.2　合　作

在任何一个特定的市场中，管理者选择的策略或者是合作式的，或者是非合作式的。非合作博弈指的是在市场中，管理者不愿意或者不会在选择策略时与他人合作。如果管理者会与他人合作，在做出决定时有合作精神，那么，就是合作博弈。我们只关注非合作博弈，原因有三个：首先，合作式决策往往是非法的。例如，在制定价格时，法律是禁止合作式决策的。其次，合作式决策通常需要额外的机制去实施合作行为。如果两个企业合作要减少产品供给，以抬高价格，那么，如何合作呢？特别是如果一个企业欺骗另一个企业，从而私下卖了很多产品给市场，这个企业怎么受惩罚呢？最后，在许多例子中，我们可以运用非合作博弈来做出许多预测，这些预测使得企业行为像是在合作，因此，非合作博弈论足以支持我们的分析。

□ 5.3.3 信　息

根据市场的不同情形，我们将市场中的博弈分为**完全信息**（complete information）**博弈**和**不完全信息**（incomplete information）**博弈**。例如，一个热狗小贩知道自己热狗的成本，却不知道对手的成本。这场博弈中的参与人就拥有不完全信息。如果两个小贩都互相知道对方的成本，他们就拥有完全信息。

一个主要的区别是两个参与人是否拥有相同的信息，或者是其中一个参与人掌握一些重要的相关信息，另一个却没有。例如，如果是两个参与人都只知道自己的成本而不知道对方的，那么，我们将这种博弈称为**对称信息**（symmetric information）**博弈**。但是，如果来自多伦多的小贩知道自己以及对方的成本，而沙滩上的小贩只知道自己的成本，那么，我们可以称这种博弈为**不对称信息**（asymmetric information）**博弈**。

如果一个参与人拥有信息上的优势，那么，我们会发现信息这时就显得特别重要。例如，假如在上述例子中，来自多伦多的小贩知道自己以及对方的成本，我们可以想象得出这场博弈的结果。信息优势是制定商务策略时非常有用的工具。

5.4　纳什均衡

我们真正感兴趣的是一场博弈最终的结果，这也是市场行为的体现。也就是说，我们要达到的就是博弈的**均衡**（equilibrium）。一场博弈的均衡描述的是参与人双方互动产生的市场结果。在第 4 章，我们描述的一种均衡就是产量与需求的均衡。但是，现在我们要描述另一种均衡，即管理者在做决定时会将对手的反应考虑在内的均衡。如果一个管理者可以预测对手对于自己的决定的反应，我们要保证这种反应是包含于均衡市场结果中的。例如，假如来自多伦多的热狗小贩知道海滩的热狗小贩会在他将低价热狗带进市场之后也降价，他会改变他的定价策略。

因此，在定义均衡之前，我们需要了解参与人是如何选择策略的。因此，我们需要使用**最佳反应策略**（best-response strategy）的概念。

定义：最佳反应策略就是每个参与人在考虑到其他参与人的策略选择后，选择的能够带来最高回报的策略。

例如，沙滩上原有的热狗小贩可以选择将他的推车放置在沙滩一角。而那个从多伦多来的小贩在知道了对手的策略后，可以选择将车子安放在沙滩的任何地方。在知道了对手将把推车放在沙滩一角的前提下，他的最佳反应策略就是将推车放在能得到最大回报的地方。

当然，沙滩原有的小贩也许不会将推车放置在沙滩一角，而是放在中间，那么，另外一个小贩的最佳反应策略也许就不同了。

我们这里讲到的均衡概念是**纳什均衡**（Nash equilibrium）。

定义：纳什均衡就是每个参与人在考虑到其他参与人的策略选择后所做出的最佳反应策略或策略组合。

假设第一个热狗小贩已经将推车放置在了海滩中间。来自多伦多的小贩也有他关于位置的最佳反应策略。考虑到来自多伦多的小贩的位置选择，中间位置不再是第一个热狗小贩的最佳反应策略了。只有双方都做出最佳反应策略，才能达到均衡。这就是纳什均衡的一个重要的方面：任何参与人都不能只考虑自己的策略，还必须考虑所有其他参与人的策略。

约翰·福布斯·纳什：1928—2015 年

纳什均衡取自 1994 年诺贝尔经济学奖得主、美国经济学家和数学家约翰·福布斯·纳什。诺贝尔奖主要颁给他 45 年前即 21 岁时撰写的长达 27 页的博士学位论文。诺奖一般只颁给很久之前完成的成果，纳什与其他人不一样的是他与精神分裂症搏斗了30 年，最终康复后才领的奖。

纳什出生于 1928 年 6 月 13 日。当 1945 年他进入卡内基梅隆大学之后，他便开始了自己关于恒星的学术研究。两年后，他获得了理学学士学位，在 22 岁生日的时候，他获得了普林斯顿大学博士学位。当时许多同时期的教授都认识到了他非凡的才能。一位教授在推荐纳什攻读普林斯顿大学研究生的推荐信中写了这么一句话：他是个天才。纳什从 1951 年开始在麻省理工学院任教。

悲剧在 1958 年发生了。在 30 岁的时候，纳什由于得了偏执型精神分裂症而住进了精神病院。得了这种病的人会产生妄想、幻听，失去感觉和理智。纳什不得不停止工作，不再发表科学文章，也辞去了麻省理工学院的学术岗位。

在 20 世纪 80 年代初，他的病情有所缓解，从而被允许继续做一些数学研究工作。1994 年 12 月 10 日，他被授予诺贝尔经济学奖。

注：更多信息可以参阅苏维亚·娜莎（Sylvia Nasar）1998 年撰写的传记《美丽心灵》（*A Beautiful Mind*）。

现在，我们从几个只有两个参与人的简单例子中得出了一些关于纳什均衡的内在特征。这些例子可以告诉我们怎样得到博弈的纳什均衡。

□ 5.4.1 囚徒困境

两个银行抢劫犯被警方抓获了。被捕前，他们说抢来的东西被藏在一个只有他们俩知道的地方。但是，警方只掌握了一些外围证据。每个嫌疑人被单独审问，两个人都不知道对方是怎样回答讯问的。如果他们合作，他们讲的话就不会透露任何信息，这样，警察只能把人放了。在这种情况下，每个嫌疑人得到的收益是2。另一种情况是，每个嫌疑人举报另外一个，这样警方就有足够的证据拘捕两人，这样，他们每人得到的收益是－2。[1]

还有一种情况：第一个嫌疑人没有检举他的同伴，可第二个嫌疑人举报了。那样的话，第二个嫌疑人将获释，得到收益4。这样，他就不用分赃了，收益是两人同时获释的两倍。他的同伴将入狱，得到的收益是－4。这比两个人同时获罪还要惨。因为他要服刑，而他的同伴将获释且独自得到赃物。如果是第一个嫌疑人检举他的同伴，而第二个没有，那么，结果是相反的。

这场博弈的参与人是两个嫌疑人。他们只有两种策略可选：要么检举同伴，要么不这样做。这场博弈的所有信息均包含在表 5－1 中。我们得到了可能的策略组合：（检举，不检举）、（检举，合作）、（合作，检举）、（合作，合作）。例如，（检举，合作）代表的是第一个嫌疑人（参与人 1）检举他的同伴，而第二个嫌疑人（参与人 2）采取合作策略。

表 5－1　　　　囚徒困境博弈的参与人的收益（第一个参与人，第二个参与人）

第二个参与人 第一个参与人	检举	合作
检举	**－2，－2**	4，－4
合作	－4，4	2，2

假设你是第一个嫌疑人，你该选择何种策略呢？你需要考虑你的同伴的策略后再制定最佳反应策略。假设你的同伴检举了你。有两种策略供你选择：（合作，检举）和（检举，检举）。如果你采取合作策略，你将得到收益－4；如果你检举你的同伴，你将得到收益－2。当检举你的同伴得到的收益更高时，面对同伴检举你的情况，**检举**（implicate）同伴就是你的最佳策略。

如果你的同伴合作而不是检举你呢？如果你也采取合作策略，你的收益是2。但如果你检举你的同伴，你的收益将是4。如果你的同伴采用合作策略，你的最佳策略仍是检举。

事实上，在博弈中，检举是**占优策略**（dominant strategy）。你最好的策略与你同伴做出的策略无关。

那么你的同伴呢？在考虑了第一个嫌疑人的策略后，你应该可以知道第二个嫌疑人的最佳策略，并且我相信你得出的结论仍然是检举是占优策略。这场博弈的策略组合（检举，检举）就是纳什均衡，每个参与人得到收益（－2，－2）。

在纳什博弈中，每个参与人都有占优策略：（检举，检举）就是占优策略均衡。对每个参与人来说，检举都比合作要好，因为考虑其他人的选择，检举是最佳策略。任何**占优策略均衡**（dominant-strategy equilibrium）都是纳什均衡。但是，并不是每个参与人都有占优策略，这从下面的例子中可以看出。

纳什均衡的一个重要特征是其具有相互一致性。在纳什均衡中，没有谁会另辟蹊径

---

[1] 囚徒困境的一些典型例子可以参考 Dixit 和 Nalebuff（1991：11-14）。本章也给出了一些日常应用的博弈论例子。

去选择不同的策略。考虑到同伴的选择，如果你要选择合作而不是检举，境况只会更糟。

最后，我们将这种博弈称为囚徒困境博弈。如果我们从外部看博弈，就会发现纳什均衡如结果所示，两个参与人的总收益是最低的。如果两人询问前达成了一致，他们会合作，这样，两人都会获释。但是，现在规则改变了。我们玩的是非合作博弈。如果两个嫌疑人合作，那么他们得到的是皆大欢喜的结果。但是，这种合作行为如何得到保证呢？如果某个嫌疑人选择合作策略（收益均为2），那么，采用检举策略的另一个嫌疑人将会获得更多收益（收益为4）。合作的结果不是相互一致的。

□ 5.4.2 性别战

一个男人和一个女人很恩爱，很享受一起共度良宵。男人最大的兴趣就是到附近的拳击场观看拳击。女人最大的乐趣就是晚上看芭蕾。可惜的是女人不喜欢拳击，男人也不热衷芭蕾。但是两人是如此相爱，以至他们更愿意待在一起，而不是分开。这就是说，有时女人要跟着去看拳击，有时男人要跟着去看芭蕾。

这场博弈的参与人是男人和女人。每个人都可以选择去看拳击还是芭蕾。如果他们晚上一起出去，每个人的收益都是正的，因为两人在一起时是最快乐的。在拳击场，男人得到收益2，而女人得到1；在芭蕾舞厅，女人得到2，而男人得到1。

如果他们晚上分开活动，他们得到的收益都是负值。如果他们只是去看自己喜欢的项目，每人得到收益—1，但是如果男人单独去芭蕾舞厅，而女人去拳击场，那么，他们不仅互相思念，而且看的是自己最不愿看的项目，此时他们得到的收益均为—5。

我们用表5-2来表示这场博弈所有可能的结果。如果女人去芭蕾舞厅，男人最好也跟着去（得到收益1，而不是去拳击场得到的—1）。如果女人去拳击场，男人的选择也是去那里。男人没有占优策略。同样，女人也没有：如果男人去拳击场，女人也会选择去那里；如果男人去芭蕾舞厅，女人的选择也是一样。

表5-2   博弈中的性别战

男人 ＼ 女人	拳击	芭蕾
拳击	**2，1**	—1，—1
芭蕾	—5，—5	**1，2**

如果没有参与人拥有占优策略，那么，我们该如何进行呢？我们必须考虑每一个单独的策略组合，确定它是否为一个纳什均衡。我们应该考虑四个策略组合：（拳击、拳击）、（拳击、芭蕾）、（芭蕾、拳击）以及（芭蕾、芭蕾）。我们来看第一组策略：（拳击、拳击）。如果女人改变她的决定，要去看芭蕾，那么，她得到收益—1，境况变得更糟。如果是男人改变主意去看芭蕾，他的境况变得更糟，得到的收益是—5，而不是2了。在策略组合（拳击、拳击）中，没有人愿意改变策略，因此组合（拳击、拳击）就是纳什均衡。

接下来，我们来看策略组合（拳击、芭蕾）。如果男人改变主意去看芭蕾，他的收益从—1变为1。因此，（拳击、芭蕾）不是纳什均衡，因为男人改变策略可以使境况变得更好，女人其实也想改变她的策略。同样，要弄清楚的是，（芭蕾、拳击）也不是纳什均衡。

那最后一组策略（芭蕾、芭蕾）呢？如果男人改变策略去看拳击，他的收益将从 1 变为－1。如果女人改变策略去看拳击，她的收益将从 2 变为－5。没有人愿意改变策略，因此，（芭蕾、芭蕾）是纳什均衡。这其中存在着**多重均衡**（multiple equilibrium）。如果没有更多的信息，我们无法判断这对夫妇是在拳击场还是在芭蕾舞厅。没有人在这场博弈中有占优策略。

如果我们把这场博弈改变一点点，我们就得到一个概念，这对于管理决策有重要的作用。如果在男人下决定之前，女人买到了芭蕾票，那么，女人就有了**决定**（commit）策略的权利。现在，男人也只好去看芭蕾，因为女人已经提前决定了策略。一个参与人对策略的决定将直接影响博弈的结果。

我们看到很多企业执行商业策略的案例。汽车企业建一座新厂或者航空公司购买新飞机，它们做出这么重大的投资之时，就是对对手宣称它们要留在市场参与竞争之时。如果一家零售商采用价格保护策略降价销售，它就是对那些已经高价买了商品的顾客实行了区别回扣。如果餐厅承认了竞争对手的优惠券，它们就等于匹配了对手的价格。

□ 5.4.3 智猪博弈

一头大猪与一头小猪一起被关在一个猪圈里。猪圈的一头有一根杆，压下去就会在另一头的分配器中出现 10 单位食物。压杆需要花费每头猪 2 单位成本。如果小猪去压杆，那么大猪会吃掉 9 单位食物，只给小猪留下 1 单位，小猪得到的收益是－1 单位。如果大猪去压杆，那么等大猪走过来时，小猪已经吃掉了 4 单位食物。如果两头猪同时压杆，小猪可以提前到达食物那里，但它在大猪赶到前只能吃掉 3 单位食物。如果两头猪都不压杆，那么它们的收益都是零。

这个例子中有两个参与人：大猪和小猪。对于每个参与人的策略无非有两种：压杆和等待。表 5-3 总结了所有可能性。那么，大猪最好的决定是什么？如果小猪压杆，相关的两个策略组合就是（压杆、压杆）和（等待、压杆）。每组策略的第一个策略都是大猪的策略。大猪在策略（压杆、压杆）中的收益为 5，在（等待、压杆）中的收益为 9。因此，当小猪压杆时，大猪最好的策略就是等待。

表 5-3 智猪博弈

大猪＼小猪	压杆	等待
压杆	5，1	**4，4**
等待	9，－1	0，0

如果小猪在分配器那里等待，那么两种相关的策略组合就是（压杆、等待）和（等待、等待）。大猪在策略（压杆、等待）中的收益为 4，而在策略（等待、等待）中的收益为 0。因此，在小猪等待的情况下，大猪最好的策略就是压杆。大猪没有占优策略，它最好的策略就是不独立于小猪的策略。

我们现在来看小猪的行为。如果是大猪压杆，小猪最好的策略就是等待（收益为 4），而不是压杆（收益为 1）。如果大猪等待而不压杆，小猪最好还是等待，这时收益为零，因为如果它去压杆，收益为－1，此时等待就是小猪的**占优策略**（dominant strategy）。

猪是智慧的动物，大猪有足够信息知道小猪要执行它的占优策略。这场博弈的纳什均衡就是大猪压杆，小猪等待。在这一点上，没有谁可以从更换策略中获益。注意到：在这场博弈中，一个参与人（小猪）有占优策略，另一个参与人（大猪）没有占优策略。

我们观察到，这场博弈中的两个参与人有明显不同：一个远大于另一个。但是，小猪仍然可以选择一个策略使收益最大，即使它面对的是一个体形更大的对手。一方看起来比较弱，不代表它没有策略可以选择。商业中的例子就是一个地方小航空公司，顾客群比较小，票价便宜，不提供非必要的服务。它的竞争对手是国际航空公司，后者有众多的线路，可以提供经济舱、商务舱、头等舱。但这些通勤小航空公司仍然扮演着重要的角色。

□ 5.4.4　猜硬币博弈

这个博弈和人们在学校博弈中选边时猜正反面的情况很相似。一个参与人选中正面，另一个参与人则选择反面。每个参与人拿到一美分硬币，并选择正反面，然后亮出硬币。如果两人都猜正面或反面，第一个参与人获得硬币。如果一个猜正面，另一个猜反面，则第二个参与人获得硬币。

要解决这场博弈，看表5－4所示的收益，然后找出一个占优策略。如同囚徒困境的例子，我们看能不能找出一个占优策略。我们来看第一个参与人：如果第二个参与人选择正面，那么，他最好也选择正面。如果第二个参与人选择反面，他最好也选择反面。第一个参与人没有占优策略，他最好的策略依赖于第二个参与人怎么选。

表5－4　　　　　　　　　　　　　　猜硬币博弈

第二个参与人 第一个参与人	正面	反面
正面	1，－1	－1，1
反面	－1，1	1，－1

第二个参与人也有相似的困境。如果第一个参与人选择正面，第二个参与人就想选反面，如果第一个参与人选反面，第二个参与人最好选择正面。没有谁在这场博弈中有占优策略。①

事实上，我们可以多谈谈这场博弈中每个参与人的最佳策略。一个参与人最好是随机选择策略。那就是说，第一个参与人最好一半时间选正面、一半时间选反面，但是正反面的选择必须是随机的。如果第一个参与人在选择正反面时有改变，第二个参与人最好的策略是什么呢？

———————————

① 从技术角度来说，这场博弈不存在**纯策略均衡**（pure strategy equilibrium）。如果允许参与人选择**混合策略**（mixed strategy），也即考虑每种策略的可能性，那么，我们就可以求出**混合策略均衡**（mixed strategy equilibrium）。但是，为了简单起见，我们将讨论限定于纯策略均衡，也就是参与人选择某种策略的可能性为1的情形。

□ 5.4.5　进入博弈

假设那个已经在沙滩摆摊的小贩发现来自多伦多的小贩要设摊与她竞争，那么她如何决定最佳策略来应对这名潜在的市场竞争者呢？假设原来的小贩在潜在的竞争者未进入前的平均利润是 10 美元。一旦另外一名小贩进入，原来的小贩的利润肯定有变。她有两种选择：第一，接受竞争者进入的事实，把推车放在离竞争对手远一点的位置。这种消极策略意味着要把一部分市场让给这个竞争者，这样可以最低限度地减少竞争，因为她的推车放远了。如果是这样的情况，他们两个各占一半市场，每人利润为 5 美元。

第二，她也可以把推车放在离竞争者尽可能近的地方，这样的话等于告诉后来者她要最大限度地跟他竞争以得到最大的利润。她会给后来者制造最大的麻烦。但是这样的话利润就损失很大。假设两个小贩展开激烈竞争，总利润为零。但是在位小贩有稳定的顾客群，她最终获益 1 美元。而那名新竞争者没有稳定的顾客群，损失了 1 美元。

这个例子跟我们之前看到的例子都不同。之前的例子是，两个参与人同时选择策略。但是在这个例子中，从多伦多来的小贩首先选择策略，决定是否进入该市场，然后要做的就是选择将推车放在哪里。接着，在位小贩才会选择策略：如果来自多伦多的小贩决定进入，她要决定是消极竞争还是积极竞争。

为了看得更清楚，我们更正式地描述这场博弈。这涉及两个参与人：早已在沙滩上支好了推车的小贩，以及来自多伦多的一个潜在的竞争者。这是一个序贯博弈，竞争者先选择进入或者不进入。然后，在位小贩选择策略：是消极竞争还是积极竞争。如前所述，收益与每个人的选择有关。但这仍是一个完全信息的非合作博弈。两个小贩不可能协商一致去维持高价，因为这样做是违法的，而且他们清楚每个人的每种可能性所带来的收益。

因为序贯博弈与我们之前的例子很不同，我们将利用不同的模型来描述这场博弈。我们将把所有参与人、策略与收益用博弈树的形式表现，如图 5-1 所示。注意观察博弈树是如何描述来自多伦多的潜在竞争者先选择策略、在位者再选择回应策略的。每种可能性的收益都显示在右边的圆括号内，先列出的是竞争者的收益，因为他首先选择策略。

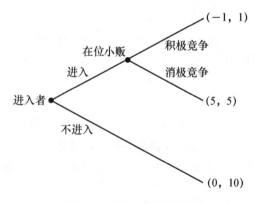

图 5-1　热狗小贩间的博弈

如果来自多伦多的小贩不进入该市场，那么博弈的结果就是维持现状。在位的热狗小贩的收益仍然为 10 美元，竞争者的收益为零。这从图 5-1 的底部可以看出。但是如果潜在竞争者打算进入，在位者就得想办法应对了。如果她决定积极竞争，如图5-1的上部所示，那么，竞争者的收益为−1，在位者的收益为1。如果她决定消极竞争，如图5-1的中部所示，两人分割市场，每人的收益均为5美元。

为了解决这场博弈，我们需要考虑每种可能的结果，看是否构成纳什均衡，主要是看是否有谁想要改变策略。结果是这场博弈有两个纳什均衡。第一个是有竞争者时，在位者积极竞争。如果收益为−1，那么后来者情愿不进入该市场，因此，竞争者的收益为零，在位者得10美元。面对在位者的积极竞争，竞争者最好是不进入，因此，保持不进入就是纳什均衡。

但是如果竞争者决定进入呢？这时，在位者就必须决定是积极竞争然后得利1美元，还是消极竞争得利5美元。如果在位者选择得利最高的策略，那么就形成又一个纳什均衡：来自多伦多的小贩进入该市场，在位者消极竞争，每人获利5美元。但是，如果来自多伦多的小贩进入市场，在位者选择得利少的积极竞争，那么她将没有动机去改变策略、消极竞争了。

故事还远没有结束。我们想象一下，第一个纳什均衡是不太可能的，因为在位者的积极竞争是不可信的。从多伦多来的小贩有充分的信息，并且相信如果他进入市场，已经在沙滩上有摊子的小贩不会一味地积极竞争，因为如果她消极竞争会有更高的收益。如果来自多伦多的小贩执意要进入，在位者的积极竞争策略是不可信的。

这个例子之所以有趣，是由于以下几个原因：首先，在这场序贯博弈中，参与人不会同时选择策略，而这将直接影响博弈结果。其次，在这场博弈中，信息有很重要的作用。如果你是那位来自多伦多的小贩，假设你不知道你的对手的收益，你怎么对你的策略做出调整呢？如果你不清楚在位者积极竞争的成本，你也许根本就不会进入该市场。最重要的还是承诺力。进入市场，在海滩设立摊位，就表明他要留在海滩，参与竞争，不管对方是积极竞争还是消极竞争。我们会在第8章讨论阻止进入策略和容纳进入策略时再详细探讨承诺力的作用。

5.5 企业的策略空间

在5.4节讨论的博弈中，参与人只有两种分散的策略可以选择。当然，管理者的决策环境不会都这么简单。根据市场的不同，我们需要谨慎地描述管理者可能会用到的策略。这些策略在很大程度上与管理者所面临的时间框架和规划周期有关。一些策略已经列在了表5-5中。尽管在5.4节中所提到的策略空间都是分散的，但实际上管理者所面临的策略空间一般都是连续的。价格和广告支出对于管理者而言要尽可能连续。一种产品既可以设计为低质量的，也可以设计为高质量的，或者取其中间。

表 5-5 管理者的策略空间

短期	长期
● 价格	● 产品质量
● 广告支出	● 产品设计

续前表

短期	长期
● 优惠券或其他促销手段	● 研发投资 ● 开发新市场 ● 退出市场

澳大利亚纸箱产业的囚徒困境

澳大利亚竞争和消费者委员会在 1974 年推出了《贸易惯例法》，旨在保护消费者远离反竞争行为。该法第 45 条规定：企业和个人不允许从事卡特尔垄断行为，包括任何有组织的、蓄意的或者隐秘的企图对价格、投标和市场份额进行操控的行为。在 2003 年 6 月，澳大利亚竞争和消费者委员会制定了"卡特尔垄断宽恕政策"，该政策后来被 2005 年制定的"豁免政策"所取代。这个新政策规定：如果任何企业或企业董事、主管或者雇员参与了卡特尔垄断，并承认有垄断行为，而且是卡特尔中第一个申请豁免的，那么该企业或个人有权获得由该委员会发起的指控卡特尔的任何法院诉讼的有条件豁免权。

为什么澳大利亚竞争和消费者委员会会给予主动报告参与反竞争行为的企业豁免权呢？要回答这个问题，我们必须了解要确定和起诉卡特尔是很困难的。卡特尔中的企业通过限制竞争，以牺牲消费者利益为代价来增加它们的收益。这些企业知道它们的行为是违法的，所以它们尽力去隐藏它们的活动。高层会秘密举行一些会议以操纵价格、安排市场份额，因此，像澳大利亚竞争和消费者委员会这种监管机构是无法发现此类行为的证据的。

因此，澳大利亚竞争和消费者委员会改变了博弈规则，通过制定"豁免政策"来达到发动卡特尔参与人的策略效果。我们可以把卡特尔理解为一种强迫合作机制。就像我们之前说过的嫌疑人，通过合作他们能获得最大的收益，卡特尔的参与人一起合作能维持高的产业利润。

我们以澳大利亚纸箱企业为例来说明这个豁免政策起了多大作用。在 1999 年年末，占澳大利亚 92% 份额的两个纸箱企业艾玛克和威士因为加入了价格战，开始出现严重亏损。我们将在第 6 章 6.2.1 节中探讨其结果。两个企业竞争如此激烈以致利润流失严重。但是在 2000—2005 年，两个企业成立了卡特尔，在饭店和公园举行了一系列会谈，企业代表同意分配市场份额，抬高价格。如果威士的顾客到艾玛克去询问一个纸箱的竞争性报价，艾玛克会给出高报价，反之亦然。

但是艾玛克担心卡特尔协议会垮掉。在 2004 年 11 月，艾玛克到澳大利亚竞争和消费者委员会主动承认参与了卡特尔。在豁免政策下，艾玛克得到了有条件的豁免。在接下来的庭审中，威士承认违反了《贸易惯例法》第 69 条的规定，被要求支付 3 600 万澳元的罚款。

注：更多关于澳大利亚竞争和消费者委员会起诉艾玛克和威士的信息，请查阅 Beaton-Wells 和 Brydges（2008）。

我们来总结一下管理者做决定的问题。假设一个产业中有 n 个企业，其中 $n \geqslant 2$。

市场中有众多小企业，每个企业都有一些市场势力。我们之前说过，这种情况叫**寡头垄断**（oligopoly）。如果只有两个企业，那么 $n=2$。这种情形叫**双头垄断**（duopoly）。在前面的章节我们已经讨论过垄断（$n=1$）与完全竞争（$n\to\infty$）。

现在我们假定一个管理者负责企业 i 的市场决定，这里 $1\leqslant i\leqslant n$。管理者通过选择一项策略做出了决定，我们标为 s_i。如果核心策略变量是出售产品的价格，那么，s_i 就是企业的定价。我们就说管理者决策问题的**策略空间**（strategy space）就是集合 S_i，其中包含所有大于零的实数（负值在经济学中没有价值，所以我们将管理者的策略空间限定为所有非负值）。管理者的问题是去选择某个价格 $s_i\in S_i$。通常情况下，企业 i 的策略空间 S_i 能代表表 5-5 中列出的所有策略。

如果我们用静态博弈来描述市场的决策环境，那么，企业 i 的管理者选择策略 s_i 的同时，其他企业 $j\neq i$ 的管理者会选择 s_j。例如，每天开始，两个热狗小贩会决定热狗的价格。

最后我们想说的是每个企业的收益。这一点我们尽可能综合，因此，企业 i 的收益就用**收益函数**（payoff function，也称支付函数）π^i 来表示，其中

$$\pi^i=\pi^i(s_1,s_2\cdots,s_n)$$

一般来说，企业的收益就是利润，因此，收益函数 π^i 就代表了企业 i 的利润。要注意的是企业 i 的收益不仅取决于自身的策略 s_i，还取决于市场上的其他企业的策略选择。例如，两个热狗小贩都有一个收益函数，这取决于他们自身的策略和另一小贩的策略。

$$\pi^1=\pi^1(s_1,s_2)$$
$$\pi^2=\pi^2(s_1,s_2)$$

因此，如果热狗小贩可以定价，当第一个热狗小贩 π^1 定价 $s_1=1$ 美元和 $s_1=1.25$ 美元时，他得到的收益就不同。但是，收益也取决于第二个小贩的价格。如果她定价 $s_2=1.10$ 美元或者 $s_2=1.20$ 美元，第一个小贩的收益就不同，如果他没有改变价格：

$$\pi^1(s_1=1\ \text{美元},s_2=1.10\ \text{美元})\neq\pi^1(s_1=1.25\ \text{美元},s_2=1.20\ \text{美元})$$

我们也可以用图表来表示热狗小贩的策略空间。每个小贩可以选择以任意价格出售自己的热狗，只要这个值是大于零的。因为这场博弈只有两个参与人，我们可以用二维图法如图 5-2 所示那样表示这场博弈的策略空间。如果小贩 1 定价 1.00 美元，而小贩 2 定价 1.10 美元，我们用图 5-2 中的点 A 来表示这个策略组合。如果小贩 1 定价 1.25 美元，而小贩 2 定价 1.20 美元，我们用点 B 来表示这个策略组合。这样，从图 5-2 中我们可以看出市场的整个策略空间。

那么，我们怎样用这样一个描述策略和收益的方式来找出一个纳什均衡呢？纳什均衡中参与人 i 用到的策略，是在考虑其他参与人的策略之后最佳的反应策略。如果策略 s_i 是参与人 i 的最佳策略，那么我们把它标为 s_i^*。当然，最佳反应策略还取决于对手的策略。例如，小贩 1 的最佳策略就是匹配小贩 2 的价格。那么，如果 $s_2=1.00$ 美元，$s_1^*=1.00$ 美元；如果 $s_2=1.10$ 美元，小贩 1 的最佳反应就是 $s_1^*=1.10$ 美元。

在纳什均衡中，所有参与人都选择最佳策略，因此，我们可以用下面的方程把它表

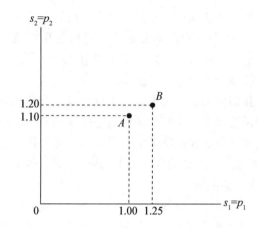

图 5 - 2　热狗小贩的策略空间（美元）

示出来：

$$\pi^i(s_1^*, s_2^*, \cdots, s_{i-1}^*, s_i^*, s_{i+1}^*, \cdots, s_n^*) \geqslant \pi^i(s_1^*, s_2^*, \cdots, s_{i-1}^*, s_i^*, s_{i+1}^*, \cdots, s_n^*)$$

这个公式适用于所有参与人 $i=1$，$\cdots$，n，我们做如下解读。左边是参与人 i 选择最佳反应策略 s_i^* 时的收益。右边是他选择其他策略 s_i 时的收益。在每一个例子中，所有其他参与人 $j \neq i$ 都选择最佳反应策略 s_j^*。这个方程说明参与人 i 选择策略 s_i^* 时收益最高，因为左边比右边大。如果这个公式是通用的，那么，如果任何管理者不选择策略 s_i^*，那么他的收益必定是下降的。

□ 反应函数

这是表达纳什均衡的较抽象的方法。不过，它的优点是其通用性，因为我们可以有任意数量的管理者，s_i 可以是任何合适的策略。但它对纳什均衡的描述不是直观的。为看得更清楚，我们也用如图 5 - 2 那样的图来描述博弈的策略空间，为此，我们还需要另外一样工具：管理者的**反应函数**（reaction function）。

企业 i 的管理者的反应函数用 R^i 来表示。它代表的是面对其他管理者的策略选择时管理者的最佳反应。有鉴于此，反应函数 R^i 取决于其他管理者的策略选择，因此，我们将企业 i 的反应函数写作：

$$R^i = R^i(s_{-i}) = R^i(s_1, s_2, \cdots, s_{i-1}, s_{i+1}, \cdots, n)$$

右边是除管理者 i 外所有其他管理者的策略。

第一个热狗小贩的反应函数是什么呢？反应函数为：

$$s_1^* = R^1 = R^1(s_2)$$

无论第二个小贩选择何种策略，这个公式都给出了第一个小贩的最佳反应。我们可以把第一个小贩的反应函数用图 5 - 3 表示。这个函数表明，如果第二个小贩选择策略 s_2，那么第一个热狗小贩的最佳反应策略是 s_1^*。当然，由于没有更多的信息，我们无法描述第一个热狗小贩的反应函数。它可能有正斜率，也可能有负斜率。

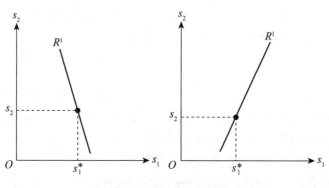

图 5-3　反应函数

如果把两个热狗小贩的反应函数放在一起，就有了图 5-4。纳什均衡就成了一对策略组合（s_1^*，s_2^*），每个小贩均选择最佳策略，也就是各自有各自的反应函数。图 5-4 中的纳什均衡就是点 N。

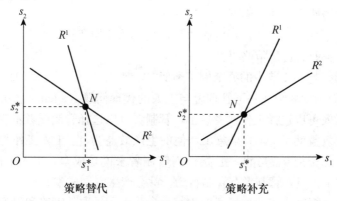

策略替代　　　　　　　　　策略补充

图 5-4　热狗小贩的反应函数曲线

反应函数的形状完全取决于企业的策略空间，也就是取决于价格、广告支出、产品特征或者其他变量，反应函数既可能是向上倾斜的，也可能是向下倾斜的。如果是向下倾斜的，我们就将策略定义为**策略补充**（strategic complements）。如果是向上倾斜的，我们就把策略定义为**策略替代**（strategic substitutes）。

小　结

- 我们可以用博弈论来描述和解决企业利润最大化时的策略选择问题，而这取决于竞争对手的策略选择。
- 一场博弈包括了对参与人、策略、收益和规则的描述。
- 对于任何参与人来说，最佳反应策略都是综合其他人的策略之后做出的能让收益最大的策略。
- 一场博弈中的纳什均衡就是每个参与人都选择最佳策略时的策略组合。
- 当一个参与人对他人的所有策略的反应策略都一样时，我们说他有占优策略。
- 根据博弈的特征，一场博弈可能有也可能没有纳什均衡。如果有纳什均衡，那么它不一定是唯一的，也不一定是占优策略均衡。

● 反应函数表示的是参与人的最佳反应策略。如果行动是策略替代的，反应函数有负斜率；如果行动是策略补充的，反应函数有正斜率。

练 习

1. OPEC 的 11 个成员的代表定期会晤以对每个成员的日产油量进行限制。

(a) 把 OPEC 成员的关系比喻成一场博弈。确定这场博弈的四个因素。关于 OPEC 的更多信息可以在其官网 www.opec.org/中找到。

(b) 这场博弈更像是非合作博弈还是合作博弈？

2. 假设有两个企业 A 和 B 围绕一种产品展开竞争。两个企业从两种价格中选择一种：高价 $\bar{p}$ 与低价 $\underline{p}$。如果两个企业都收取高价 $\bar{p}$，那么它们瓜分市场利润 1 000。如果两个企业都执行低价 $\underline{p}$，市场利润降到 400。如果 A 选择高价 $\bar{p}$，而 B 为了挤压对手而选择低价 $\underline{p}$，那么总市场利润降为 750，因为 B 的要价低，更多顾客将选择 B，B 就赚取了 80% 的利润。反之亦然。

(a) 描述这场博弈的四个因素。

(b) 绘制一个如 5.4 节中那样的收益表，找出纳什均衡。

(c) 有哪个企业有占优策略吗？

(d) 这场博弈与 5.4 节中的哪个例子类似？

3. 结合下面的博弈描述一下管理者与工人的**代理问题**（agency problem）。每个人有两种策略。工人可以选择工作或者怠工，管制者可以选择管制或者不管制。如果工人工作，他的生产效益就是 v，如果怠工，他的生产效益为 0。工人工作得工资 w，但如果被发现怠工，工资为 0。当然，工资 w 对管制者来说是成本。工人工作会有负效用，因而工资要减去 g。只要管制者有管制行为，就会产生管制成本 h。

(a) 写出收益矩阵来表示这场博弈中每个参与人所采取的策略和得到的收益。

(b) 综合对手的策略选择，确定每个参与人的最佳反应策略。有谁拥有占优策略吗？

(c) 这场博弈有纳什均衡吗？跟 5.4 节中的哪个例子相似吗？

4. 运用图 5-4 中当行动是策略替代的时的反应函数。注意到当企业 1 的策略 s_1 在横轴上时，它的反应函数比企业 2 的反应函数要陡。找出纳什均衡并标为 N，企业 1（企业 2）的纳什均衡策略为 s_1^*（s_2^*）。

(a) 假设企业 2 选择策略 $\bar{s}_2 > s_2^*$，确定企业 1 对 $\bar{s}_2$ 的最佳反应策略 $\bar{s}_1$。

(b) 企业 2 对 $\bar{s}_1$ 的最佳反应策略是 $\bar{s}_2$ 吗？为什么？如果不是，企业 2 会增加还是减少 $\bar{s}_2$？

5. 当行动是策略补充的时重复练习第 4 题。

6. 思考如图 5-4 所示的反应函数。如果参与人 1 的反应函数移到了右边，每个参与人的纳什均衡有什么变化？这与行动是策略补充的或是策略替代的有多大关系？

参考文献与延伸阅读

Beaton-Wells, C. and Brydges, N. (2008) *The Cardboard Box Cartel Case: Was All the Fuss Warranted?* University of Melbourne Legal Studies Research Paper 393.

管理经济学：基于战略的视角（第二版）

Melbourne: University of Melbourne.

Bulow, J., Geanakopolis, J. and Klemperer, P. (1985) "Multimarket Oligopoly: Strategic Substitutes and Complements", *Journal of Political Economy* 93: 488-511.

Dixit, A. K. and Nalebuff, B. J. (1991) *Thinking Strategically: The Competitive Edge in Business, Politics, and Everyday Life*. New York: Norton.

Hotelling, H. (1929) "Stability in Competition", *Economic Journal* 39: 41-57.

Milgrom, P. (1989) "Auctions and Bidding: A Primer", *Journal of Economic Perspectives* 3 (3): 3-22.

Nasar, S. (1998) *A Beautiful Mind: A Biography of John Forbes Nash Jr.* New York: Simon & Schuster.

Tirole, J. (1988) *The Theory of Industrial Organization*. Cambridge, MA: MIT Press, especially pp. 279-287.

第 2 部分

企业间的策略互动

第6章

双头垄断市场的厂商策略

学完本章，你应该理解：

● 描述双头垄断市场行为的基本模式，市场中的两个公司主要展开价格和产量竞争。

● 在产量竞争的古诺模型中，当两个公司通过产量竞争时，均衡时的市场价格会更低，每个公司的利润也会更低，整个市场的产量相较于垄断均衡时却要更高。

● 在价格竞争的伯川德模型中，在之前处于垄断的市场中增加一个公司，市场就变为完全竞争均衡，此时两个公司的利润都为零。

● 简单的伯川德模型如何拓展为允许产品差异或容量约束的模型。

● 如何运用斯塔克尔伯格模型来描述一个市场，其中，一个公司可以先于其竞争对手制定策略，而且当公司展开产量竞争时，斯塔克尔伯格模型的领导者拥有先动优势，能够在牺牲对手的前提下增加利润和市场份额。

如果说第5章告诉了我们什么，那就是管理者的决策问题是很复杂的，因为要将市场内所有的策略影响与反应考虑在内。为了弄明白策略互动怎样影响管理者的决策，本章首先从最简单的问题谈起。正因为如此，本章的一些分析看起来可能过于简单和有限。本章主要介绍一些基本模型，以便在后面的章节帮助思考一些关于管理者决策的复杂问题。

在开始讨论前，要注意的是本章所谈论的问题跟第3、4章的问题有很大的不同。在之前的章节中，管理者所在企业的市场要么是完全竞争的，要么是完全垄断的。从现在起，包括本书剩下的部分，我们将集中讨论**寡头垄断**（oligopolistic）市场，也就是说，市场上有 $n > 1$ 个企业。与垄断市场中的企业不同，寡头垄断企业没有完全的市场势力，因为有其他企业存在。但是与完全竞争市场不同，寡头垄断企业有一些市场势力。

拥有 n 个企业的寡头垄断市场被证明是比较难以解释清楚的。我们更多谈论的是只有两个企业的情形，称为**双头垄断**（duopoly）。这种简单化处理是有用的，因为结果便于理解，也便于我们用简单的二维图来绘制两个企业的策略。（绘制 $n>2$ 个企业的策略图是很困难的。）即使这种简单的、只有两个企业的模型也能捕捉企业间重要的策略互动。

用最简单的形式，我们将管理者的问题描述如下：

$$\max\pi = TR - TC$$
$$= p \cdot q - C(q)$$

就是说，管理者想要选择使利润最大化的策略，写为 π，也就是总收入 TR 和总成本 TC 的差。总收入就是产量 q 与市场价格 p 的乘积，总成本就是所售产品数量的函数 $C(q)$。从现在起，总成本函数 $C(q)$ 只与增长的产量 q 有关。也就是说，总产量导致 q 的增加，总成本也随着增加。

管理者必须掌握两条重要的信息：需求结构和市场竞争的策略结构。需求函数描述的是消费部门的行为，为管理者提供市场价格和需求之间的关系。在 1.5 节中，我们已经描述过这种需求函数 $q=D(p)$ 或者逆需求函数 $p=P(q)$：

$$需求函数 \longleftrightarrow q=D(p)$$
$$逆需求函数 \longleftrightarrow p=P(q)$$

其中，q 代表消费者需要的产品或服务数量，p 代表市场价格。这个最简单的市场模型只有两个变量：价格和产量。市场的竞争结构决定了竞争是价格竞争还是产量竞争。例如，在第 1 章我们就描述了西南航空与美国航空、联合航空、达美航空等竞争者之间的价格竞争。航空业的市场竞争结构已经进化，决定了市场竞争是价格的竞争。但是对于许多初级产品如小麦、玉米、石油和天然气来说，价格由整个国际市场决定。农民可以决定种植多少英亩的小麦或者玉米，企业决定开采多少桶石油或者多少立方米天然气，但是他们对于价格没有话语权。在另外一些市场，价格由政府把控，因此竞争的范围是有限的。在许多国家，酒精饮料或者被课以重税或者被政府控制，在许多城市，政府控制着房产租赁价格。在这种类型的市场中，企业通过其他方式竞争。例如啤酒商通过产量展开竞争，通过开发清淡啤酒、高档啤酒、生啤酒、低质量啤酒等手段，一方面降低成本，一方面由零售商决定出售哪些种类。当政府控制了房产租赁价格时，房东改变维护水平，不进行价格竞争，而是进行出租房的质量竞争。

6.1 节和 6.2 节描述了影响管理者选择价格或者产量竞争的几个因素，这些选择取决于市场的竞争结构，6.1 节和 6.2 节还告诉我们在每一种情况下如何解决管理者利润最大化问题。

■ 6.1 产量竞争

在谈论产量竞争之前，我们先举几个例子来看一下什么是产量竞争。一般来说，产量竞争包括了多种市场情形，管理者可以有多种选择。最简单的例子是，处于产量竞争市场的企业必须选择产出量以使利润最大，不管是农民决定小麦的种植面积，还是石油企业决定开采的石油量。同样，产量竞争体现在管理者必须决定新工厂的生产能力的例子中。企业应该提高产能以满足整个潜在市场，还是应该限制产能以满足限定范围的市场？

相反，我们可以把产量竞争看成是产品类型的典型竞争。企业是应该生产高质量产品，还是应该大量生产质量稍低点的产品呢？

我们谈到的产量竞争的简单模型可以用来描述多种类型的竞争，在后面的章节中，我们将探讨几种特殊的例子。现在，我们讲到的是产量竞争的基本模型，它也可以被称作**古诺竞争**（Cournot competition）模型①。假设一个市场有两个企业生产同类产品，如小麦或石油。这种产品的需求结构通过逆需求函数表示，即：

$$p = P(q_1 + q_2)$$

其中，q_1 是企业 1 售出的商品量，q_2 是企业 2 售出的商品量。两个企业间的竞争结构可以总结如下：

- 这种模型本身是静态的，因此，两个企业会同时选择产量竞争。
- 双方都知道市场需求信息，以及生产成本和其他企业的成本结构。
- 不会有新企业进入或者现有企业退出。
- 从两个企业购买产品都不存在运费，因此，消费者会购买价格低的产品。

我们将逐一分析这些假设，因为它们在定义市场竞争的结果方面都非常重要。一开始，模型是静止的。两个企业会同时选择产量 q_1 和 q_2。这就意味着，没有哪个企业可以先行制定策略。当然，如果要表达一个企业可能先于其他企业选择策略的事实，其中也可以包含若干动态因素。但这与古诺模型完全不同，我们会在 6.3 节探讨。

第二个假设是所有企业都掌握了完全信息。当然，也可能没有关于需求结构或者企业成本的完全信息。管理者也许不知道走进店铺的消费者持何种偏好。来自多伦多的热狗小贩不知道他的竞争者购买热狗的价格是高还是低。这些信息的类型对管理决策有很重要的作用。现在，我们只介绍这种简单的模型，关于信息的问题我们将在第 14 章讨论。

如果有新企业进入市场，或者有一个企业退出，那么，竞争的结构就会很不同。现在，我们只讨论涉及两个企业的例子，关于进入和退出的影响，我们将在第 8 章讨论。

根据最后一个假设，我们可以跳过分析推出一条重要的信息。因为两个企业生产同样的产品，而且消费者可以在任意一个企业买到产品，在这种情况下，消费者会购买价格低的产品。出于均衡的考虑，两个企业会以几乎相同的价格卖出产品。原因很简单：试想一下如果企业 1 的价格高于企业 2 的价格，即 $p_1 > p_2$，没有人会购买企业 1 的产品，因为同样的东西，企业 2 花费更少。企业 2 会占领整个市场，企业 1 的市场需求为 0。这种模型不存在价格竞争。

如果不存在价格竞争，我们就说企业竞争属于产量竞争。企业 1 的管理者面临的

---

① 这通常被叫作**古诺模型**（Cournot model），来源于奥古斯丁·古诺 1838 年发表的文章《财富理论的数学规则研究》（Researches into the Mathematical Principles of the Theory of Wealth）。

最大问题就是考虑如何在企业 2 设定产量 q_2，实现最大利润 π^2 的前提下，设定自己的产量 q_1 以使自己的利润 π^1 最大。假设市场的产量需求可以用线性**逆需求函数**（inverse demand function）表示，即：

$$p = P(q_1 + q_2) = a - b \cdot (q_1 + q_2)$$

这个函数可用图 6-1 表示。纵截距为 a，斜率为 $-b$。例如，如果每个企业产量为 $(\tilde{q}_1, \tilde{q}_2)$，那么总产量就是 $\tilde{q}_1 + \tilde{q}_2 = \tilde{q}$，价格为 $\tilde{p}$。这在图 6-1 中的 A 点展示出来了。

假设每个企业的成本函数是：

$$C^1(q_1) = f_1 + c_1 * q_1$$
$$C^2(q_2) = f_2 + c_2 * q_2$$

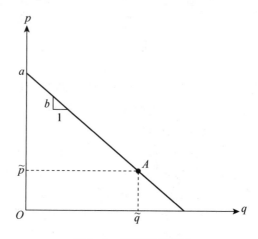

图 6-1　市场需求函数

注意到，每个企业的成本随着产量的增加而增加。企业 1 的产量每增加 1 单位，总成本增加 c_1。企业 1 的不变边际成本为 c_1。总成本里也有一个固定成分。不管企业总产量 q_1 是大还是小，企业 1 都会产生固定成本 f_1。

知道了需求函数信息和每个企业的成本函数后，我们可以写出每个企业的管理者所面临的利润最大化问题。

$$\max_{q_1} \pi^1 = p \cdot q_1 - C^1(q_1)$$
$$= [a - b \cdot (q_1 + q_2)] \cdot q_1 - f_1 - c_1 \cdot q_1$$
$$= a \cdot q_1 - b \cdot q_1^2 - b \cdot q_1 \cdot q_2 - f_1 - c_1 \cdot q_1$$

同理，企业 2 就有：

$$\max_{q_2} \pi^2 = a \cdot q_2 - b \cdot q_1 \cdot q_2 - b \cdot q_2^2 - f_2 - c_2 \cdot q_2$$

对于企业 2 的任何产出，企业 1 的管理者都可通过选择 q_1 使利润最大，因此，利润 π^1 的变化几乎为零。为解释这种情形，我们注意到企业 1 增加产量 q_1，利润 π^1 有三个变化：

（1）对于任意市场价格，产量越高，利润越大。

（2）当产量增加时，如图 6-1 所示，随着均衡沿着需求曲线向下移动，价格下降。

当价格下降时，企业 1 每单位产品的收入减少，利润下降。

（3）当产量增加时，成本增加，利润下降。

□ 6.1.1　古诺均衡和反应函数

假设企业 1 的管理者考虑增加产量，于是 q_1 增加。如果效应 1 主导效应 2 和 3，那么总利润 π^1 会增加。如果效应 2 和 3 之和大于效应 1，管理者最好减少产量 q_1。管理者能做的就是改变产量，直到 $\bar{q}_1$，以使效应 1 等于效应 2 和 3 的和。要弄清这种情况，我们可以考虑跟 q_1 相关的利润函数的导数，让得出的等式等于 0：

$$\frac{\partial \pi^1}{\partial q_1} = a - 2b \cdot q_1 - b \cdot q_2 - c_1 = 0 \qquad (6.1)$$

这是给定企业 2 的产量时，企业 1 利润最大化的**一阶条件**（first-order condition）。当然，企业 2 也同样面临着对应的利润最大化问题，因此，企业 2 的一阶条件为：

$$\frac{\partial \pi^2}{\partial q_2} = a - b \cdot q_1 - 2b \cdot q_2 - c_2 = 0 \qquad (6.2)$$

这两个一阶条件，每个企业都占一个，是含有两个变量 q_1 和 q_2 的线性方程。我们可以求解两个**古诺均衡**（Cournot equilibrium）产量 (q_1^c, q_2^c)。首先，解出企业 1 关于 q_1 的一阶条件：

$$2b \cdot q_1 = a - b \cdot q_2 - c_1$$

$$q_1 = \frac{a - c_1}{2b} - \frac{q_2}{2}$$

把等式代入企业 2 的一阶条件，消除 q_1：

$$2b \cdot q_2 = a - b \cdot q_1 - c_2$$

$$2b \cdot q_2 = a - b \cdot \left[\frac{a - c_1}{2b} - \frac{q_2}{2} \right] - c_2$$

$$\left(2b - \frac{b}{2} \right) \cdot q_2 = a - c_2 - \frac{a - c_1}{2}$$

$$\frac{3b}{2} \cdot q_2 = a - c_2 - \frac{a - c_1}{2}$$

$$q_2 = \frac{2}{3b} \cdot \left(a - c_2 - \frac{a - c_1}{2} \right)$$

$$q_2 = \frac{a + c_1 - 2c_2}{3b}$$

如果我们求 q_1，也是一样。因此，关于产量的古诺均衡就是：

$$(q_1^c, q_2^c) = \left(\frac{a - 2c_1 + c_2}{3b}, \frac{a + c_1 - 2c_2}{3b} \right)$$

我们可以用第 5 章的反应函数概念来表示这种均衡。企业 1 的反应函数就是给定企业 2 的行为后企业 1 的最佳反应策略。当给定企业 2 的策略 q_2 时，求解企业 1 选择策略 q_1 时的一阶条件，即可得出企业 1 的反应函数。事实上，当求企业 2 的古诺均衡产量时，就得出了反应函数。

$$q_1 = R^1(q_2) = \frac{a-c_1}{2b} - \frac{q_2}{2} \qquad (6.3)$$

同样，我们可以通过整理企业 2 的一阶条件来得到它的反应函数：

$$q_2 = R^2(q_1) = \frac{a-c_2}{2b} - \frac{q_1}{2} \qquad (6.4)$$

这两个反应函数在图 6-2 中绘出。古诺均衡 (q_1^c, q_2^c) 在图中标为点 C。注意到每个公司的反应函数都是向下倾斜的。根据我们在之前的章节对反应函数的讨论，这意味着行动是策略替代的。

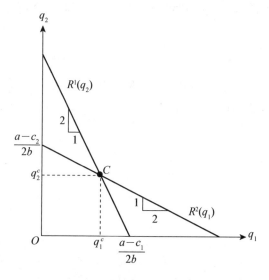

图 6-2　古诺均衡与反应函数

注意到古诺均衡也是纳什均衡。在点 C，每个企业都处于反应函数上，这时的产量都是每个企业出于竞争的考虑做出的最佳反应。当企业 2 选择 q_2^c 时，企业 1 最好的选择就是 q_1^c，所以企业 1 没有激励去偏离古诺均衡点 C。当企业 1 选择 q_1^c 时，企业 2 没有比选择 q_2^c 更好的选择。当反应函数是线性的时（如例子所示），古诺均衡是唯一的。

另一种表述就是，任何除了点 (q_1^c, q_2^c) 外的其他点的产量策略选择都不是纳什均衡。假设如图 6-3 所示，$\tilde{q}_2 \neq q_2^c$。企业 1 最好的选择是将产量定为 $\tilde{q}_1$ 使其处在反应函数上，因为反应函数 $R^1(q_2)$ 是企业 1 应对企业 2 的策略时的最佳反应策略。企业 1 最好的选择就是将产量定位在点 D。但这时企业 2 不在反应函数上。就是说当企业 1 选择 $\tilde{q}_1$ 时，$\tilde{q}_2$ 不是企业 2 的最好选择。企业 2 最好的产量点在点 E。当然，$\tilde{q}_1$ 也不是企业 1 应对 $\tilde{q}_2$ 时最好的策略。给定另一企业的选择，做出最佳反应策略的组合是古诺均衡点 C。

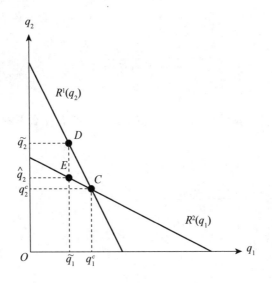

图 6-3 古诺均衡的互为一致性

我们现在可以开始讨论市场环境变化对企业产量策略选择的影响了。假设企业 2 发现了能节约成本的技术革新，因此它能以更低的价格生产相同的产量。假设企业 2 的边际生产成本从 c_2 降为 $\tilde{c}_2$。如果回过头去看图 6-2 或者企业 1 的反应函数 (6.3)，我们会发现这种改变对企业 1 的反应函数没有影响。斜率仍旧为 2，截距仍然为 $(a-c_1/2b)$。但是企业 2 的反应函数的纵截距会改变。因为 $\tilde{c}_2 < c_2$，必然有：

$$\frac{a-\tilde{c}_2}{2b} > \frac{a-c_2}{2b}$$

这样，企业 2 的反应函数将上移，从 $R^2(q_1)$ 移到 $\tilde{R}^2(q_1)$，如图 6-4 所示，相应地，古诺均衡就从 C 移到 $\tilde{C}$。技术革命导致企业 2 的产量增加，企业 1 的产量下降：

$$\tilde{q}_1^c < q_1^c \quad \tilde{q}_2^c > q_2^c$$

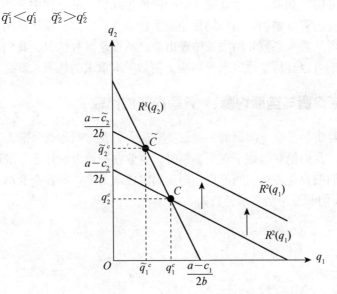

图 6-4 企业 2 成本下降时的古诺均衡

　　在所有其他条件均等的前提下，企业 2 降低成本的技术革新将增加企业 2 的市场份额，减少企业 1 的市场份额。

　　那么，企业 2 降低成本的技术革命对整个市场均衡有什么影响呢？首先看一下成本改变之前整个市场的产量：

$$q^c = q_1^c + q_2^c$$

$$q^c = \frac{a - 2c_1 + c_2}{3b} + \frac{a + c_1 - 2c_2}{3b}$$

$$q^c = \frac{2a}{3b} - \frac{c_1}{3b} - \frac{c_2}{3b}$$

$$\frac{\partial q^c}{\partial c_i} = -\frac{1}{3b} < 0, \quad i = 1, 2$$

　　我们看到企业 2 的技术革命将减少成本 c_2，增加市场总产出 q_c。这会导致市场均衡沿着需求曲线下滑，因此我们得出如下结论：

　　企业 2 降低成本的技术革新将增加均衡市场产出，降低均衡市场价格。

　　注意到，企业 2 的技术革新将毫无疑问使企业 1 的境况恶化。市场价格下降，企业 1 的市场份额下降，而成本没有变，所以利润下降了。企业 1 将越来越难与企业 2 在这个市场竞争。

　　当然，我们用这个简单的模型还可以分析一些有趣的市场变化。例如，假设技术革新不是企业 2 最先发起的。如果两个企业都从这个降低边际成本的发现中获益，会发生什么？另外，如果外在的需求增加，市场均衡会发生什么变化？这可以从市场需求函数的上移体现出来，或者从需求参数 α 的增长体现出来。不管是哪种情况，我们通过研究变化对反应函数的影响可以分析变化带来的影响。例如，本章末的练习 4 就是这样。

□ 6.1.2　古诺均衡与垄断均衡、竞争均衡的比较

　　在第 3 章我们已经讲过了企业问题的一些解决办法，以及垄断与竞争形态下企业要求的市场均衡。现在，我们把它与处于双头垄断时，企业在产量上展开竞争的形态做比较。为简单起见，我们把企业成本问题简化，假设固定成本为零，所有企业都有不变的边际成本 c。另外，我们假设市场需求函数如下：

$$p = 120 - (q_1 + q_2 + \cdots + q_n)$$

$$p = 120 - \sum_{i=1}^{n} q_i$$

其中，n 是市场中企业的数量。我们考虑三种不同的情形：

$n \to \infty$ 　　完全竞争

$n = 1$ 　　　垄断

$n = 2$ 　　　双头垄断

完全竞争

在第 3 章，我们知道完全竞争市场中的企业在达到均衡时，价格必须等于边际成本[1]，因此，在完全竞争均衡时有：

$$p^{pc} = c$$
$$q^{pc} = 120 - c$$

其中，$q^{pc} = \sum_{i=1}^{n} q_i$ 是总产出。这个均衡如图 6-5 中的点 PC 所示。

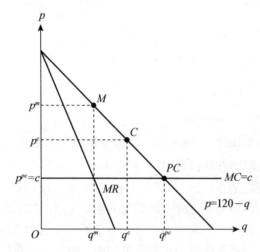

图 6-5　垄断均衡、完全竞争均衡和古诺均衡

垄　断

在垄断均衡中，一个企业将边际收入设定为与边际成本一致。在本例中，总收入与边际收入如下：

$$TR = p \cdot q = (120 - q) \cdot q$$
$$p \cdot q = 120q - q^2$$
$$MR = \frac{\partial TR}{\partial q} = 120 - 2q$$

当垄断者使边际收入等于边际成本时，垄断均衡为：

$$q^m = 60 - c/2$$
$$p^m = 60 + c/2$$

这个均衡从图 6-5 中的点 M 可以看出。

---

[1] 我们把边际成本 c 限定在 0～120 之间，以免均衡产量为负。

古诺双头垄断

如果市场有两个企业，则每个企业的利润函数为：

$$\pi^1 = (120 - q_1 - q_2) \cdot q_1 - cq_1$$
$$\pi^2 = (120 - q_1 - q_2) \cdot q_2 - cq_2$$

为解决每个企业的问题，我们求出企业的一阶条件：

$$\frac{\partial \pi^1}{\partial q_1} = 120 - 2q_1 - q_2 - c = 0$$
$$\frac{\partial \pi^2}{\partial q_2} = 120 - q_1 - 2q_2 - c = 0$$

解方程得出：

$$q_1^c = q_2^c = (120 - c)/3$$

因此，在双头垄断市场，市场价格和产量为：

$$q_1^c + q_2^c = q^c = 80 - 2c/3$$
$$p^c = 40 + 2c/3$$

这三种均衡都可以从图 6-5 中看出。[①] 在完全竞争均衡中，价格是最低的，在点 PC 上，$p^{pc} = c$。在垄断均衡时价格最高；在点 M 上，$p = p^m$。点 C 的古诺均衡处于完全竞争均衡与垄断均衡之间。

我们在第 3 章看到，最有社会效率的是完全竞争均衡。如果我们从只有一个企业的情况出发，增加一个企业（由垄断变为古诺双头垄断）将会导致均衡的市场价格下降；由于均衡的产量增加，市场更接近于完全竞争均衡。事实上，我们看到，不断增加企业的数量，市场越接近于完全竞争均衡时的点 PC。

最后，我们来比较三种情形下均衡的市场利润。在完全竞争均衡下，企业的利润为零，因为价格等于边际成本：

$$\pi^{pc} = 0$$

因为古诺均衡时价格较高，所以企业一定是赚钱的：

$$\pi_i^c = (p^c - c) \cdot q_i^c$$

在垄断均衡中，利润是最高的，因为价格是最高的，总垄断产量 q^m 比古诺双头垄断产量 q_i^c 还要高：

$$\pi^m = (p^m - c) \cdot q^m$$

这就方便了我们得出下面的结论：

---

① 注意到该图描述的是市场均衡，横轴表示的是市场的产出，是每个企业的产出之和。这与图 6-2 至图 6-4 是不一样的，后三幅图描述的是企业的反应函数且允许我们求出每个企业的产量。

管理经济学：基于战略的视角（第二版）

结 论

在所有其他条件相同的前提下，增加企业的数量，将降低均衡市场价格，减少企业利润，但会增加均衡的市场产量。

这就是为什么市场中的企业越多，市场越充满竞争。

产量竞争与 OPEC

不难想象企业展开价格竞争的例子。广告和传单上的降价及抛售信息告诉我们在许多市场中，价格是竞争的一种策略选择。但是，乍一想，很难举出企业展开产量竞争的例子。

在 6.1 节开始时，我们举了很多关于产量竞争的例子。这些市场中的企业会选择产能。当然，企业的产量直接影响了它向市场供应产出的能力：生产能力越大，意味着企业可以投放市场的量越大。通常来说，当企业选择可以直接影响销量的变量时，它就是在进行产量竞争。例如，通过增加销售人员的数量，企业的销量增加。当企业考虑降价和促销时，可以说企业在进行产量竞争。

世界市场围绕原油的竞争提供了一个有趣的产量竞争的例子（在这种情况下，参与人是国家）。生产原油的国家不选择指定销售价格，而是限定产量。世界大约 40％的原油生产和 55％的国际原油贸易被石油输出国组织（OPEC）占领。更多原油产业的历史，可以参见谢勒（Scherer，1996：ch.3）。成立于 1960 年 9 月的 OPEC 组织现有成员 12 个。OPEC 成员代表每两年召开一次会议，商讨当下与未来世界石油市场状况，以及各国市场配额，促成石油价格和供应稳定。在 20 世纪 90 年代中期，OPEC 国家每天产出大约 2 500 万桶石油。

从 20 世纪 90 年代末到 2008 年全球经济扩张，石油需求量增加。2008 年，OPEC 国家的产量增加到 3 120 万桶/天。但 2008 年的全球金融危机让石油需求量减少。2009 年 4 月，OPEC 迅速做出反应：将产量降到 2 800 万桶/天。

注：关于国际石油市场以及 OPEC 的更多信息，可以登录其官方网站：www.opec.org。

6.2 价格竞争

现在，我们假设企业间的竞争是价格竞争而不是产量竞争。这种竞争的存在是因为在所考察的时期，产量不可能一下子改变，所以唯一可变的是价格。例如，在短期内，企业要增加产出，就必须雇佣和培训更多的工人，然而这是高成本、费时间的。另外，企业的产能还受工厂大小限制。在短期内，企业会围绕价格展开竞争，因为价格在短期内容易改变。我们有必要关注一下企业生存其中的市场结构。我们仍然假定我们讨论的是只有两个企业的市场，它们生产同样的产品。正如产量竞争一样，消费者在两个企业定价一样的前提下，不会去比较两个企业产品的产量有何不同。

为比较价格竞争与产量竞争的异同，假设两个企业的需求函数与 6.1.2 节中的例子是一样的：

$$q = D(p) = 120 - p$$

和之前一样，为了简单易懂，我们假设两个企业有不变边际生产成本 c，并且固定成本为零。

□ 6.2.1 价格竞争与伯川德均衡

我们要找的纳什均衡是价格上的均衡，和我们讨论产量时的古诺均衡一样。我们现在要找的是**伯川德均衡**（Bertrand equilibrium）[①]，我们标为 (p_1^b, p_2^b)。当然，它必须是纳什均衡，也就是说，当企业 2 的价格固定为 p_2^b 时，企业 1 的价格 p_1^b 必须是综合企业 2 的价格 p_2^b 做出的最佳策略。也就是说，在伯川德均衡 (p_1^b, p_2^b) 中，谁都不会想去改变价格。

如何求得伯川德均衡呢？我们先写出每个企业的利润函数，然后求出每个企业的最佳定价策略。当企业展开价格竞争时，我们可以很容易根据可选价格策略来审视每个企业的需求函数。我们回想一下，当一个市场中的两个企业卖同样的商品时，消费者只会买价格低的。因此，如果企业 1 的价格低于企业 2，即 $p_1 < p_2$，那么企业 1 将占领整个市场，$q_1 = D(p_1)$，企业 2 的销量为零，$q_2 = 0$。

如果两个企业制定同样的价格，又会发生什么呢？我们假设两个企业瓜分市场，当 $p_1 = p_2 = p$ 时，$q_1 = q_2 = D(p)/2$。

为方便找出伯川德均衡，我们假设每个管理者的策略空间是不连续的，因此，管理者只能选择三种价格中的一种。当然，这是有局限性的，但是足够我们解决问题。我们假设三种价格为 $p = 60$ 美元、$p = 42$ 美元、$p = 36$ 美元。整个市场需求为 $q = 120 - p$。如果不变边际成本为 $c = 30$，那么利润为 $\pi = (p - c)q$。三种可选的市场价格为：

价格（美元）	产量	利润（美元）
$p = 60$	$q = 60$	$\pi = 1\ 800$
$p = 42$	$q = 78$	$\pi = 936$
$p = 36$	$q = 84$	$\pi = 504$

假设两个企业都定价为 60 美元，那么它们会瓜分市场利润 1 800 美元，每个企业获利 900 美元。如果两个企业都定价为 42 美元，那么它们会瓜分市场利润 936 美元，每个企业获利 468 美元。如果两个企业都定价为 36 美元，那么它们会瓜分市场利润，每个企业获利 252 美元。

如果两个企业定价不同，消费者会购买价格低的。如果 $p_1 = 60$ 美元，$p_2 = 42$ 美元，那么企业 1 不会有任何销量，企业 2 会占领整个市场。企业 1 的利润为 0 美元，企

---

① 伯川德均衡与我们将在本节后面讲述的伯川德悖论，指的是法国经济学家伯川德于 1883 年的成果（Bertrand，1883）。

管理经济学：基于战略的视角（第二版）

业 2 的利润为 936 美元。

我们可以从表 6-1 中推出这场价格博弈中每种可能的结果,然后分别求出伯川德均衡。假设每个企业定价 60 美元,在这种情况下,我们可以从矩阵左上角看出每个企业获利 900 美元。但是如果企业进行的是价格竞争,就不可能达到均衡。在这一点上,企业 1 的管理者意识到此时若将价格降到 42 美元,对它的对手将是很大的打击,它会占领整个市场,利润增加到 936 美元,而企业 2 的利润变为零。

表 6-1　　　　　　　　　　　　支付矩阵与价格竞争　　　　　　　　　　　　单位:美元

企业 2 ＼ 企业 1	$p_2 = 60$	$p_2 = 42$	$p_2 = 36$
$p_1 = 60$	900,900	0,936	0,504
$p_1 = 42$	936,0	468,468	0,504
$p_1 = 36$	504,0	504,0	252,252

当然,企业 2 的管理者可以采用同样的削价策略。为了应对企业 1 的策略,企业 2 将价格降至 42 美元,分享行业利润以赚取 468 美元的收益。如果企业 2 把价格降到 36 美元以抢占企业 1 的市场,企业 2 甚至能做得更好。这样做,企业 2 将赢得整个市场,赚取 504 美元的利润,而企业 1 的利润为零。

同样,在这一点上,企业 1 可以考虑将价格降到 36 美元,但这样一来,支付矩阵的空间就没有了。事实上,如果有可能,企业 1 会继续打压对手,赚取整个产业的利润。这个过程会一直持续下去,直到每个企业都定价为 $p = c = 30$ 美元。但是,没有谁会从降价中赚取利润。肯定的是,如果企业 1 将价格降到 30 美元以下,它一定会占领整个市场,但这时价格低于边际成本,利润为负值。一旦出现了两个企业都是零利润的情形,那么,没有谁会再继续降价了。因此,我们得出了如下结论。

结　论

当企业间实施价格竞争时,伯川德均衡的特征是两个企业的定价相同,且价格都等于边际成本:$p_1^b = p_2^b = c$。

现在我们已经找出了价格竞争时的伯川德均衡,我们可以定义市场均衡的特征了。如果两个企业的定价都为 $p_1^b = p_2^b = c$,那么我们知道市场均衡就与我们在第 3 章中求出的完全竞争均衡是一样的。在图 6-6 中,我们将伯川德均衡标为点 B,将完全竞争均衡标为点 PC,将垄断均衡标为点 M。在完全竞争均衡点 PC 上,企业利润为零,因为从每单位产品得到的收入仅仅能够覆盖生产每单位产品的成本 c。因此,在伯川德均衡时,企业利润也为零。这个结果被称为**伯川德悖论**(Bertrand paradox)。

结　论

往垄断均衡市场增加一个企业就会使市场达到完全竞争均衡,此时,价格等于边际成本,两个企业的利润都为零,均衡达到了社会高效。

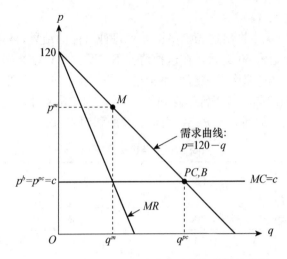

图 6-6 垄断均衡、完全竞争均衡和伯川德均衡

□ 6.2.2 解决伯川德悖论的方法

从伯川德均衡中我们能读出什么？在价格竞争中往最初处于垄断均衡的市场中增加一个企业，价格就会下降到等于边际成本的社会高效水平。换句话说，伯川德悖论意味着，往最初处于垄断均衡的市场中增加一个企业，所有的垄断利润都消失了。我们有多种理由相信这种结果是不会出现的，以便企业可以在伯川德均衡中赚取利润。我们简单介绍几个理由，当然，我们会在后面的章节中详细谈到这几个理由。

报复与合谋

仔细想一下，我们发现伯川德悖论是第 5 章描述的囚徒困境博弈的一个典型例子。如果两个企业都定价 60 美元，那么两个企业都会获利，但是如果两个企业都定这个价，双方都会继续打压对方。在讨论囚徒困境博弈时，我们发现，改变博弈规则，我们可以维持每个参与人都赚取最高回报的结果。在第 5 章的例子中，两名犯罪嫌疑人需要想出一种避免互相牵连对方的机制。在伯川德悖论中，两个企业如果合作保持高价，那么它们都会赚钱。

这个问题我们不再深谈，只需要注意如果企业合谋，两个企业都赚钱的均衡会得以保持。这其中有两个重要原因。首先，继续探讨要求我们引入一种机制：**合作博弈论**（cooperative game theory），这是本书不涉及的；其次，也是更重要的，企业间合谋、操纵价格在许多国家是非法的。

发电机市场的合谋

伯川德悖论告诉我们两个企业围绕价格竞争会导致两个企业都无利可图。尽管这看起来有点极端，但这是我们经常见到的例子，尽管企业难免会改变博弈规则以增加利润。

在 20 世纪 60 年代初，通用电气和西屋电气控制着美国大型涡轮发电机市场，占据了美国国内98%的市场［要想知道更多信息，请参见Porter（1980）］。这些大型机械被用于电力设施，通过烧煤、油和天然气发电。在购买这些大型机械之前，电力设施企业会和通用电气及西屋电气谈判，主要围绕价格展开谈判。政府所有的电力设施企业占据了1/4的市场，它们会邀请通用电气和西屋电气参加投标，政府会购买出价低的，并公布中标价格。其他电力设施企业只会秘密竞标，标价也是私下的，以保证它们能低价购买。根据伯川德模型的预测，尽管只有两个企业，但通用电气和西屋电气的竞争决定了利润会很低，除非通用电气决定改变博弈规则。

1963年5月，通用电气对外公布了一份价格清单，里面涉及每种产能与规格的涡轮发电机的价格计算公式。同时，通用电气还制定了**价格保护条款**（price protection clause）：如果哪台发电机的销售价格低于价格清单上的价格，6个月内购买的消费者可以得到低价和清单上高价之间的差额补偿，这样就把自己定位在了高价上。

为了回应通用电气的价格清单和价格保护条款，西屋电气收回了自己的价格清单，开始按照通用电气的价格清单对大型涡轮发电机投标，直到发布自己的价格清单，而清单中的价格与通用电气的几乎一致。

这场控制价格和限制价格竞争的行为一直持续到1975年。这一年，美国司法部开始对大型涡轮发电机产业中的反竞争展开调查。司法部断定通用电气和西屋电气发布价格清单、强制实行价格保护条款的行为违反了美国的反垄断法，主要指《谢尔曼反托拉斯法》中关于限制卡特尔和垄断的描述。因此，通用电气和西屋电气不准采用价格保护条款或者发布关于大型涡轮发电机的价格清单。

不同的生产成本

在推导伯川德悖论的模型中，我们假设两个企业有着相同的生产成本。假设情形不是这样的，而是企业1的成本低于企业2的：$c_1 < c_2$。企业2的价格永远不会低于c_2，否则它的价格将会低于边际成本，它将得到负利润。企业2的最低定价为$p_2 = c_2$。

那么，企业1如何定价呢？管理者知道对手不可能把价格定到比$p_2 = c_2$低，因此，企业1会把价格定为稍微低于$p_2 = c_2$，比如是$c_2 - \epsilon$，其中，ϵ非常小。企业2无法匹配这个价格，因为那样的话，它就亏损了。现在，企业1的价格低于企业2的。因此，顾客会购买企业1的产品，只要$p_1 = c_2 - \epsilon > c_1$，企业1就会盈利。一般来说，生产同类产品的企业一旦成本不一样，那么我们可以预计到一些企业会在均衡中盈利。

差异化产品

在谈论伯川德价格竞争的整个过程中，我们假设的都是企业生产相同的产品，这种假设的结论是消费者总是会购买价格低的产品。但是，这种假设在许多时候是有效的。在杂货店买糖的顾客基本上不会在意相同价格的两包2千克装的颗粒糖有什么区别。

但是，我们也能马上想到许多例子，其中消费者会在意处于相同价位的同质化产品的区别。再回头去看沙滩上卖热狗的两个小贩的例子。我们假设他们以相同的价格卖同样的热狗。但是一位顾客因为离小贩1比较近而选择从小贩1而不是小贩2处购买，因为要买后者的热狗需要走很远的路。这个消费者就会在意两个小贩的产品，即使价格一样，产品也一样。事实上，这个消费者会愿意多掏点钱买小贩1的产品，以免还得走很远的路。

这个简单的例子说明我们对产品的定义过于严苛，以至不能很恰当地描述这个市场。进一步的描述告诉我们，消费者对于两个企业相同价格的产品也会在意。也就是说，有可能一个企业提高价格却不会失去整个市场，并会在市场均衡中赚取利润。

也有几种情况，看起来基本一致的产品，在消费者眼中却有差异。假设一名消费者要买车。所有的车都符合这名消费者的需求：它们能让消费者从点 A 到达点 B，但是他不会对相同价位的车一视同仁。尽管卖价为 25 000 美元的小型货车和卖价为 25 000 美元的小型跑车一样能让消费者从点 A 到达点 B，但是，消费者不会将两者等同看待。

企业可以在许多方面使产品差异化。基于所售产品的类型，生产者会把产品区分为低质量产品和高质量产品，或者通过价格以及产地区分。我们已经讨论过产品差异化会导致一种企业会从中盈利的均衡。因此，很重要的就是管理者如何知道应该怎样实现产品的差异化以实现利润最大化。这是第 7 章的主题。

产能约束与配给

伯川德悖论的另一种解决办法与我们讨论过的伯川德竞争模型的隐含假设有关。为举例方便，我们就用之前推导伯川德悖论的例子。假设两个企业卖的是相同的产品，都有需求曲线：

$$q=120-p$$

不变边际成本也一样：$c=30$ 美元。伯川德悖论要求每个企业都以 $p=c=30$ 美元的价格出售产品，赚取零利润。如果一个企业稍微抬高价格，另一个企业就会占领整个市场。

现在，假设企业 2 把价格提高到 31 美元，企业 1 的总需求就是：

$$q_1=120-c=90$$

因为企业 1 的产品售价为 $p_1=c=30$ 美元，没有消费者会购买企业 2 的产品，因为它的售价高。但是假如企业 1 无法满足整个市场需求 $q_1=90$ 呢？假如它的产能小于整个市场需求呢？这样会有一些市场剩余份额留给企业 2。一些消费者将不能从企业 1 处以较低的价格购买到产品。企业 2 面临的是**剩余需求曲线**（residual demand curve），也就是企业 1 售出所有产出之后留下的市场份额。

现在，企业 2 在剩余的市场中扮演的是垄断者的角色，也会赚取利润。注意这是不均衡的，企业 2 赚取了利润，而企业 1 却是零利润，因此，企业 1 会选择涨价。最重要的一点是当企业面临产能约束时，企业通常会在均衡中赚取利润。

这就带来了另一个议题：企业如何确定产能？这是很重要的，因为我们已经看到产能约束会带来均衡的利润。我们会在第 8 章重点讨论这个问题。

6.3 斯塔克尔伯格均衡

本章最后要描述的是当一个企业有**先发优势**（first-mover advantage）时的竞争所带来的结果。因为产业中竞争的升级，我们把有优先选择策略权的企业称为**斯塔克尔伯**

格领导者（Stackelberg leader），把相对的一方称为**斯塔克尔伯格追随者**（Stackelberg follower）。我们把这一博弈称为斯塔克尔伯格博弈，因为它最初是由海因里希·冯·斯塔克尔伯格（1939）着手研究的。它也被叫作领导者-追随者博弈。

假设两个企业面临的是产量竞争。两个企业产量一样，生产技术也一样。为方便起见，我们假设固定成本为 0，不变边际成本为 c。为比较斯塔克尔伯格博弈和古诺产量竞争的结果的异同，我们假设两个企业的市场需求函数为：

$$p = 120 - (q_1 + q_2)$$

在 6.1 节我们已经展示过古诺竞争的结果，其中两个企业会同时选择产量策略：

$$q_1^c = q_2^c = (120 - c)/3$$
$$q_1^c + q_2^c = q^c = 80 - 2c/3$$
$$p^c = 40 + 2c/3$$

假设企业 1 已经在市场中占有一席之地，可以先于企业 2 确定产量。换种说法就是，在这场博弈中，企业 1 可以优先做出行动，于是它就成为斯塔克尔伯格领导者。不管怎样，我们已经知道企业 2 会如何对企业 1 的策略做出反应，这就是企业 2 的反应函数（6.4），这我们在 6.1 节已经推导过：

$$q_2 = R^2(q_1) = (120 - q_1 - c)/2$$

企业 1 的管理者知道这是企业 2 的最佳反应策略，因此，他会用这个信息求解企业 1 的利润最大化问题：

$$\max \pi^1 = [120 - q_1 - q_2] \cdot q_1 - c \cdot q_1$$
$$= \left[120 - q_1 - \left(\frac{120 - q_1 - c}{2}\right)\right] \cdot q_1 - c \cdot q_1$$
$$= 60q_1 - \frac{q_1^2}{2} - \frac{cq_1}{2}$$

企业 1 的管理者将企业 2 的反应函数代入企业 1 的利润函数，求企业 1 的一阶条件，并重新定义 q_1，得出：

$$q_1^s = (120 - c)/2$$

企业 2 的最佳反应是：

$$q_2 = \frac{120 - c}{2} - \frac{q_1}{2}$$
$$= \frac{120 - c}{2} - \frac{120 - c}{4}$$
$$= \frac{120 - c}{4}$$

与古诺均衡相比，企业 1 提高了产量，企业 2 降低了产量，斯塔克尔伯格均衡中的市场总产量为：

$$q^s = q_1^s + q_2^s$$

$$= \frac{120-c}{2} + \frac{120-c}{4}$$

$$= 90 - \frac{3c}{4}$$

因此,斯塔克尔伯格均衡中的市场总产量高于古诺均衡中的总产量。市场均衡处于需求曲线的下方,因此,均衡市场价格在斯塔克尔伯格均衡中比在古诺均衡中要低。

结　论

与古诺均衡相比,能取得斯塔克尔伯格领导者优势的企业会增加市场份额,而追随者会失去市场份额。随着市场总产量的增加以及价格的下降,市场均衡向完全竞争均衡移动。

加拿大啤酒战

有时,企业靠首先推出新产品赢得斯塔克尔伯格领导者优势。1993 年 3 月,加拿大拉巴特啤酒厂(Labatt Breweries)和摩尔森啤酒厂(Molson Breweries)将冰啤酒推向加拿大啤酒市场。尽管摩尔森比拉巴特早一天推出,但两个企业都宣称自己是最先推出冰啤酒的厂家。事实上,证据显示两个企业都在第一时间推出了新产品。拉巴特控告摩尔森在得知自己推出冰啤酒的计划后采取了先发制人的策略。拉巴特回应说自己只是把发布时间从 5 月提早到了 3 月。

冰啤酒的制作过程是将啤酒冰镇,并移除由此产生的冰晶。厂家宣称这样生产出的啤酒口味独特,酒精度比普通啤酒高。

为什么两个企业如此重视最先推出新产品呢?加拿大啤酒市场的历史显示其中存在斯塔克尔伯格领导者优势。在 1989 年,摩尔森早于拉巴特两个月推出了干啤酒。这个先发优势使得拉巴特的销量很差,以至它不得不重新推出拉巴特干啤酒新款。三年后,拉巴特依靠比摩尔森率先推出拉巴特纯生啤酒取得了相似的先发优势。拉巴特纯生啤酒占领了整个加拿大生啤酒市场。

那么,加拿大啤酒大战的结果如何呢?1993 年,拉巴特占领了加拿大啤酒市场 5% 的份额,销量排名第五,而摩尔森排名第九,只占 3% 的份额。当然,有很多因素影响了这场啤酒大战的结果。拉巴特花了很多精力来将冰啤酒生产过程注册专利,使消费者相信它才是真正的冰啤酒生产者。广告也反映出两个企业为争夺市场份额所做出的努力。我们将在第 15 章讨论广告策略,在第 8 章讨论阻止进入策略及容纳进入策略时也会讨论到这个问题。

注:例中数据来源于 1993 年 3 月 26 日和 1994 年 6 月 9 日的《环球邮报》。

我们将这个均衡在图 6 - 7 中绘出。我们将斯塔克尔伯格均衡标为点 S,为方便比较,将古诺均衡标为点 C。可以很清楚地看到斯塔克尔伯格领导者(企业 1)在牺牲追随者(企业 2)的前提下增加了市场份额。但是企业 1 不在斯塔克尔伯格均衡的反应函数上。在点 S 处，企业 2 处于反应函数上，因此 q_2^s 是对于 q_1^s 的最佳反应。但是企业 1 会由于生产点 S' 上的 $\tilde{q}_1$ 而境况变得更好，因为这是对于企业 2 的选择 q_2^s 的最佳反应。

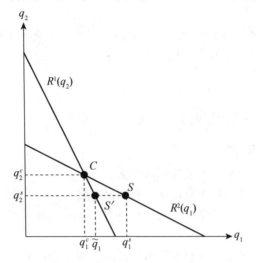

图 6-7　斯塔克尔伯格均衡

为什么企业 1 选择待在点 S，即使它在点 S' 处境况会变得更好？为回答这个问题，我们需要思考企业 2 的行为。如果企业 1 从点 S 移到点 S'，企业 2 将不会再处于反应函数上。企业 2 会增加 q_2。这个过程在各自恢复到古诺均衡点 C 之前会一直持续。企业 1 在点 S 作为斯塔克尔伯格领导者的处境比在古诺均衡点 C 要好，因此，斯塔克尔伯格均衡是稳固的，即使企业 1 不在它的反应函数上。

小　结

● 本章介绍的是双头垄断市场行为，其中，两个企业通过价格或产量竞争。可选择的策略不是价格就是产量。

● 古诺产量竞争模型中的策略选择应用非常广泛，可以代表产量或者质量方面的投资。

● 与垄断均衡相比，在古诺产量竞争均衡模型中，两个企业展开产量竞争，均衡市场价格更低，每个企业的盈利也更低，但市场总需求较高。

● 在产量竞争模型中，一个企业的降低成本的技术进步会提高它的市场份额，降低对手的份额，增加均衡产出，降低均衡市场价格。

● 在展开产量竞争的市场中加入更多的企业，会使得市场竞争更激烈，增加市场产出，降低市场价格，也减少了各个企业的利润。

● 在伯川德价格竞争中，如果企业出售相同的产品，有相同的生产成本，那么，它们会在均衡中索取相同的价格。

● 当企业展开价格竞争时，往初始时处于垄断的市场中增加一个企业，市场均衡就变成了完全竞争均衡，其中，两个企业都赚取零利润，这个结果被称为伯川德悖论。

● 在简单的伯川德价格竞争模型中，如果允许产品差异或者产能约束，双头垄断者会在价格竞争均衡中赚取正利润。

● 斯塔克尔伯格模型描述的是一个企业可以先于对手选择策略的市场。当企业展开产量竞争时，斯塔克尔伯格领导者有先发优势，可以在牺牲对手的前提下增加利润和市场份额。

● 与古诺均衡相对，当企业同时对产量做出选择时，斯塔克尔伯格均衡的特征就是更低的均衡市场价格和更高的市场总产出。

练 习

1. 假设两个企业展开产量竞争。市场逆需求函数为：

$$p=750-15(q_1+q_2)$$

每个企业有零固定成本，不变边际成本为 c。

(a) 写出每个企业的利润函数，求出利润最大化的一阶条件。

(b) 运用所得的两个一阶条件求出企业各自的反应函数，并画出这两个反应函数。

(c) 求出古诺均衡 (q_1^c, q_2^c)。

(d) 运用需求函数求出均衡市场价格，并求出每个企业的均衡利润。

2. 假设企业 1 是斯塔克尔伯格领导者，用企业 2 的反应函数重写企业 1 的利润函数，求出斯塔克尔伯格均衡。一旦你求出均衡市场价格和市场总需求，你应该能够分辨消费者剩余是增加了还是降低了。

3. 用相同的需求函数和成本函数，假设企业从事的是价格竞争而非产量竞争。求出伯川德均衡，包括每个企业的市场需求、价格和利润。与之前练习的结果做比较。

4. 假设市场需求函数为：

$$p=a-b(q_1+q_2)$$

和 6.1.1 节一样，每个企业有零固定成本，不变边际成本为 c。需求的增长导致需求函数向上移动，这反映在参数由 a 增加到 $\bar{a}>a$ 上。这对于每个企业的反应函数和古诺均衡有什么影响？

5. 在图 6-3 中，如果企业 2 的反应函数比企业 1 的要陡，会有什么结果？用你的答案去解释古诺均衡的稳定性。

参考文献与延伸阅读

Bertrand, J. (1883) "Théorie Mathématique de la Richesse Sociale", *Journal des Savants* 67: 499-508.

Cournot, A. (1927 [1838]) *Researches into the Mathematical Principles of the Theory of Wealth*, translated from the French by N. T. Bacon. New York: Macmillan.

Friedman, J. (1983) *Oligopoly Theory*. Cambridge: Cambridge University Press, especially pp. 19-49, 104-116.

Porter, M. E. (1980) "General Electric vs. Westinghouse in Large Turbine Generators (B) abd (C)", *Harvard Business School Case* 9-380-129 and 9-380-130. Cambridge, MA: Harvard University.

Rasmusen, E. (1989) *Games and Information*. Oxford: Basil Blackwell, especially pp. 259-262.

Scherer, F. M. (1996) *Industry Structure, Strategy and Public Policy*. New York: HarperCollins College Publishers.

Tirole, J. (1988) *The Theory of Industrial Organization*. Cambridge, MA: MIT Press, especially pp. 218-221.

Von Stackelberg, H. (1939) *Marktform und Gleichgewicht* (Market Structure and Equilibrium). Vienna: Julius Springer.

第 6 章

双头垄断市场的厂商策略

第 7 章

产品差异化

学完本章，你应该理解：

● 产品怎么按照地理位置、品质、大小、形状或其他特征实现差异化，以及产品空间的定义怎样去适应这些特征。

● 产品差异化能解决伯川德悖论，因为消费者并非对不同企业生产的同价位的同类产品漠不关心。

● 对于差异化产品，在产品定位固定的前提下，企业可以在短期内通过价格展开竞争，但是从长期看，企业可以在市场空间内改变市场价格和产品定位。

● 产品定位变化产生的影响怎样细化为市场份额影响和策略影响。

● 在产品定位上的竞争会导致最小产品差异化或者最大产品差异化。

我们再回到海滩来分析一下两个热狗小贩所面临的问题。我们最后一次离开海滩的时候，已经有一个热狗小贩设立了小摊，而且已经有一段时间了。新来者在思忖着把推车放在什么地方。我们在第 5、6 章中关于两个企业竞争的讨论能否让这两个人受益呢？我们能否运用已有的模型推出这两个小贩之间竞争的结果？

接下来，我们需要知道哪一种竞争模型跟我们这个市场环境最相似。我们可以把这个市场想象成两个小贩之间的博弈。在第 5 章中我们已经说过可以用以下因素来归纳一场博弈：

● 参与人列表；

● 参与人可选的策略或行动列表；

● 每一组策略组合给参与人带来的收益；

● 博弈的规则。

第一个因素很简单：参与人就是两个热狗小贩。第二个因素有点复杂，那么，让我们设想出每个小贩可能用到的策略。我们假设他们只卖热狗，而且卖的是相同的热狗。他们可用的策略有：

- 热狗的定价；
- 摆放推车的地方。

收益就是卖热狗的总收入。为使问题简单化，我们假设博弈的规则就是每个小贩在早上摆放推车，直到晚上之前都不能变动位置。博弈一天只发生一次。

现在，这个市场可用的模型就是伯川德价格竞争模型。为了分析两个热狗小贩之间的价格竞争，我们画图来描述这个场景，如图 7-1 所示。在沙滩上，第一个小贩的推车在 a 的位置，位于第二个小贩的推车位置 b 的西边。当然，两辆推车可能离得很近，也可能离得很远。现在，我们就假设推车一整天都是这样摆放的。

我们迄今为止还没有讨论过这个市场的消费者。这个海滩到处都是游泳者和享受日光浴的人。我们已经在图 7-1 中标示出了一个日光浴者。当她饿了想吃热狗时，她会去哪里买呢？为使情况简单化，我们假设她知道每个摊位卖的热狗都是一样的，而且价格一样。很显然，她的毛巾、雨伞和其他日光浴的装备更靠近第二个小贩 b 的位置，因此，她宁愿买第二个小贩的东西而不会来来回回地走到第一个摊位去。

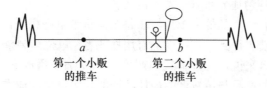

第一个小贩　　　第二个小贩
的推车　　　　　的推车

图 7-1　沙滩上的热狗推车

现在回忆一下伯川德价格竞争的特征。在第 5 章中，我们已经知道消费者对于两个企业生产的相同价位的相同产品漠不关心。但在这个沙滩上情况不是这样。日光浴者不会对两个小贩卖价相同的热狗漠不关心。因此，我们需要拓展伯川德模型来描述消费者对于相同价位的相同产品并非漠不关心的情况。

7.1　产品特征法

我们已经描述过一个情形：在生产者眼中，两个企业的产出（两个小贩卖出的热狗）看起来都一样，可是消费者不会对相同价位的产品漠不关心。当然，这个问题可以很复杂。所有汽车都给消费者提供基本的运输服务，但是汽车品种有很多。收音机都有相同的服务目的，就是通过声波接收信号，而收音机也有很多形状、类型。这些产品在某些方面都是一样的（汽车用于交通、收音机的本地接收功能），但在其他地方是不同的。这在两个小贩的例子中也是一样的。他们的产品都是一样的，除了推车摆放位置不同以外。

这种产品差异化的模型称为**特征法**（characteristics approach），由凯尔文·兰开斯特（Kelvin Lancaster）在 1966 年提出。描述消费者的参数不是消费品本身，而是产品的特征。对任何消费品来说，消费者都有最佳特征束（optimal bundle of characteristics）。我们假设有两种车，卖价都是 20 000 美元：家用车和卡车。家用车适合一个四口之家，而卡车适合建筑承包商。同理，第二个小贩卖的热狗相对于第一个小贩来说更接近图 7-1 中日光浴者的最佳特征束。

7.2 产品空间的概念

我们将拓展关于两个企业的竞争模型，把产品差异化的影响考虑进去：假设对消费者来说，企业 1 和企业 2 的产品是一样的，但是，消费者还是可以依据一些特征区分它们的产品。一般来说，这两种产品之间有诸多不同之处。如果两个企业生产的是收音机，我们会看到两个企业产品的颜色、大小、重量都是不一样的。为简单起见，我们接下来假设两个企业的产品只有一个区别特征。当然，这个假设有其局限性，但这使得我们的模型相对简单。[1]

为明确地表达我们的模型，我们另外再做四个假设：

● 产品空间用一条横线表示；

● 在这条线上，均匀地分布着一系列消费者；

● 除了区分两个企业产品的一个特征，每个消费者偏好相同，都购买零或者一单位产出。每个人均从消费中得到一定程度的有用性或者 $\bar{s}$ 单位**总剩余**（gross surplus）。

● 对于任何消费者来说，总成本就是产品价格 p_i 加**交通成本**（transport cost），交通成本就是指由消费的产品与消费者的最佳特征的差距带来的成本。

当然，这些假设都是很重要的，因此，我们会逐一分析。

只要产品只在一个方面有差异（因为只有一个方面的差异，消费者可以区分两个企业的产品），第一个假设就是无伤大雅的。我们把线的长度设为 1，因为 1 便于相乘和相除。

我们把消费者的数量设为一定量，这样我们已有的问题就是准确的。让消费者均匀分布在一定单位间隔也是为了分析方便。我们假设消费者聚集在单位间隔的点上。例如，如果日光浴者聚集在沙滩的 2 个或 3 个点上，那么，分析两个热狗小贩的竞争就变得有趣多了。有几个原因可说明这是有可能发生的。例如，沙滩对面有两三个停车场，因此，游泳者或者日光浴者会尽可能把毯子和伞安放在离车子近的地方。但是，为了方便，我们假设他们是均匀分布在沙滩上的。

第三个假设有其局限性，但也是为了我们的分析足够简单。我们这样理解这个假设：消费者沿着单位间隔位置的选择和他/她的最佳特征的选择有关。如果消费者能够获得自己的最佳特征束，那么，每个人都从每单位消费中得到相同的消费者剩余 $\bar{s}$。这就是说，每个消费者都有自己的**保留价格**（reservation price），因此，没有谁会支付高于 $\bar{s}$ 的价格来购买单位产品。为了简化，我们假设每个消费者至少购买一单位产品。我们也假设消费者有不同的偏好，或者有些消费者会购买多于一单位产品。但这样做会让

---

① 特征分析可用于为消费者购买附带一个或多个特征的产品的情形建模，我们会在第 14 章给出相关例子（Rowcroft，1994）。我们使用代数矩阵来求解本章的许多例子。

我们的模型更加复杂，这也是销售差异化产品的两个企业竞争的结果。[①]

最后一个假设说明我们可以把消费成本分为两部分。第一部分是购买企业 i 的产品必须付出的市场成本 p_i。第二部分说明企业 i 的产品不一定是消费者想要的特征。第二部分成本可以被称为**交通成本**（transportation cost）。

我们可以用一幅简单的图来描述这个市场。我们用横轴来表示产品空间。我们设最左边或者最西边的市场（沙滩）为零，设最右边或者最东边的市场为 1。纵轴表示消费者购买单位产品的消费者剩余。最高的剩余由处于企业所处的单位间隔的点的消费者获得。如果企业 1 处在点 a，企业 2 处在点 b，且 $0 \leqslant a$，$b \leqslant 1$，处在点 a 的消费者剩余就是 $\bar{s}$ 减去企业 1 的定价 p_1。同样，处在点 b 的消费者剩余就是 $\bar{s} - p_2$。如图 7-2 所示。

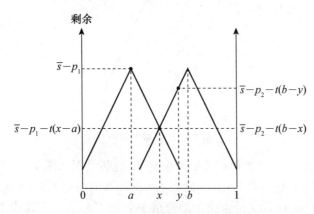

图 7-2 企业位置与消费者剩余

产品空间可以描述任何差异化产品的任何维度。用这种方式可以很容易看到地理位置的标示，我们把沙滩最西边标示为 0，最东边标示为 1。我们也可以用这个简单的模型来表示质量空间。间隔最左边表示质量最低的车，最右边表示质量最高的车。单位间隔还可以表示产品的大小、重量。最小或者最轻的收音机标示为 0，最大或者最重的收音机标示为 1。

必须穿过点 a 或 b 的消费者的剩余又是多少呢？设想消费者处在点 y，她购买企业 2 的单位产品获得的剩余为 $\bar{s}$，必须支付 p_2。但她可能还要支付到达企业 2 的交通成本。假设她到达企业 2 的距离越远，交通成本越大。到达企业 2 必要的距离为 $b-y$，因此，交通成本为 $(b-y)$ 乘以每个单位的成本 $t > 0$。所以，总交通成本就为 $t(b-y)$，净剩余为 $\bar{s} - p_2 - t(b-y)$。

那么，这个消费者会购买企业 1 还是企业 2 的产品呢？去购买企业 1 的产品她需要走远路。换一种说法，企业 2 的产品特征正是该消费者所喜好的。企业 1 的产品远离她的最佳消费束，因为她所处的位置 y 到企业 1 的距离 $y-a$ 远大于到企业 2 的距离。因此，位于点 y 的消费者宁愿购买企业 2 的产品，而不买企业 1 的产品。

看图 7-2，有一个特殊的顾客，他不在意是从企业 1 还是从企业 2 购买产品。这是市场中最重要的顾客。所有在点 x 西边的顾客离企业 1 最近，所以他们都会购买企业 1 的产品。所有在点 x 东边的顾客都会购买企业 2 的产品。因此，我们用消

---

① 消费者有不同偏好的例子可以参见 Anderson 等（1992）和 Yu（1996），尽管其中的材料有些超前。

费者的位置 x 来推导每个企业的产出需求。

如果市场中有些东西改变了，会发生什么情况呢？每个企业有两种策略可选：价格、位置。假设企业 1 将价格从 p_1 降为 $\tilde{p}_1$，任何购买企业 1 产品的消费者的总剩余都会增加。我们在图 7-3 中展示这个结果：那些对于购买哪个企业的产品无所谓的消费者的位置变为向右的 $\tilde{x}$，而不再是 x，他们的净剩余增加了。这就是为什么企业 1 通过降价增加了市场份额。

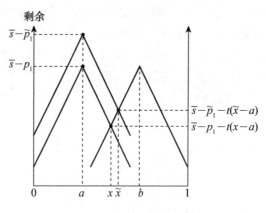

图 7-3　企业 1 降价

现在，我们假设企业 1 的价格远低于企业 2。这种情况在图 7-4 中表示出。企业 1 仍然位于点 a，企业 2 仍然位于点 b。处在点 b 的顾客的净剩余为 $\bar{s}-p_2$。如果她购买企业 1 的产品，总剩余为 $\bar{s}$，支付企业 1 的价格 p_1，还必须支付交通成本 $t(b-a)$。但是因为企业 1 的价格和企业 2 的价格差很多，即使需要支付交通成本 $t(b-a)$，消费者仍然会购买企业 1 的产品。在这个例子中，企业 1 的价格很低，将企业 2 挤出了市场，因此，企业 1 就拥有绝对的垄断地位。[1]

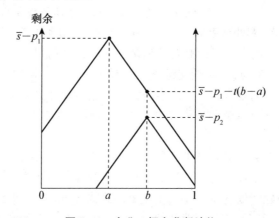

图 7-4　企业 1 拥有垄断地位

---

[1]　值得注意的是，这些都是市场情形。我们不知道真实的市场均衡是什么样的。但是这个例子解决了线性交通成本的问题。在任何时候，企业都愿意降价以获得市场势力来垄断市场。问题是企业的需求函数是不可持续的，这场博弈没有纯策略均衡。我们在此不继续谈论这一点，因为这需要较充分的市场均衡的理论准备。然而，我们可以想象消费者遇到了**二次方的交通成本**（quadratic transport costs）。因为这个例子比较深奥，我们将其放在本章附录中供有兴趣的读者阅读。

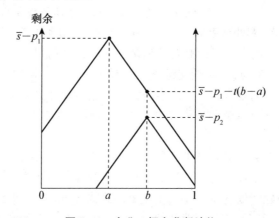

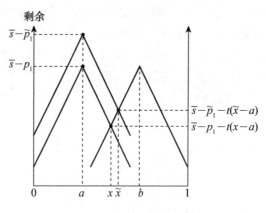管理经济学：基于战略的视角（第二版）

我们在求出均衡之前描述的最后一种市场情形是消费者不愿意购买任何企业的产品。和之前一样，处在企业 1 位置点 a 的消费者的剩余为 $\bar{s}-p_1$，处在企业 2 位置点 b 的消费者的剩余为 $\bar{s}-p_2$。如图 7-5 所示。

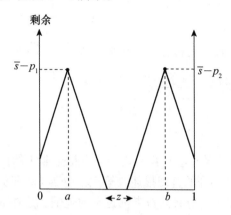

图 7-5 每个企业都拥有部分垄断势力

消费者要到达店铺仍然需要支付交通成本 t。但是这个例子中的所有消费者所在区域为 z，这距任何一个企业都很远，以至交通成本为 $t(z-a)$ 或 $t(b-z)$，消费者购买任何一个企业的产品的净剩余都为负。例如，区域 z 的顾客购买企业 1 的产品，需要支付价格 p_1 和交通成本 $t(z-a)$。这两个成本之和大于购买企业 1 单位产品的净剩余 $\bar{s}$。消费者会选择不购买任何企业的产品。在这种情况下，我们说每个企业都有**部分垄断**（local monopoly）势力。每个企业都有自己的市场，而企业间的一部分市场没有覆盖到。

但这两个企业间的均衡会是怎样的呢？要求市场均衡，我们需要描述每个企业的利润最大化问题，作为两种选择价格和位置的函数。我们先求出每个企业的需求函数。在图 7-2 到图 7-5 的三种情形中，我们最感兴趣的是两个企业通过单位价格展开竞争，因此，我们只考虑整个市场都被服务到，没有垄断，每个企业都有正需求的情形。这就是图 7-2 所描述的例子。在其他情形下，一个或者两个企业都拥有垄断势力，而这些情形我们已经在第 3 章讨论过了。

我们在图 7-2 中讨论过，当企业 1 处在点 a、企业 2 处在点 b 时，处在点 x 的消费者购买任意一个企业的产品都行。所有在 x 左边的消费者都会购买企业 1 的产品，在 x 右边的消费者都会购买企业 2 的产品。整个市场长度为 1，因此，x 代表企业 1 的市场份额，$1-x$ 代表企业 2 的市场份额。

因为点 x 的消费者对于购买哪个企业的产品无所谓，因此购买企业 1 的成本包括交通成本，正好和购买企业 2 的成本是一样的。点 x 的消费者与企业 1 的距离是 $x-a$，因此，购买企业 1 的产品必然产生交通成本 $t(x-a)$。这样的话，购买企业 1 的成本就等于 p_1 加交通成本 $t(x-a)$。同样，因为消费者与企业 2 的距离为 $b-x$，购买企业 2 的成本就等于 p_2 加交通成本 $t(b-x)$。如果购买企业 1 和企业 2 的成本是一样的，那么就有：

$$p_1+t(x-a)=p_2+t(b-x)$$

求解，得出：

$$p_1 + tx - ta = p_2 + tb - tx$$

$$2tx = (p_2 - p_1) + t(a + b)$$

$$x = (a + b)/2 + (p_2 - p_1)/2t$$

为解释起来更方便，我们在右边加上并减去 $2a/2$，得出：

$$x = \frac{2a}{2} + \frac{a + b - 2a}{2} + \frac{p_2 - p_1}{2t}$$

$$x = a + \frac{b - a}{2} + \frac{p_2 - p_1}{2t}$$

我们已经写出了企业 1 的市场份额，现在可以把企业 1 的市场份额分为三部分。假设 $p_1 = p_2$，我们给出这三部分的直观描述。第三部分为 0。我们把第一部分称为企业 1 的**地盘**（turf）。企业 1 左边的所有消费者都是它的范围。这些人中没有人会购买企业 2 的产品。

企业 1 市场份额的第二部分为 $(b - a)/2$。因为 $b - a$ 是企业 1 与企业 2 间的距离，我们说这部分消费者企业 1 占一半。因此，如果两个企业的同一产品售价相同，那么位于这个距离中点左侧的消费者会购买企业 1 的产品，位于右侧的消费者会购买企业 2 的产品。

企业 1 市场份额的最后一部分是 $(p_2 - p_1)/2t$。从这部分可以看出两个企业间的价格竞争。如果企业 1 降价，也就是 p_1 下降了，那么，$(p_2 - p_1)/2t$ 上升了，企业 1 的需求就增长了。这一点我们已经在图 7-3 中说过。当 p_1 下降时，购买企业 1 产品的剩余会增加，因此，持无所谓态度的消费者 x 会右移，远离企业 1 的点 a。这使得企业 1 的产量需求增加。

因为企业 2 得到持无所谓态度的点 x 消费者右边的所有市场，其市场份额变为 $1 - x$，如下所示：

$$1 - x = 1 - a - \frac{b - a}{2} - \frac{p_2 - p_1}{2t}$$

$$1 - x = 1 - a + \frac{a - b}{2} + \frac{p_1 - p_2}{2t}$$

同样，为解释起来更方便，我们在式子右边加上并减去 $\dfrac{2a - 2b}{2}$，得出：

$$1 - x = \frac{2a - 2b}{2} + 1 - a - \frac{2a - 2b}{2} + \frac{a - b}{2} + \frac{p_1 - p_2}{2t}$$

$$1 - x = 1 - b + \frac{a - 2a + 2b - b}{2} + \frac{p_1 - p_2}{2t}$$

$$1 - x = 1 - b + \frac{b - a}{2} + \frac{p_1 - p_2}{2t}$$

这样，企业 2 的市场份额也可以和企业 1 的需求函数一样被分解。企业 2 的地盘为 $(1 - b)$（即两个企业的市场份额的一半）、$(b - a)/2$ 和最后一项（两个企业价格竞争的结果）。

最后，我们在继续探讨每个企业利润最大化问题之前，需要把市场份额与实际市场需求联系起来。我们需要知道市场的大小。因为我们已经将消费者均匀分布在单位间隔线上，现在只需要用市场份额乘以市场大小就可以得出每个企业的市场总需求。例如，我们知道了沙滩总共有1 000个日光浴者，那么，市场大小就是1 000。企业1的市场总需求就是 $x \cdot 1\ 000$，企业2的需求则为 $(1-x) \cdot 1\ 000$。因此，如果有 $x=0.4$，那么，企业1的市场需求为400单位，企业2的需求则为600单位。

我们现在可以求每个企业的利润函数。回想这个市场没有固定成本，两个企业的不变边际成本分别为 c_1 和 c_2。利润为总收入和总成本的差。如果企业1的价格为 p_1，那么，总收入就为 p_1 乘以需求 x。考虑到不变边际成本，企业1的总成本为 $c_1 x$。企业1的利润为：

$$\pi^1 = p_1 x - c_1 x$$
$$\pi^1 = (p_1 - c_1) x$$

我们已经求出了包含企业价格 p_1 和 p_2，以及位置 a 和 b 的需求函数[①]，将其代入利润函数，有：

$$\pi^1 = (p_1 - c_1) \cdot \left[a + \frac{b-a}{2} + \frac{p_2 - p_1}{2t} \right]$$

我们利用之前求出的企业2的需求函数 $1-x$ 重复这个过程，就得到企业2的利润函数：

$$\pi^2 = (p_2 - c_2) \cdot \left[1 - b + \frac{b-a}{2} + \frac{p_1 - p_2}{2t} \right]$$

对应于在利润函数中的两种选择，管理者需要解决两个问题。企业1的管理者需要求出影响利润最大化的价格 p_1 和位置 a。这个问题我们分两步解决：长期问题和短期问题。在短期内，我们可以通过纳什均衡求出价格，因为管理者会将位置视为既定的。用这种模型求解短期问题，就得出价格竞争的结果。我们接着解决第二阶段的问题。我们可以借此求出关于选址的纳什均衡，管理者可以通过价格竞争的结果选择位置。

7.3 价格均衡

要求价格的纳什均衡，第一步就是求每个企业的一阶条件。这个条件意味着任何边际成本的改变带来的利润改变均为0。通过设定每个企业利润函数的价格导数为0，得出：

$$\frac{\partial \pi^1}{\partial p_1} = a + \frac{b-a}{2} + \frac{p_2 - p_1}{2t} - \frac{1}{2t} \cdot (p_1 - c_1) = 0$$

---

① 从现在开始我们交替用 x 表示市场份额和需求，因为通过相乘或相除市场的大小我们很容易将它们相互转换。

$$\frac{\partial \pi^2}{\partial p_2} = 1 - b + \frac{b-a}{2} + \frac{p_1 - p_2}{2t} - \frac{1}{2t} \cdot (p_2 - c_2) = 0$$

这是每个企业的一阶条件，其中，可以求出两个未知变量：p_1 和 p_2。重写两个公式，以把市场价格提取出来，即：

$$\frac{p_1}{t} = a + \frac{b-a}{2} + \frac{p_2 + c_1}{2t}$$

$$\frac{p_2}{t} = 1 - b + \frac{b-a}{2} + \frac{p_1 + c_2}{2t}$$

两边乘以成本 t 得到：

$$p_1 = t \cdot \left(\frac{a+b}{2} \right) + \frac{c_1}{2} + \frac{p_2}{2} \tag{7.1}$$

$$p_2 = t \cdot \left(1 - \frac{a+b}{2} \right) + \frac{c_2}{2} + \frac{p_1}{2} \tag{7.2}$$

为求每个企业的价格 p_1 和 p_2，其他所有变量均设为既定的。因此，现在把成本 c_1 和 c_2、交通成本 t、位置 a 和 b 都设为既定的。式（7.1）和式（7.2）仅仅是各企业的反应函数。给定成本和位置，式（7.2）给出了企业 2 对于企业 1 的价格 p_1 的最佳反应价格 p_2。注意到这些反应函数是线性的和向上倾斜的。这意味着可选变量（价格）是策略补充的。

每个企业的反应函数都在图 7-6 中画出。价格的纳什均衡标为 (p_1^n, p_2^n)，在这个点上，价格的选择都是对另一企业价格的最佳反应。把企业 1 的反应函数代入企业 2 的反应函数有：

$$p_2 = t \cdot \left(1 - \frac{a+b}{2} \right) + \frac{c_2}{2} + \frac{1}{2} \cdot \left[t \cdot \left(\frac{a+b}{2} \right) + \frac{c_1}{2} + \frac{p_2}{2} \right]$$

$$p_2 - \frac{1}{4} p_2 = t - t \cdot \left(\frac{a+b}{2} \right) + \frac{t}{2} \cdot \left(\frac{a+b}{2} \right) + \frac{c_2}{2} + \frac{c_1}{4}$$

$$\frac{3}{4} p_2 = t - \frac{t}{2} \cdot \left(\frac{a+b}{2} \right) + \frac{c_1 + 2c_2}{4}$$

$$p_2^n = \frac{4t}{3} - \frac{t(a+b)}{3} + \frac{c_1 + 2c_2}{3}$$

同理，可以求出企业 1 的纳什均衡价格：

$$p_1^n = \frac{2t}{3} + \frac{t(a+b)}{3} + \frac{2c_1 + c_2}{3}$$

这样就得出价格的纳什均衡 (p_1^n, p_2^n)。在这个点上，没有谁愿意改变价格，因为纳什均衡的价格是最佳反应价格。如果企业 2 的价格为均衡时的价格 p_2^n，企业 1 改变价格只能使境况变得更糟（也就是说利润下降）。

既然没有企业愿意改变价格，我们可以得出许多有趣的结论。我们认为这些都是短期结果，因为改变价格比改变位置容易多了。我们描述企业的地理位置时这一点是很清楚的，但是用位置去描述每个企业的产品特性空间时这一点也是重要的。例如，我们用空间位置去反映每个企业的质量空间时，最左边代表最低质量，最右边代表最高质量。

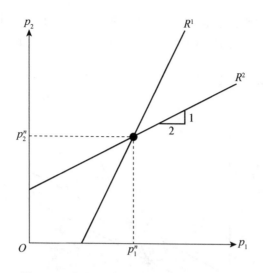

图 7-6 当企业进行价格选择时的反应函数

企业改变价格很容易，但是重新设计产品以提升或降低产品质量很难。

第一个结论就是，因为 $a+b<2$[①]，价格高于边际成本，所以企业在均衡中盈利。在第 6 章我们看到解决伯川德悖论的一种方法就是把产品差异化引入价格竞争，因此就有：

结 论

> 当双头垄断企业都出售差异化产品时，价格竞争产生了一种使得两个企业都盈利的均衡。

现在，我们假设企业 1 的边际成本低于企业 2 的，也就是 $c_1<c_2$。那么，企业 1 的均衡价格低于企业 2 的。但是企业 2 不会被排挤出市场。这是一个很重要的结论，因为第 6 章告诉我们，当企业 1 拥有成本优势时，它就具有垄断优势。企业 1 需要做的只是把市场价格调到比企业 2 的边际成本稍低。这样，企业 2 就永远得不到利润，只能接受被排挤出市场的结果。

但是，为什么这种情况没有在产品差异化的情形中发生呢？为说明问题，我们首先假设两个企业最初有相同的边际成本，但是企业 2 发现了一种能降低成本的技术革新，因此，它的边际成本由 c_2 降到 $\tilde{c}_2$。就热狗小贩的例子来说，最初他们都从同一个制造商那里按照相同的价格拿货。但是，随后一个小贩发现了从另外一个制造商那里拿货更便宜。接下来我们来看这时均衡发生了什么。首先看一下反应函数有什么变化。注意到，企业 1 的反应函数和企业 2 的边际成本是没有关系的，因此，当 c_2 降到 $\tilde{c}_2$ 时，企业 1 的反应函数没有变化，但企业 2 的反应函数会移动。因为 $\partial p_2/\partial c_2=1/2$，所以 c_2 降到 $\tilde{c}_2$ 会让企业 2 的反应函数向下移动，从 R^2 变为 $\tilde{R}_2$。这在图 7-7 中可以看出。价格的纳什均衡点将从 A 移到 B。这时，两个企业都会降低价格。而且企业 2 的降幅要大于企业 1。

[①] 因为企业是以单位间隔均匀分布的，因此，a 或 b 最大是 1，故而 $a+b<2$。

它可以这样做，因为它的成本下降了。虽然企业 1 的成本未变，可是为了保持竞争，它也会降价。当 c_2 改变时，我们通过每个企业纳什均衡价格的变化可以看到这个结果：

$$\frac{\partial p_1^n}{\partial c_2} = 1/3 < 2/3 = \frac{\partial p_2^n}{\partial c_2}$$

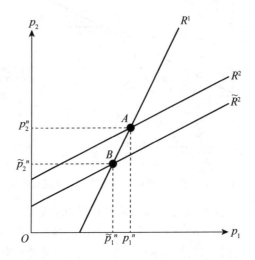

图 7-7　企业 2 发现了一个降低成本的技术革新方法

这个结果我们也可以通过图 7-8 关于产品市场空间的展示看出来。回想一下，没有企业会改变位置，因此，a、b 保持不变。当企业 1 降价时，位于点 a 的消费者会实实在在地享受到降价的实惠，因为他们不需要付出交通成本。用距离 m 表示由于企业 1 降价给位于点 a 的消费者带来的剩余的增加。同样，用距离 n 表示由于企业 2 降价给位于点 b 的消费者带来的剩余的增加。

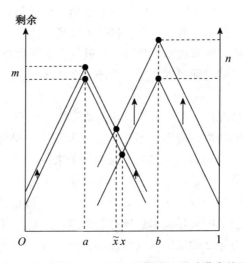

图 7-8　价格改变对于持漠不关心态度的消费者的影响

但是企业 2 的降价幅度大于企业 1，因此 $n > m$。从图 7-8 中可以看出，剩余函数的移动说明起初不关心从哪个企业购买商品的位于点 x 的消费者现在更愿意从企业 2 处购买，因为它的价格更低。事实上，持漠不关心态度的消费者现在位于 $\tilde{x}$ 上，因此，企业 2 的市场份额增加了。我们得出下面的结论：

结　论

在双头垄断下，当两个企业销售差异化产品而其中一个拥有成本优势时，两个企业仍然可能会在均衡中赚取利润。

7.4 位置均衡

现在，我们开始讨论下一个阶段的管理者问题：长期的位置选择。我们已经知道热狗商人每天会如何用均衡价格给热狗定价了。那么，他们会在均衡中如何决定推车的位置呢？这就有点复杂了，因为从更长远来看，位置的变化必然伴随着价格的变化。因此，我们假设企业 1 的行为是既定的，只有企业 2 考虑变动位置。为简单起见，我们将新来的热狗小贩定为企业 2，他将在给定在位小贩即企业 1 已经在沙滩点 a 有推车的情况下决定在哪里摆放他的推车。第一个热狗小贩不会马上改变她的位置，但是等新来者决定其位置后，她可能会改变她的价格。

加拿大床垫市场的产品差异化

根据零售业分析家的分析，床垫零售行业是加拿大最赚钱的行业之一。我们可以利用一些产品差异化的分析结果来解释为什么会是这样。

加拿大有四种主要的床垫品牌：席伊丽、席梦思、舒达、马歇尔。但这些生产商都会生产多种样式的床垫。这些产品都是基于质量的差异化产品。影响床垫质量的几个因素是：线圈的数量、线圈外层的填充物以及保修书。

虽然加拿大只有四个大型床垫生产商，但是有众多的零售商店，包括连锁机构伊顿百货、西尔斯百货以及遍布全国的专卖店。由于床垫零售业有这么多竞争者，我们可以预计这个市场是充满竞争的。但床垫零售业利润高的优势如何解释呢？

通常情况下，一个生产商生产一种有特色的床垫，只会在一个区域内选择一个零售商。因此，温哥华的一个消费者可能步行去西尔斯百货选购一种特殊款式的席伊丽床垫。这个消费者可能想去伊顿百货做个比较，但找不到这款席伊丽床垫，因为席伊丽只为西尔斯生产这款床垫。伊顿百货可能也有席伊丽的床垫，而且线圈数和其他特征也都很相似，但商标不一样，这让消费者很难做比较，结果，零售商就使产品差异化了，即使产品都差不多。这使得零售商可以维持相对较高的价格，赚取较高的利润。

注：案例来源于加拿大广播公司于 1997 年 1 月 21 日播出的一档节目《市场》。

就我们之前描绘的图形而言，我们想知道当 a 相对固定而 b 移动时，会发生什么情况。但是，我们必须允许企业改变价格，因此，p_1 和 p_2 一定可以对位置 b 的改变做出反应。回想一下，企业 2 的利润函数为：

$$\pi^2 = (p_2 - c_2) \cdot \left[1 - b + \frac{b-a}{2} + \frac{p_1 - p_2}{2t} \right]$$

从这个利润函数我们可以看到企业 2 的位置改变对利润有三重效果：

(1) $\dfrac{\partial \pi^2}{\partial b}$，位置改变对利润的直接影响；

(2) $\dfrac{\partial \pi^2}{\partial p_1}$，由企业 1 价格改变引起的对利润的间接影响，因为当企业 2 改变它的位置时，企业 1 会改变价格；

(3) $\dfrac{\partial \pi^2}{\partial p_2}$，由企业 2 价格改变引起的对利润的间接影响，因为当企业 2 改变它的位置时，它自身也会改变价格。

我们先来看第三个影响。只要两个企业都按纳什均衡的价格定价，这个影响等于 0，因为企业 2 永远定价 p_2，这对于利润的边际影响为 0。这是企业 2 的利润最大化的一阶条件：$\partial \pi^2 / \partial p_2 = 0$。因此，我们只需要求出头两个影响：$\partial \pi^2 / \partial b$ 和 $\partial \pi^2 / \partial p_1$。

第一个影响是关于企业 2 的位置 b 的利润函数的导数。也就是：

$$\frac{\partial \pi^2}{\partial b} = (-1 + 1/2) \cdot (p_2 - c_2) = \frac{-(p_2 - c_2)}{2} < 0$$

这个式子表示的是位置变化的**市场份额效应**（market share effect）。可以理解为：如果 b 增加，企业 2 会远离企业 1，那么企业 2 的市场份额就下降了，利润也下降了。如果企业 2 选择通过离企业 1 近一些而降低 b，那么它的市场份额会增加，利润也会增加。

现在我们来看第二个影响。它考量的是一个事实：当企业 2 改变位置时，企业 1 出于均衡的考虑，会改变价格 p_1。这是企业 2 位置变化带来的**策略效应**（strategic effect），可以分为两部分：位置变化对企业 1 价格的影响，由 $\partial p_1 / \partial b$ 表示；企业 1 价格的变化对于企业 2 利润的影响，由 $\partial \pi^2 / \partial p_1$ 表示。求解得：

$$\frac{\partial \pi^2}{\partial p_1} = \frac{p_2 - c_2}{2t}$$

$$\frac{\partial p_1}{\partial b} = \frac{t}{3}$$

这两个影响产生的策略效应为：

$$\frac{\partial \pi^2}{\partial p_1} \cdot \frac{\partial p_1}{\partial b} = \frac{p_2 - c_2}{2t} \cdot \frac{t}{3} = \frac{p_2 - c_2}{6} > 0$$

因此，企业 2 位置变化带来的策略效应永远是正的。当企业 2 增加 b、远离企业 1 时，企业 1 会提高价格（$\partial p_1 / \partial b > 0$）。这会提高企业 2 的利润，因为 $\partial \pi^2 / \partial p_1 > 0$。当企业 2 改变位置、远离企业 1 时，我们说这缓解了价格竞争。两个企业都有能力提高价格，增加利润。如果企业 2 将位置靠近企业 1，后者会认为这是在加剧竞争。企业 1 会降低价格从而加剧了竞争。如果企业 2 降低 b、靠近企业 1，策略效应就是加剧价格竞争，减少企业 2 的利润。如果企业 2 增加 b、远离企业 1，策略效应就是缓解竞争，增加企业 2 的利润。

这个模型的位置竞争结果是怎样的？位置变化对市场份额的影响会使得企业在生产位置上靠得更近，因为企业会努力占领市场，增加利润。但是策略效应让企业选择远离竞争对手，这样可以缓解竞争，增加利润。因此，如果是市场份额效应占主导，我们会看到企业离得很近，我们称之为**最小产品差异化**（minimal product differentiation）。如果是策略效应占主导，我们会看到它们离得很远，我们称之为**最大产品差异化**（maximal product differentiation）。

我们先考虑一个简单的例子。假设企业永远定一样的价。很可能的情况就是政府规定价格不能超过 $\bar{p}$，如果没有企业愿意降价，它们会收取一样的价格 $\bar{p}$。这时位置变化带来的策略效应为零。如果企业 2 改变了位置，企业 1 不会改变价格。唯一会产生的效应是市场份额效应。这对企业 2 来说永远是负的，因此，它会选择离企业 1 尽可能近。假设企业 1 的位置点 $a=1/4$，那么，企业 2 的最好选择就是 $b=1/4$，就在企业 1 附近。但是，企业 2 想位于企业 1 的右边，因为企业 1 右边有 3/4 份额。

但是，这不可能是长久的均衡，因为企业 1 现在想要改变自己的位置。如果企业 1 可以改变位置，它会选择跳过企业 2，在企业 2 的右边设址，以便占领更大的市场。这个过程会一直持续到没有企业愿意改变自己的位置。这种情况只有当两个企业在市场上逐渐互相靠近时才会发生，这时，$a=b=1/2$。

在我们的线性交通成本模型中，位置改变带来的市场份额效应和策略效应分别为：

市场份额效应：$-(p_2-c_2)/2$
策略效应：$(p_2-c_2)/6$

市场份额效应是策略效应的三倍。很明显，在这个模型中，市场份额效应占主导，因此，我们预测两个企业间的位置竞争的结果是最小产品差异化。

是这样吗？这种情况会发生？我们设想几个位置竞争的例子。为了契合我们的模型，我们设想几个例子，其中各企业提供的产品除了有一个特征不同外完全一样。[①] 一个好例子是汽油。对于驾驶者来说，加油站销售的汽油从效用上看是一样的，只是加油站的位置不同。你碰到过这样的情况吗？当你沿路找加油站时却碰到面对面有两家加油站。

另一个例子是特许银行的分布。特许银行提供的许多服务在消费者眼中是完全一样的。每一家银行的存支柜台的回报率和服务费一样。但是，消费者发现经常光顾离家或者单位较近的银行所付出的成本较低。你发现过在同一个十字路口有两家或者更多不同银行的分行吗？

---

① 一些例子来源于 Tirole (1988：286—287)。

英国和澳大利亚政治中的产品差异化

举一个关于产品差异化的有趣例子，它不同于以往的产品或服务在地理空间上的差异化，而是发生在不同政党之间。我们把政治单位间隔定义为：右翼保守党位于单位间隔的右边，而左翼社会党位于单位间隔的左边。

在英国，竞争众议院席位的政党会在单位间隔线上选择一个位置竞争选票。劳工党、保守党、自由民主党和其他一些小党派会就政治范围内的一些政治和社会议题各选一块。投票者会给那个和自己的立场最接近的党派投票。

最小产品差异化结论可以解释为什么一些政党会选择一些相似的主题。在 2005 年英国大选之初，劳工党和保守党都选择了相似的政治理念：健康（患者可以自主选择医院，包括对使用私立医院的补贴），教育（加强学校纪律，包括赋予学校处罚旷课和破坏行为的权力），犯罪（增加警力和社区服务者，增加监狱）。

同样的一幕也发生在澳大利亚 2007 年 11 月的联邦大选中。彼时有两个主要的党派：约翰·霍华德（John Howard）领导的自由党和凯文·拉德（Kevin Rudd）领导的劳工党。其中一个党派发布了像经济或者卫生保健这样的竞选议题。仅仅一周以后，另一个党派也发布了相似的政治纲领。在竞选的几周内，双方都在指责对方抄袭自己的纲领，这种情况被媒体称作模仿。

当然，本例中的产品差异化模型是需要修正的，因为关于消费者（投票人）均匀分布在政治范围内的假设是不恰当的。实际上，大量选民可能聚集在政治光谱的中心。这就解释了为什么英国的自由民主党在大选中表现糟糕，因为比起其他党派，它的位置在政治光谱中靠左。这也是为什么世界各地的绿党没有在国家政府中占有主导地位。

事实上，某种类型的商店选址很近是正常的。在几个有大型购物区域的城市，家具店都聚集在市中心一块很小的区域，而不是分布在城市的不同地方。如果你想在纽约购买数码设备，你会发现在时代广场的 42 街聚集了许多大型的数码店。如果我们考虑快餐这种产品，最小产品差异化结果就可以用来解释为什么我们经常看到快餐店都离得较近，经常就在街道的面对面。

当然，也不是说在所有市场中我们都可以发现最小产品差异化，而在这些市场上企业通过位置进行竞争。在我们讨论过的模型中，当消费者有线性的交通成本时，市场份额效应较之于策略效应占主导。但是如果交通成本不是线性的呢？如果消费者不得不舍去自己喜欢的特征而自己的境况却变得更糟时，情况会怎样？

在本意附录中我们研究了相同的产品差异化模型，但是那里的交通成本是二次方的。这个例子中的代数运算很复杂，因此，我们只举一个直观的例子。假设你在沙滩上想买一个热狗。你很饿，于是你愿意花 5 美元买离你的毛巾和伞很近的推车所卖的热狗。如果推车位于 1 千米以外，你愿意花 4 美元。如果推车有 2 千米远（两倍路程），你愿意花 2 美元。在第一千米，你花了 1（＝5－4）美元的交通成本，但在第二千米，你花了 2（＝4－2）美元的交通成本。因此，你走得越远，花的交通成本就越大。这不同于我们之前的线性成本，因为如果交通成本是线性的，每一千米你只需要花 1 美元。

在我们将在本章附录谈到的博弈中，位置竞争的交通成本是二次方的，位置改变带来的负的策略效应较之于正的市场份额效应占主导。这场博弈的结果被称为最大产品差异化。企业会选择尽可能远离对方，以尽可能减轻价格竞争。

我们来解释一下一家保健品店的营销和定价行为。这家店和卖食品的其他店有竞争，因此，我们用单位间隔来描述店里不同种类的食品。在间隔的最右边是保健品店，卖的是最健康的食品，但在最左边是卖巧克力棒和冰激凌的杂货店。保健品店可以选择卖冰激凌，但这会加剧与杂货店的竞争。通过专注销售保健品，保健品店参与的是最大产品差异化，同时，这也限制了价格竞争。

这一点很重要，我们在后面的部分还会不断地回看。

结 论

任何模型化的实验结论都完全取决于对模型的设定。

这看起来是一个很简单的表述，却是建立模型时应该注意的最重要的概念。它提醒我们在审视任何市场行为时，都必须谨慎选择模型，以更好地反映所描述市场的特征。

特征法管用吗

彼得·伯顿（Peter Burton, 1994）的研究提出了一种有独创性的方法，该方法可以用来检验产品差异化特征理论的预测精确性。伯顿检验了杀虫剂市场的定价行为，以研究究竟是产品本身还是产品的特性吸引消费者。

杀虫剂是农民用于喷洒在田地上控制害虫的。杀虫剂有三种特性：对昆虫有害、在环境中有持久性以及对哺乳动物有害。前两个特性是积极的。相同剂量的杀虫剂，对昆虫越有害，持续时间越长，则越有效。第三个特征是消极的。越高效的杀虫剂对哺乳动物的伤害越小。不同的杀虫剂体现的是不同的特性。另外，杀虫剂的使用者可以把两种不同的杀虫剂混合，以产生不同于单独使用时的效果。

例如，假设 A 杀虫剂对消灭昆虫很有效，但对人有害，B 杀虫剂对消灭昆虫没什么效果，但对人无害。农民会把 A 和 B 混合，产生的是含有两种产品特征的混合物。

现在，假设一个杀虫剂企业生产了一种含有 A 和 B 特性的杀虫剂 C。特征理论预测这种新产品 C 的价格不会比有同样特性的 A 和 B 混合物的成本高。

伯顿（1994）检验了 1944—1987 年间 15 种不同的杀虫剂的定价，并定量分析了每种产品的特征。他的结论显示，在杀虫剂市场，特征理论的预测是成立的。

我们已经看到这个结论的含义。两个企业的位置竞争结果因交通成本的结构而完全不同。如果交通成本是线性的，我们的模型预测到的是最小产品差异化。如果交通成本是二次方的，我们的模型预测到的是最大产品差异化。这个结论的核心是在位置竞争中

策略效应所扮演的角色。对保健品店来说，策略效应是很重要的，所以，它会选择尽量远离其他店，并且只卖保健品，以减小价格竞争。但是对于纽约的数码店来说，策略效应没有市场份额效应那么强，因此，我们看到的是最小产品差异化。

那么，这一点对于我们的两个热狗小贩有什么启示呢？如果我们考虑到沙滩上的消费者可能会有（线性）交通成本，那么竞争的结果会使得两个小贩把推车支在沙滩中间。如果消费者的交通成本是二次方的，我们会看到两个小贩会尽可能远离对方，他们会把推车支在海滩的最边上。

我们来看最后一个例子。迄今为止，我们还没有关注过消费者的福利。假设政府有权给热狗小贩颁发许可证，把他们限定在固定区域。假如两个小贩都集中在沙滩中间，那么沙滩两边的顾客需要走整个沙滩长度的一半去买热狗。如果推车摆放在沙滩两边，沙滩中间的顾客也需要走这个距离。

如果整个沙滩的距离为1，那么，政府最好是将一辆推车限定在 1/4 处，另一辆限定在 3/4 处。这样，消费者最远只需要走 1/4 的距离。如果政府的目标是使交通成本最小，这就是解决政府问题的最好办法。

小 结

● 如果其中一个企业的产品特征与消费者的喜好更接近，消费者对于不同企业的相同价位产品不会漠不关心。

● 产品可以根据地理位置、质量、大小、外观或其他特征加以区分，因此，产品空间的定义需要仔细界定。

● 如果消费者对于不同企业的相同价位产品不会漠不关心，企业间的价格竞争不会抵消企业的利润，因此，产品差异化是解决伯川德悖论的一个重要的市场特征。

● 在生产位置固定的基础上，企业可以在短期内依靠差异化产品进行价格竞争。

● 从长期来看，企业可以改变它们的市场价格和它们的产品在产品空间上的位置。

● 生产位置的选择具有市场份额效应和策略效应。

● 消费者对于产品差异化的反应决定了是市场份额效应还是策略效应占主导。如果是市场份额效应占主导，那么企业会选择在产品空间内尽可能离竞争对手近一点，产生最小产品差异化。

● 如果是策略效应占主导，那么企业会选择在产品空间内离得尽可能远，以减小价格竞争对利润的负效应。

练 习

1. 你能用产品差异化模型来解释为什么两个啤酒生产商在短时间内都推出冰啤酒吗？这是最大还是最小产品差异化？

2. 假设两个企业在某个市场销售产品，但是消费者不会将每个企业的产品视为完全相同。两个企业面临如下需求曲线：

$$q_1 = 30 - 4p_1 + 2p_2$$
$$q_2 = 60 + 2p_1 - 4p_2$$

每个企业产品的不变边际成本都一样：$c_1=c_2=15$ 美元，固定成本为 0 美元。

（a）以 $\pi^i=(p_i-c_i)\cdot q_i$ 的形式，写出每个企业当 $i=1$，2 时的利润函数。

（b）求出每个企业的一阶条件，$\partial \pi^i / \partial p_i=0$，$i=1$，2，然后运用这个结果求出每个企业的反应函数。

（c）用横轴表示 p_1，用纵轴表示 p_2，画出每个企业的反应函数。

（d）利用练习 2（b）中的反应函数求出每个企业的均衡价格 p_i、产出 q_i 以及利润 π^i。

（e）每个企业都在均衡中盈利吗？这与伯川德悖论是一致的还是相悖的？解释你的答案。

3. 运用上面练习中的信息，假设企业 1 的工人在罢工，要求增加工资。为解决这个矛盾，企业 1 的管理者增加了工人的工资，因此，其边际成本 c_1 也增加了。

（a）企业 1 的反应函数有什么变化？企业 2 的呢？

（b）企业 1 的成本增加对每个企业的价格有影响吗？

（c）企业 1 的成本增加对每个企业的市场份额和利润有影响吗？

4. 企业 1 和企业 2 销售相似但有差异的产品，价格分别为 p_1 和 p_2。假设不变成本为 0，每个企业的不变边际成本为 c，因此，在均衡中，每个企业按纳什均衡价格定价：

$$p_1^n=\frac{2t}{3}+\frac{t(a+b)}{3}+c$$

$$p_2^n=\frac{4t}{3}-\frac{t(a+b)}{3}+c$$

其中，$a(b)$ 是企业 1(2) 的生产位置，$0<a<b<1$。假设企业 1 改变它的位置，向企业 2 靠近（也就是说 a 增加了）。

（a）企业 2 会提高还是降低价格？企业 1 的位置变动会加剧还是减轻价格竞争？

（b）假设纳什均衡的价格是：

$$p_1^n=c+t(1-a-b)\cdot\left[1+\frac{a-b}{3}\right]$$

$$p_2^n=c+t(1-a-b)\cdot\left[1+\frac{b-a}{3}\right]$$

其中，$0<1-a-b<1$。a 增加会加剧还是减轻价格竞争？企业 2 的反应会比练习 4(a) 中激烈还是缓和？

附 录

假设企业 1 位于 a，企业 2 位于 $1-b$，消费者的交通成本为二次方的，那么，处于点 x 的消费者要购买企业 1 的产品付出的交通成本为 $t(x-a)^2$，要购买企业 2 的产品付出的交通成本为 $t(1-b-x)^2$。如果消费者是均匀分布在单位间隔上的，那么，肯定存在不在意在哪个企业购买产品的消费者：

$$p_1+t(x-a)^2=p_2+t((1-b)-x)^2$$

$$p_2-p_1=t(x^2-2ax+a^2)-t((1-b)^2-2x(1-b)+x^2)$$

$$\frac{p_2-p_1}{t}=a^2-2ax-(1-b)^2+(1-b)(2x)$$

$$\frac{p_2-p_1}{t}=a^2-1+2b-b^2+2x(1-a-b)$$

$$x=\frac{-a^2+1-2b+b^2}{2(1-a-b)}+\frac{p_2-p_1}{2t(1-a-b)}$$

如果我们注意到：

$$((1-b)-a)^2=(1-b)^2+a^2-2a(1-b)$$

$$((1-b)-a)^2=1-2b+b^2+a^2-2a+2ab$$

$$((1-b)-a)^2=(1+b^2-2b-a^2)+2a^2-2a+2ab$$

因此，$1+b^2-2b-a^2=((1-b)-a)^2+2a-2a^2-2ab$。

重写上述企业 1 的需求函数 x 就有：

$$\frac{1+b^2-2b-a^2}{2(1-a-b)}=\frac{((1-b)-a)^2}{2(1-a-b)}+\frac{2a(1-a-b)}{2(1-a-b)}$$

$$\frac{1+b^2-2b-a^2}{2(1-a-b)}=\frac{1-a-b}{2}+a$$

因此

$$x=a+\frac{1-a-b}{2}+\frac{p_2-p_1}{2t(1-a-b)}$$

和

$$1-x=1-a-\frac{1-a-b}{2}+\frac{p_1-p_2}{2t(1-a-b)}$$

或者

$$1-x=\frac{2-2a-1+a+b}{2}+\frac{p_1-p_2}{2t(1-a-b)}$$

因此

$$1-x=b+\frac{1-a-b}{2}+\frac{p_1-p_2}{2t(1-a-b)}$$

我们可以这样理解这些需求函数：在价格相同的基础上，企业 1 面向的是地盘 a 以及它和企业 2 之间区域的一半。最后一个式子中 p_1 和 p_2 的差异显示的是消费者对于价格差异的需求敏感度。

给定位置 a 和 $1-b$，要求纳什均衡价格，先写出企业的利润函数：

$$\pi^1=(p_1-c)\cdot\left[a+\frac{1-a-b}{2}+\frac{p_2-p_1}{2t(1-a-b)}\right]$$

$$\pi^2=(p_2-c)\cdot\left[b+\frac{1-a-b}{2}+\frac{p_1-p_2}{2t(1-a-b)}\right]$$

要求每个企业的一阶条件，需要将企业利润函数的产品价格导数设为 0：

$$\pi_1^1 = a + \frac{1-a-b}{2} + \frac{p_2-p_1}{2t(1-a-b)} - \frac{p_1-c}{2t(1-a-b)} = 0$$

$$\pi_2^2 = b + \frac{1-a-b}{2} + \frac{p_1-p_2}{2t(1-a-b)} - \frac{p_2-c}{2t(1-a-b)} = 0$$

用两个未知数（p_1，p_2）的矩阵形式写出这两个线性公式得：

$$\begin{pmatrix} \dfrac{1}{t(1-a-b)} & \dfrac{-1}{2t(1-a-b)} \\ \dfrac{-1}{2t(1-a-b)} & \dfrac{1}{t(1-a-b)} \end{pmatrix} \begin{pmatrix} p_1 \\ p_2 \end{pmatrix} = \begin{pmatrix} a + \dfrac{1-a-b}{2} + \dfrac{c}{2t(1-a-b)} \\ b + \dfrac{1-a-b}{2} + \dfrac{c}{2t(1-a-b)} \end{pmatrix}$$

只要协同起作用的行列式非零，就总能得到一个唯一解：

$$|A| = \frac{1}{t^2 (1-a-b)^2} - \frac{1}{4t^2 (1-a-b)^2}$$

$$|A| = \frac{3}{4t^2 (1-a-b)^2}$$

用克莱姆法则求 p_1^n 得：

$$p_1^n = \frac{\begin{vmatrix} a + \dfrac{1-a-b}{2} + \dfrac{c}{2t(1-a-b)} & \dfrac{-1}{2t(1-a-b)} \\ a + \dfrac{1-a-b}{2} + \dfrac{c}{2t(1-a-b)} & \dfrac{1}{t(1-a-b)} \end{vmatrix}}{\dfrac{3}{4t^2 (1-a-b)^2}}$$

$$p_1^n = \frac{4t^2 (1-a-b)^2}{3} \left[\begin{array}{l} \dfrac{a}{t(1-a-b)} + \dfrac{1-a-b}{2t(1-a-b)} + \dfrac{c}{2t^2 (1-a-b)^2} \\ \dfrac{b}{t(1-a-b)} + \dfrac{1-a-b}{4t(1-a-b)} + \dfrac{c}{4t^2 (1-a-b)^2} \end{array} \right]$$

$$p_1^n = \frac{4ta(1-a-b)}{3} + \frac{2t (1-a-b)^2}{3} + \frac{2c}{3} + \frac{2t(1-a-b)}{3} + \frac{t (1-a-b)^2}{3} + \frac{c}{3}$$

$$p_1^n = c + t(1-a-b) \left[\frac{4a+2b}{3} + \frac{3(1-a-b)}{3} \right]$$

$$p_1^n = c + t(1-a-b) \left[1 + \frac{a-b}{3} \right]$$

同理，我们可以求出企业 2 的纳什均衡价格 p_2^n：

$$P_2^n = c + t(1-a-b) \left[1 + \frac{b-a}{3} \right]$$

假设企业 1 选择了一个位置，我们要求它的位置改变对于利润的影响，$\partial \pi^1 / \partial a$。从企业 1 的一阶条件函数我们知道 $\partial \pi^1 / \partial p_1 = 0$，因此

$$\frac{\partial \pi^1}{\partial a} = [p_1 - c] \cdot \left[\frac{\partial D^1}{\partial a} + \frac{\partial D^1}{\partial p_2} \frac{\partial p_2}{\partial a} \right]$$

假设边际成本为 0，从企业 1 的需求函数我们得出：

$$D^1 = a + \frac{1-a-b}{2} + \frac{p_2 - p_1}{2t(1-a-b)}$$

$$\frac{\partial D^1}{\partial a} = 1 - \frac{1}{2} + \frac{(p_2 - p_1)2t}{(2t)^2(1-a-b)^2}$$

$$\frac{\partial D^1}{\partial a} = \frac{1}{2} + \frac{p_2 - p_1}{2t(1-a-b)^2}$$

我们知道:

$$p_2 - p_1 = t(1-a-b)\frac{b-a-a+b}{3}$$

$$p_2 - p_1 = t(1-a-b)\frac{2b-2a}{3}$$

$$p_2 - p_1 = 2t(1-a-b)\frac{b-a}{3}$$

因此

$$\frac{\partial D^1}{\partial a} = \frac{1}{2} + \frac{b-a}{3(1-a-b)}$$

$$\frac{\partial D^1}{\partial a} = \frac{3-3a-3b+(b-a)2}{6(1-a-b)}$$

$$\frac{\partial D^1}{\partial a} = \frac{3-5a-b}{6(1-a-b)}$$

现在,我们需要求出 $(\partial D^1 / \partial p_2)(\partial p_2 / \partial a)$:

$$\frac{\partial D^1}{\partial p_2} = \frac{1}{2t(1-a-b)}$$

$$\frac{\partial p_2}{\partial a} = -t \cdot \left(1 + \frac{b-a}{3}\right) + t(1-a-b)\left(\frac{-1}{3}\right)$$

$$\frac{\partial p_2}{\partial a} = -t \cdot \left(\frac{3+b-a+1-a-b}{3}\right)$$

$$\frac{\partial p_2}{\partial a} = t \cdot \left(\frac{-4+2a}{3}\right)$$

因此

$$\frac{\partial D^1}{\partial p_2} \cdot \frac{\partial p_2}{\partial a} = \frac{1}{2t(1-a-b)} \cdot \frac{t(-4+2a)}{3}$$

$$\frac{\partial D^1}{\partial p_2} \cdot \frac{\partial p_2}{\partial a} = \frac{-2+a}{3(1-a-b)}$$

把两者加在一起,就可以求出企业 1 位置改变对利润的影响。因为 $p_1 - c$ 一定是正数,$\partial \pi^1 / \partial a$ 必定也是正数:

$$\frac{\partial D^1}{\partial a} + \frac{\partial D^1}{\partial p_2} \cdot \frac{\partial p_2}{\partial a} = \frac{3-5a-b}{6(1-a-b)} + \frac{-2+a}{3(1-a-b)}$$

$$\frac{\partial D^1}{\partial a} + \frac{\partial D^1}{\partial p_2} \cdot \frac{\partial p_2}{\partial a} = \frac{3-5a-b-4+2a}{6(1-a-b)}$$

管理经济学：基于战略的视角（第二版）

$$\frac{\partial D^1}{\partial a} + \frac{\partial D^1}{\partial p_2} \cdot \frac{\partial p_2}{\partial a} = \frac{-1-3a-b}{6(1-a-b)} < 0$$

因为 $1-a-b>0$。因为点 a 的利润在下降，企业 1 希望 a 越小越好。我们同样可以得出关于企业 2 的位置 b 的结果，因此每个企业最佳的位置为 $a=b=0$，也就是最大产品差异化。企业位于面对面的位置。这个结果我们可以分解为：

$$市场份额效应：\frac{\partial D^1}{\partial a} = \frac{1}{2} + \frac{3-5a-b}{6(1-a-b)}$$

$$策略效应：\frac{\partial D^1}{\partial p_2} \cdot \frac{\partial p_2}{\partial a} = \frac{-2+a}{3(1-a-b)}$$

如果企业 1 的位置不够大 $[a \leqslant 1/2,$ 注意 $(1-b)>a]$，那么，市场份额效应趋近于 $1/2$，这意味着企业将定位在中心。然而，策略效应（从绝对值来说）大于市场份额效应，因此，因为策略效应为负，企业将把位置设在生产光谱的末端。这显示企业 1 知道产品差异化的下降（趋近于 $1/2$）将使得企业 2 采取降价行为。

参考文献与延伸阅读

Anderson, S. P., de Palma, A. and Thisse, J.-F. (1992) *Discrete Choice Theory of Product Differentiation*. Cambridge, MA：MIT Press.

Burton, P. (1994) "Support for a Characteristics Approach：Evidence from the Market for Insecticides", *Canadian Journal of Economics* 27 (1)：1–19.

Hotelling, H. (1929) "Stability in Competition", *Economic Journal* 39：41–57.

Lancaster, K. (1966) "A New Approach to Consumer Theory", *Journal of Political Economy* 74：132–157.

Rowcroft, J. E. (1994) *Mathematical Economics：An Integrated Approach*. Scarborough, Ontario：Prentice-Hall Canada, especially pp. 337–366.

Tirole, J. (1988) *The Theory of Industrial Organization*. Cambridge, MA：MIT Press, especially pp. 279–287.

Yu, W. (1996) "Estimating Demand for Differentiated Products", *Canadian Journal of Economics* 29 (special issue Part II)：S490–3.

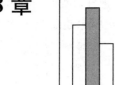

第8章

阻止进入与容纳进入

学完本章，你应该理解：

● 从长期来看，当企业可以进入或退出市场时，在位企业可以策略性地选择其生产规模或产能，以影响其市场潜在进入企业的行为。

● 在位企业可以采取策略容纳或阻止潜在竞争者进入。

● 在位企业决定对产能过度投资以阻止进入的原因，以及固定成本在决定在位企业最优投资策略方面的作用。

● 在位企业产能投资的影响可以怎样分为直接影响和策略影响，策略影响将怎样取决于在位企业是想要阻止还是容纳进入，以及企业展开的是价格竞争还是数量竞争。

1981年，德劳瑞恩汽车有限公司（下称"德劳瑞恩"）开始在北爱尔兰贝尔法斯特市附近的唐莫里生产德劳瑞恩 DMC-12 型号的汽车。在 1981—1983 年的三年时间里，该公司生产并销售的汽车达 8 583 辆。1983 年，德劳瑞恩停产。大部分汽车在美国销售。

1980年，加拿大销售的日系车的总份额为 14.8％，而加拿大生产的日系车的份额为 0。到 2006 年之前，加拿大销售的日系车的份额上升至 16.5％，而加拿大生产的日系车的份额上升至 28.2％。2006 年，加拿大最受欢迎的 4 种乘用车车型都是日系车。排在第 15 位的最受欢迎车型是新近的进入者，韩国现代雅绅特（Accent）。在加拿大，本田汽车是在阿里斯顿制造的，丰田汽车是在剑桥制造的，二者都位于安大略省。

在任何时点，就汽车制造商的数量而言，全球汽车市场可以被看作相对静止的。年复一年，市场势力引起不同制造商市场份额的变化。但从长期来看，北美汽车市场的特点是大量的企业进入和退出。日系车在北美的产销数据就是日本汽车公司进入北美汽车市场的长期策略的证据。德劳瑞恩的例子是新企业进入市场、后来又退出市场的一个

管理经济学：基于战略的视角（第二版）

案例。

到现在为止，我们对战略决策的讨论都集中在像市场价格选择之类的短期问题。从长期来看，管理者还必须注意进入和退出问题，因为从长期来看，新企业可以进入一个行业，而在位企业（那些已经进入市场从事生产的企业）可以通过增加产能实现扩张或选择退出一个行业。在位企业会对潜在进入企业的威胁做出怎样的反应？从长期来看，在位企业怎样决定是否退出一个行业？什么因素影响潜在进入企业开始在新市场生产和销售新产品的决定？

这些问题的答案将最终表明为什么一些行业被少数企业所主导，而另一些行业则在大量企业之间进行竞争。我们将会看到，市场结构的一个重要决定因素是行业的成本结构。尤其是固定成本将会在影响市场中的在位企业和潜在进入企业之间的阻止进入与容纳进入博弈的结果方面发挥核心作用。因为在位企业已经进入市场，并已投资于生产产品所必要的所有固定成本，所以在位企业能够把这些投资当作**沉没成本**（sunk costs）——退出一个行业时无法收回的成本。已经投资于沉没成本的在位企业专注于一个行业从事生产，因为这些成本无法收回。正如我们将会看到的，这种专注能够给予在位企业影响另一个企业能否作为竞争者进入该市场盈利的巨大力量。

8.1 产能的策略选择

在本节我们将描述已经进入市场的企业（在位企业）和正在考虑进入市场的企业（潜在进入企业）之间的相互作用。为了让模型尽可能简单，我们假设只有一个在位企业，这样市场一开始时是被垄断的。这个垄断的在位企业面临一个潜在进入企业的进入威胁。这样我们可以把在位企业和潜在进入企业之间的相互作用模型化为二者之间的博弈：在位企业为企业 1，潜在进入企业为企业 2。

重要的是我们不仅能够把企业 2 是否进入市场的决定模型化，而且能够把无论是在位企业还是潜在进入企业关于规模的决策模型化。为此，我们需要讨论在位企业和潜在进入企业生产的**产能**（capacity）。我们将产能记作 K：超出这一产能水平，边际生产成本在短期内上升至无穷大。为了生产大于 K 的产能水平，企业必须投资额外的工厂和设备，这只有从长期来看才能做到。

两个企业之间的博弈将是在位企业选定生产产能，潜在进入企业选择是否进入。如果潜在进入企业决定进入市场，博弈的结果也将意味着进入企业选定产能，所以我们将能够辨别进入企业是以相对大的企业规模进入市场还是以相对小的企业规模进入市场。

我们用来描述在位企业和潜在进入企业之间相互作用的模型与第 6 章中介绍的古诺双头垄断模型非常相似，在古诺模型中两个企业进行数量竞争。在第 6 章的一个例子中，我们假定该市场中对企业产出的需求被概括为如下逆需求函数：

$$p = 120 - (q_1 + q_2)$$

该需求函数将市场价格 p 表示为两个企业产出水平之和 $q_1 + q_2$ 的函数。出于本节的目的，我们会运用把市场价格 p 表示为每个企业产能水平函数的需求函数。如果我们

把企业 i 的产能记作 K_i，$i=1，2$，则需求函数变为：

$$p=120-(K_1+K_2)$$

直观地来解释该需求函数，注意当任何一个企业增加其生产的产能 K_i 时，该企业都有能力增加总产出和销售给市场的总量，这将会让市场价格 p 有下行的压力。换言之，为了提高产出，企业必须增加产能，所以企业的产能 K_i 和其产出水平 q_i 之间有内在的关系。

假定在位垄断企业用某种技术生产产出，使得固定成本等于 F，边际成本不变且等于 c。还假定潜在进入企业的成本结构与在位垄断企业的成本结构相同。该博弈最简单的形式是让固定成本等于 0，所以我们暂且假设 $F=0$。稍后我们将会把正的固定成本的效应考虑进来。

□ 8.1.1　容纳进入策略

企业 1 和企业 2 之间的博弈将被构造为斯塔克尔伯格领导者-追随者博弈。在位企业启动市场中的博弈，这样企业 1 就有先动优势。潜在进入企业必须选择是否进入市场，如果选择进入市场，则必须选定产能水平。因而，我们讨论的是两个阶段的博弈。在博弈的第二阶段，潜在进入企业选择是否进入，如果选择进入，则选定产能水平。在博弈的第一阶段，在位企业选定产能水平。

如果潜在进入企业决定在第二阶段进入市场，它将在位企业的产能视作既定的并使自身利润最大化，这可以由如下函数给出：

$$\pi^2=(120-K_1-K_2)\cdot K_2-cK_2$$

把企业 2 的利润函数对产能选择 K_2 求导，并使其等于 0，得到潜在进入企业的一阶利润最大化条件：

$$\frac{\partial \pi^2}{\partial K_2}=120-K_1-2K_2-c=0$$

重新整理该一阶条件并求潜在进入企业的反应函数，得到：

$$K_2=\frac{120-K_1-c}{2}$$

在位企业知道，追求利润最大化的潜在进入企业将会根据这一反应函数选择其产能，所以在位企业的利润最大化问题考虑了潜在进入企业的产能反应：

$$\pi^1=K_1\cdot(120-K_1-K_2)-cK_1$$

$$\pi^1=K_1\cdot\left(120-K_1-\frac{120-K_1-c}{2}\right)-cK_1$$

$$\pi^1=K_1\cdot\left(\frac{120}{2}-\frac{K_1}{2}-\frac{c}{2}\right)$$

把 π^1 对 K_1 求导，并使其等于 0，得到企业 1 的利润最大化的一阶条件：

$$\pi_1^1=\frac{120}{2}-\frac{K_1}{2}-\frac{c}{2}-\frac{K_1}{2}=0$$

管理经济学：基于战略的视角（第二版）

所以在位企业投资于产能 $K_1^s = \dfrac{120-c}{2}$ 是最优的，而潜在进入企业的最佳反应（由企业 2 的反应函数给出）为 $K_2^s = \dfrac{120-c}{4}$。在这一均衡中，市场价格为 $p^s = 120 - K_1^s - K_2^s = \dfrac{120+3c}{4}$，结果每个企业赚取的利润分别为 $\pi^1 = (60-c/2) \cdot (30-c/4)$ 和 $\pi^2 = (30-c/4)^2$。

在该例中，我们说企业 1 容纳企业 2 进入，因为两个企业在企业 2 进入市场之后都在斯塔克尔伯格均衡中获得了正的利润。尤其是，在位企业通过将潜在进入企业的反应函数考虑在内使其利润 π^1 最大化。企业 1 进行这一博弈的前提是假定企业 2 将要进入市场。当然，企业 1 本可以进行一场完全不同的博弈：选择产能 K_1 以让企业 2 置身市场之外。这是我们将要考虑的下一场博弈。但首先我们想要指出容纳进入博弈的结果的几个有趣特征。

首先，注意企业 1 获得的利润要比企业 2 大。这是企业 1 的先动优势，因为企业 1 是在位企业并先进入市场。

容纳进入博弈的另一个值得注意的特征可以通过将该博弈的结果与没有任何一个企业拥有先动优势的博弈进行比较加以说明。即假设企业 1 和企业 2 同时选择产能 K_1 和 K_2。这与第 6 章中的古诺数量竞争博弈极其相像。现在两个企业面临相同的利润函数并拥有相同的反应函数：

$$K_1 = \frac{120 - K_2 - c}{2}$$

$$K_2 = \frac{120 - K_1 - c}{2}$$

代入求解，我们得到：

$$K_1 = \frac{120 - \dfrac{120 - K_1 - c}{2} - c}{2}$$

$$K_1 = \frac{120-c}{2} - \frac{120-c}{4} + \frac{K_1}{4}$$

$$\frac{3}{4} K_1 = \frac{120-c}{4}$$

$$K_1 = \frac{120-c}{3}$$

所以在这场每个企业同时选择产能的博弈中，每个企业投资于产能 $K_1^c = K_2^c = 40 - c/3$。在这一博弈中，均衡市场价格为 $p^c = 1 - K_1^c - K_2^c = 40 + 2c/3$，所以每个企业获得的总利润 $\pi^1 = \pi^2 = (40 - c/3)^2$。

这两种均衡通过把每个企业的反应函数绘制在图 8-1 中得以说明。在位企业容纳潜在进入企业的斯塔克尔伯格均衡记作 S，而两个企业同时选择产能的古诺均衡记作 C。

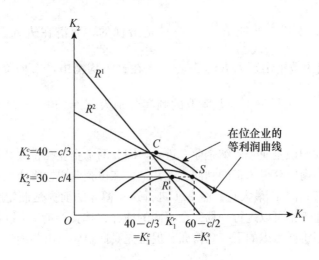

图 8-1 容纳进入的均衡

序贯进入的斯塔克尔伯格均衡下的总产出为 $K_1^s + K_2^s = 90 - 3c/4$，而同时选择产能的古诺均衡下的总产出为 $K_1^c + K_2^c = 80 - 2c/3$。所以当在位企业容纳潜在进入企业的进入时，总产出更高。[①] 如果斯塔克尔伯格序贯进入博弈中的市场总产出更高，那么位于点 S 的市场价格一定更低，所以消费者在序贯进入博弈中的境况要比在同时进入博弈中好。

序贯进入博弈的斯塔克尔伯格均衡的另一个重要特征是在位企业不处于其反应函数曲线上。这是非常重要的。当企业 1 不处于其反应函数曲线上时，点 S 怎么能代表均衡状态？尤其是，当企业 2 选择产能 $K_2^s = 30 - c/4$ 时，企业 1 的最佳反应是在点 R，此处企业 1 的产能 K_1^r 大约处于 $40 - c/3$ 和 $60 - c/2$ 之间。

为什么企业 1 选择产能 K_1^s 而不是 K_1^r 呢？

事实上，我们在第 6 章中已经回答了这个问题。如果企业 1 选择产能 K_1^r 会发生什么呢？现在企业 2 的最佳反应不再是 K_2^s。企业 2 的反应将会是增加产能。这一过程将一直持续到两个企业在点 C 达到古诺均衡。当然，在位企业在点 C 的境况要比在点 S 差，所以在位企业宁愿维持 K_1^s，即使它不在它的反应函数曲线上。

我们可以借助图 8-1 中绘制的在位企业的**等利润曲线**（isoprofit curves），用另一种方式描述这一结果。在位企业一定是沿着反应函数曲线 R^1 使其利润最大化的，所以在位企业沿着反应函数的等利润曲线的斜率一定是 0。更靠近横轴的等利润曲线上的利润更高，所以在位企业的利润在点 R 最高，在点 S 有所降低，在点 C 进一步降低。当然，这与相对于古诺均衡的斯塔克尔伯格均衡下的在位企业的利润是一致的。此外，我们注意到在位企业可以通过在其反应函数曲线上的点 R 生产，从而相对于点 S 的斯塔

[①] 一定是 $c < 120$，因为否则任何一个博弈的解都将意味着负产出。斯塔克尔伯格均衡下的产出和古诺均衡下的产出之差如下：

$(K_1^s + K_2^s) - (K_1^c + K_2^c) = (90 - 3c/4) - (80 - 2c/3)$

$(K_1^s + K_2^s) - (K_1^c + K_2^c) = 10 - c/12$

因为 $c < 120$，该表达式一定总是正的，所以序贯进入博弈的产出一定大于同时进入博弈的产出。

克尔伯格均衡增加利润。但是在点 R，潜在进入企业有改变产能的动机，所以在位企业最好的做法是在点 S 的斯塔克尔伯格均衡进行生产，此处它的等利润曲线刚好与潜在进入企业的反应函数曲线相切。这样，在位企业处于它与横轴尽可能靠近的等利润曲线之上，代表了最高的利润，而与此同时，潜在进入企业处于它的反应函数曲线之上。

结 论

　　在位企业的**产能投资过度**（overinvested in capacity），因为企业 1 不在它的反应函数曲线之上。K_1^i 的产能水平比 K_1^r 所给出的最佳反应产能水平要大，所以企业 1 投资过度了。

　　在得到这一结果的过程中最重要的模型因素是企业 1 的产能投资是不可逆的。因为产能投资是不可逆的，所以在位企业即使不在它的反应函数曲线之上，也可以专注于产能 K_1^i。虽然企业 1 不在它的反应函数曲线之上（即 K_1^i 不是在位企业对潜在进入企业所采取的策略做出的最佳反应），但策略 K_1^i 是可靠的，因为投资不可逆。如果可以改变对产能的投资，那么在位企业选择 K_1^i 的策略将是不可靠的。

　　用几个例子来解释这一点会有所帮助。任何一个汽车制造商采取的对装配线进行大规模改造以制造一辆新的或大幅度重新设计的汽车的投资策略，都意味着专注于特定的生产产能是可靠的，因为装配线不能用于其他某个用途。任何潜在进入企业（事实上行业内的任何同伴竞争者）都必须把这种投资策略看作是专注于生产特定数量的特定类型的车辆。

　　如果我们考虑一下沙滩上卖热狗的小贩，在位企业就是沙滩上第一辆热狗推车的车主，而且她很可能采取特定的投资策略以容纳来自多伦多的潜在进入企业。例如，她可以决定投资于沙滩上的永久设施。这种设施可能是一间小屋或一个更大的餐馆。潜在进入企业在决定进入这一特定的市场时，将不得不把这种产能水平的存在视作是既定的。

固定成本的作用

　　这一讨论指出了我们已用模型的一个很大的局限性。回想一下之前我们假定固定成本 F 等于 0。事实上，假定固定成本为正才更加合理。如果我们放松这一假设并允许 $F > 0$，我们模型的结果将会是怎样的呢？

　　我们将有潜在进入企业的利润函数，并从之前我们开始分析的同一点开始讨论。令固定成本等于 F，利润函数变为：

$$\pi^2 = (120 - K_1 - K_2) \cdot K_2 - cK_2 - F$$

　　像之前一样，把企业 2 的利润函数对产能选择 K_2 求导，并使其等于 0，得到潜在进入企业的一阶条件：

$$\frac{\partial \pi^2}{\partial K^2} = 120 - K_1 - 2K_2 - c = 0$$

　　但这与固定成本等于 0 时的一阶条件完全相同。事实上，斯塔克尔伯格序贯进入博弈的解中唯一受正的固定成本影响的因素，是每个企业获得的均衡利润水平。由于每个企业的一阶利润最大化条件相同，所以每个企业的反应函数相同。回想一下企业 2 在序

贯进入博弈中获得的利润为 $\pi^2 = (30 - c/4)^2$。现在企业 2 将获得利润

$$\pi^2 = (30 - c/4)^2 - F$$

只要 $(30 - c/4)^2 > F$，当在位企业容纳进入时，潜在进入企业在序贯进入博弈中获得的利润就将为正。但如果 $(30 - c/4)^2 < F$，企业 2 将决不会进入这一市场，因为企业 2 在均衡时获得的利润将为负。

□ 8.1.2 阻止进入策略

在前面的例子中，我们求解了博弈中的均衡。在该博弈中，在位企业在容纳企业 2 进入的情况下对产能投资以使利润最大化。如果企业 1 试图阻止企业 2 的进入，结果将会怎样呢？这样做，在位企业将会想要选择产能水平 K_1^d 以使企业 2 决不会获得正的利润（我们用上标 d 表示阻止企业 2 进入的产能水平）。

我们刚刚看到如果 $(30 - c/4)^2 < F$，企业 2 将决不能在这一市场上获得正的利润，所以如果 $(30 - c/4)^2 < F$，这一例子将不会很有趣。因此，我们将假设固定成本 F 足够小以至如果在位企业容纳进入，潜在进入企业可以获得正利润。潜在进入企业必须仍然把在位企业对产能的投资水平看作是既定的，因为在位企业仍然拥有先动优势。

如果企业 2 面临逆需求函数 $p = 120 - (K_1 + K_2)$，面临不变边际成本 c 和固定成本 F，那么企业 2 的利润函数可以记作：

$$\pi^2 = K_2 \cdot (p - c) - F$$
$$\pi^2 = K_2 \cdot (120 - K_1 - K_2 - c) - F$$

把 π^2 对 K_2 求导，并使其等于 0，得到企业 2 的一阶利润最大化条件：

$$120 - K_1 - 2K_2 - c = 0$$

我们可以从这个一阶条件求解企业 2 的反应函数：

$$K_2 = \frac{120 - K_1 - c}{2}$$
$$K_2 = \frac{120 - c}{2} - \frac{K_1}{2}$$

当然，这与容纳进入问题中企业 2 的反应函数相同，因为企业 2 的问题相同——给定企业 1 的产能 K_1，如果企业 2 进入市场，选择 K_2 以最大化利润 π_2。给定企业 2 将根据前文它的反应函数对产能 K_2 投资，在位企业要解决的问题是选择它对产能 $K_1 = K_1^d$ 的投资水平以阻止企业 2 的进入。即企业 1 选择 K_1^d，这样企业 2 的利润等于（或小于）0：

$$\pi^2 = K_2 \cdot (120 - K_1^d - K_2 - c) - F = 0$$

该问题解的推导见本章末的附录。阻止企业 2 进入的产能水平 K_1^d 可以写作：

$$K_1^d = 120 - c - 2\sqrt{F}$$

如果在位企业对产能 K_1^d 投资，那么企业 2 的最佳反应由它的反应函数给出：

$$K_2 = \frac{120-c}{2} - \frac{K_1^d}{2}$$

$$K_2 = \frac{120-c}{2} - \frac{120-c-2\sqrt{F}}{2}$$

$$K_2 = \sqrt{F}$$

回想一下企业 2 的利润函数可以写作：

$$\pi^2 = K_2 \cdot (120 - K_1 - K_2 - c) - F$$

如果我们把前文 K_1^d 和 K_2 的解代入该表达式，我们得到：

$$\pi^2 = \sqrt{F} \cdot (120 - (120 - c - 2\sqrt{F}) - \sqrt{F} - c) - F$$

$$\pi^2 = \sqrt{F} \cdot (\sqrt{F}) - F$$

$$\pi^2 = 0$$

所以在位企业的产能 K_1^d 阻止了企业 1 的进入，因为均衡时企业 2 不能获得正利润。

企业 1 该怎么做呢？如果在位企业对产能投资以阻止企业 2 的进入，把 K_1^d 代入市场需求函数得到均衡市场价格（我们不必担心 K_2，因为企业 2 将不会进入该市场）：

$$p = 120 - K_1^d$$

$$p = 120 - (120 - c - 2\sqrt{F})$$

$$p = c + 2\sqrt{F}$$

这意味着在位企业将获得利润：

$$\pi^1 = (p - c) \cdot K_1^d - F$$

$$\pi^1 = 2\sqrt{F} \cdot (120 - c - 2\sqrt{F}) - F$$

$$\pi^1 = 2\sqrt{F} \cdot (120 - c) - 2\sqrt{F} \cdot (2\sqrt{F}) - F$$

$$\pi^{1d} = 2\sqrt{F} \cdot (120 - c) - 5F$$

回想一下当企业 1 选择产能并容纳进入的时候，它获得的利润为：

$$\pi^{1s} = (60 - c/2) \cdot (30 - c/4) - F$$

所以如果 $\pi_1^{1s} > \pi_1^{1d}$，在位企业将宁愿容纳进入。但如果 $\pi_1^{1d} > \pi_1^{1s}$，那么在位企业阻止进入获得的利润更高。

注意在位企业的最优投资策略取决于行业的成本结构。在位企业是想要阻止进入还是容纳进入取决于 $\pi_1^{1s} > \pi_1^{1d}$ 还是相反。这一条件将取决于固定成本 F 和边际成本 c 的大小。为了更完整地理解这一点，你应该做完本章末的练习 2。

为了在我们的图形中用反应函数代表这一均衡，我们需要特别注意潜在进入企业的问题。回想一下企业 2 的反应函数概括了潜在进入企业对在位企业任何产能投资水平的最佳反应。一般而言，这由我们之前推导出的反应函数给出：

$$K_2 = \frac{120-c}{2} - \frac{K_1}{2}$$

无论在位企业什么时候投资于小于 K_1^d 的产能水平，这都是恰当的反应函数。但当企业 1 投资于 K_1^d 时，企业 2 获得零利润，所以它的最佳反应是 $K_2=0$。事实上，只要在位企业选择等于或大于 K_1^d 的产能水平，潜在进入企业的最佳反应就是选择 $K_2=0$。这意味着企业 2 的反应函数将在 K_1^d 不连续，如图 8-2 所示。

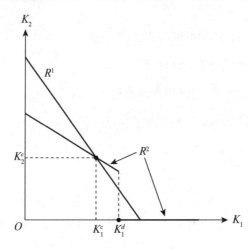

图 8-2 阻止进入的均衡

像在前面的例子中在位企业容纳企业 2 进入的情形一样，在位企业选择阻止进入的最优产能水平 K_1^d 大于同时进入博弈中的古诺均衡产能 K_1^c。结果，企业 1 的阻止进入问题的解是在位企业对产能进行过度投资以阻止进入。

□ 8.1.3 扩 展

迄今为止，我们的讨论仅聚焦在单个在位企业和单个潜在进入企业之间的狭义博弈上，每个企业选择单一的定义明确的策略变量（产能）。我们将通过考虑一些把该博弈扩展到代表不同现实世界问题的方法来结束这一节。

多个在位企业

如果市场上在位企业不止一个，我们阻止进入的例子的结果将会怎样呢？要回答这一问题，我们需要明确地承认在位企业阻止进入是有成本的。这一成本是伴随过度投资而来的，因为在位企业投资了超过古诺均衡的产能水平以阻止进入。当然，单个在位企业乐于承受这一成本以阻止进入，只要来自阻止进入的利润超过这一成本。用一个非常简单的例子：如果阻止进入的成本是 1 美元，而在位企业获得的利润是 1.50 美元，那么阻止进入是值得的。

但如果起初市场上有两个在位企业结果又会怎样呢？让我们应用上文描述的同样简单的例子。任意一个在位企业均可以以 1 美元的成本阻止进入。来自阻止进入的总利润是 1.50 美元，但这些利润必须在两个在位企业之间分配。在这种情况下，任何一个企业都不想阻止进入，因为 1 美元的成本大于每个企业获得的 0.75 美元的利润。注意这一例子中仍然存在阻止进入盈余，因为 1.50 美元的总利润大于 1 美元的阻止成本。任何一个企业都不想阻止进入，但每个企业都想要另一个企业承受 1 美元的成本并阻止进入。

先发制人的西南航空公司

尽管有大量关于阻止进入的理论性成果，但由于识别潜在进入企业有困难，还鲜有这方面的实证成果。经济学家奥斯坦·古尔斯比和查德·西维尔森（Austan Goolsbee and Chad Syverson，2008）通过考虑低成本航空公司的潜在进入分析了这一问题，即1993—2004 年间的西南航空公司。这一时期，西南航空公司增幅巨大。它的营业收入从 23 亿美元增长到 65 亿美元，它的规模也几乎变为原来的三倍。记录显示，但凡西南航空公司进入某个市场，市场票价即下跌。古尔斯比和西维尔森感兴趣于确定西南航空公司的进入威胁是导致在位企业阻止进入还是准备容纳进入。

航空市场是两个城市之间的航线，例如克利夫兰和华盛顿。如果西南航空公司服务两个城市但没有两个城市之间的航班，他们鉴别出一条处于进入威胁之下的航线。他们举出了下面的例子。如果西南航空公司服务芝加哥、克利夫兰和华盛顿（在示意图中以实线表示）但不在克利夫兰和华盛顿（以虚线表示）之间运营一条航线，那么这条航线就是西南航空公司作为潜在进入企业的一个市场。在他们的样本中，在样本周期内西南航空公司进入了这些航线中的大约 75％的航线。

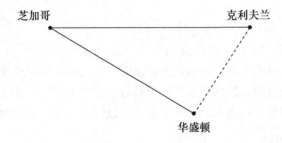

古尔斯比和西维尔森（2008）计量分析了西南航空公司开始服务于该潜在航线上的两个城市的 8 个月前（例如已经进入了克利夫兰但没有进入华盛顿）在位企业收取的价格，西南航空公司服务于该航线上的两个城市但没有进入该航线时在位企业收取的价格，以及一旦西南航空公司开始在该航线上竞争（例如在克利夫兰和华盛顿之间飞行航班）时在位企业收取的价格。

第一个显著的发现是，一旦西南航空公司成为航线上的潜在进入企业，在位企业的价格平均下降约 17％。而且有证据表明，在那之前价格开始下跌约 3/4。这与在位企业得知西南航空公司将要在第二个城市开始运营是一致的。西南航空公司通常提前 6 个月宣布它要进入某条航线，在那之前西南航空公司必须获得登机口租赁协议和雇佣人员等。一旦西南航空公司进入，价格进一步下跌 12％。平均而言，这种先发制人的价格下跌超过了最终价格下跌的一半！

古尔斯比和西维尔森（2008）接着试图确定在位企业怎么做。首先，由于他们找不到证据表明在位企业在西南航空公司进入之前扩大其规模，似乎在位企业对产能的过度投资也不存在。他们把进入几乎确定时（所以阻止有可能是徒劳的）的市场价格下跌同进入不那么确定时的市场价格下跌进行对比，发现后者的价格下跌幅度更大。然而，他们得出结论：一般而言，在位企业要么阻止要么准备容纳西南航空公司的进入，因为数据不允许更确定的答案。他们猜测动机可能是让更多的旅客加入频繁的飞行计划或增加旅客的忠诚度。

注：该案例的数据来自古尔斯比和西维尔森（2008）。

阻止进入策略

在位企业可以采用许多不同的策略来阻止进入。在我们之前考虑的阻止进入的例子中，在位企业选定产能投资水平以阻止进入。但在位企业也可以采用其他策略来阻止进入。

干中学

假设在位企业沿用产能过度投资策略，选择较大的 K_1 以阻止进入。当然，该策略的一个主要的效应是由于更大的产能 K_1，在位企业能够生产更多的产出。但过度投资策略可能带来其他潜在的好处。这种好处可能是当在位企业扩大产能和增加生产时，它可以学习怎样更有效地生产产出。例如，当流水线扩大时，在位企业可能找到更好的方法来沿着流水线组织生产，而且流水线上的工人能够更有效地工作。除了增加生产之外，对产能的更高投资也可能导致更低的生产成本，这给予了在位企业进一步的竞争优势。

广告支出

我们将会在第 15 章看到，广告支出增加一般会导致对企业产品的需求增加，尤其是当消费者对该企业的产品特点没有充分信息时。这意味着在位企业可以增加广告支出以扩大其垄断的市场份额，这样留给任何潜在进入企业的市场份额都变少了。这使得对于任何潜在进入企业而言，进入的代价更大了。这样，在位企业就可以采用增加广告支出的策略来阻止进入。

销售的独家经营网络

另一个阻止进入的先发制人策略是**独家经营网络**（network of exclusive franchises）。这一策略经常被服装生产商使用，它们生产商品，并在挑选的特许零售地点出售。零售店被选中通常是因为伴随特别零售店的特别形象。例如，优质时尚服装的生产商一般会通过具有只出售优质服装形象的零售店分销它的产品，而不会通过出售劣质廉价服装的经销商出售它的时尚服装。由于在位生产商和优质零售经销商之间的协议，潜在进入经销商进入优质时尚服装市场变得更难了。

8.2 阻止进入策略与容纳进入策略总结

本节的目的是把我们本章中到目前为止所描述的阻止进入策略和容纳进入策略串联到一起。正如我们所看到的，在位企业关于是阻止潜在进入企业进入还是容纳潜在进入企业进入的最优策略取决于许多因素，包括企业是进行价格竞争还是产量竞争，或行动是策略替代的还是策略补充的。但不管怎样，在位企业最终的目的是选择这样的策略，即影响市场竞争的结构以带来最高的利润。要做到这一点，在位企业必须考虑以下两个问题：

管理经济学：基于战略的视角（第二版）

- 在位企业想阻止进入还是容纳进入?
- 在位企业想要产能大（即过度投资使 K_1 较大）还是小?

事实上，这两个问题中的每一个的解都不是独立的。例如，如果在位企业确定阻止进入是最优的，这就决定了恰当的投资策略（即 K_1 应该大还是小）。

阻止进入或容纳进入的恰当策略将取决于许多因素，包括:

- 在位企业的产能变化怎样影响它自己的利润?
- 在位企业的产能变化怎样影响潜在进入企业的利润?
- 企业进行价格竞争还是产量竞争（行动是策略替代的还是策略补充的）?

要分析任何一种情况，我们都需要写出在位企业（企业 1）的利润函数和潜在进入企业（企业 2）的利润函数。如果两个企业进行产量竞争，那么每个企业的利润函数可以写成:

$$\pi^1 = \pi^1(K_1, q_1(K_1, K_2), q_2(K_1, K_2))$$
$$\pi^2 = \pi^2(K_1, q_1(K_1, K_2), q_2(K_1, K_2))$$

如果企业进行价格竞争，那么利润函数变为:

$$\pi^1 = \pi^1(K_1, p_1(K_1, K_2), p_2(K_1, K_2))$$
$$\pi^2 = \pi^2(K_1, p_1(K_1, K_2), p_2(K_1, K_2))$$

注意每个企业获得的利润取决于在位企业选择的产能 K_1 和策略选择变量。这些策略选择变量本身取决于在位企业的产能选择，这就是我们把 q_i 和 p_i 写作在位企业产能 K_1 的函数的原因。例如，如果在位企业选择更大的产能 K_1，那么如果企业进行产量竞争，企业 1 的最优产量选择 q_1 可能更高。

给定在位企业追求的投资策略，两个企业中的每一个都将通过选择恰当的策略变量来最大化利润，这取决于两个企业将进行价格竞争还是产量竞争。一方面，如果两个企业进行价格竞争，那么行动将是策略补充的，意味着反应函数曲线将是向上倾斜的。另一方面，如果两个企业进行产量竞争，那么行动将是策略替代的，反应函数曲线将是向下倾斜的。策略替代和策略补充的这种描述在第 5 章中介绍过，如图 8-3 所示。

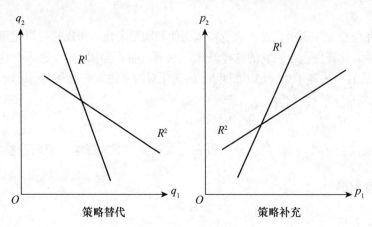

图 8-3　策略选择变量

阻止进入策略

假设在位企业想要阻止潜在进入企业的进入。在这种情况下，在位企业想选择产能 K_1 以使潜在进入企业获得的利润小于或等于 0，因为如果潜在进入企业无法获得正利润，它就不会进入该市场。

我们将用下面的定义（Fudenberg and Tirole，1984；Bulow，et al.，1985b）来描述在位企业可获得的一组完整的投资策略：

- **猛犬**（top dog）：大或强壮，看起来粗暴或有攻击性。
- **幼犬**（puppy dog）：小或柔弱，看起来温柔或无攻击性。
- **饿狼**（lean and hungry look）：小或柔弱，看起来粗野或有攻击性。
- **肥猫**（fat cat）：大或强壮，看起来温柔或无攻击性。

在位企业将这些策略运用于产能投资。但阻止进入的恰当策略是选择较大的 K_1 还是较小的 K_1 将取决于在位企业产能的变化怎样影响潜在进入企业的利润。表 8-1 概括了在位企业产能投资 K_1 和对潜在进入企业利润的影响之间的相互作用。

表 8-1　　　　　　　　　　在位企业可用的投资策略的定义

	潜在进入企业的利润上升	潜在进入企业的利润下降
在位企业增加 K_1	肥猫	猛犬
在位企业减少 K_1	幼犬	饿狼

为了求在位企业产能 K_1 的变化对企业 2 的利润的影响，我们需要求企业 2 的利润函数的全微分。例如，假设两个企业将进行产量竞争。

$$d\pi^2 = \frac{\partial \pi^2}{\partial K_1} dK_1 + \frac{\partial \pi^2}{\partial q_1} \cdot \frac{\partial q_1}{\partial K_1} dK_1 + \frac{\partial \pi^2}{\partial q_2} \cdot \frac{\partial q_2}{\partial K_1} dK_1$$

在位企业产能 dK_1 的任何变化都将最终引起潜在进入企业获得的利润 $d\pi^2$ 的变化。假定在位企业的产能投资是一定的，如果潜在进入企业试图进入该市场，它的目的将是选择产量 q_2 以最大化它的利润。它的一阶利润最大化条件将是：

$$\frac{\partial \pi^2}{\partial q_2} = 0$$

当然，在位企业知道潜在进入企业将试图使利润最大化，所以它可以把潜在进入企业的一阶利润最大化条件包含到它的选择最优产能 K_1 的问题中以阻止进入。这意味着上文方程中 π^2 的最后一项等于 0，所以产能 K_1 的变化对潜在进入企业利润的影响可以被写作：

$$d\pi^2 = \frac{\partial \pi^2}{\partial K_1} dK_1 + \frac{\partial \pi^2}{\partial q_1} \cdot \frac{\partial q_1}{\partial K_1} dK_1$$

我们把在位企业产能 K_1 的变化对潜在进入企业利润的影响分成两种独立的影响：

直接影响 $\longrightarrow \dfrac{\partial \pi^2}{\partial K_1}$

策略影响 $\longrightarrow \dfrac{\partial \pi^2}{\partial q_1} \cdot \dfrac{\partial q_1}{\partial K_1}$

所以在位企业产能的变化会怎样影响潜在进入企业的利润呢？假设由于规模经济或

干中学效应，在位企业产能增加影响在位企业的边际生产成本。当在位企业规模变得更大时，任何边际单位产出都可以以更低的生产成本。这种投资对潜在进入企业利润的直接影响很可能为 0，因为这只会增加在位企业的收益。但假设两个企业进行产量竞争。边际成本下降将会使在位企业的反应函数曲线向外移动，导致在位企业产出增加而潜在进入企业的潜在产出下降，如图 8-4 所示。在位企业产能变化的策略影响将会引起潜在进入企业的利润下降。如果产出是策略替代的并且产能增加使在位企业看起来粗暴又有攻击性，那么企业 1 阻止进入的恰当策略是**猛犬**策略。

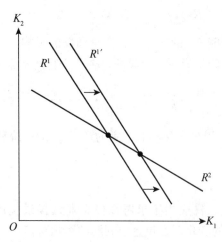

图 8-4 过度投资使在位企业看起来粗暴

　　如果我们把对产能 K_1 的投资重新解释为广告或促销活动，那么情况可能是**过度投资**（在这种情况下意味着过度广告）将确保在位企业获得更大的垄断市场，留给潜在进入企业的潜在市场变小了。在这种情况下，产能增加对潜在进入企业利润的直接影响也将是负的，**猛犬**策略是阻止进入的最优策略。

　　即使两个企业进行价格竞争，这样行动将是策略补充的，在位企业也想使自己看起来粗暴或有攻击性以阻止进入。所以只要过度投资使在位企业看起来粗暴，在位企业过度投资就会使其境况变得更好。如果产能增加使在位企业看起来温柔又柔弱，那么在位企业应该投资不足并且选择较低的产能以阻止进入。例如，如果两个企业进行价格竞争，产能增加要求在位企业开出更高的市场价格，那么这使潜在进入企业进入市场和同样开出更高的价格变得更加容易。在这种情况下，过度投资使在位企业看起来温柔又无攻击性，因为价格竞争将会更加柔和。这时在位企业阻止进入的最优策略将是**饿狼**策略。

　　表 8-2 概括了所有这些策略。一般而言，无论企业是进行价格竞争还是产量竞争，如果过度投资使在位企业看起来粗暴，则其会过度投资。

表 8-2　　　　　　　　　　　阻止进入的投资策略

	投资使在位企业看起来粗暴	投资使在位企业看起来温柔
行动是策略替代的	猛犬	饿狼
行动是策略补充的	猛犬	饿狼

容纳进入策略

现在假设在位企业容纳进入，同时想选择产能水平 K_1。在这种情况下，在位企业并不关注潜在进入企业获得的利润。在位企业想选择 K_1 仅仅是为了使自身的利润最大化。正如我们之前所看到的，当企业进行产量竞争时，在位企业的利润函数如下所示：

$$\pi^1 = \pi^1(K_1, q_1(K_1, K_2), q_2(K_1, K_2))$$

如果企业进行价格竞争，那么在位企业的利润函数变为：

$$\pi^1 = \pi^1(K_1, p_1(K_1, K_2), p_2(K_1, K_2))$$

现在在位企业关注产能 K_1 的变化对它自身利润的影响。这种影响通过求在位企业利润函数的全微分得到。为了说明，假设两个企业进行产量竞争。

$$d\pi^1 = \frac{\partial \pi^1}{\partial K_1} dK_1 + \frac{\partial \pi^1}{\partial q_1} \cdot \frac{\partial q_1}{\partial K_1} dK_1 + \frac{\partial \pi^1}{\partial q_2} \cdot \frac{\partial q_2}{\partial K_1} dK_1$$

在位企业选择产量 q_1 以最大化利润。它的产量 q_1 的一阶利润最大化条件为：

$$\frac{\partial \pi^1}{\partial q_1} = 0$$

把该一阶利润最大化条件应用于求解在位企业选择最优产能 K_1 以容纳进入的问题，我们可以把产能 K_1 的变化对在位企业利润的影响写作：

$$d\pi^1 = \frac{\partial \pi^1}{\partial K_1} dK_1 + \frac{\partial \pi^1}{\partial q_2} \cdot \frac{\partial q_2}{\partial K_1} dK_1$$

我们再次把在位企业产能变化总的影响 dK_1 分解成对在位企业利润的直接影响和策略影响：

$$\text{直接影响} \longrightarrow \frac{\partial \pi^1}{\partial K_1}$$

$$\text{策略影响} \longrightarrow \frac{\partial \pi^1}{\partial q_2} \cdot \frac{\partial q_2}{\partial K_1}$$

最有趣的因素是策略影响。假设两个企业进行产量竞争。在位企业增加产能可以降低其成本，并使它的反应函数曲线向外移动，正如图 8-4 所示。在这种情况下，过度投资使在位企业看起来粗暴，所以当在位企业容纳进入时，**猛犬**策略是恰当的。另外，如果产能增加导致在位企业的成本增加，那么过度投资使在位企业看起来温柔，所以恰当的策略是投资不足并采用**饿狼**策略。

如果两个企业进行价格竞争，情况又会怎么样呢？如果产能增加使在位企业看起来粗暴，那么由于成本下降，过度投资将会导致在位企业开出更低的价格。由于企业进行价格竞争，潜在进入企业也会开出更低的价格。这损害了在位企业，如果价格更高，在位企业将会获得更高的利润。所以如果两个企业进行价格竞争，当投资使在位企业看起来粗暴时，在位企业想要**投资不足**。这是**幼犬**策略。另外，如果投资使在位企业看起来温柔，则在位企业容纳进入时应该采用**肥猫**策略。当两个企业进行价格竞争时，在位企业想选择导致更缓和的价格竞争的策略，因为均衡市场价格将会更高。

表 8-3 概括了在位企业容纳进入时的所有这些投资策略。

表 8-3　　　　　　　　容纳进入的投资策略

	投资使在位企业看起来粗暴	投资使在位企业看起来温柔
行动是策略替代的	猛犬	饿狼
行动是策略补充的	幼犬	肥猫

□ 投资策略的应用

最后一小节的目的是给容纳或阻止进入提供一些具体的策略例子。我们已经描述了一些例子。例如，当由于干中学效应，产能投资影响在位企业的成本时，过度投资使在位企业看起来粗暴，因为潜在进入企业看到在位企业将能够以更低的成本生产。如果企业进行产量竞争或价格竞争，**猛犬**策略对于阻止进入是恰当的。但如果在位企业想容纳进入并且企业进行价格竞争，那么过度投资将预示着更激烈的价格竞争。在这种情况下，**幼犬**策略将导致更缓和的价格竞争，所以对于想容纳进入的在位企业而言，这是最优的策略。

产品差异化

让我们把在位企业对产能 K_1 的投资重新解释为区分在位企业产品的投资。在这一例子中，过度投资将意味着在位企业使其自身规模足够大以储备许多不同品牌的产品。如果我们想一想第 7 章中的产品差异化模型，其中的消费者沿着单位间隔分布，那么过度投资的在位企业可以储备许多不同类型的产品以服务许多不同的消费者。这种过度投资的**猛犬**策略为仓储式超市、大型电子产品商店和家居装饰商店所采用。另外，专注于高端和优质产品的小型特色电子产品商店采用**幼犬**策略。这些商店投资不足并把自身限制在小的明确的产品范围内竞争。例如，专注于最优质的音频和视频设备的音响店向市场发出信号，它的竞争只限于赢得对购买最优质的音频和视频元件感兴趣的消费者的竞争。**幼犬**策略在这些企业进行价格竞争时是恰当的，这种情况在电子产品零售行业较为常见。

价格保护政策

导致价格竞争缓和的一个有趣的**幼犬**策略的例子是所谓的**价格保护条款**（price protection clause）。[1] 近年来，许多不同行业的企业采用这一策略，尤其是电子消费产品。假设企业以某个价格 p 出售产品。如果该企业采取价格保护政策，那么在明确的一段时期内，如果该企业以低于 p 的价格 $\bar{p}$ 销售相同的产品，该企业承诺退还差价 $p-\bar{p}$ 给任何以较高价格购买的消费者。价格保护条款使得任何购买该产品的消费者均可免于遭受价格下降的利益损失。

为什么任何企业都想采用价格保护条款呢？价格保护条款怎样导致价格竞争缓和呢？要回答这些问题，假设在位企业（企业 1）容纳潜在进入企业（企业 2）的进入，并且两个企业进行价格竞争，这样行动就是策略补充的。潜在进入企业开始在市场上生

---

[1]　这一政策也被称为**最惠客户条款**（most-favored customer clause）；例如，见 Cooper（1986）和 Salop（1986）。

产和销售产品之后，两个企业达到伯川德均衡。这种情况如图 8-5 中的点 N 所示。

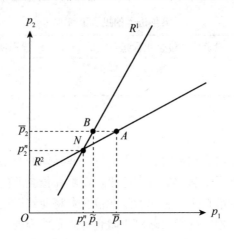

图 8-5　价格保护政策的影响

　　在位企业偏好开出比伯川德均衡价格 p_1^n 更高的价格吗？假设在位企业将其价格提高至 $\bar{p}_1$。现在在位企业不再处于其反应函数曲线上，所以这一定使在位企业的境况变得更糟。然而，潜在进入企业对这一提价的反应是也将其价格提高至 $\bar{p}_2$，如图 8-5 中的点 A 所示。这种价格竞争方面的缓和使两个企业的境况都变得更好，所以在位企业有动机将其价格提高至 $\bar{p}_1$，因为潜在进入企业也将会提高其价格。企业 1 的境况变得更好了，因为它使自身成为斯塔克尔伯格领导者。

　　但现在在位企业不处于它的反应函数曲线之上。在位企业有动机降低其价格吗？价格降低至 $\tilde{p}_1$ 将使在位企业移回到它的反应函数曲线之上，如图 8-5 中的点 B 所示。然而，由于价格保护条款，在位企业将不得不支付差价 $\bar{p}_1 - \tilde{p}_1$ 给所有以较高价格购买的消费者，这必然使在位企业的境况变得更糟。通过价格保护条款这一机制，在位企业能够可靠地致力于维持较高的价格 $\bar{p}_1$，这缓和了价格竞争并使两个企业的境况都变得更好。

价格保护政策实例

　　医疗补助项目（Medicaid）是美国大型政府计划，旨在给低收入人群提供医疗服务。2005 年，医疗补助项目给超过 5 600 万人提供了医疗服务。2007 年全年的总支出为 3 358 亿美元。美国医疗成本的上升是一个由来已久的政策问题。1990 年，为了削减购买药品的支出，《美国综合预算协调法案 1990》（US Omnibus Budget Reconciliation Act 1990）包含了一项规定，该规定实际上对向医疗补助项目销售产品的制药企业强迫施加了最惠客户或价格保护政策。特别地，销售品牌药物的制药企业必须以其最低价格或企业平均批发价的 87.5% 向医疗补助项目销售产品。通用产品的生产商必须以企业平均批发价的 90% 向医疗补助项目销售产品。任何医疗政策都存在这种情况，经济学家菲奥娜·斯科特·莫顿（Fiona Scott Morton，1997）在其对这一政策的研究中详细地解释了许多可怕的细节。其中一个限制提价动机的细节是对均价提高幅度超过通货膨胀率进行处罚。

在初步的分析中，菲奥娜·斯科特·莫顿注意到两个重要的特征。一是政策变化的影响，在品牌产品面临通用产品竞争时比在品牌受专利保护因此只面临更为间接的替代品的竞争时要强烈。二是她注意到超过一半的品牌给出至少三折优惠，所以政策变化的潜在影响范围将会很大。面临竞争的品牌预计受政策变化的影响更大。

菲奥娜·斯科特·莫顿（1997）用计量经济方法分析了最惠客户计划推出之前和之后两类品牌药物的均价。第一类是面临通用产品竞争的那些品牌药物。在政策变化之后，价格平均上涨 4%～6.6%。正如所预计的那样，向医疗补助项目销售的份额越大，包装盒（开始时价格趋于较低）越大，所受的影响就越大。对于那些受专利保护的第二类品牌药物，价格平均上涨小于 1%，没有任何价格上升在统计上显著不为 0。此外，向医疗补助项目销售的份额和包装盒大小的影响通常并不显著，是错误的信号。这或许反映了这样的事实：价格已经很高了，所以对抬高价格的处罚有效地防止了任何进一步的价格上涨。

菲奥娜·斯科特·莫顿（1997）还分析了通用产品的价格以确定是否有任何纯粹的策略反应（即是由于品牌制造商提高价格，而不是由于直接受到法律的影响）。结果非常复杂，尽管对于医院（比药店更可能获得较低的价格）而言，我们发现了积极的影响。向医疗补助项目销售的品牌药物份额和包装盒大小产生了预期的影响。然而，总体影响在统计上并不显著不为 0。菲奥娜·斯科特·莫顿（1997）得出结论：在其分析的最可能受政策变化影响的部分市场中，如同理论所预测的那样，价格出现了上涨，尽管上涨幅度并不大。

优惠券

企业可以用来影响价格竞争的另一个机制是优惠券。当然，优惠券可以被用作给价格做广告的一种机制，这一点我们将在第 15 章看到。然而，企业也发行消费者可以要求折扣或特价的优惠券。例如，许多比萨店发行消费者可以用来以一份的价格买两份比萨的优惠券。其他企业在报纸上做广告，消费者可以凭该报纸获得广告商品的一定比例的价格优惠。这些都是**猛犬**策略的例子，因为这些优惠券都预示着价格竞争加剧。

企业可以用优惠券影响价格竞争的另一种方式是兑现所有竞争者的优惠券。这是另一个**猛犬**策略的例子，由此企业承诺会匹配任何竞争者发行的优惠券上所记载的特价优惠或价格折扣。例如，比萨店可能对其竞争者的优惠券竞争做出这样的反应：宣布它将兑现竞争者的优惠券所记载的所有特价优惠。

有限竞争

在某个被一位或一些非常有力的竞争者支配的市场中，潜在进入企业可能会决定以把它自己仅限于服务非常小范围的市场以限制竞争的方式进入市场。这是**幼犬**策略的一个例子，在企业进行价格竞争的市场中尤其合适。这可能是德劳瑞恩在 20 世纪 80 年代早期采取的策略。德劳瑞恩专注于非常小范围的汽车市场，而不是通过提供系列的产品进入市场，向在位的汽车制造商发出信号：德劳瑞恩将竞争非常小范围市场中的市场份额。这种策略的目的是限制在位企业的策略反应。如果德劳瑞恩威胁抢占大的市场份额，它能预计到在位汽车制造商会做出更具攻击性的策略反应，使德劳瑞恩进入市场变得更难。相反，德劳瑞恩选择在小范围的汽车市场上竞争，使在位汽车制造商容纳德劳瑞恩进入的可能性增大。**幼犬**策略的其他例子是一个仅供应一种特殊类型食品的新餐馆，或一个仅服务最高端市场和经营最优质电子产品的电子元件经销商。

捆绑销售

假设生产厂家生产并销售两种不同但相关的产品。这里可以考虑的一个较好的例子是组成系统部件的任何产品，像电视机和个人视频录像机，或立体声接收机和 CD 播放机。例如，单个企业可能同时生产立体声接收机和 CD 播放机。近年来，许多部件产品生产商采取的策略叫作**捆绑销售**（bundling），相关产品被设计为全套产品或一个系统一起销售。例如，你可以从企业 1 购买立体声接收机，从企业 2 购买 CD 播放机。但企业 1 可能把它的 CD 播放机设计成有特殊功能，仅当你也使用它的立体声接收机时才能播放。如果你从不同的企业购买部件，你可能需要不同的遥控器来控制这个接收机和CD 播放机。但如果你从相同的企业购买两个部件，同一个遥控器可适用于两个部件。

两个部件被设计成一起销售就是一个**搭配销售**（tied sales）的例子。如果把这两个产品设计成一起工作是削减成本的投资，则该策略可能使企业 1 看起来粗暴。例如，当这两个产品被设计成一个系统一起工作时，每个产品的一些元件（那些影响遥控器工作的元件）可能相同，这可能降低企业 1 的生产成本。在这种情况下，**捆绑**这两个产品是适合用于阻止进入的**猛犬**策略。如果企业进行产量竞争，该策略对容纳进入也是合适的。

但生产和销售不同却相关的成套产品的企业可以采取其他类型的捆绑策略。如果企业 1 以价格 p_r 销售立体声接收机，以价格 p_c 销售 CD 播放机，那么如果该企业同企业2 进行价格竞争，它可能采取将这两个产品捆绑在一起，以低于 $p_r + p_c$ 的价格销售这个产品组合的策略。仅当你从企业 1 同时购买两个部件产品时，才可享受这个价格优惠。正如我们之前所看到的，只要价格竞争加剧使企业 1 看起来粗暴，这就是阻止竞争者进入的恰当策略。但如果容纳进入，该策略就会损害企业 1，因为价格竞争加剧导致价格降低，使企业 1 的境况变差。

小 结

- 从长期来看，我们必须假设企业可以进入或退出市场。
- 在位企业可以策略性地选择其生产规模或产能以影响其市场潜在进入企业的行为。
- 在位企业可以采取策略进行产能投资，以便容纳另一个企业的进入，或阻止潜在竞争者的进入。
- 在位企业可能决定对产能过度投资以阻止进入，这意味着在均衡状态下，在位企业不在其反应函数曲线上。
- 在位企业的固定成本对决定其最优投资策略很重要。
- 在位企业产能投资的影响可以分为直接影响和策略影响。策略影响将取决于在位企业是想阻止进入还是容纳进入，以及企业是进行价格竞争还是进行产量竞争。
- 当企业进行价格竞争时，只要投资使在位企业看起来粗暴，在位企业就应采取对产能过度投资的猛犬策略以阻止进入，但应采取投资不足的幼犬策略以容纳进入，避免过度的价格竞争。

练 习

1. 在 8.1 节中，我们表明当在位企业 1 容纳进入时，它获得的利润为：

$$\pi^{1a} = (60 - c/2) \cdot (30 - c/4) - F$$

当在位企业 1 选择产能以阻止进入时，它获得的利润为：

$$\pi^{1d} = 2\sqrt{F} \cdot (120 - c) - 5F$$

只要 $\pi^{1d} > \pi^{1a}$，或只要 $\pi^{1d} - \pi^{1a} > 0$，在位企业将阻止进入。假设边际成本 $c = 60$。

（a）求 $\pi^{1d} - \pi^{1a}$。

（b）固定成本 F 的值为多少时，在位企业将阻止进入？

（c）你能把固定成本 F 解释为阻止进入的成本吗？当 F 变大时，在位企业阻止进入的可能性是变大还是变小了？

2. 在 8.1.2 节中，我们表明当市场需求函数为 $p = 120 - (K_1 + K_2)$ 时，在位企业通过生产 K_1^d 的产能水平阻止进入并获得利润 π^{1d}，如下所示：

$$\pi^{1d} = 2\sqrt{F} \cdot (120 - c) - 5F$$

$$K_1^d = 120 - c - 2\sqrt{F}$$

如果在位企业容纳进入，在斯塔克尔伯格均衡下在位企业获得的利润如下：

$$\pi^{1s} = (60 - c/2) \cdot (30 - c/4) - F$$

在位企业 1 和潜在进入企业 2 的产出如下：

$$K_1^s = (120 - c)/2$$

$$K_2^s = (120 - c)/4$$

（a）假设边际成本 $c = 5$，固定成本 $F = 100$。当在位企业容纳进入时，求均衡市场价格，每个企业的产出水平，以及两个企业的均衡利润。

（b）现在假设在位企业阻止进入。求市场价格，以及每个企业的产出和利润。在位企业是宁愿容纳进入还是宁愿阻止进入呢？解释你的回答。

（c）现在假设 $F = 25$。重复练习 2(a) 和 2(b)。在位企业会否采取和练习 2(b) 中相同的策略？将你的回答与阻止进入的成本联系起来。

3. 考虑下面的例子：

（a）一个滑雪靴和皮靴固定装置的制造商把新滑雪靴设计成仅能和它自己生产的皮靴固定装置配套使用，提高了安全性能。

（b）一个服装经销店仅对上个季度的时尚服装进行特价销售。

（c）一名验光师在你等待的时候，调整内部设备使眼镜符合规定。

在每一种情况下，讨论企业是采取猛犬、幼犬、饿狼还是肥猫投资策略。企业投资策略的策略影响可能加剧还是缓和价格竞争？企业是容纳进入还是阻止进入（或劝说其他企业退出）？

4. 辨别 8.2 节中在下面两种情况下在位企业投资策略的策略影响：

● 在位企业阻止进入。

● 在位企业容纳进入。

讨论在这两种情况下在位企业投资策略的策略影响有何不同。在每一种情况下，在位企业对谁的利润感兴趣？如果企业进行价格竞争，策略影响是正的还是负的？

附 录

如果企业 2 面临逆需求函数 $p=120-(K_1+K_2)$，面临不变的边际成本 c 和固定成本 F，那么企业 2 的利润函数可以写作：

$$\pi^2 = K_2 \cdot (p-c)-F$$
$$\pi^2 = K_2 \cdot (120-K_1-K_2-c)-F$$

把 π^2 对 K_2 求导，使其等于 0，从而得到企业 2 的一阶利润最大化条件：

$$120-K_1-2K_2-c=0$$

我们可以从该一阶条件中求企业 2 的反应函数：

$$K_2 = \frac{120-K_1-c}{2}$$

$$K_2 = \frac{120-c}{2} - \frac{K_1}{2}$$

给定企业 2 将根据其上文的反应函数投资产能 K_2，在位企业要解决的问题是选择其产能投资水平 $K_1=K_1^d$ 以阻止企业 2 的进入。即企业 1 选择 K_1^d，这样企业 2 的利润等于（或小于）0：

$$\pi^2 = K_2 \cdot (120-K_1^d-K_2-c)-F$$
$$\pi^2 = \left(\frac{120-c}{2}-\frac{K_1^d}{2}\right) \cdot \left[120-K_1^d-\left(\frac{120-c}{2}-\frac{K_1^d}{2}\right)-c\right]-F=0$$
$$\pi^2 = \left(\frac{120-c}{2}-\frac{K_1^d}{2}\right) \cdot \left(\frac{120-c}{2}-\frac{K_1^d}{2}\right)-F=0$$
$$F = \left(\frac{120-c}{2}-\frac{K_1^d}{2}\right)^2$$
$$\sqrt{F} = \left(\frac{120-c}{2}-\frac{K_1^d}{2}\right)$$
$$\frac{K_1^d}{2} = \left(\frac{120-c}{2}\right)-\sqrt{F}$$
$$K_1^d = 120-c-2\sqrt{F}$$

我们可以用下面的需求函数求均衡市场价格：

$$p=120-(K_1+K_2)$$
$$p=120-(120-c-2\sqrt{F})$$
$$p=c+2\sqrt{F}$$

参考文献与延伸阅读

Berry, S., Levinsohn, J. and Pakes, A. (1995) "Automobile Prices in Market Equilibrium", *Econometrica* 63 (4): 841-890.

管理经济学：基于战略的视角（第二版）

Bulow, J., Geanakopolis, J. and Klemperer, P. (1985a) "Holding Idle Capacity to Deter Entry", *Economic Journal* 95: 178−182.

Bulow, J., Geanakopolis, J. and Klemperer, P. (1985b) "Multimarket Oligopoly: Strategic Substitutes and Complements", *Journal of Political Economy* 93: 488−511.

Cooper, T. (1986) "Most-Favoured Customer Pricing and Tacit Collusion", *RAND Journal of Economics* 17 (3): 377−388.

Dixit, A. (1980) "The Role of Investment in Entry Deterrence", *Economic Journal* 90: 95−106.

Fudenberg, D. and Tirole, J. (1984) "The Fat Cat Effect, the Puppy Dog Ploy, and the Lean and Hungry Look", *American Economic Review: Papers and Proceedings* 74: 361−368.

Goolsbee, A. and Syverson, C. (2008) "How Do Incumbents Respond to the Threat of Entry? Evidence from the Major Airlines", *Quarterly Journal of Economics* 123 (4): 1611−1633.

Porter, M. E. (1980) *General Electric vs. Westinghouse in Large Turbine Generators (B) and (C)*. Boston, MA: HBS Case Services.

Porter, M. E. (1983) *Cases in Competitive Strategy*. New York: Macmillan, especially pp. 102−118.

Salop, S. (1986) "Practices That (Credibly) Facilitate Oligopoly Coordination", in J. Stiglitz and F. Mathewson (eds) *New Developments in the Analysis of Market Structure*. Cambridge, MA: MIT Press.

Scott Morton, F. (1997) "The Strategic Response by Pharmaceutical Firms to the Medical Most-Favored Customer Rules", *RAND Journal of Economics* 28 (2): 269−290.

Sutton, J. (1991) *Sunk Costs and Market Structure*. Cambridge, MA: MIT Press.

Sutton, J. (1998) *Technology and Market Structure: Theory and History*. Cambridge, MA: MIT Press.

Tirole, J. (1988) *The Theory of Industrial Organization*. Cambridge, MA: MIT Press, especially pp. 311−314.

第 9 章

政府管制

学完本章，你应该理解：

- 政府对价格管制的理论依据："无谓损失"。
- 反对政府价格管制的论据。
- 自然垄断和法律创造的垄断之间的区别。
- 市场集中度的两种度量方法：集中率和赫芬达尔-赫希曼指数（HHI）。
- 关于并购（M&A）的政府政策和反托拉斯法的作用。
- 控制污染的政府政策。

　　到目前为止，我们在本书中基本忽略了政府和其行为可能会对企业产生的任何影响。然而，实际上，政府影响企业行为的许多方面。在一些行业，例如农业，政府可能控制产品价格。许多国家有控制劳动价格的最低工资法。政府对产品必须满足的最低质量标准有管制，尤其是食品行业和空中运输业。几乎所有行业都受制于环境管制和劳动法。在更为抽象的层面上，政府通过企业所得税、销售税和财产税潜在地影响经济中企业做出的每个决策。

　　政府和企业之间的关系绝不是单向的。毫无疑问，政府试图通过管制和其他政策影响企业的行为，但企业也试图影响政府。企业游说更改现存的法律，制定新的法律。企业依靠政府监督各种各样的市场，并保护它们免遭不公平的商业行为。

　　我们在本章中不可能剖析企业和政府关系的所有方面，所以我们将会专注于一些重要的因素。我们要考察的第一个内容是政府干预市场的典型的理论依据。

9.1 管制的基本理论依据

要知道怎样对待管制，管理者必须首先理解管制的理论依据。在垄断企业的例子中，支持管制的观点最为明确。这一观点大体如下。因为根据定义，垄断企业没有竞争对手，所以它将限制产出以从消费者那里获得高价。结果，一些消费者由于定价过高而退出市场。此外，留在市场中的消费者被迫支付的价格要高于行业更具竞争性时他们将会支付的价格。当然，垄断企业因为缺乏竞争带来的较高利润而获益。但垄断企业获得的较高利润还不足以抵消消费者遭受的损失，这导致整个社会的净损失。为了挽回社会的损失，该观点认为，政府必须介入以促进竞争，或者如果这样行不通，政府就控制垄断企业的价格。

为了更准确地理解这一观点，考察图 9-1，它描绘了完全竞争行业的需求曲线 D 和供给曲线 S。供给曲线记为 MC，因为在竞争性市场中，供给是所有单个企业的边际成本曲线的总和。市场均衡时的价格为 p^C，产出水平为 q^C。现在假设所有竞争性企业联合起来组成一个大型垄断企业。该垄断企业在边际收益曲线 MR 和边际成本曲线 MC 的交点处实现利润最大化。结果，均衡产出 q^M 以价格 p^M 销售。因此，与完全竞争相比，价格从 p^C 上升至 p^M，产出从 q^C 下降至 q^M。

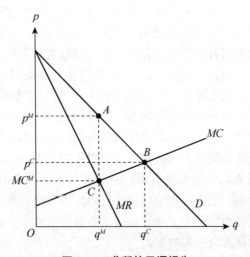

图 9-1　垄断的无谓损失

消费者愿意支付 p^M 在 q^M 处购买边际单位产品。换句话说，如果消费者愿意为 q^M 处的边际单位产品支付 p^M，那么 p^M 是 q^M 处消费者获得的美元边际收益。如果购买者是商品的唯一受益者，那么价格体现了社会从该商品中获得的边际收益。通常购买者是唯一获益的人。例如，当某人购买一块牛排时，社会的获益就是这个人的获益，因为没有其他人获益。但情况并非总是如此。例如，某个雇佣了一名园丁的人获益了，但他的邻居也由于有了更舒适的周围环境而获益。我们暂且忽略这一复杂的问题并假设个人的边际收益等于社会的边际收益。

生产 q^M 单位的边际成本由 MC^M 给出。只要所有的生产成本都由企业承担，MC 就度量了生产产品的社会边际成本。在很多情况下,企业的成本反映了社会的成本。例如,生产啤酒的成本就是水、大麦和啤酒花等成本,以及工厂、设备和人工成本。但也有例外情况。冶炼镍的社会成本不仅包括企业的成本,还包括生活在下风处遭受酸雨影响的人们的成本。我们将会在本章后面分析环境管制时回到该问题。我们暂且假设企业的边际成本等于社会的边际成本。

回到图 9-1,垄断产出水平为 q^M,此时 p^M 大于 MC^M。因此,社会的边际收益大于社会的边际成本。这意味着如果垄断企业增加产出,社会的净收益将增加。增加产出带来的社会边际收益更大并超过社会边际成本。然而,尽管从 q^M 增加产出符合社会的利益,但不符合垄断企业的利益。在产出水平超过 q^M 的情况下,垄断企业的边际收益小于边际成本,所以如果产出增加,垄断企业的利润将会下降。[①] 因此,垄断企业将会把产出维持在 q^M。

在 q^M 和 q^C 之间的所有产出水平下,社会的边际收益,用 D 表示,大于社会的边际成本,用 MC 表示。这意味着在 q^M 和 q^C 之间的每个产出水平,社会能获得潜在的净收益。由于垄断企业将不会生产除 q^M 之外的任何产出水平,所以这些净收益永远无法实现。把 q^M 和 q^C 之间的所有净收益加起来相当于确定三角形 ABC 的面积。该面积度量的是把产出从垄断水平增加至竞争水平时,社会获得的潜在收益。由于这些收益永远无法实现,也可以将它们解释为垄断的成本。三角形 ABC 所代表的这一成本被称为垄断的**无谓损失**(deadweight loss)。

简言之,无谓损失是管制垄断企业的理论依据。在竞争性产出水平 q^C 处,价格等于边际成本。结果,q^C 处的社会边际收益等于社会边际成本。将产出提高至超过 q^C 将使社会边际成本的增加超过社会边际收益的增加,意味着社会负的净收益。因此,产出水平 q^C 使生产产品带给社会的净收益最大化。垄断企业不会自愿生产 q^C,因为无法实现利润最大化。管制是迫使垄断企业生产产出水平 q^C 的一种方式。

无谓损失不是垄断企业存在的唯一问题。**管理低效**(inefficient management)也是一个潜在的问题。面临竞争的企业有动机维持尽可能低的成本以持续经营。垄断企业不面临任何竞争。垄断企业还能获取高额利润,所以控制成本的动机比经营利润率较低的企业要小。结果,垄断企业可能浪费资源。一个有关的例子是在拥有市场势力的行业中,工会化程度往往更高。工会与企业讨价还价以从拥有市场势力的企业中获取一些利润,这一过程使成本上升而生产率下降。由于垄断引起的成本上涨可以作为垄断带来的另一种社会成本,从而使无谓损失增加。

垄断企业的另一个潜在的问题是缺乏投资于**研究与开发**(research and development)的动机。竞争鼓励企业开发新产品并提高现有产品的质量以持续领先于它们的竞争对手。垄断企业没有这样的动机。北美汽车行业的批评者们认为,二战后竞争的缺乏使国内制造商自满起来。当消费者转向更小、更省油的汽车时,北美汽车企业迅速失去了市场份额,被日本和欧洲的进口汽车商占领。北美汽车生产商赶上进口车的质量和技术先进程度的比赛使一个制造商(美国汽车公司)破产倒闭,另一个(克莱斯勒公司)到了破产的边缘。

---

① 这应该是显而易见的。假定 q^M 使利润最大化,任何其他产出水平都会使垄断企业获得的利润减少。

最后，垄断企业可能从事不经济的**寻租**（rent seeking）行为。由于潜在的高额利润，企业可能把大量的精力花在获得和维持垄断势力上。因为垄断"利润"也被称为垄断"租金"，所以这种行为被称为寻租。寻租行为可能表现为游说政府保护其不受竞争或阻止潜在竞争者进入的形式。无论它们的形式怎样，这些行为代表社会的成本，因为它们耗尽了稀缺的资源。事实上，寻租的成本有可能非常大。企业愿意花费几乎相当于垄断获取的超额利润的数量来获得垄断地位。处在危险中的超额利润越大，企业愿意为寻租花费的就越多。

游说以维持垄断

数字卫星电视先于 1990 年由 PrimeStar 公司引入美国，随后于 1994 年由 DirecTV 公司引入美国。由于该服务使用数字信号，与有线电视服务使用的模拟信号相对，它能够提供数百个具有高分辨率图像和像 CD 一样的声音的电视频道以及无线电广播。在购买或租赁一个相对便宜的比萨大小的蝶形卫星天线和解码器之后，订购用户支付与有线电视费率相同的月费。这种新服务极其流行，在运营的第一年就签约了数百万个新用户。

1994 年，DirecTV 公司向加拿大广播和电信委员会（CRTC，监管加拿大电视行业的政府机构）申请许可证以提供它们的服务。同时，一个新的名叫 ExpressVu 的加拿大公司计划提供类似的服务。ExpressVu 公司认为，由于其无法与较大的美国公司竞争以及在诸如电视之类的"文化敏感"行业有一个国内供应商是很重要的，所以政府应该禁止 DirecTV 公司进入加拿大市场。

显然，如果 DirecTV 公司被阻止获得在加拿大经营的许可证，ExpressVu 公司的利润将会高很多。如果 ExpressVu 公司能够如愿以偿，它将会是加拿大国内唯一提供卫星电视服务的企业。因此，尽管以文化民族主义的形式表达，但 ExpressVu 公司的游说仍然是一种寻租行为。

在双方对联邦政府进行激烈的游说之后，CRTC 提出了一个让 ExpressVu 公司占优的折中办法：授予 DirecTV 公司许可证，该许可证将在加拿大国内卫星电视服务开始广播一年后生效。结果是，ExpressVu 公司播放硬件的技术难题导致服务启动时间延迟。1996 年年末，DirecTV 公司厌倦了等待 ExpressVu 公司开始服务，撤回了其许可证申请。ExpressVu 公司最终在 1997 年 9 月开始广播，但奇怪的是并不是作为垄断企业。ExpressVu 公司启动服务时间的延迟使其竞争对手，一个加拿大的公司，Star Choice 公司，在几个月内开展了竞争性的服务。结果，ExpressVu 公司所有的游说都是浪费时间。ExpressVu 公司游说耗费的所有资源——律师、专家、政府官员的时间——都白费了。

■ 9.2　对垄断的管制

无谓损失、低效管理、缺乏研究与开发和寻租都是垄断的成本。垄断的这些成本为政府以管制的形式实施干预提供了理论依据。然而，一些经济学家基于几个理由反对管制。

首先，如果需求无弹性，无谓损失很小。事实上，如果需求完全无弹性，垄断根本不会造成无谓损失。即使无谓损失非常小，消除无谓损失的收益可能也无法支付管制的行政成本。在这种情况下，实际上施加管制使社会的境况比不干预垄断时更差。一位美国经济学家阿诺德·哈伯格（Arnold Harberger, 1954）估计，即使是在竞争非常有限的行业，无谓损失的值也相对小。

其次，**次优理论**（theory of second best）是反对管制的另一个理由。9.1节中的讨论分析了单个市场中垄断的影响。但经济是由许多市场组成的。而且市场是相互关联的：一个市场中发生的事情会对另一个市场中发生的事情产生影响。因此，孤立地看一个市场是不完整的，因为它忽略了市场之间的潜在联系。次优理论指出，消除一个市场的垄断就消除了该市场的无谓损失，这可能是真的，但社会的整体状况变好却不一定是真的。垄断市场和其他市场之间的联系可能是这样的：当垄断被消除时，事实上其他地方的无谓损失增加了。该理论对于公共政策的一个含义是：一次改革一个市场无法保证增加社会的福利。话虽如此，公共政策往往恰好以这种方式继续实施：一次处理一个行业。

最后，另一个反对管制的理由是，垄断非但不阻碍竞争，实际上提供了竞争所需的动力。其观点是：垄断获取的高额利润给企业以动力去提供有竞争力的产品。根据这一观点，正是垄断利润的存在为竞争提供了激励。因此，通过管制消除垄断利润将会减少经济中的竞争力量。例如，当3M在20世纪80年代早期首次推出Post-it便笺纸时，该产品利润如此丰厚以致招致了大量的模仿者，并最终不得不降低产品价格。如果一开始发明该产品时3M可获得的垄断利润就被夺走，那么可以说这一有竞争力的产品就不会被生产出来，消费者的选择将会减少，而且价格会维持高昂。一个适用于发明的相关理由将会在关于知识产权管制的9.4节分析。

以上是反对对垄断的管制的理由。在同一枚硬币的另一面是促进竞争的规定。这些规定是下文关于竞争政策（或在美国众所周知的反垄断政策）的9.3.2节的主题。在下一小节，我们分析被称为**自然垄断**（natural monopoly）的一种市场结构，在其中促进竞争没有意义。

□ 9.2.1 自然垄断

当行业中仅有一个企业、生产成本较低时，自然垄断就产生了。图9-2描述了一个有可能成为自然垄断行业的行业的平均成本曲线。假设该行业的产出是q_1。如果行业中仅有一个企业，生产q_1的平均成本是AC_1。如果行业中有两个企业且每个企业生产相同的产出水平，每个企业的产出减少至$q_1/2$，每个企业的平均成本上升至AC_2。因为平均成本在整个产出的范围内下降，所以以更多的企业之间分配行业产出将只会进一步增加每个企业的平均成本。因此，当平均成本随产出增加而持续下降时，该行业就是自然垄断行业。

问题是：在什么情况下，平均成本会随着产出的增加而持续下降？固定成本占总成本的比重非常大的行业的平均成本有可能持续下降。例如，天然气的输送要求非常昂贵的地下管网以将天然气从其被生产出来的偏远或近海地区输送给数千米之外的城镇和城市的消费者。然而，一旦管网得以建好，该系统运行起来就相对便宜，其要求的仅仅是监控和维护。因此，天然气输送的特点是建设输送网络的固定成本非常高，维持系统运行的可变成本相对低。随着更多的消费者加入输送网络，该系统的固定成本可以由更多的人分摊，每个家庭的成本，即平均成本下降。因而，天然气输送是一个典型的自然垄断的例子。另一个建设非常昂贵但运行成本相对低的大规模网络的例子是有线电信网。

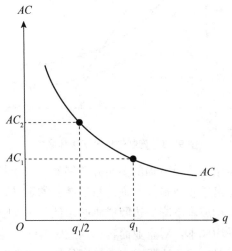

图 9-2　自然垄断

自然垄断给公共政策提出了一个有趣的问题。和任何垄断一样，不受管制的自然垄断将会向消费者开出超过边际成本的价格，导致社会的无谓损失。因此，一个选择是通过把垄断企业拆分成若干较小的企业来鼓励竞争。然而，正如我们在图9-2中所看到的，自然垄断中成本的性质意味着拆分将会导致平均成本上升。较小的企业将无法获得大规模生产的成本-收益。因此，对于自然垄断的公共政策必须在竞争加剧的收益和生产的平均成本上升之间进行权衡。

在过去，许多国家的政策支持维护自然垄断，以便维持低的平均成本。同时，对自然垄断开出的价格进行管制，试图减少无谓损失。另一种控制垄断的方法是公有制。9.2.2节将讨论私有垄断企业价格管制中出现的问题。9.2.3节将讨论垄断企业被公有化时出现的问题。

□ 9.2.2　价格管制

正如我们所看到的，被允许自主确定其价格的自然垄断将不会确定等于边际成本的价格。价格和边际成本之间的差异造成了无谓损失。因此，管制以消除无谓损失的一种简单的方法是要求垄断企业确定等于边际成本的价格，如图9-3所示。在边际成本曲线 MC 与需求曲线 D 的交点处，无谓损失被消除了。因此，管制的价格 p_R 达到了想要的结果。

然而，管制价格 p_R 存在一个主要的问题。价格 p_R 导致了产出 q_R。生产 q_R 的平均成本为 AC_R。由于 AC_R 大于 p_R，受管制的企业每生产一单位就产生净亏损 $AC_R - p_R$。把每单位的亏损乘以总的产出量得到企业的总亏损。显然，从长期来看，亏损 $(AC_R - p_R) \times q_R$ 将会导致企业退出该行业。

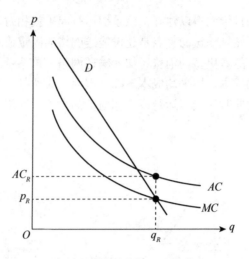

图 9-3　管制价格等于边际成本

　　价格等于边际成本给企业造成亏损的事实并非偶然。由于是自然垄断行业，等于边际成本的管制价格将会**总是**给企业造成亏损。自然垄断的定义是在整个产出范围内，平均成本下降。但是如果平均成本下降，边际成本必须低于平均成本。因此，任何等于边际成本的价格都将小于平均成本，对企业而言，这意味着每单位的亏损。因此，企业是自然垄断的这一事实意味着，等于边际成本的管制价格会给企业造成亏损。

　　由于任何产出都比一点产出都没有要强，所以管制机构必须考虑让企业留在行业中的方法。有两种选择：补贴企业的亏损，或提出一种避免给企业造成亏损的定价规则。政府补贴的资金必须通过税收收入来筹集。但征税带来了其自身的经济问题。此外，企业的管理者有动机宣称成本比实际的成本要高，以从政府获得更高的补贴。事实上，私有垄断企业很少获得政府的补贴。然而，公有垄断企业经常获得补贴，就像我们在下文中将会看到的。

　　另一种定价规则是使价格等于平均成本，避免给企业造成亏损，如图 9-4 所示。由于 $p_R = AC_R$，企业生产每单位获得零利润并且总利润为零。这意味着企业获得的资本

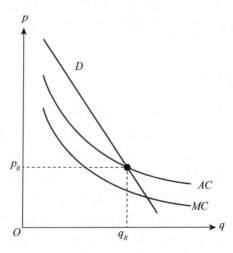

图 9-4　管制价格等于平均成本

收益率等于它在其他行业可以获得的收益率。结果，即使是从长期来看，企业也没有动机离开所在行业。当然，使价格等于平均成本导致了无谓损失，因为价格不等于边际成本。但等于平均成本的价格使产出水平比不受管制的垄断生产的产出水平要高。价格等于平均成本可以被看作是允许企业获得竞争性资本收益率的同时，从企业获得最高产出水平的一种方法。

在实际中，使价格等于平均成本并不像确定平均成本曲线与需求曲线的交点那样简单。管制机构可能大致了解企业的平均成本曲线是什么样子的，但它们不可能像企业一样对平均成本曲线拥有如此多的信息。当然，一个选择是管制机构让企业披露成本信息，这样平均成本以及价格就可以被计算出来。但如果企业的管理者知道，管制机构将会基于企业提供的信息确定价格，管理者就有动机谎报企业的成本以获得更高的管制价格。例如，如果管理者能够使管制机构确信企业的平均成本曲线由 AC' 给出，如图 9-5 所示，管制机构将会将价格确定为 p_R'。在这种情况下，管制机构无意地确定了一个价格，并等于垄断企业的利润最大化价格。

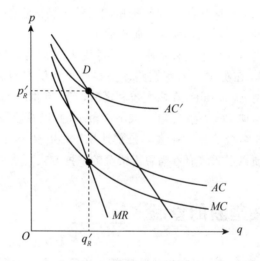

图 9-5　谎报成本的动机

确定价格的管制机构很清楚企业有谎报成本的动机。结果，在实际中，企业的财务报表要经过管制机构的审计。这一过程相当耗费时间而且成本高昂，但对于管制，有一个比行政成本更严重的问题。

假设一个受管制的企业通过研究与开发找到了一种生产其产出的成本更低的方法。就图 9-4 而言，创新使平均成本曲线向下移动。在管制机构下一轮确定价格的过程中，平均成本下降的影响使垄断企业被允许开出的价格降低了。换句话说，企业没有获得收益，或仅仅是从其研究与开发中获得创新和下一轮定价之间的短暂收益。因此，平均成本定价规则可能事实上阻碍了企业研究更有效的生产方法。

□ 9.2.3　公有制

政府为了控制自然垄断可能采取的另一个策略是将所有权完全从私营部门转移出来。欧洲国家、加拿大和澳大利亚比美国更经常性地使用这一策略，但美国也有公有垄断企业的例子，例如邮政服务和大部分的社区供水。事实上，在大部分国家，包括大部分欧洲国家、加拿大和澳大利亚，邮政服务企业和供水企业都是公有垄断企业。[①] 通常，国有或公有企业要受制于和管制私有垄断企业相同类型的定价规则。然而，公有制引起了另外的问题。

首先，公有企业的管理者可能不会和私有企业的管理者面临相同的控制成本的激励。如果国有企业的管理者知道政府将会补贴企业遭受的任何亏损，那么情况尤其如此。为了支付高成本，许多国家的邮政服务企业接受来自拥有这些企业的政府的高额补贴。私营企业的股东非常不愿意容忍这种规模的亏损。公共资金是无限的这种观点可能还会导致低效的管理决策。

另一个担忧是公有企业可能会受到政治压力。在这种情况下，决策可能是基于政治上的权宜之计而不是经济的基本原理做出的。官员不希望他们所在选区的选民失去工作岗位，所以为了提高效率而试图解雇员工的国有企业可能会被阻止这么做。还可能存在维持向偏远社区提供亏钱的服务并通过更赚钱的服务来弥补这些亏损的政治压力。这种做法，被称为**交叉补贴**（cross-subsidization），常见于邮政服务。例如，美国邮政公司对给阿拉斯加州一个偏远社区送信收取的价格和对给主城区送信收取的价格是一样的：由大型社区的邮件服务补贴对偏远地区的邮件服务。

最近，世界范围内有一种把国有企业卖给私营股权的趋势，这一政策被称为**私有化**（privatization）。例如，在英国，国有铁路、公共汽车和供水服务都卖给了私营企业。在美国，联合铁路公司（Conrail）在恢复盈利之后，于20世纪80年代被私有化了。在加拿大，国有石油公司加拿大石油公司（Petro-Canada）以及主要航空公司加拿大航空公司（Air Canada）被卖给了私营业主。公平地说，私有化不完全是为了提高经济效率。变卖公司也是负债累累的政府筹措急需资金的一种方式。

9.3 对寡头垄断的管制

回想一下在图9-1中，由于产出价格不等于边际成本，无谓损失产生了。任何面临向下倾斜的需求曲线的企业都将会确定不等于边际成本的价格。因此，无谓损失在许多不同的市场结构中都会产生，而不只是在垄断市场中。换句话说，拥有有限市场势力的企业将产出维持在竞争性产出水平以下，从而导致了无谓损失。由于这个原因，管制不仅适用于自然垄断行业，也适用于企业拥有巨大市场势力的任何行业。管制的基本目的是促进竞争。出于这个原因，管制有时被总称为**竞争政策**（competition policy）。

□ 9.3.1 行业集中度的度量

为了了解行业的竞争水平，我们看看市场集中度的两种度量方法。某个特定行业的**集中度**（concentration ratio）是由行业中若干个最大的企业的总销售额（或营业收入）所占比重度量的。集中度一般是通过计算最大的四个企业和最大的八个企业得到。例如，在一个拥有 n 个企业的行业中，用 r_1 表示最大的企业的营业收入，用 r_2 表示第二

---

① 英国是个例外，其许多供水服务由私营企业提供。英国政府通过水务监管局（Ofwat）管制这些企业。

大企业的营业收入，用 r_3 表示第三大企业的营业收入，依此类推。那么四企业集中度被定义为：

$$c_4 = \frac{r_1 + r_2 + r_3 + r_4}{\sum_{i=1}^{n} r_i}$$

换句话说，四企业集中度就是行业中最大的四个企业的总的市场份额。

表 9-1 给出了部分美国制造业的 c_4。用这种度量方法，各个行业的集中程度差异很大。例如，麦芽制造业和原电池行业的集中度都超过 90%。在这两个行业中，最大的四个企业占行业总销售额的比重超过 90%。在集中度大小的另一端，预拌混凝土行业和零售面包店行业的集中度小很多——在这两个行业中，最大的四个企业占总销售额的比重小于 12%。

表 9-1　　　　　2002 年美国不同行业的四企业集中度和赫芬达尔-赫希曼指数

行业	企业的数量	四企业集中度（%）	赫芬达尔-赫希曼指数
麦芽制造	16	91.4	2 192.4
原电池	33	90.1	2 572.9
男士和男童的长裤、宽松裤及牛仔裤	92	80.4	2 514.8
早餐麦片	45	78.4	2 521.3
轮胎（不含翻新的）	112	77.2	1 806.6
电子计算机	465	75.5	2 662.4
汽车	164	75.5	1 910.9
（采用蒸馏法的）酿酒厂	67	70.5	1 609.4
用可可豆制作的巧克力和甜食	138	69.0	1 793.1
瓶装水	201	62.6	1 409.2
软饮料	294	51.9	895.7
咖啡和茶	258	51.2	840.1
葡萄酒厂	1 127	46.5	887.6
音频和视频设备	544	43.2	646.9
液态奶	315	42.6	1 060.4
石油精炼厂	88	41.2	639.7
游戏、玩具和儿童车	732	38.8	492.5
水泥	131	38.7	568.5
半导体和相关设备	4 798	35.2	495.0
皮箱	226	35.0	477.7
坚果炒货和花生酱	145	33.5	481.3
体育和运动用品	2 517	22.5	182.2
妇女和女童的连衣裙	525	21.6	185.5
珠宝首饰（不含服装）	1 923	21.5	195.3
预拌混凝土	2 614	11.1	63.1
零售面包店	7 079	3.7	7.2

另一种度量市场集中度的方法是**赫芬达尔－赫希曼指数**（Herfindahl-Hirschman index，HHI）。它是通过将行业中每个企业的市场份额（用百分比度量）进行平方然后相加计算得到的。例如，在一个由市场份额分别为 20％、30％和 50％的三个企业组成的行业中，赫芬达尔－赫希曼指数（HHI）为 3 800（＝$20^2＋30^2＋50^2$）。HHI 考虑了行业中企业的相对大小和分布。在一个拥有大量大小基本相同的企业的行业中，HHI 接近于 0。当行业中企业数量减少以及企业之间大小的差异增大时，HHI 变大。[1] 表 9-1 还显示了挑选的美国制造业的 HHI。从表 9-1 可以明显地看出，四企业集中度和 HHI 给出了关于行业竞争程度的大致类似的信号。总的来说，四企业集中度高的行业，其 HHI 的值也高。然而，这两种度量方法之间有一些差异。例如，软饮料行业的集中度比液态奶行业的集中度要高，但液态奶行业的 HHI 比软饮料行业的 HHI 要大。它们为何会不一样呢？首先，HHI 采用行业中所有企业的市场份额，而集中度仅采用行业中**最大的四个**企业的市场份额。[2] 此外，HHI 是基于市场份额的值的平方；集中度只是直接采用市场份额的值。因而，与集中度相比，HHI 把更多的权重赋予了市场份额较大的企业。

集中度或 HHI 可以用作行业中竞争性水平的粗略指导。但在一些情况下，它们可能会误导对竞争程度的度量。要记住的一件事情是集中度或赫芬达尔－赫希曼指数通常是在全国层面进行计算的，这可能会掩盖地方层面的巨大的市场势力。例如，尽管预拌混凝土行业的集中度非常低，但国家的特定区域的集中度可能会高很多。一些社区可能仅有两个或三个预拌混凝土生产商。所以尽管行业在全国层面是竞争性的，但个体的企业在特定区域可能拥有巨大的市场势力。

表 9-1 中数字的第二个问题是这些数字仅仅基于美国国内生产的统计数据。也就是说，这些数字剔除了美国从其他国家进口的货物。以汽车行业为例。集中度表明，最大的四个美国企业占汽车行业的比重为 75.5％。但这一数字完全忽略了从日本、欧洲国家、韩国等进口的汽车在美国的销售。把在美国之外由丰田、本田、宝马、韩国现代等制造的汽车的销售考虑在内，将会大大降低表 9-1 中报告的汽车行业的四企业集中度。

9.3.2　竞争政策

一般来说，竞争政策或反垄断政策是指政府用于促进市场竞争性行为的一套规则的总称。当美国在 1890 年通过了《谢尔曼反托拉斯法》时，该法在世界上是独一无二的。现在，80 多个国家颁布了某种形式的反托拉斯法，并有国家机构确保这些法律得到实施。很明显，单独讨论每个国家的竞争政策是不可行的。相反，让我们着重讨论不同国家竞争法律的相似性，并用取自几个不同国家的案例来描述这些法律的应用。竞争政策聚焦于影响市场竞争性水平的三个领域：**兼并与收购**（mergers and acquisitions，简称"并购"）、**限制性交易协议**（restrictive trade practices）以及**合谋**（collusion）。我们逐一讨论这些领域中的每一个。

兼并与收购

粗略地说，兼并与收购包括三个种类。**横向兼并**（horizontal merger）涉及在同一

---

① HHI 可以达到的最大值是 10 000，与垄断的情况一致，根据定义，垄断拥有 100％的市场份额。

② 严格来说，如果存在 50 个或更多最大的企业，以上计算的 HHI 就采用 50 个最大的企业。

行业竞争的两个企业。**纵向兼并**（vertical merger）涉及一个企业及其供应商。**混合兼并**（conglomerate merger）涉及从事不相关活动的两个企业。根据定义，横向兼并必然减少行业的竞争。一般来说，纵向兼并或混合兼并对竞争的影响取决于它们的特定情况。兼并与收购在美国受到司法部（DOJ）和联邦贸易委员会（FTC）的细致审查，在英国受到公平贸易和竞争委员会办公室的审查。确定兼并是否损害了公共利益是这些机构要做的工作。它们怎么确定兼并是否符合公共利益呢？一种方法是看兼并将会怎样影响行业的竞争水平。

考虑美国 DOJ 采取的方法。DOJ 把 HHI 小于 1 000 的行业归类为**不集中**；将 HHI 在 1 000 到 1 800 之间的行业归类为**适度集中**；将 HHI 大于 1 800 的行业归类为**集中**。根据 DOJ 的指导原则，如果在一个被归类为集中的行业，横向兼并使 HHI 增加超过 100 点，那么横向兼并可能会受到挑战。[①] 这不是说在集中的行业，所有使 HHI 增加超过 100 点或更多的兼并都将会受到挑战。DOJ 使用几个补充的标准来评估兼并，例如来自国外的竞争的程度、一项可能出现的新技术、是否不兼并其中一个企业就会破产倒闭以及兼并可能带来的效率提高的程度。这样，即使因为，比方说，有来自美国之外的企业的充分竞争，或因为兼并带来的效率提高可以转嫁给消费者，从而兼并减少了行业的竞争，它也有可能被批准。

2001 年 7 月，在采纳了欧盟（当时）的兼并工作小组（MTF）的建议之后，欧盟委员会阻止了通用电气公司和霍尼韦尔公司之间的 420 亿美元（460 亿欧元）的合并提议。这一决定是基于在宣布合并之前，通用电气公司在喷气式发动机市场拥有主导性地位，以及合并将会进一步增强通用电气公司在飞机制造领域的市场势力的事实。有趣的是，MTF 用来证明阻止这一交易合理的大部分信息是由两个美国企业提供的——联合技术公司（United Technologies）和罗克韦尔柯林斯公司（Rockwell Collins）——两个企业都是通用电气公司的竞争对手。[②]

限制性交易协议

企业采用的几种营销策略是不合法的，因为它们被监管机构认为是间接增强市场控制力的方法。这样的营销策略被总称为限制性交易协议。例如，企业阻止销售它们产品的零售商之间进行价格竞争的做法是违法的，这一做法被称为**维持转售价格**（resale price maintenance）。尽管建议售价可以接受，但企业强迫经销商收取特定的价格是违法的，企业拒绝向以低于建议售价的价格销售的零售商供货也是违法的。

例如，在英国，（从 2001 年 5 月 15 日起）不再允许非处方药的生产商给它们的产品设定最低零售价。为了理解宣布维持转售价格非法的含义，考虑在这一做法被宣布非法之前，英国所售的 200 毫克的布洛芬药丸的价格，以及在这一做法被认为非法较长时间之后，美国和加拿大对同样产品所设定的价格。如表 9-2 所示，维持转售价格导致在英国价格几乎高出 60%。事实上，在这一做法被宣布非法之后，英国的超市宣布对许多大众化的药品减价达 50%。[③]

---

① US Department of Justice, *Merger Guidelines*, 1997, §1.51.

② "Engine failure," *The Economist*, 7 July 2001.

③ "Small is vulnerable," *The Economist*, 17 May 2001.

药店	品牌	价格
Superdrug. com（英国）	努乐芬（Nurofen）	9.45 英镑/96 毫克
CVS. com（美国）	雅维（Advil）	5.94 英镑/100 毫克
Drugstore. com（美国）	雅维	5.94 英镑/100 毫克
Longs. com（美国）	雅维	5.24 英镑/100 毫克
Pharmacy. ca（加拿大）	雅维	3.63 英镑/100 毫克

表 9-2   200 毫克布洛芬药丸的成本

    捆绑销售（tied selling or bundling）的做法是可能违法的另一种限制性交易协议。当两种或三种产品被一起打包并以单一价格销售时，捆绑销售就发生了。1998 年，微软公司被 DOJ（和 20 个州）指控试图通过捆绑销售其浏览器 Internet Explorer 和 Windows，从而增强其在操作系统方面的垄断地位。然而，捆绑销售是普遍的做法，例如，一个汽车公司可能在购买一辆新车时提供融资套餐，或一个酒店可能在入住一间房时包含早餐。在这些例子中，捆绑销售可能对消费者有好处：可以节省商谈购买一辆汽车的时间，或可以保证在一个不熟悉的地方的膳食质量。在这些情况下，管制机构将不可能指控汽车公司或酒店。这再次凸显出管制企业的规定不一定是清晰明确的。这是管理者主要头疼的问题，在他们采取一项新的营销策略之前咨询一下律师和经济学家可能是明智的。

    以低于成本的价格销售即实施**掠夺性定价**（predatory pricing）以使较弱的竞争者歇业，在大部分国家也是被法律禁止的。主要的航空公司经常被指控实施掠夺性定价。面临低价航空公司进入航线的挑战，在位的航空公司可以增加航线上的飞机数量以及对票价大幅度打折。当新企业最终被迫歇业时，在位的航空公司则撤销航线上过多的航班并将票价提高到它们原来的水平。事实上，DOJ 在 1999 年 5 月控告美国航空公司这么做以迫使竞争对手，先锋航空（Vanguard Airlines）公司，退出往返达拉斯沃思堡国际机场（Dallas-Fort Worth International Airport，DFW）的航线。例如，美国航空公司在威奇托-达拉斯沃思堡航线上支付的高票价吸引了先锋航空公司，先锋航空公司提供便宜得多的票价，不久后便获得了该航线上大约 25% 的旅客。美国航空公司的反应是增加达拉斯沃思堡和威奇托之间的航班数量，并提供与先锋航空公司相当的票价。不到一年之后，先锋航空公司被迫退出威奇托-达拉斯沃思堡航线，美国航空公司立刻将票价提高 50% 以上。为了给自己辩护，美国航空公司说它的行为是对对手企业的竞争的标准反应。问题是这一声明是否真实，或美国航空公司是否为了达到使先锋航空公司歇业的目的而亏本经营。

    实行**价格歧视**（price discrimination）（见第 4 章），由此企业对相同的产品开出不同的价格，可能是非法的，除非价格差异是由服务消费者的成本差异造成的，或消费者购买不同质量或数量的商品。价格歧视经常被企业与捆绑销售一起使用，因为不同价格的不同捆绑商品可能吸引不同群体的消费者。最后，**误导性广告**（misleading advertising）是大部分国家禁止的另一种形式的限制性交易协议。

    合谋

    企业之间一些形式的合谋被认为是对社会有益的——像产品标准、研究与开发以及限制促销和广告。但企业之间合谋以抬高价格或限制产出以抬高价格，通常被称为**价格操控**（price fixing），在许多国家是严格非法的。被发现犯有合谋罪的企业可能被罚款，而在一些国家，它们的管理者可能要坐牢。然而，价格合谋可能证明起来非常难，因为仅仅同样的价格不能构成合谋的充分证据。例如，在某个有一个占支配地位的大企业的行业中，所有企业都倾向于开出相同的价格，即使企业之间没有密谋设定相同的价格。回想一下完全竞争行业中的企业都开出相同的价格。但这是竞争行为的均衡力量的结果，不是合谋行为。因此，尽管非法，但合谋的案例在实际中可能难以指控。

9.4　对知识产权的管制

到目前为止，我们在本章中讨论的所有法律设计的初衷都是通过促进竞争来管制垄断或阻止垄断。因而，法律的基本作用是减少垄断的力量。然而，就**专利权**（patents）而言，政府管制故意创造垄断。为什么会这样呢？

发明和创新给我们的生活带来了巨大的好处。电话、汽车、传真机、喷气式发动机和无数的处方药物只是过去的一个世纪里改善了生活质量的现代创新的一小部分。这些产品背后的研究与开发成本非常大，回报非常有风险。这一点在处方药物领域最明显。对疾病成因的原创性研究涉及成熟且昂贵的实验室，以及训练有素的医务人员。无法保证任何特定的研究领域将会带来有用的发现。甚至当一种新药品被发明后，将药品市场化也是一个长期而又昂贵的过程。在药物被批准使用之前，旨在测试药品从而确保药品的有效性及安全性的临床试验可能要花费数年时间。最后，在被批准之后，药品必须通过医生卖给病人。当然，在这一进程中，竞争企业可能正在开发一种类似的药品。

关键问题是，对社会非常有益的产品研发对个体企业而言也是非常昂贵的。而且，当研究启动时，企业无法保证这一活动将会盈利，即使它后来真的是赚钱的，利润也是今后数年的事情。因此，企业可能不愿意从事这种类型的研究。更重要的是，一旦发明了药品并且药品成功进入市场作为特定疾病的治疗药物，竞争企业就很容易复制该药品。当然，如果这样的事情发生了，研发企业的利润将会大幅减少。但这降低了对企业首先从事研发的激励。除非有某种方式保证一旦药品被批准使用，企业将获得不错的利润，否则很少有新药品会被研发出来。

当然，这就是专利法发挥作用的地方。1994 年，组建世界贸易组织（WTO）的国家也同意在被叫作 TRIPS（《与贸易有关的知识产权协定》）的协议之下使它们的专利法标准化。[①] 在 TRIPS 之下，专利持有人拥有 20 年的独家生产和销售发明或创新的权利。在这期间，禁止任何 WTO 成员的竞争者生产类似的产品或在没有获得专利持有人允许的情况下在它们自己的产品中使用发明成果。专利持有人总是可以选择通过**许可证**（licence）协议允许其他企业生产专利产品，这通常涉及向持有人支付版税。例如，荷兰的飞利浦公司（Philips NV）拥有压缩光盘（CD）技术的专利，并给许多其他音响设备的制造商发放使用该技术的许可证。

专利系统实际上给予了发明者 20 年的垄断。这是为了激励研究与开发，并最终研

[①]　截至 2008 年 7 月，有 153 个国家已经签署了 TRIPS。

发出有益于社会的新产品，在没有垄断权的情况下，企业开发这些新产品将会太昂贵。因此，专利法试图在一方面社会受益于创新和另一方面垄断造成无谓损失之间达成一个折中点。事实上，这一想法归根结底是以短期的成本换取长期的收益。授予发明者有限时间期限内的垄断权对9.1节中描述的那类社会造成了无谓损失。但这种损失被从长期来看有益于社会的新发明和创新产品抵消，否则这种新发明和创新是不会存在的。像其他许多法律一样，专利法试图在竞争的各方之间达到平衡。话虽如此，无论20年是太长还是太短，授予一段时间的垄断权都是有争议的。

除了专利保护的时间长短以外，专利法中还出现了其他问题。专利的**广度**（breadth）是指发明或创新的定义有多广。很明显，发明者希望专利的定义非常广，因为这样会剔除更多的竞争产品并增加发明者的利润。还有一个问题就是什么才有资格被授予专利。尽管管理专利的法律是国际性的，但没有国际性的专利授予机构。相反，专利是由各个国家的专利办公室授予的。例如，在美国，专利是由专利和商标办公室授予的，该机构拥有3 000多名科学家、工程师和法律专家来审查专利申请。如果发明满足三个条件，就可以被授予专利：新颖性、创造性和实用性。想法不能被授予专利，而发明一般可以。因此，丰田开发的准时制生产方法不能被授予专利，并被许多公司复制了。营销理念也不能被授予专利。麦当劳的创始人雷·克拉克（Ray Kroc）能够获得连锁店的制作薯条方法的专利，但他不能获得他卖汉堡包的特许经营理念的专利。

什么是专利价值

自从1988年礼来（Eli Lilly）制药公司（以下简称"礼来公司"）推出百忧解（Prozac）之后，百忧解成为历史上最畅销的药品之一。遍布于100多个国家的超过3 800万个病人服用了这一抗抑郁药，给礼来公司带来了210亿美元（230亿欧元）的总销售额。仅2000年，百忧解的销售额就达到27亿美元。所有这一切在2001年8月2日终止了，当时在一场与非专利药制造商巴尔实验室（Barr Laboratories）（以下简称"巴尔"）漫长的法律诉讼之后，一个美国上诉法院认为礼来公司对百忧解的专利保护即将到期。

礼来公司最初被授予四项专利来保护百忧解，最后一项专利将在2003年到期。巴尔以礼来公司四项专利中的两项涉及的专利申请内容基本相同为由，发起了一场法律挑战。法院做出了支持巴尔的裁决，在这个过程中将礼来公司对百忧解的垄断削减了两年时间。巴尔的回报是六个月的短暂时机，在这期间仅巴尔（以及礼来公司）被允许销售百忧解的活性成分——20毫克的氟西汀胶囊。在临近专利到期日的期间内，巴尔的生产设备一天运转10个小时，一周运转6天，为市场生产了1.5亿粒氟西汀胶囊。

由于法院的裁决，分析人士预计巴尔的销售额将会从6亿美元增加至10亿美元。每股收益预计将会从2000财年的1.66美元上升至2001财年的3.84美元，这代表利润增长了7 700万美元，可以轻松地支付巴尔发起这场专利挑战所花费的1 200万美元的法律费用。而且，在法院裁决宣布的当天，不可思议的是在股市上礼来公司的市值蒸发了380亿美元。两年的专利权真的值那么多钱吗？蒸发的380亿美元的一部分显然反映了百忧解垄断结束给礼来公司造成的利润损失。制药企业还利用它们的利润给未来会产生利润的新药品的研发提供资金支持。

投资者认为，损失百忧解的垄断利润造成礼来公司研发支出下降，这将会减少礼来公司未来投入市场的盈利药品的数量。最后，投资者还可能将法院的裁决解读为礼来公司拥有的其他专利存在缺点的证据，这也损害了礼来公司未来的盈利能力。

资料来源："Barr Labs Ships Version of Prozac"，*Associated Press*，2 August 2001："A Bitter Pill"，*Fortune*，13 August 2001.

9.5 对环境的管制

自从 20 世纪 80 年代以来，对环境质量的担忧已经日益成为公共政策的焦点。一些环境问题，例如私家车的排放物，是由个人行为导致的，其他环境问题是由企业的行为造成的。尽管控制个人家庭污染活动的规定是重要的，但这里我们重点关注污染企业。话虽如此，无论污染源来自哪里，经济分析和分析得出的政策建议都是类似的。

为了描述基本的问题，让我们考虑一个简单的例子。假设有一个产生碳排放的水泥厂，碳排放是其生产的副产品。碳通过水泥厂的大烟囱进入大气层，并导致气候变化。

显然，如今有环境管制试图解决这一类型的问题。但是，为了理解管制呈现的形式，考虑根本不存在管制的情况下将会发生什么。图 9 - 6 描述的是水泥市场。为了简便，假设生产水泥的企业处于完全竞争行业。因此，价格是由需求曲线和供给曲线的交点决定的，用 p_C 表示。

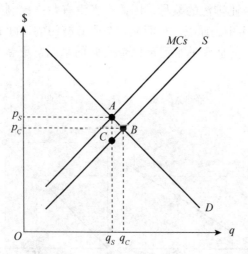

图 9 - 6　环境破坏导致的无谓损失

因为供给曲线是企业边际成本曲线的加总，所以这可能诱使你认为供给曲线度量了水泥的社会边际成本。但每个企业的边际成本仅仅度量了生产企业的成本。气候变化给环境造成破坏的成本没有反映在企业的成本里面。但这些成本是由生产水泥导致的，所以它们代表了生产水泥产生的社会成本。因此，社会的边际成本被生产的边际成本低估了。用环境经济学的语言来讲，我们说生产水泥存在生产的**外部成本**（external cost）。仅当把这些外部成本加入生产的边际成本中时，我们才能获得生产水泥的真实社会边际成本。因此，在图9-6中，社会边际成本曲线MC_S位于供给曲线之上。

当我们在本章的开头讨论垄断时，p_c是q_c处消费者边际收益的美元度量。如果买家是唯一从商品中获益的人，那么价格度量了社会从商品中获得的边际收益。由于在产出水平q_c处p_c小于MC_S，因此，社会的边际成本大于社会的边际收益。这意味着如果水泥行业减少产出，社会的净收益将会增加。削减产出带来的社会边际成本的更大节约将不只是抵消其造成的社会边际收益的减少。但由于水泥制造行业的企业不把外部成本考虑在内，并仅对生产的边际成本做出反应，因此，产出将会停留在q_c处。

在q_c和q_s之间的所有产出水平上，社会的边际成本，由MC_S给出，大于社会的边际收益，由D给出。这意味着q_c和q_s之间的每个产出水平都存在社会的净成本。把q_c和q_s之间所有的净成本加总起来相当于确定三角形ABC的面积。该面积度量的是竞争性产出水平q_c导致的社会成本。三角形ABC代表的成本是生产水泥造成的无谓损失。

显然，这里发生的事情是企业没有把它们的经营对环境产生的副作用考虑在内。如果以某种方式向企业收取这些外部成本，那么企业的边际成本将等于社会的边际成本。这样的话，图9-6中的产出将下降至q_s，无谓损失将被消除。收取外部成本可以以两种方式进行。但在我们讨论这些还未被广泛使用的方案之前，我们看看过去通常对污染问题做出的反应。

为了简便，我们假定水泥制造行业由两个企业组成。图9-7给出了两个企业减少污染的成本。横轴表示两个企业减少的污染数量，所以原点表示在没有对它们进行污染控制的情况下，两个企业排污的数量。因此，当没有污染控制并且行业产出为q_c时，每个企业都处于图9-7中的原点。很明显，企业B减污的边际成本高于企业A减污的边际成本。例如，如果企业A的水泥窑比企业B的水泥窑更新且更有效，这种情况就可能出现。

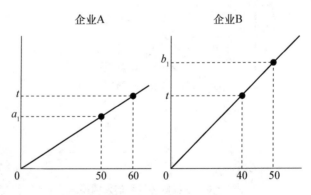

图9-7　两个企业减少污染的边际成本

假设在不存在任何污染控制的情况下，企业A排污60单位，企业B由于设备老化，排污140单位。假设政府决定削减50%的污染，使总污染为100单位。达到这一目标的一种简单方式是让每个企业削减50单位的污染。大部分国家的环境管制就是这样运作的。总的污染目标在导致污染的企业之间平均分配。当两个企业都削减50单位的污染时，减污的边际成本对于两个企业而言是不同的，如图9-7所示。

这明显是缺乏效率的：相同的减污量可以以更低的总成本达到。为了理解这一点，假设企业B多排污一单位，即减污量削减一单位。这样给企业以及社会的节约是数量b_1。同时，企业A减污的数量增加一单位。这样给企业以及社会带来的成本是a_1。总的减污量仍然是100单位——企业A减污51单位，企业B减污49单位——所以污染目标达到了。但由于a_1小于b_1，企业A减污给社会增加的成本小于企业B节约的成本。因而，达成目标的社会总成本下降了。只要两个企业之间减污的边际成本不同，我们就能通过把减污转移给边际成本较低的企业来降低减污的社会成本。当企业A减污60单位而企业B减污40单位时，这种情况就出现了。

因此，50—50的分配比例并不是社会达成污染目标的最低成本的方式。[①] 大致来说，由于企业A"更擅长"减污，从社会的角度来说将减污集中在企业A身上是有道理的。如果平均的污染目标缺乏效率，什么方案有效呢？记住关键是使两个企业的边际成本相等。

做到这一点的一种方法是对每单位污染征收t美元的**排污费**（effluent fee）或税。每减污一单位给企业节约了t美元，但给企业增加了减少一单位污染的边际成本。因此，只要排污费大于或等于减污的边际成本，企业减少污染就是合理的。如图9-7所示，t美元的排污费导致企业A减污60单位，企业B减污40单位。企业A将其污染减少为0，而企业B将其污染减少为100单位。由于每个企业将污染减少到边际成本等于排污费的点，以及由于排污费对两个企业相同，所以两个企业之间减污的边际成本相等。因此，排污费以最小的社会成本达到了想要的污染水平。

另一个现在正在考虑并被许多国家用来减少碳排放从而达到相同结果的方案是把**污染许可证**（pollution permits）分配给企业，然后允许企业彼此之间买卖该许可证。拥有一本许可证，持有人就拥有排污一单位的权利。由于目的是将总污染量减少到100单位，政府将会发放100本许可证，比如说每个企业50本。企业A最初排污60单位，所以由于它现在有50本许可证，它将不得不减少10单位的污染。企业B原来排污140单位，所以由于它现在有50本许可证，它将不得不减少90单位的污染。如图9-8所示，企业B减污90单位的边际成本比企业A减污10单位的边际成本要高很多。再回想一

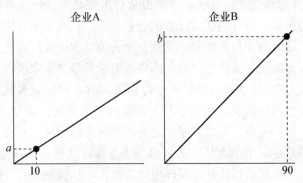

企业A　　　　　　　　企业B

图9-8　减少污染的边际成本和污染许可证

---

① 当然，如果两个企业减少污染的边际成本相同，50—50的分配比例将是达成目标的最低成本的方式。

下企业被允许买卖许可证。企业 B 愿意支付任何小于 b 的费用以获得一本额外的许可证。如果企业 B 获得了一本额外的许可证，它将能够再排污一单位并节约减少一单位污染的边际成本。只要许可证的价格低于减少污染的边际成本，企业 B 购买许可证就是值得的。企业 A 愿意接受任何大于 a 的费用以放弃一本许可证。如果企业 A 放弃一本许可证，它必须减少一单位的排污并承担减少一单位污染的边际成本。只要企业 A 获得的许可证的价格大于减少一单位污染的边际成本，它出售许可证就是有利的。由于 b 大于 a，企业 B 愿意支付的价格大于企业 A 愿意接受的价格，那么就有进行许可证交易的空间。

许可证的价格将会是多少呢？这里我们不去详细研究（见练习 1），但结果是如果许可证市场是竞争性的，许可证的均衡价格将是 t 美元。[1]

尽管从社会的角度看，排污费和可交易的污染许可证达到了相同的结果，但这些方案对单个企业是不同的。拿排污费来说，每个企业支付排污单位数 t 倍的排污费。因此，企业 A 不用支付，而企业 B 支付 $100t$ 的排污费。如果污染许可证一开始时免费分配给企业，企业 A 最终在这一方案上赚钱了，因为它将所有的 50 本许可证出售给了企业 B。企业 B 按价格 t 购买了 50 本许可证，成本是 $50t$。显然，企业 A 和企业 B 都偏好可交易的污染许可证方案。

9.6 政府管制与全球化

现在，看到示威者和警察在世界贸易组织、国际货币基金组织（IMF）和世界银行或八国集团（G8）举行的国际会议上打斗已不足为奇。[2] 尽管在抗议者中有无政府主义的成分，但有许多人反对资本主义的全球性传播。这些人担忧的问题中有许多与我们在本章中讨论的问题相关，即专利权和环境。这些领域代表了世界范围内的政策制定者们面临的挑战，以及随着新的国际性法律被推出，管理者未来面临的挑战。

涉及反全球化力量的一个问题是人们察觉到在许多发达国家中，政府支持的政策（即自由贸易）和环境恶化之间有联系。理由是自由贸易允许污染性的跨国企业搬迁到环保法律较宽松的国家。这样的话，迁移的企业在新的，通常是较穷的国家获得了环境法律松懈的好处，同时由于自由贸易，这些企业无须减少进入较富裕市场的机会。

与之相反的理由取决于这样的观察，即环境质量是经济学家所称的**正常品**（normal good）。粗略地讲，正常品就是当消费者变得越富有时，对其需求就越多的商品。历史表明，当一个国家变得更富有的时候，其对环境的关注增加。例如，这解释了在欧洲，环境问题是政策争论的焦点，而在像印度之类的较贫穷的地区，环境问题并不那么受人关注。假定环境质量是一个正常品，那么当一个像印度这样的国家变得更富有的时候，国民将要求更清洁的环境。相应地，对环境政策而言，从长期来看，重要的是使贫穷国

---

[1]　当然，在该例子中仅有两个企业，几乎算不上竞争性市场。两个企业仅被用作说明性的目的。只要许可证的价格由许可证的需求曲线和供给曲线的交点决定，这一论点就适用于两个企业（或任何小的数量）。

[2]　八国集团由如下工业化国家组成：美国、日本、德国、法国、英国、意大利、加拿大和西班牙。

家变得更富有。贸易是国家可以变得更加富裕的一种方式。这样的推理支持更多的贸易，而非越来越少。从长期来看，自由贸易比阻碍贸易的政策更有可能带来更洁净的环境。事实上，自由贸易既不是环境问题的起因，也不是环境政策薄弱的结果。有的国家拥有自由贸易和相对清洁的环境（例如，加拿大和美国），有的国家没有自由贸易却有糟糕的环境记录（例如，俄罗斯）。

　　另一个最近引起广泛注意的问题是专利权执行。面对肆虐的流行病，南非在 1997 年打算进口便宜的、无许可证的专利药的复制品，以治疗艾滋病病毒（HIV）和艾滋病（AIDS）。39 个欧洲和美国制药企业起诉南非政府，理由是这样做将会侵犯它们的专利权。南非卫生部认为，由于这些企业出售的药太贵，数百万人即将因买不起药而面临死亡，所以为了公众健康的利益，必定要寻求替代药品。面对公众加剧的批评，这些制药企业最终撤销起诉并同意支付南非政府的法律费用。

　　然而，一个更广泛的问题使穷人获得潜在救命药的机会与研发这些药的企业收回它们研发成本的需要相对立。本章中先前提到的 TRIPS 提供了一种解决办法。在国家面临卫生紧急状况的时期，TRIPS 允许国家不理会专利权保护。为什么南非不援引 TRIPS 条款呢？原因是 TRIPS 的规定并不像它们本可能的那样清晰。虽然如此，像 TRIPS 之类的协议可能指明了通向平衡穷国与富国需要的国际性法律的道路。

　　最后，尽管反垄断政策的协调所受到的反全球化游说团体的关注较少，但这显然是政策制定者们在不久的将来必须解决的一个问题。使这个问题到了非解决不可地步的一个事件是本章中早些时候讨论的通用电气公司和霍尼韦尔公司的合并。这一合并实际上被美国司法部批准了。只是后来，当时的欧洲机构兼并工作小组否决了这一合并。通用电气公司和霍尼韦尔公司都是在欧洲大量开展业务的跨国公司。如果没有获批作为一个联合体在欧洲经营，合并对于通用电气公司和霍尼韦尔公司是没有用的。因此，尽管合并是发生在两个美国企业之间，但被欧洲机构阻止了。结果，有人主张建立一个新的机构来协调国际反垄断活动。一种可能是扩大世界贸易组织在充当竞争政策的全球监察员时的作用。

小　结

- 不管任何时候，价格不等于边际成本都会引起无谓损失，其存在提供了管制的基本论据。
- 由于垄断确定的价格不等于边际成本，它们造成了社会的无谓损失。垄断还可能导致低效管理，较少的研究与开发，以及浪费性的游说努力。
- 反对管制的理由是：当需求缺乏弹性时，无谓损失小；次优理论；垄断利润给其他企业提供信号；以及自然垄断。
- 如果市场由一个企业而不是两个或更多企业提供服务，那么当平均成本较低时，自然垄断就存在了。自然垄断通常在生产的固定成本很大时出现。
- 管制以使价格等于边际成本在自然垄断的情况下不起作用，因为价格将会低于平均成本，企业获得的利润为负值。平均成本定价使企业不赚不赔，产出增加到超过没有管制的垄断水平。
- 另一个对垄断的公共政策反应是公有制。公有制的潜在缺点是：控制成本的激励较小；管理者可能关心的是政治而不是经济问题。

● 竞争政策泛指企业在它们的业务操作中必须依法遵循的一套规则。

● 就专利权而言，法律创造的垄断是为了鼓励研究与开发。

● 污染导致外部成本，这意味着导致污染的活动的社会成本被企业的生产成本低估了。

● 排污费和可交易的污染许可证是使污染性企业考虑它们的经营对其他人所产生的影响的方法。

练 习

1. 设垄断企业的逆需求曲线为：

$$P = 50 - 0.01Q$$

并设企业的边际成本曲线为：

$$MC = 10 + 0.02Q$$

(a) 计算垄断企业的均衡价格和产出水平。

(b) 假设政府管制机构决定使用边际成本定价诱使垄断企业生产社会最优产出水平。计算在边际成本定价规则下，政府管制机构为了诱导垄断企业生产社会最优产出水平而必须设定的价格。

(c) 粗略地画出垄断企业的需求曲线和边际成本曲线。在示意图上指出：(i) 未受管制的垄断企业生产的产出水平；(ii) 社会最优产出水平；(iii) 与未受管制的垄断企业生产的产出水平有关的效率损失。

2. 设垄断企业的逆需求曲线为：

$$P = 40 - 0.001Q$$

并设企业的总成本为：

$$C = 10Q + 0.01Q^2$$

(a) 计算垄断企业的均衡价格和产出水平。

(b) 确定垄断企业的平均成本曲线。计算不受管制的垄断企业的每单位利润和总利润。计算在边际成本定价规则下垄断企业的每单位利润和总利润。

(c) 如果实施边际成本定价规则，垄断企业将会继续经营还是退出行业？解释你的回答。

(d) 如果企业被管制机构要求开出等于平均成本的价格，确定该价格是多少。你认为平均成本定价方案将会遇到什么问题？

3. 一个新闻用纸公司的（私人）边际成本如下：

$$MC_P = 10 + 0.1Q$$

假设在一个竞争性市场中，新闻用纸的价格确定为每单位 20 美元。新闻用纸生产过程的副产品是被倒入河中的泥浆。假设对于生产的每单位新闻用纸，倾倒泥浆的成本估计为 4 美元。

管理经济学：基于战略的视角（第二版）

（a）确定新闻用纸公司的产出。

（b）确定企业生产新闻用纸的社会边际成本。计算该公司新闻用纸的社会最优产出。

（c）政府对生产的每单位新闻用纸向该公司征收 5 美元的排污费，试图诱使该公司生产社会最优产出水平。计算执行该方案后公司的产出。

（d）这样征税达到了想要的结果吗？如果没有，你建议做出怎样的改变？给出你的解释。

4. 假设一国有两个企业，每个企业处于不同的行业。假设其中一个企业减少污染的边际成本（MC_R）如下：

$$MC_R^H = 0.5Q_R \tag{9.1}$$

其中 Q_R 指减污的数量，另一个企业减少污染的边际成本如下：

$$MC_R^L = 0.1Q_R \tag{9.2}$$

注意由式（9.1）给出 MC_R 的企业比由式（9.2）给出 MC_R 的企业在所有污染水平上减污的边际成本都要高，因此符号"H"代表高成本，符号"L"代表低成本。假设在该国不存在反对污染的法律，每个企业都将排污 100 单位。

（a）假设政府决定将总的污染量削减 48%。这样做的一种方法是要求每个企业削减 48% 的污染。计算在该计划下每个企业花费在减少污染上的资源数量。计算减少污染花费的总资源数，即每个企业花费的资源数之和。

（b）假设政府决定采用对污染性产出征收从量税的方案来削减 48% 的总污染量。什么水平的污染税将会导致总污染量下降 48%？

（c）每个企业支付的税收是多少？每个企业花在减少污染上的支出是多少？减少污染所花费的总资源数是多少？对每个企业征税的这一方案的总成本是多少？

（d）政府的另一个选择是给每个企业发放一定数量的污染许可证，这样总的许可证数量就等于想要的污染数量 104，然后让两个企业彼此之间交易许可证。假设政府给每个企业分配 52 本污染许可证。推导污染许可证的需求、供给以及均衡价格。

（e）每个企业花在减少污染上的支出是多少？减少污染所花费的总资源数是多少？给每个企业发放许可证的这一方案的总成本是多少？

（f）高成本企业偏好哪种方案？低成本企业偏好哪种方案？从社会整体的角度来看，以上三种方案中的哪一种最有效？（记住在所有三种情况下的总污染量相同。）

（g）列出以上分析中所做的关键假设。

参考文献与延伸阅读

Harberger, A. C. (1954) "Monopoly and Resource Allocation", *American Economic Review* (*Papers and Proceedings*) 44: 77-87.

Milgrom, P. and Roberts, J. (1992) *Economics, Organization and Management*. Englewood Cliffs, NJ: Prentice-Hall.

Tirole, J. (1988) *The Theory of Industrial Organization*. Cambridge, MA: MIT Press.

第 9 章

政府管制

第 3 部分

企业内部的策略互动

第10章

横向一体化与纵向一体化

学完本章，你应该理解：

● 纵向一体化与横向一体化之间的区别。

● 多工厂企业怎样在它的各个生产设备之间分配产出。

● 多产品企业怎样给具有相关需求的产品定价。

● 外包与转移定价在多部门企业中的作用。

到目前为止，我们在本书中讨论的所有内容——从定价到广告，从选址到管制——涉及了企业怎样与其他企业、市场或政府互动。换句话说，我们所讨论的都是企业和企业之外的实体之间的互动。在本书接下来的四章里，我们将抛开外部世界，讨论为处理企业内部问题而做出的决定。

到目前为止，我们假设企业生产单一的产品。但事实上，所有现代企业都生产多种产品。例如，英国石油公司（BP）从事石油勘探、生产、运输、提炼和零售营销。韩国巨头 LG 公司除了经营炼油厂和化工厂之外，还生产从化妆品到牙刷、电视机、电脑、手机和光纤电缆的所有东西。企业经营活动范围如此之广，对管理系统提出了重大挑战。

总的来说，现代企业采取多部门的组织形式。单个部门的管理者负责各自部门的事务。他们向监督部门、协调他们的活动并规划企业总体战略的上级管理者汇报工作。部门管理者享有多大程度的自主权因企业而异。在一些组织中，总公司对各部门的管理非常严格；在另一些组织中，部门管理者拥有较大的自主权，他们可以有效地掌控企业内部的运营管理。部门可以依地理区域、所使用的技术、所生产的产品类型或服务的市场来划分。部门结构的选择取决于公司的特殊需要。一般而言，采取分部门的形式能够最少化协调问题，并促进公司内部的信息流动。

描述企业多部门结构的一种方式是**纵向一体化**（vertical integration）的程度。一个纵向一体化的企业涉及一种特殊商品或服务的连续各个阶段。BP 是一个纵向一体化的企业。它涉及勘探、钻探和开采以及将原油运送至炼油厂；将原油提炼成石油、飞机燃料油、民用燃料油等；将这些产品运送至零售店，并拥有这些经销店的所有权。纵向一体化的程度可能会由于技术的变化随着时间的推移而改变。20 世纪 70 年代，福特汽车公司在底特律的红河（Rouge River）工厂为其汽车和卡车生产钢。如今，福特汽车公司使用的所有的钢都是从外部供应商那里采购的。

一个企业的部门结构也可以由**横向一体化**（horizontal integration）的程度来描述。① 一个横向一体化的企业生产不同类型的广义上相同的商品或服务。BP 生产许多类型的石油产品，包括民用燃料油、机油、柴油、汽油、煤油等。通用汽车公司生产许多不同类型的汽车和卡车。企业可能既横向一体化又纵向一体化，就像 BP 的例子所表明的那样。

在本章中，我们讨论在纵向一体化企业和横向一体化企业中出现的问题。基本的问题是怎样协调不同的部门以使作为一个整体的企业利润最大化。就纵向一体化企业而言，这个问题尤其严重。当企业中的一个部门为另一个部门供货时，**上游部门**（up-stream division）（供应方）可能向**下游部门**（downstream division）（购买方）要价过高，以增加上游部门的利润。但这并不符合作为一个整体的企业的利益。然而，在我们分析纵向一体化的问题之前，我们先讨论在横向一体化企业中出现的问题。

10.1　横向一体化

有两种形式的横向一体化。一种形式是一个企业拥有多个生产相同产品的部门。例如，丰田在加利福尼亚州弗里蒙特的工厂和安大略省剑桥的工厂生产花冠车型。喜力（Heineken）公司在世界上 60 多个国家拥有啤酒厂。另一种类型的横向一体化是在一个企业拥有多个生产不同产品的部门时出现的。例如，丰田在北美的四个不同的工厂生产其花冠车型和凯美瑞（Camry）车型。喜力公司拥有所有权的一些啤酒厂生产阿姆斯特尔（Amstel）牌啤酒，而其他啤酒厂生产墨菲（Murphy's）牌啤酒。

当然，许多企业将横向一体化的两个方面结合起来，正如丰田的例子所表明的。为了简单起见，我们分别讨论在这两种情况下出现的问题。10.1.1 节将讨论在拥有多个部门或工厂的、生产相同产品的企业里产出分配的问题，这种企业我们称之为**多工厂企业**（multiplant firm）。10.1.3 节将讨论在拥有多个部门、生产不同产品的企业里出现的问题，这种企业我们称之为**多产品企业**（multiproduct firm）。

□ 10.1.1　多工厂企业

在多工厂企业里出现的一个重要问题是：企业怎样在各个工厂选择生产水平？为了

---

① 在商务写作中，术语**横向**被用于描述任何在纵向上不相关的活动。这里的定义更为狭窄，因为它是指相关的活动，沿袭在托拉斯法和经济学中所用的定义。

聚焦这一讨论，我们假设企业是垄断企业，并只经营两个工厂。我们推导出的规律并不取决于这些假设：它适用于任何市场结构和任意数量的工厂。令在工厂 1 生产产品的总成本为函数 $c_1(q_1)$，q_1 是工厂 1 生产的产出数量。同样地，令 $c_2(q_2)$ 为在工厂 2 生产 q_2 单位产出的总成本函数。没有理由预计每个工厂的总成本函数完全相同。成本函数可以不同，例如，因为一个工厂比另一个工厂更新。由于总成本函数不同，所以边际成本函数也不同。图 10-1 给出了两个工厂可能的边际成本曲线。

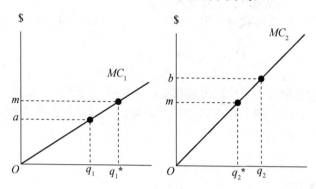

图 10-1　两个工厂的边际成本曲线

　　假定边际成本函数不同，你可能认为企业应该只选成本更低的工厂，并完全关闭另一个工厂。在图 10-1 的例子中，工厂 1 看起来更有效率，因为对于相同既定水平的产出，它的边际成本更低。尽管这是事实，但完全让工厂 2 停产是没有道理的。实际上，企业应该设定使两个工厂的边际成本相等的产出水平。换句话说，企业应该选择 q_1 和 q_2 以使：

$$MC_1(q_1) = MC_2(q_2)$$

　　为了理解为什么这样行得通，假设两个工厂的产出水平使边际成本不相等。假设企业在工厂 1 生产 q_1 单位，在工厂 2 生产 q_2 单位，总产出 $q = q_1 + q_2$。在图 10-1 中 q_1 和 q_2 的产出水平下，工厂 2 的边际成本，用 b 表示，大于工厂 1 的边际成本，用 a 表示。如果企业在工厂 2 少生产 1 单位，总成本下降 b。与此同时，如果企业在工厂 1 多生产 1 单位，总成本增加 a。由于 $a < b$，将生产从工厂 2 转移到工厂 1 会带来企业成本的节约。总产出没有变，所以产出水平 q_1 和 q_2 不是生产总产出水平 q 的最低成本方式。

　　这一等式适用于一般情况。如果两个工厂的边际成本水平不相等，企业可以通过将生产从边际成本较高的工厂转移到边际成本较低的工厂从而省钱。因此，一旦企业的产出水平决定了，企业在其工厂之间分配生产以使边际成本相等。但首先企业怎样决定总产出水平呢？由于我们已经假设企业是垄断的，它就是选择总产出水平以使每个工厂的边际收益等于边际成本。为了理解这一点，我们将垄断企业的利润最大化问题记作：

$$\max_{q} p(q)q - c(q)$$

其中，$p(q)$ 是垄断企业的逆需求函数，q 是总产出水平。由于 $q = q_1 + q_2$ 以及 $c(q) = c_1(q_1) + c_2(q_2)$，我们可以把两工厂垄断企业的利润最大化问题写为：

$$\max_{q_1, q_2} p(q_1 + q_2)(q_1 + q_2) - c_1(q_1) - c_2(q_2) \tag{10.1}$$

两个产出水平的一阶条件（运用链式法则）为：

$$\frac{\partial p}{\partial q_1}(q_1+q_2)+p-\frac{\partial c_1}{\partial q_1}=0 \tag{10.2}$$

$$\frac{\partial p}{\partial q_2}(q_1+q_2)+p-\frac{\partial c_2}{\partial q_2}=0 \tag{10.3}$$

这两个方程中的前两项只不过是在工厂 1［方程（10.2）］或工厂 2［方程（10.3）］生产额外一单位产出的边际收益。由于两个工厂生产的产出相同，于是可以得到：

$$\frac{\partial p}{\partial q_1}(q_1+q_2)+p=\frac{\partial p}{\partial q_2}(q_1+q_2)+p=MR$$

换句话说，无论最后一单位产出是在工厂 1 生产还是在工厂 2 生产，企业的边际收益都相同。方程（10.2）和方程（10.3）中的最后一项就是每个工厂各自的边际成本。因此，我们可以将一阶条件重新记作：

$$MR-MC_1=0$$
$$MR-MC_2=0$$

换言之，企业生产一定的产出水平以使两个工厂的边际成本等于边际收益。例如，图 10-1 中 q_1^* 和 q_2^* 是在给定边际收益为 m 的情况下，两个工厂的利润最大化产出水平。注意，由于工厂 1 的边际成本较低，它生产的产出要大于工厂 2 生产的产出（$q_1^*>q_2^*$）。但工厂 2 没有完全停产。

☐ 10.1.2 范围经济

为什么企业会首先进行横向一体化呢？一个原因是消除竞争。通过兼并或收购生产竞争性产品的企业，企业可以增强它们的市场势力。[1] 但除非最终利润将会增加，否则购买或兼并一个企业是没有道理的。利润是否增加部分取决于**范围经济**（economies of scope）是否存在。当在同一个企业内生产两种或更多产品要比在不同的企业生产这些产品更便宜时，范围经济就存在。例如，加油站通常还经营便利店。因此，石油公司扩张进了售卖食品杂货和小吃，以及零售汽油等业务。从而，石油公司实现了在提供汽油销售和食品杂货销售服务方面的范围经济。由于加油站实际上已经是零售店，因此其所有者增加一些货架和冰箱来经营食品杂货生意就会相对便宜。

假设企业生产两种不同的产品。范围经济可以用如下的测度公式定义：

$$\frac{[c(q_1)+c(q_2)]-c(q_1+q_2)}{c(q_1+q_2)} \tag{10.4}$$

其中，$c(q_1)+c(q_2)$ 是分别生产这两种产品的成本。以石油公司为例，$c(q_1)+c(q_2)$ 可以表示在离加油站几个街区之远而不是在同一个地理位置经营一个街头小店的成本。表达式 $c(q_1+q_2)$ 是两种产品联合生产的成本。例如，$c(q_1+q_2)$ 可以表示石油公司在同一地点经营便利店和加油站的成本。

---

[1] 当然，这假设反垄断监管机构允许进行兼并或收购。

管理经济学：基于战略的视角（第二版）

方程（10.4）测度了分开生产和联合生产之间成本上的比例差异。如果分开生产和联合生产之间没有差异，即 $c(q_1)+c(q_2)=c(q_1+q_2)$，那么就没有范围经济。分开生产和联合生产之间的差异越大，范围经济就越大，企业实施联合生产而不是分开生产的激励就越大。

当然，范围经济要有限制，否则企业将最终耗尽整个经济。对于企业横向增长的一个限制是随着企业规模而来的协调问题日益增加而出现的。由于企业增添了更多的部门，流向总部的信息量增加。顶层的管理者们可能工作过于疲劳，或者他们可能将决策权下放至部门层级。在前一种情况下，决策的质量将会受损。在后一种情况下，部门之间的协调减少了。无论哪一种情况，企业的绩效都会受损。创造更多级别的管理层可能不一定是解决办法。更多的管理层次可能会进一步限制信息流动，从而使协调问题复杂化。也有这样一种可能性：管理者们离总部越远，他们就会花越多的时间保护他们的势力范围和促进他们自己的业绩而不是企业的业绩。这样的行为，被称为**影响成本**（influence costs），是对企业增长可以达到的规模的另一种限制。

☐ 10.1.3 多产品企业

多产品企业生产大量的产品。正如我们刚刚看到的，这样做的一个原因可能是存在范围经济。当一些产品或服务的生产相关时，范围经济就会出现。但除了在生产方面相互关联以外，企业的产品可能在需求方面也是相关的。在本节中，我们讨论生产两种具有相关需求的产品的企业所面临的定价决策。为了简单起见，我们依然假设企业是垄断企业，并忽略可能的范围经济。两种产品的需求函数可以写作：

$$q_1=D_1(p_1,p_2) \tag{10.5}$$
$$q_2=D_2(p_1,p_2) \tag{10.6}$$

于是，人们对第一种产品的需求不仅取决于其自身的价格（p_1），还取决于企业生产的另一种产品的价格（p_2）。同样的情况适用于第二种产品。例如，人们对丰田凯美瑞汽车的需求不仅取决于它的价格，而且取决于丰田花冠汽车的价格，反之亦然。人们对微软计算机程序 Word 的需求取决于它的价格和 Windows 操作系统的价格；反过来也是成立的。

垄断企业的利润最大化问题是：

$$\max_{p_1,p_2} p_1q_1+p_2q_2-c_1(q_1)-c_2(q_2)$$

这就是销售第一种产品的收益加上销售第二种产品的收益减去生产产品 1 和 2 的成本。[1] 通过代入方程（10.5）和方程（10.6），问题可以写为：

$$\max_{p_1,p_2} p_1D_1(p_1,p_2)+p_2D_2(p_1,p_2)-c_1(D_1(p_1,p_2))-c_2(D_2(p_1,p_2))$$

由于仅有两种产品且它们在问题中对称出现，所以我们只集中分析一种产品。产品 1 的一阶条件为：

---

① 由于假设不存在范围经济，总成本表现为两个独立的成本函数。

$$p_1 \frac{\partial D_1}{\partial p_1} + D_1 + p_2 \frac{\partial D_2}{\partial p_1} - \frac{\partial c_1}{\partial D_1} \frac{\partial D_1}{\partial p_1} - \frac{\partial c_2}{\partial D_2} \frac{\partial D_2}{\partial p_1} = 0$$

运用 $q_1 = D_1$ 和 $q_2 = D_2$ 的事实，重新整理之后，我们得到：

$$\left(p_1 - \frac{\partial c_1}{\partial q_1} \right) \frac{\partial D_1}{\partial p_1} = -D_1 - \left(p_2 - \frac{\partial c_2}{\partial q_2} \right) \frac{\partial D_2}{\partial p_1}$$

根据定义，$MC_1 = \partial c_1 / \partial q_1$，$MC_2 = \partial c_2 / \partial q_2$。代入这些等式，在方程的两边都除以 $p_1 \partial D_1 / \partial p_1$，从而保持两边相等，得到：

$$\frac{p_1 - MC_1}{p_1} = -\frac{D_1}{p_1 \partial D_1 / \partial p_1} - (p_2 - MC_2) \frac{\partial D_2 / \partial p_1}{p_1 \partial D_1 / \partial p_1}$$

右边的第一个表达式是产品 1 自身需求弹性的倒数的负值（ε_1），因此产品 1 的一阶条件结果看起来像：

$$\frac{p_1 - MC_1}{p_1} = \frac{1}{\varepsilon_1} - (p_2 - MC_2) \frac{\partial D_2 / \partial p_1}{p_1 \partial D_1 / \partial p_1} \tag{10.7}$$

用 p_1^* 表示通过解该方程得到的价格。

回想在第 3 章，生产单一产品的垄断企业设定价格以使边际成本加价等于产品自身需求弹性的倒数。假设在我们的多产品垄断企业中生产产品 1 的部门遵从这一规则。产品 1 的价格将根据如下方程确定：

$$\frac{p_1 - MC_1}{p_1} = \frac{1}{\varepsilon_1} \tag{10.8}$$

通过解该方程得到的价格为 p_1^m。

比较方程（10.7）和方程（10.8），你可以看到方程（10.7）的右边有一个额外的项。这个额外的项可以解释为产品 1 和产品 2 之间的溢出效应。该溢出效应意味着，产品 1 的最优价格 p_1^* 将不等于由方程（10.8）确定的简单的垄断价格 p_1^m。

首先考虑产品为**替代品**（substitutes）的情况。这样的话，产品 1 价格的上升将使人们增加对产品 2 的需求，或 $\partial D_2 / \partial p_1 > 0$。又有 $\partial D_1 / \partial p_1 < 0$（产品 1 的需求曲线斜率为负），这意味着方程（10.7）右边的第二项为正，因此方程（10.7）可以写作：

$$\frac{p_1 - MC_1}{p_1} = \frac{1}{\varepsilon_1} + \text{一个正数}$$

换言之，当产品 1 和产品 2 是替代品时，如果生产产品 1 的部门设定垄断价格，产品 1 的加价更高。换句话说，$p_1^* > p_1^m$。为什么是这样呢？因为产品 1 和产品 2 是替代品，所以产品 1 价格的上升使人们对产品 2 的需求增加了。如果生产产品 1 的部门不考虑这一影响，相反，根据方程（10.8）确定价格，从作为整体的企业的角度看，它设定的价格太低。事实上，单独行动的部门把另一个部门当作竞争对手，这迫使价格下降。但部门间不是竞争关系，因为它们处于同一个企业之中，所以它们必须提高价格以使企业的总利润最大化。

考虑丰田花冠汽车和更大的丰田凯美瑞汽车的例子。由丰田公司的两个部门生产的汽车是替代关系。如果花冠汽车的价格是在没有考虑凯美瑞汽车价格的情况下确定的，从丰田公司的角度来看，制定的价格将会太低。由于这两种汽车是替代关系，花冠汽车价格的上升会增加人们对凯美瑞汽车的需求。从丰田公司的角度来看，考虑这一影响是很重要的。因此，由于对凯美瑞汽车的需求产生溢出效应，花冠汽车的价格将会被设定得更高。[①]

第二种可能性是产品是**互补品**（complements）。这样的话，产品 1 价格的上升会减少人们对产品 2 的需求，或 $\partial D_2 / \partial p_1 < 0$。由于 $\partial D_1 / \partial p_1 < 0$，方程（10.7）右边的第二项是负的，方程（10.7）可以写作：

$$\frac{p_1 - MC_1}{p_1} = \frac{1}{\varepsilon_1} + 一个负数$$

换言之，当产品 1 和产品 2 是互补品时，如果生产产品 1 的部门设定垄断价格，产品 1 的加价更低。换句话说，$p_1^* < p_1^m$。由于产品 1 和产品 2 是互补品，所以产品 1 价格的上升使人们对产品 2 的需求减少了。如果生产产品 1 的部门不考虑这一影响，相反，根据方程（10.8）确定价格，从作为整体的企业的角度看，它设定的价格太高。在这种情况下，一种有趣的可能性是，其中一种产品可能以低于边际成本的价格销售，以增加人们对另一种产品的需求。

微软公司的软件产品 Windows 和 Word 提供了同一个企业生产互补品的例子。如果忽略这两种产品之间的溢出效应，微软将会把产品的价格定得过高。由于产品是互补关系，Windows 价格的下降增加了人们对 Word 的需求。必须把这一影响考虑在内，以使微软公司的利润最大化。还有一种可能性：Windows 可能以低于边际成本的价格销售，以促进 Word 的销售，实际上，这会促进所有在 Windows 之下运行的微软产品的销售。

尽管以上所做的数学运算是就垄断企业而言的，但是这一节的一般信息适用于任何拥有一定程度市场控制力的企业。其内容是这样的：生产多于一种产品的企业必须考虑每一种产品的价格对所有其他产品的影响。未能考虑到产品之间的替代或互补关系将会导致利润较低。因此，在较大的企业中，不同的部门生产不同的产品，跨部门协调价格是企业总体绩效的一个重要方面。

10.2 纵向一体化

当部门彼此之间交易时，多产品企业内最重要的协调问题之一就出现了。尽管这可能发生在横向一体化组织里面，但部门间交易是纵向一体化企业的规则。根据定义，在纵向一体化结构中，上游部门供应下游部门。例如，在石油公司中，提炼部门将汽油卖给零售部门。在汽车制造企业中，制造引擎的部门将引擎卖给组装汽车的部门。为了测度每个部门的绩效，必须记录这些交易，更重要的是，必须给这些交易定价。部门间交易的价格被称为**转移价格**（transfer price），这不足为奇。

---

① 当然，严格地说，丰田公司不是垄断企业，所以这个例子并不完全满足理论模型的条件。

转移价格可能是在一个部门的财务表现中最重要的唯一因素。例如，考虑一个提炼部门向零售部门销售的石油公司。两部门之间的转移价格决定了提炼部门的收益，是零售部门成本中一个主要的组成部分。转移价格对石油公司总的利润没有直接影响，但它是两部门财务表现的主要决定因素。

尽管转移价格不直接影响企业的利润，但它们可以间接影响利润。转移价格设定得不恰当将会减少企业的总利润。为了理解这一点，考虑如果部门管理者自由决定他们向其他部门或外部供应商购买或销售的数量，会发生什么。如果提炼部门的管理者是通过本部门的利润考核，他们可能有动机向零售部门索要过高的价格。这样的话，零售部门可能寻求外部供应商。如果转移价格定得过低，提炼部门可能决定销售给其他零售企业，而不是同一个企业的零售部门。不管怎样，不恰当的转移价格对企业内部的交易会产生不利影响，有损企业的总体绩效。即使部门没有外部供应商或买主，错误的转移价格也可能导致部门间交易的数量与最大化企业的总利润不一致。

为了更清晰地理解这个问题，考虑一个拥有两个部门的企业的例子：生产（上游）部门和营销（下游）部门。假设生产部门生产每单位产出的边际成本恒定为 MC_P。生产部门将其产出销售给营销部门，营销部门将产品卖给消费者。假设营销部门的边际成本不变并等于 MC_M。图 10-2 给出了整个企业的需求曲线和边际收益曲线，以及两个部门的边际成本曲线。

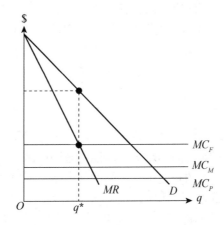

图 10-2　拥有两个部门的企业的最优产出

暂且忽略转移定价问题，考虑怎样做对整个企业最优。营销部门销售的一单位最终产品要求从生产部门获得一单位产品。因此，企业的边际成本等于每个部门的边际成本的加总。企业的边际成本曲线在图 10-2 中用 MC_F 表示，其中 $MC_F = MC_P + MC_M$。企业在边际收益（MR）等于企业边际成本（MC_F）之处的利润最大化，此时产出水平为 q^*。

给定 q^* 是企业利润最大化的产出水平，问题是什么样的转移价格将会带来产出水平 q^*？由于营销部门销售最终产品，所以整个企业的需求曲线也是营销部门的需求曲线。因此，为了最大化企业的利润，转移价格 T 的设定必须使得营销部门销售 q^* 单位。只要在 q^* 处营销部门的边际成本等于边际收益，这将会实现。每从生产部门购买额外一单位产品，营销部门的成本就会增加 T，所以营销部门的边际成本等于 $MC_M + T$。因

管理经济学：基于战略的视角（第二版）

此，如果设定的转移价格使 $T=MC_P$，那么营销部门的边际成本将是 $MC_M+MC_P=MC_F$，营销部门将会销售 q^* 单位。事实上，转移价格使营销部门的边际成本等于企业的边际成本。结果，从生产部门转移到营销部门的数量是最优的，整个企业实现了利润最大化。因此，最优转移价格是生产部门的边际成本。

图 10-3 表明如果设定的转移价格是错误的，会发生什么。考虑一下如果转移价格设定得太高，比如说为 T^1，会发生什么。这样的话，营销部门的边际成本为 MC_M+T^1。营销部门将销售 q^1 单位，此时 $MR=MC_M+T^1$，这并不是企业的利润最大化产出。如果转移价格设定得太低，比如说为 T^0，营销部门的边际成本为 MC_M+T^0，结果产出 q^0 也没有使企业的利润最大化。

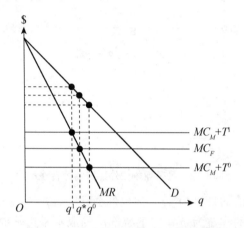

图 10-3　设定正确的转移价格的重要性

设定不正确的转移价格从长期来看可能对企业的绩效产生不利影响，并降低短期的利润。设定不当的转移价格趋于夸大一个部门的利润，而低估另一个部门的利润。如果总部决定奖励盈利部门的管理者并且转移价格设定得不正确，总部奖励的对象可能有误，因为测算出来的利润将不会真实地反映部门的绩效。而且，如果投资决策是基于部门的盈利情况决定的，被错误的转移价格人为夸大的利润可能导致企业扩张并非真正有价值的活动。或者，低利润甚至由设定有误的转移价格造成的亏损可能导致高效的部门被关闭。

以上例子表明，不正确的转移价格可能减少企业的总利润。现在我们更详细地研究转移定价问题。我们将会看到，企业外部供应商的存在是转移定价决定中的一个重要因素。

□ 10.2.1　具有竞争性外部市场的转移定价

当有其他企业也生产部门间转移的产品时，如果这些企业组成一个竞争性市场，转移定价问题就简单明了了。最优转移价格等于产品的竞争性市场价格。外部市场价格导致最大化企业总利润的部门间交易，并为企业的投资决策提供正确的信号。我们将会在下文看到，只要竞争性市场价格被用作转移价格，无论部门间转移的产品是在企业外生产的还是由企业的上游部门之一生产的，都不会对企业总的盈利情况有影响。

我们继续举拥有两个部门的企业的例子：上游部门为下游部门提供投入。此外，假设除两部门企业之外还有一批企业也生产上游部门所生产的产品。假设这些企业组成一个竞争性市场，上游产品的市场价格为 p_1。在企业内部，产品的供给曲线刚好是上游部门或销售部门的边际成本曲线，如图 10-4 中的 MC^U 所示。① 下游部门或购买部门的边际收益曲线，记为 MR^D，也是购买部门的需求曲线。②

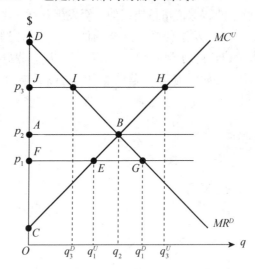

图 10-4　具有竞争性外部市场的转移定价

使企业内部市场出清的价格为 p_2。你也许会认为，p_2 将会是最优转移价格。对于该转移价格，上游部门的收益为 $p_2 q_2$。上游部门的成本是边际成本曲线之下直到 q_2 的面积。因此，上游部门的利润是由矩形 $p_2 B q_2 O$ 的面积减去梯形 CBq_2O 的面积，或由三角形 ABC 的面积表示。给定转移价格 p_2，下游部门的成本为 $p_2 B q_2 O$。下游部门的收益是 DBq_2O 的面积。因此，下游部门的利润是由 DBq_2O 的面积减去矩形 $p_2 B q_2 O$ 的面积，或由三角形 ABD 的面积表示。企业的总利润是每个部门的利润的加总。把三角形 ABC 和三角形 ABD 的面积相加得到企业的总利润，这可由三角形 BCD 的面积表示。

预计使企业内部市场出清的价格 p_2 等于外部市场价格是没有理由的。事实上，p_2 等于外部市场价格仅是偶然的。一般而言，市场价格将高于或低于 p_2。假设市场价格为 p_1。如果 p_1 被选定为转移价格，那么上游部门生产 q_1^U，此时价格等于边际成本。这样的话，上游部门的利润是三角形 CEF 的面积。下游部门购买 q_1^D，此时边际收益等于边际成本（转移价格或市场价格 p_1）。下游部门的利润是三角形 DFG 的面积。将两个面积相加得到企业的总利润。总利润比转移价格为 p_2 时高出三角形 BEG 的面积。换句话说，如果 p_1 是市场价格，那么企业通过设定转移价格为 p_1 而不是使内部市场供给和需求相等的价格 p_2，从而使利润最大化。这样的话，上游部门仅生产较小的数量，比下游部门最终销售的数量少得多。二者之间的差额 $q_1^D - q_1^U$ 由下游部门从外部企业购买。

企业从外部供应商处购买投入品的现象通常被称为**外包**（outsourcing）。注意如果

---

① 回想一下竞争性企业的边际成本曲线也是它的供给曲线，竞争性企业实际上扮演上游部门的角色。

② 如果当购买部门销售最终产品时，它所要支付的费用大于其获得的边际收益，它将会亏损。因此，边际收益表示对于从销售部门获得的给定数量，购买部门将会支付的最大值，或者换句话说，边际收益表示购买部门的需求曲线。

市场价格 p_1 在点 C 之下，那么营销部门将不会从上游部门采购任何东西。实际上，在市场价格为 p_1 时，企业将会完全关闭生产部门，并且企业将会把其营销部门所有的投入品进行外包。由于外部供应商能够以比生产部门更低的边际成本生产产品，因此运转生产部门就毫无意义。近年来，越来越多的企业偏好外包，而不是由内部部门生产。这一点在汽车行业中尤其如此。对这一趋势的一种解释是上游水平的竞争加剧，迫使汽车零部件制造商生产的产品的价格下跌。

如果市场价格为 p_3，类似的论证也适用。这样的话，转移价格为 p_3，上游部门生产 q_3^U，下游部门销售 q_3^D。上游部门的利润是三角形 CHJ 的面积，下游部门的利润是三角形 DIJ 的面积。两部门利润结合起来比转移价格为 p_2 时高出三角形 BHI 的面积。这样的话，上游部门生产的量远远多于下游部门销售的量，超出的量被销售给外部企业。这再次证明，最优的利润最大化转移价格不是使内部市场出清的价格。最优转移价格是外部市场价格。

2001 年，台湾最大的个人电脑生产商宏碁（Acer）公司为了应对业绩滑坡而重新评估它自己的制造部门。由于这次再评估活动，整个制造部门被重新命名为纬创（Wistron）并廉价出售了。纬创必须以和为其他企业投标生产电脑相同的方式竞争宏碁公司的生产电脑业务。

军事外包

到 20 世纪 90 年代后期，在削减国防支出十年之后，许多北约（NATO）国家考虑外包各种各样的"非战略性"服务。例如，美国空军声明，它想通过外包所有"非政府固有的"活动，到 2005 年节约 40 亿美元。估算表明，私人承包商能够以大约军方 2/3 的成本执行后勤工作——像搭帐篷、建厕所、洗军服、输送天然气等等。

较低的劳动成本是承包商成本优势的主要来源。首先，私人企业对正式员工的依赖少得多，而是在需要的时候雇佣合同制的廉价的兼职工人。其次，服务企业倾向于雇佣当地工人并支付当地薪酬而不是雇佣，比如说，必须支付更高薪酬才去危险的国外地点工作的美国工人或英国工人。在种族分裂的地区，雇佣当地工人产生的安全担忧似乎没有事实根据。雇佣的当地工人可以在军方安全措施的帮助下对其进行审查，而且在安哥拉、索马里和巴尔干半岛雇佣当地工人并未出现过事故。

除了降低在战场上的成本之外，国内的军事工作也可能节约成本。英国将海军造船厂的日常工作交给了一家私人企业。在澳大利亚，私人企业维护军用飞机和军事基地。未来，私人企业甚至可能为海陆空三军人员提供培训和教育。在极端情况下，军队和战争本身可能被外包，就像中世纪意大利的城邦所做的那样！

资料来源："War and Piecework"，*The Economist*，9 July 1999.

□ 10.2.2　没有外部市场的转移定价

当然，对于企业内部转移的产品，存在竞争性外部市场是很少见的。正好具有任何特定企业所需要的规格的产品的竞争性市场仅对于一些非常标准化的产品存在，像小麦。例如，汽车制造商不可能找到正好生产它的汽车所需要的那种类型的空调的竞争性市场。因此，应该把竞争性外部供应商看作是例外而不是一种普遍情况。更实际地，为企业的下游部门生产投入品的市场也将不会存在，否则它将是寡头垄断的。

在 10.2 节的开头，我们简要地讨论了在没有外部企业生产上游产品的公司内部的转移价格。我们得出结论：这种情况下的最优转移价格是上游部门的边际成本。我们用一个数值算例稍微更详细地分析这个问题。

假设人们对下游部门或营销部门生产的产品的需求为 $p=20-q/12$。生产部门和营销部门的边际成本分别为 $MC_P=2$ 和 $MC_M=4$。从上文我们知道，企业的最优转移价格是生产部门的边际成本，意味着 $T=2$。因而，营销部门的边际成本为 $MC_M+T=6$。总收益（$p \times q$）为 $20q-q^2/12$，所以边际收益为 $20-q/6$。营销部门通过使边际收益等于边际成本最大化利润：

$$20-q/6=6 \rightarrow q=84$$

将 q 用 84 替换，代入需求函数，得到最终的价格 $p=13$。

现在考虑如果允许生产部门的管理者设定转移价格，会发生什么。假设总部通过部门的盈利情况考核管理者的业绩。这样的话，生产部门的管理者会寻求最大化生产部门的利润的方法。这是通过使部门的边际收益等于边际成本实现的。边际成本为 $MC_P=2$。边际收益是由对生产部门产出的需求曲线决定的。为了确定需求，管理者必须分析生产部门的唯一客户，即营销部门的利润最大化问题。给定转移价格为 T，营销部门的边际成本为 $4+T$。根据上文，营销部门的边际收益为 $20-q/6$。由于营销部门的管理者也在努力实现其利润最大化，该部门的产出是在边际收益等于边际成本处决定的：

$$20-q/6=4+T \rightarrow T=16-q/6$$

生产部门的管理者明白该方程决定营销部门的产出，或对应地，决定人们对生产部门的需求。[1] 因此，生产部门的总收益 $T \times q$ 为 $16q-q^2/6$，意味着边际收益为 $16-q/3$。使生产部门的边际收益等于边际成本，得到：

$$16-q/3=2 \rightarrow q=42$$

将 q 用 42 替换，代入生产部门的需求函数，得到转移价格 $T=9$。因此，转移价格 $T=9$ 使生产部门的利润最大化。营销部门会从生产部门购买 42 单位，并将这 42 单位以 $P=16.5$ 的价格卖给消费者。

当然，转移价格 $T=9$ 并没有使企业总的利润最大化，因为利润最大化的转移价格为 $T=2$。这很容易验证。对于转移价格 $T=9$，生产部门的收益为 $9 \times 42=378$，成本为 $2 \times 42=84$[2]，利润为 $378-84=294$。营销部门的收益为 $16.5 \times 42=693$，成本为 $4 \times 42+9 \times 42=546$[3]，利润为 $693-546=147$。因此，当 $T=9$ 时，企业的总利润为

---

① 回想一下，营销部门所销售的每一单位都要求从生产部门获得一单位。

② 假设固定成本为 0，总成本是边际成本曲线之下的面积，由于边际成本不变，该面积就是 $MC_P \times$ 产量。

③ 营销部门承担销售成本 $MC_M \times$ 产量加上成本转移价格 $T \times$ 产量。

$294+147=441$。当 $T=2$ 时，生产部门的收益和成本都等于 168，利润为 0。营销部门的收益为 $13\times84=1\,092$，成本为 $4\times84+2\times84=504$，利润为 $1\,092-504=588$。因此，正如预期的那样，当 $T=2$ 时，企业的利润为 588，比 $T=9$ 时的利润要高。

当然，问题是企业的激励结构鼓励生产部门的管理者仅仅考虑生产部门的利润。下游营销部门的意图完全被忽略了。结果，管理者向下游部门开出垄断价格，使企业的产出降低至最优水平之下。从一开始，管理者就被赋予鼓励最优业绩的动机。但是这样的话，激励事与愿违，企业最终获得的利润较低。对于任何一个一体化的组织而言，这都是一个非常重要的教训。对部门管理者的激励必须与整个企业的利润最大化目标相一致。

对该例的一种回应可能是：为什么不干脆命令生产部门的管理者转移 84 单位到营销部门？有几个原因。首先，多部门企业的整体思路是减少总部的决策数量。部门管理者更接近决策能产生影响的层次，所以让他们有控制权是合理的。正如我们已经指出的，多部门结构的成本是可能缺乏协调。转移定价是协调各部门的一种方法。因此，转移价格设定得恰当的企业将能够利用来自多部门结构的好处。

运用转移定价机制而非直接命令的另一个原因在于管理自主权。只是将一堆信息提供给甚至可能不在同一个国家的总部，有可能比给予具有知识和对某种特定技术或市场的专长的部门管理者一些控制权低效得多。转移定价给了管理者调整他们在部门间交易中的买卖数量的自由。这种制度的优势在于它的灵活性。它允许管理者对企业内部的激励做出反应，并提供了维持成本和质量的竞争压力。一系列来自总部的命令没有提供同样的激励。

与数量控制相反，另一个解决方法可能是命令上游部门设定等于边际成本的转移价格。换言之，总部可以只是单方面地要求所有交易都按照转移价格 $T=2$ 进行。在实际中，这样做的唯一问题是总部或下游部门不可能知道生产部门的边际成本。实际上，生产管理者有动机夸大生产部门的成本以获得更高的转移价格，从而增加本部门的利润。尽管这将提高上游部门表面上的业绩，但对整个企业的利润是有害的。合并两个部门也并非真正的解决办法，因为这样做只是把两个部门间的外部问题转化成单个部门的内部问题。

□ 10.2.3　具有非竞争性外部市场的转移定价

即使在企业之外有一个为下游部门生产投入品的市场，该市场也不可能是竞争性的。当上游企业或供应商处于垄断地位时，有趣的情况发生了。在这种情况下，如果上游企业对下游企业使用的投入品的价格行使垄断权，那么下游部门采购的投入品数量将会低于最优数量。结果是两个企业的总利润将会低于它们本来的情况。因此，两个企业有动机携手合作（或一个企业接管另一个企业）以挖掘更高的潜在利润。换句话说，非竞争性外部市场是纵向一体化首先出现的一个可能原因。

这一论点容易理解，因为它就是 10.2.2 节中使用过的例子的一种应用。在该例中，我们分析了如果被允许设定转移价格，同一个企业中的上游部门将会怎么做。我们看到，如果上游部门的管理者设定转移价格以最大化本部门的利润，整个企业的利润将会更低。上游部门的管理者将会设定垄断价格，结果下游部门将会购买无效率的低数量的投入品。如果设定的转移价格等于边际成本，总利润是有可能增加的。

现在考虑如果上游业务的运转由一个独立的企业而不是同一个企业的一个部门负责，会发生什么。同样的局面将会再次上演。上游企业的管理者通过设定垄断价格使其利润最大化。结果，下游企业购买的投入品减少。如果上游企业以边际成本而不是垄断价格供应投入品，两个企业总的利润将会更高。

然而，问题是边际成本定价使上游企业的利润减少为0。在10.2.2节的例子中，上游（生产）部门的利润在边际成本定价之下从294降至0，而下游（营销）部门的利润从147升至588。企业从边际成本定价中获得的总利润为588，或比上游部门开出垄断价格时高147。

然而，当上游业务和下游业务都由独立的企业运转时，下游企业必须将其部分利润让渡给上游企业的管理者，否则上游企业以边际成本供应投入品就不符合它的利益。边际成本定价为两个企业带来的额外利润意味着，企业有达成协议的可能性。例如，下游企业可以转移295的利润给上游企业，这比上游企业通过垄断定价赚取的294的利润要高。这给下游企业留了293（＝588－295）的利润，比垄断定价时下游企业获得的147的利润要高。

然而，协商这种类型的协议可能很棘手。首先，我们已经假设下游企业对于上游企业生产的边际成本有完全的信息。但是如果下游企业的管理者并不了解上游企业的成本，上游企业有动机夸大成本并向下游企业开出垄断价格。这样，上游企业除了获得下游企业转移的利润之外，还获取了垄断定价的利润。明白了这一点后，下游企业的管理者可能不愿意与上游企业订立协议。

由于下游企业是上游企业唯一的客户，另一个问题就出现了。在这种情况下，上游企业的垄断权被下游企业的买方独家垄断权所抵消。下游企业可以利用上游企业没有其他客户的事实坚持要求较低的价格，这一现象被称为**敲竹杠问题**（hold-up problem）。

例如，假设上游企业同意在机器上投资100万美元，以每单位10美元的可变成本为下游企业生产零部件。假设机器专门用于生产特殊零部件而不能用于生产任何其他东西。机器还有100 000个零部件的使用寿命，并且没有报废价值。为了收回投资成本并足以支付生产的可变成本，供应商必须至少从下游企业获得每个零部件20美元（每个零部件10美元以支付可变成本，每个零部件10美元以支付机器和设备的成本）。但是，一旦机器准备就绪，只要足够支付每个零部件10美元的可变成本，上游企业运转这些机器就会有收益，因为100万美元的投资是沉没成本。因此，一旦机器准备就绪，下游企业可以讨价还价以要求降价。因为这些机器没有其他用途，所以下游企业处于一种非常强势的地位。但是任何低于每个零部件20美元的降价均意味着上游企业将无法收回投资成本。了解了这一点，上游企业从一开始就不会投资于机器。

因而，敲竹杠问题在两个方向都存在：垄断供应商可能囤积关键投入品，不供应给下游企业，以获得高价，或下游企业可能利用供应商的特定资本从而坚持要求更低的价格。无论哪一种情况，企业都可以通过纵向一体化来控制该问题。下游企业可以购买特定的机器和设备，并在企业内部生产产品或提供服务。或者，两个企业可以协商一个明确规定了转移价格和数量的合同。选择取决于纵向一体化的相对成本与拟订和履行合同的成本的比较。

管理经济学：基于战略的视角（第二版）

电力公用事业与煤炭供应商

资产和敲竹杠问题之间相互作用的一个经典案例涉及燃煤发电厂（参见 Joskow, 1985）。由于给发电厂加燃料所要求的煤炭数量巨大且运输成本极高，因此将发电厂的选址定在煤矿所在地附近通常是比较经济的。煤炭的特征，例如硫的含量，通常因各煤矿而异。因此，一旦做出了将发电厂选址在煤矿附近的决定，锅炉的建设通常根据可获得的煤炭的等级进行精确的优化。发电公司还可能对输送能力进行不菲的投资，从而将电力输送给其客户。

因此，电力公用事业对煤矿选址的特定资本投资巨大，并容易被矿业公司敲竹杠。作为对可能敲竹杠做出的反应，与选址不在煤矿附近的发电厂相比，煤矿附近的发电厂更加可能拥有煤矿。在煤矿附近的发电厂不采用纵向一体化结构的情况下，发电公司更为倚重长期合约，而不是现货市场合约或短期合约。

资料来源：Joskow (1985).

小　结

- 纵向一体化的企业参与产品或服务生产过程的连续阶段。
- 横向一体化的企业生产不同类型的广义上相同的产品或服务。
- 多工厂企业在不止一个地点生产相同的产品。企业在各工厂之间分配产出，以使生产的边际成本在各个工厂之间相等。
- 当在同一个企业生产两种或更多产品比分别生产这些产品便宜时，范围经济就存在了。
- 当一个生产具有相关需求的产品的多产品企业为其产品定价时，必须考虑一种产品的价格对另一种产品的需求的影响。
- 正确的转移价格对纵向一体化企业的业绩很关键。转移价格设定得不正确给上游部门和下游部门的绩效提供了错误的指示信号。
- 如果存在生产上游产品的竞争性市场，那么最优转移价格等于竞争性市场的价格。
- 如果不存在生产上游产品的市场，那么最优转移价格等于上游部门的边际成本。
- 如果存在生产上游产品的非竞争性市场，那么如果设定的转移价格等于上游企业的边际成本，上游企业和下游企业的总利润将会更大，这一事实是两个企业合并的原因。

练　习

1. 考虑一个多工厂垄断企业，它面临的需求如下：

$$q = 480 - 4p$$

企业经营两个工厂，总成本函数如下：

$$c_1(q_1) = \frac{2}{3}q_1^2 - 12q_1$$

$$c_2(q_2) = 2q_2^2 + 36q_2$$

(a) 陈述决定垄断企业将会在每个工厂生产多少产出的利润最大化规则。

(b) 利用利润最大化规则确定在每个工厂生产的产出,并由此确定企业的总产出。

(c) 证明两个工厂之间的产出分配满足利润最大化规则。

(d) 确定企业开出的价格。计算两个工厂的成本,并由此确定企业的利润。

2. 考虑一个多工厂垄断企业,它面临的需求如下:

$$q = 4\,100 - 25p$$

企业经营两个工厂,总成本函数如下:

$$c_1(q_1) = 0.1q_1^2 + 40q_1$$

$$c_2(q_2) = 0.05q_2^2 + 50q_2$$

(a) 陈述决定垄断企业将会在每个工厂生产多少产出的利润最大化规则。

(b) 利用利润最大化规则确定在每个工厂生产的产出,并由此确定企业的总产出。

(c) 证明两个工厂之间的产出分配满足利润最大化规则。

(d) 确定企业开出的价格。计算两个工厂的成本,并由此确定企业的利润。

3. 考虑一个对两种产品中每一种的生产都有垄断权的多产品企业。假设需求函数如下:

$$D_1(p_1, p_2) = 100 - 2p_1 - p_2$$

$$D_2(p_1, p_2) = 200 - p_1 - 4p_2$$

两种产品中每一种的生产的总成本函数如下:

$$c_1(q_1) = 2q_1$$

$$c_2(q_2) = 4q_2$$

(a) 这两种产品是替代品还是互补品?给出理由。

(b) 假设企业忽略两种产品之间的关系并利用反弹性公式将两种产品的价格设定为边际成本加价。计算 p_1 和 p_2。

(c) 现在假设企业考虑两种产品之间的关系并相应地设定价格。确定 p_1 和 p_2。此时的价格比用反弹性规则设定的价格更高还是更低?给出理由。

(d) 证明与最优价格对应的总利润比与用反弹性规则设定的价格对应的总利润更高。

4. 考虑一个对两种产品中每一种的生产都有垄断权的多产品企业。假设需求函数如下:

$$D_1(p_1, p_2) = 10 - 0.2p_1 + 0.1p_2$$

$$D_2(p_1, p_2) = 20 + 0.1p_1 - 0.3p_2$$

两种产品中每一种的生产的总成本函数如下:

$$c_1(q_1) = q_1$$
$$c_2(q_2) = 4q_2$$

（a）这两种产品是替代品还是互补品？给出理由。

（b）假设企业忽略两种产品之间的关系并利用反弹性公式将两种产品的价格设定为边际成本加价。计算 p_1 和 p_2。

（c）现在假设企业考虑两种产品之间的关系并相应地设定价格。确定 p_1 和 p_2。此时的价格比用反弹性规则设定的价格更高还是更低？给出理由。

（d）证明与最优价格对应的总利润比与用反弹性规则设定的价格对应的总利润更高。

5. 假设有一个两部门企业：一个上游部门和一个下游部门。上游部门或生产部门的每一单位产出均被用于下游部门的生产。上游部门是下游部门投入品的唯一生产者。两个部门的成本函数如下：

$$c_P(q) = 5q$$
$$c_M(q) = q^2$$

其中，P 和 M 分别表示生产部门和营销部门。对营销部门生产的产出的逆需求如下：

$$p = 10 - 0.25q$$

（a）确定企业的利润最大化转移价格。

（b）计算两个部门的产出以及如果生产部门设定最优转移价格，则营销部门向其客户开出的价格。

（c）假设企业允许生产部门的管理者设定转移价格。假定该管理者使生产部门的利润最大化，确定该管理者将会向营销部门开出的转移价格。

（d）证明与由生产部门的管理者设定的转移价格相比，当设定最优转移价格时，企业的利润更大。

6. 假设有两个独立的企业。上游企业是下游企业所需要的投入品的唯一生产者且上游企业没有其他客户。下游企业生产一单位产出需要下游企业的一单位投入品。两个企业的成本函数为：

$$c_U(q) = 4q^2 - 2q$$
$$c_D(q) = q^2 + 10q$$

其中，U 和 D 分别表示上游企业和下游企业。对下游企业生产的产出的逆需求如下：

$$p = 100 - q$$

（a）确定下游企业对上游企业的产出的需求，该需求是上游企业开出的价格的函数。

（b）确定对于上游企业生产的产出，上游企业将会向下游企业开出的价格。

（c）假设两个企业合并且最大化共同的利润。确定上游部门将会向下游部门开出的价格，即确定最优转移价格。

（d）证明合并后企业的利润比两个企业作为独立的实体运作时的利润要大。合并可能会面临什么问题?

参考文献与延伸阅读

Joskow，P.(1985)"Vertical Integration and Long-Term Contracts: The Case of Coal-Burning Electric Generating Plants"，*Journal of Law*，*Economics*，*and Organization* 33: 32−80.

Milgrom，P. and Roberts，J.(1992) *Economics*，*Organization and Management*. Englewood Cliffs，NJ: Prentice-Hall.

Tirole，J.(1989) *The Theory of Industrial Organization*. Cambridge，MA: MIT Press.

管理经济学：基于战略的视角（第二版）

第11章

劳动市场

学完本章，你应该理解：

● 如何在一个完全竞争的劳动市场中确定薪酬。

● 产出价格和工人生产力的变动如何影响薪酬水平。

● 薪酬税对薪酬和就业水平的影响。

● 长期劳动需求和短期劳动需求的区别。

● 补偿薪酬差额的定义及其对公司必须支付的薪酬的影响。

在本章以及接下来的两章中，我们将重点分析公司最重要的资源：公司的工人。我们将着重分析雇佣和解雇工人、培训和激励工人（第12章）以及薪酬、薪水和工会（第13章）。

在本书开篇，我们在讨论公司所面临的战略问题之前，先温习了完全竞争和垄断的基本特点，在这里战略完全不起作用。这样做是为了在我们深入学习之前扫清有关基本特点的障碍。公司与工人的讨论将遵循类似的方式。在本章中，我们将讨论公司做出最基础的决策背后的问题，也就是要雇佣多少员工。事实上，让我们从华沙加海滩的热狗小贩的例子开始，分析她做出雇佣多少工人和支付多少薪酬给工人的决策。这个相对简单的出发点可以用来解释雇主-雇工关系的多个方面，最重要的方面即薪酬是如何确定的。我们也使用这个模型来解释其他问题，如雇佣同样的工人，为什么一些公司必须支付比其他公司更高的薪酬。

然而重要的是，基础模型远不能解释现代公司雇佣不同水平的员工做不同的工作而产生的复杂问题。当有很多员工的时候，公司很难准确地追踪在每个时点每个员工正在做什么。这就提出了一个非常重要的问题，即公司如何让员工即使在没有监督的情况下也一直努力工作。员工的激励问题将在第12章中讨论。大公司中产生的另外一个重要问题就是如何安排管理层员工的聘用。一个选择是从公司内部提拔，另一个选择是从公司外部雇佣。晋升的相关问题也将在第 12 章讨论。

在许多国家，大部分劳动力加入了工会。这就意味着管理者必须与代表工人们的工会而不是直接与工人本人进行沟通。在第 13 章，我们将着眼于有工会的工作环境中产生的独特问题，聚焦于工会对薪酬和工人工作环境的影响。我们也会讨论劳资讨价还价，即工会与雇主关于劳动合同的讨价还价。因此，我们在本书其他地方看到的议价能力和战略问题自然就产生于工会与雇主关于劳动合同讨价还价这样一个背景下。

11.1 完全竞争的劳动市场

首先要注意的是，目前我们所涉及的所有情况均把公司看作一个供应商。但公司也要购买东西，比如工人的服务和资本设备。正如管理者会努力让公司销售的东西物有所值一样，管理者也会努力让公司购买的东西物有所值。从雇佣员工的角度来看，这意味着公司能够成功地以最低的薪酬雇佣到效率最高的员工。

大体上来说，公司支付的薪酬由市场决定。因为单个公司雇佣的工人只占整个市场工人总数的很小一部分，对于它们支付给工人的薪酬没有市场支配力。也就是说，单个公司是劳动市场中的价格接受者。单个工人对于他们提供的服务价格也只有很少的话语权，因为单个工人仅仅组成整个市场庞大工人群体中的一小部分。所以，工人也是价格接受者。为简单起见，我们暂时假设雇佣的所有工人都同样富有效率而忽略公司试图把最富成效的工人与其他工人区分开这一点。同样假设工人不会愚蠢到在低于市面薪酬的情况下工作而且公司也不会支付高于市面薪酬的薪酬给工人，也就是说，假设整个市场信息都是完全的。最后，既然奴役是非法的，我们可以很自然地假设工人可以自由进出劳动市场。

我们这里所指的劳动市场是一个完全竞争的市场，所以劳动的价格（薪酬）是由供给和需求决定的。简而言之，一个完全竞争的劳动市场是由以下假设描述的：

- 公司和工人无市场支配力。
- 公司和工人所拥有的信息是完全的。
- 工人在每一个方面都是一样的。
- 工人可以自由进出行业。

注意这些条件和我们在第 3 章讨论的商品及服务市场是类似的。实际上，劳动市场与其他商品和服务市场唯一的区别是公司是需求的源头（而非消费者），而工人是供给的源泉（而非公司）。

□ 11.1.1 公司的雇佣问题

虽然单个公司对薪酬没有控制力，但它可以控制雇佣工人的数量。因此，管理者应该考虑在支付市场薪酬的情况下雇佣多少个工人。在阐明雇佣决定的基本观点之前，让我们回到华沙加海滩在位的热狗小贩这个例子。

考虑再三，沙滩上的推车位置确定了，热狗的价格和口味也确定了。这是一个非常热的周末，烧烤炉生起来了，热狗卖得很快。小贩急切地把热狗放入面包卷中，递给客户，从冷却器里拿出饮料，算好账，收了钱，在找零的同时翻转热狗以免烤焦。这对于一个人来说确实太忙了。不可避免地，购买者开始排起了长队。

不一会儿，小贩从眼角余光中看到有人开始离开了长队。并非真是由于食物不可口，相反，每个站在小摊旁大口吞食热狗的人都赞叹热狗好吃。而且，排队的顾客还没有买到热狗，他们不知道热狗是否好吃。小贩惊恐地发现有人正从长队中离开，因为他们厌烦等这么长时间。小贩生意上的成功反而害了自己。更糟糕的是，那些不再排队的顾客明显是饿极了，他们将去另外一些地方购买吃的：他们不会再回来了。而且谁知道有多少海滩上的人看到了队伍的长度后还会不厌其烦地来到她的小摊呢？

傍晚，闲下来的时候，她在想如何留住流失的顾客。一个选择就是提前烤一些热狗。但烧烤架上能摆放的数量是有限的，而且卖冷的热狗是行不通的。如果热狗口味不好，她将失去所有的顾客。再买一个烧烤架？不行，她绝对不能同时操作两台机器。很明显，解决的办法是她必须雇佣帮手。问题是她需要多少帮手？自然地，这就涉及利润问题。她必须算出在利润最大化的情况下所雇佣工人的数量。

她知道安大略省的最低薪酬是每小时 10.25 加元，那么每个额外增加的工人每小时的成本很容易算出：一个工人每小时花费她 10.25 加元，两个小时就是 20.50 加元，依此类推。但收入怎样呢？这需要好好思考一下。

那天晚上，她坐下来计算那天她自己服务的顾客数量。如果有人帮她拿饮料、算账、收账和找零，她就可以为更多顾客提供服务了。但为什么只雇佣一个帮手呢？如果雇佣两个，一个可以负责接单和收银，而另一个可以拿饮料并把烤架铺满热狗。这样可以使更多顾客获得服务。如果雇佣四个，任务可以分得更细，可能更多顾客可获得服务。当然，这样的方法不可能一直行得通。如果她雇了太多帮手，他们可能相互挡道或者站在那里半天没有事情做。毕竟，烤架旁的空间是有限的。经过深思熟虑，她决定估算出大概有多少个顾客，需要雇佣多少个工人，以及小摊的收入是多少。假设单个热狗的成本是 1 加元，一听软饮料是 0.5 加元。热狗卖 5.5 加元，意味着每个热狗可获得 4.5 加元的净收入，而软饮料是 2 加元一听，意味着每一听软饮料可获得 1.5 加元的净收入。[①] 由以上数字可以得出表 11 - 1。

表 11 - 1　　　　　　　　　　　**帮手对热狗摊的贡献**

帮手	服务顾客数	额外服务的顾客数	额外（净）收入（加元）
0	20	—	—
1	22	2	12.00
2	26	4	24.00
3	29	3	18.00
4	31	2	12.00
5	33	1	6.00
6	32	—1	—6.00

在没有帮手的情况下，她一个人每小时可服务 20 个顾客。若有一个帮手，她算出

---

① 在下文中，我们提到的收入指的是净收入。

来她每小时可以服务 22 个顾客，比她一个人时多服务 2 个顾客。平均起来，每个顾客购买一个热狗和一听饮料，所以每额外增加一个顾客意味着 6 加元净收入的增加（4.5 加元来自热狗，1.5 加元来自软饮料）。因此，额外两个顾客带来 12 加元净收入的增加。第二个帮手每小时可以为额外的 4 个顾客提供服务，由此可以带来比只有她和一个帮手时额外 24 加元的净收入。第三个帮手可以让额外 3 个顾客获得服务，并带来比只有她和两个帮手时额外 18 加元的净收入。类似地，第四个帮手贡献了 12 加元净收入，第五个帮手贡献了 6 加元净收入。第六个帮手实际上导致净收入的减少。第六个帮手使得推车旁的空间变得十分拥挤，以致帮手们相互挡道从而顾客总数量减少了。

因为利润是收入减去成本得到的差额，所以只要雇佣的帮手能够带来的收入大于成本，就可以一直雇佣下去。一个帮手每小时的成本是 10.25 加元，小贩认为只要额外增加一个帮手带来的净收入大于 10.25 加元，雇佣这个帮手她获得的利润就会上升。例如，第一个帮手每小时带来 10.25 加元成本和 12 加元收入，因而利润增加 1.75 加元。第二个帮手每小时带来 24 加元收入和 10.25 加元成本，给小贩的利润额外增加 13.75 加元。第三个和第四个帮手分别贡献利润 7.75 加元和 1.75 加元。但是第五个帮手则只带来 6 加元的收入却花去了 10.25 加元的成本，带来损失 4.25 加元，所以雇佣第五个帮手不明智。她决定雇佣四个帮手。她发现了一个简单的方法来核实四个帮手会给她带来多少利润：她需要做的是算出每一个人分别为利润做出了多少贡献。因而，把 1.75 加元、13.75 加元、7.75 加元和 1.75 加元加起来，她计算出每小时总利润比她独自工作时多 25 加元。

她仍然有两件事情必须考虑。首先，她估算的每小时帮手服务的顾客数量可能是错的。但是这个数字可以在新帮手熟练后轻易做出调整。她知道如果有哪些地方不对，她很快就会发现，她需要做的是把每日利润与她独自工作时创造的每日利润相比较。如果雇佣帮手得到的利润低于自己创造的利润，她可能会削减帮手。这样操作起来必然会有点随意，但她是个学习能力强的人。重要的是，基本推理是合理的。她担心的另外一个因素是天气：若碰上下雨天，她一个人没什么支出，而雇佣工人站在小摊边什么都不用做，她却必须支付薪水。但她对天气无能为力。在任何情况下，如果她听到了下雨的天气预报，便把工人打发回家，后来却发现天气预报不准，那又会怎样呢？那么她将回来独自面对第一天因排长队导致顾客流失的局面。

□ 11.1.2 公司内的均衡

海滩热狗小贩使用的基本雇佣法则适用于任何规模的公司。基本条件是：只要雇佣的工人带来的收入大于成本，就可以一直雇佣更多工人。为了明确这一观点，我们将使用微积分和一些符号正式地导出这一条件。

为了便于理解，我们假定我们假设的公司使用的任何用于产出的东西，除了工人数量外都是固定的。厂房和设备（实物资本）的数量不能被公司改变，以及任何有关能源、材料和其他必要的投入的购买合同都已签订且不能更改。[1] 因为所有其他投入都是

---

[1] 热狗小贩基本处于同样的情境：小贩已经购买了烧烤推车、丙烷、热狗、面包和饮料——她需要做的是决定要雇佣的帮手的合适数量。

预定的，公司唯一需要做的是选择雇佣多少个工人。

正如热狗小贩的例子所示，对于公司，最关键的是工人（小贩的帮手）数量和产出量（服务的顾客数）之间的关系。通常，这种关系可由一个**生产函数**（production function）表示。如果用 L 表示雇佣的工人数量，用 y 表示产能，生产函数可表示如下：

$$y = f(L) \tag{11.1}$$

该生产函数表示既定劳动数量可以产出的最大产能。事实上，你先前已经看到过一个生产函数，但是以表格形式呈现的：表 11 - 1 前面两列表示一个生产函数，因为它给出了服务的顾客数（产出）和帮手数量（劳动）。

该生产函数可以绘成图，以 y 为纵轴，以 L 为横轴，如图 11 - 1 所示。生产函数通常被认为具有如图 11 - 1 所示的形状。对于大多数 L 的数值，该图都有一个正斜率，这意味着产出随着雇佣的工人数量的增加而递增。但生产函数的斜率随着 L 的增加而改变。当雇佣的工人数量不多时，斜率随着工人数量的递增而越来越陡峭，在某个点之后，斜率随着工人数量的递增而越来越平坦。这反映了**收益递减法则**（law of diminishing returns）。并且这个法则遵循劳动是唯一不固定的投入这一假定。也就是说，开始增加的那一小部分工人会使得产出显著增加，因为他们分工明确。但是在其他资本固定的情况下，随着雇佣的工人数量的增多，专业化带来的收益是递减的。而且如果雇佣的工人太多，导致了拥挤，这样反而会减少产出。热狗小贩意识到了这个情况：她知道最初增加的帮手会显著增加产出，但最终雇佣更多工人会产生相反的结果，因为他们会相互挡道。

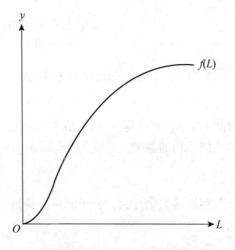

图 11 - 1　公司的生产函数

生产函数表明了公司面临的一个约束。这个约束受制于公司的特殊技术，并且在实物资本是固定的这一假设前提下，技术不能改变。对于既定的工人数量，生产函数曲线以上的点不能实现，因为生产函数表示工人能够生产出的最大产能。生产函数曲线以下的点可以实现：如果公司能够在拥有既定的工人数量的情况下生产出一定的量，肯定也能够生产出低于此数的产量。生产函数实际上是公司生产技术**可行的**（feasible）点（生产函数上及以下区域）和不可行的点（生产函数以上区域）的分界。

经过以下分析，原因相当清楚，实际上我们对生产函数的斜率比对生产函数本身更感兴趣。生产函数的斜率叫作**劳动的边际产品**（marginal product of labour）或缩写为MP_L。对式（11.1）求导：

$$\frac{df}{dL} = MP_L$$

用语言来表示，df/dL或者劳动的边际产品表示一个公司可以从额外雇佣一名工人中获得的额外产能。其实你之前已经在表11-1中见过劳动的边际产品：第三栏表示每额外一名帮手可服务的额外顾客数量，或每一个帮手的边际产品。图11-2是根据图11-1展示的生产函数绘制出的MP_L与L的关系图。因为生产函数的斜率先是上升，然后下降，劳动的边际产品函数先增大，然后随着公司雇佣的工人数量的增加而减小。必须阐明的是，劳动的边际产品函数由正斜率向负斜率转变归因于收益递减法则。

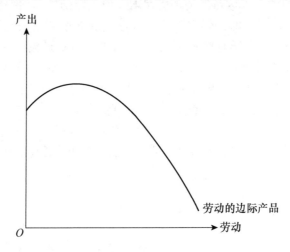

图11-2 公司的劳动的边际产品函数

当然，实际上公司只关心利润。公司的利润（π）等于收入和成本的差额。假定每单位产能是y，单位产能价格是p，收入等于py。成本由固定投入开支（F）和劳动开支组成，即雇佣的工人数乘以他们的薪酬w，或用wL表示。利润等于：

$$\pi = py - wL - F$$

公司的雇佣决策基于其利润最大化行为。公司同样也受制于它的技术，可由生产函数表示。所以，雇佣问题是：

$$\max_L \pi = py - wL - F \quad 其中 \, y = f(L)$$

也就是说，公司在生产函数的约束内雇佣工人数L使利润π最大化。注意我们可以把利润函数中的y由生产函数代替，即：

$$\max_L \pi = pf(L) - wL - F \tag{11.2}$$

把生产函数直接放入最大化问题中，就是把公司技术约束并入函数中来实现利润最大化，从而保证解决办法能够体现约束要求。换言之，把生产函数代入利润函数保证了解决办法在技术上是可行的。

我们剩下一个很简单的问题，即求只含一个变量的非约束函数最大化的问题。解决办法就是对式（11.2）中的 L 求导并令其等于 0。得出：

$$\frac{d\pi}{dL} = p\frac{df}{dL} - w = 0 \qquad (11.3)$$

上式可以改写为：

$$p\frac{df}{dL} = w$$

让我们把这个条件写成：

$$p \cdot MP_L = w$$

等式左边部分，即价格乘以劳动的边际产品，也就是额外一个工人给公司带来的收入（额外产能乘以额外产能的售价）。该部分叫作**劳动的边际产品价值**（value of marginal product of labour），或缩写为 VMP_L。等式右边部分是薪酬，即每额外增加一个工人给公司带来的成本。该等式可以改写为：

$$VMP_L = w \qquad (11.4)$$

该式给出了公司为使利润最大化采用的雇佣法则的第一部分：一直雇佣工人，直到他们的边际产品价值等于薪酬。要理解为什么这个做法可行，回想一下，热狗小贩会一直雇佣更多帮手，只要他们带来的收入大于支出的成本，只有当增加的帮手带来的成本大于收入时才停止雇佣。式（11.4）说明公司应该一直雇佣工人，直到最后雇佣的工人贡献的收入等于成本，这正是热狗小贩使用的法则。

值得强调的是，式（11.4）表示的雇佣法则并不是说公司应该支付的薪酬等于劳动的边际产品价值。薪酬是由市场决定的，这意味着公司完全不能确定薪酬。公司所能做的是，通过雇佣合理数量的工人确保劳动的边际产品价值等于市场确定的薪酬。用 L^* 来表示式（11.4）需要的工人数量。

式（11.4）中所展示的雇佣法则实际上是不完全的。考虑到最优化问题，核实二阶条件确保结果是一个最大数而不是最小数非常重要。当取数值 L^* 时，只要利润函数的二阶导数是负数，二阶条件就得到满足，也就是：

$$\frac{d^2\pi}{dL^2} < 0 \quad （取 L^* 时）$$

对利润函数一次求导的结果，式（11.3），进行再次求导，得出二次求导结果：

$$\frac{d^2\pi}{dL^2} = p\frac{d^2f}{dL^2}$$

因为生产函数的导数是劳动的边际产品，生产函数的二次导数等于劳动的边际产品的导数。因此，我们可以对利润函数二次求导，如下：

$$\frac{d^2\pi}{dL^2} = p\frac{dMP_L}{dL}$$

换言之，利润函数的二阶导数等于价格乘以劳动的边际产品函数的一阶导数。因为价格是正的，利润函数的二阶导数将是负的，如果

$$\frac{dMP_L}{dL}<0 \text{（取 } L^* \text{ 时）}$$

所以，倘若当取数值 L^* 时，劳动的边际产品函数的导数是负数，那么二阶条件是满足的，我们可以确信式（11.4）所示的雇佣法则符合公司利润最大化要求。换言之，只要劳动的边际产品函数在工人数量取 L^* 时是负的，雇佣法则与公司利润最大化就是一致的。简而言之，雇佣法则满足两个要求：

（1）薪酬等于劳动的边际产品价值。

（2）在薪酬等于劳动的边际产品价值时得出的雇佣水平使得劳动的边际产品函数是个负数。

雇佣法则的两个部分对公司十分重要，所以有必要用另外一种方式来理解。把图 11-2 中劳动的边际产品函数中的每一个值乘以价格 p 得出劳动的边际产品价值函数，以图 11-3 表示，曲线以 VMP_L 标记。既然价格 p 是一个常数，VMP_L 曲线与劳动的边际产品函数形状相同。

假设市场薪酬是 w_1，雇佣法则第一部分说明公司可以雇佣工人，直到最后雇佣的那个工人的 VMP_L 等于薪酬。略读图 11-3 中的曲线图，我们可以知道在两个不同的雇佣水平 L_1 和 L_1^* 下，w_1 等于 VMP_L。哪一个点使利润最大化？这是雇佣法则的第二部分所涉及的。取 L_1，劳动的边际产品函数的斜率是正的。取 L_1^*，劳动的边际产品函数的斜率是负的。因此，如果薪酬取 w_1，公司将雇佣的工人数量是 L_1^*，而不是 L_1。

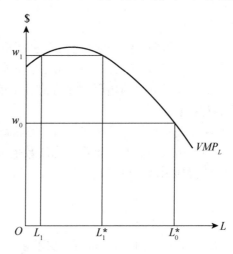

图 11-3 公司的雇佣决策

换种方式来看，回想一下，只要额外雇佣一个工人的劳动的边际产品价值 VMP_L 大于他的薪酬，利润就会一直增加。从 L_1 开始，额外一个工人的 VMP_L 大于 w_1，这意味着如果那个额外的工人被雇佣，利润将增加，所以 L_1 不是利润最大化的雇佣水平。事实上，所有与在 L_1 和 L_1^* 之间的工人数量对应的 VMP_L 都大于 w_1，所以把他们全部雇佣是可行的。然而，从 L_1^* 开始，额外一个工人的 VMP_L 低于 w_1，如果雇佣该工人，

利润会降低。基于这种观点，L_1^* 是利润最大化的雇佣点。同样的论断可用于任何薪酬水平。例如，如果薪酬是 w_0，那么 L_0^* 是公司利润最大化时所雇佣的工人数量，即薪酬与 VMP_L 曲线向下倾斜的部分的交点。

很明显，雇佣法则的两部分表明公司的雇佣水平点是由薪酬与 VMP_L 曲线向下倾斜部分的交点位置决定的。换言之，VMP_L 曲线向下倾斜的部分是公司的**劳动需求曲线**（labour demand curve），因为它表明在既定的薪酬水平下公司会雇佣多少个工人。公司的劳动需求曲线或者说 VMP_L 曲线向下倾斜的部分由图 11-4 阐明。

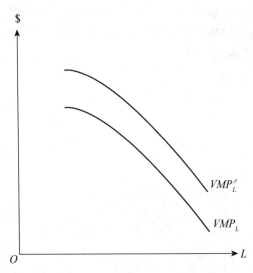

图 11-4 公司的劳动需求

公司劳动需求曲线的位置取决于两个因素：产出价格和劳动的边际产品。产出价格的上升提高了每一雇佣水平下劳动的边际产品价值，使得 VMP_L 曲线向上移动，在图 11-4 中表示为 VMP_L'。如果工人的边际产品在每一个雇佣水平上都是增加的，那么 VMP_L 曲线也会向上移动。

□ 11.1.3 劳动市场的均衡

到目前为止，我们只考虑单个公司的雇佣。但是市场对劳动的需求是由所有公司总的雇佣状况决定的。由单个公司的劳动需求曲线导出的市场劳动需求曲线相对简单：给定薪酬，确定每个公司雇佣的劳动数量，把所有值加起来得到特定薪酬水平下的总市场劳动需求。然后，简单绘制与一定薪酬对应的总劳动需求，从而得到市场劳动需求曲线上的点。为了导出整个市场的劳动需求曲线，只需在不同薪酬水平下重复同样的过程：选择一个薪酬，把每个公司在该薪酬下会雇佣的工人数量加起来得到该薪酬水平下的总劳动需求，然后绘制总劳动需求下的薪酬图。

在数学上，如果劳动市场上的所有公司都使用同样的技术，即它们使用同样的生产函数，我们很容易理解这是如何做到的。假设劳动市场有 n 个拥有相同技术的公司。给定薪酬，总劳动需求简单地表示为：

$n \times$ 单个公司的劳动需求

因为每一个公司的劳动需求曲线都向下倾斜，所以市场劳动需求曲线也跟着向下倾斜。图 11-5 展示的是一个代表性市场的劳动需求曲线。

在这里我们不会讲太多关于市场劳动供给曲线的来源，而是简单阐释为什么斜率是正的。每个人对于如何打发时间有很多选择：休闲、上学、做志愿工作、做有偿工作等等。在其他条件相同的情况下，更高的薪酬使得有偿工作成为一个相对有吸引力的选择。换言之，随着薪酬的提高，不工作的机会成本增加了。因此，我们可以认为，随着薪酬的上涨，更多人会选择寻找工作。换句话说，随着薪酬的上涨，更多人会被吸引去向市场提供劳动，从而产生如图 11-5 所示的一幅拥有正斜率的劳动供给函数图。

和往常一样，市场均衡是由供给曲线和需求曲线的交点决定的。如图 11-5 所示，由此得出均衡薪酬 w^* 和雇佣水平 L^*。

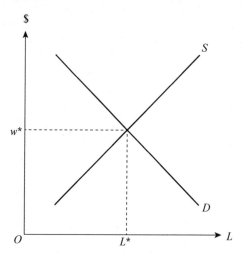

图 11-5　完全竞争条件下的劳动市场均衡

既然单个公司的劳动需求曲线的位置由产出价格和工人的边际产能决定，两个变量中任意一个发生变化都将影响市场劳动需求曲线的位置，从而影响均衡薪酬。例如，产出价格上升提高了劳动需求，使得市场劳动需求曲线向上移动，在其他条件相同的情况下，这会提高均衡薪酬。或者工人的边际产能的增加也会使劳动需求增加，在其他条件相同的情况下，这也会提高均衡薪酬。

当然，劳动供给的改变也会影响均衡薪酬。劳动供给的增加压低了市场薪酬，在其他条件相同的情况下，供给减少会使市场薪酬上涨。

薪酬和生产率

20 世纪 90 年代初，北美展开了一场关于墨西哥加入美国和加拿大之间的自由贸易协定的影响的激烈争论。《北美自由贸易协定》的反对者担心美国和加拿大的许多公司不能与墨西哥的那些支付更低薪酬的公司竞争。有人声称，这一竞争劣势将使许多美国和加拿大工人失业。乍一看，这种担心似乎有根据：1989 年，加拿大产业工人平均每小时薪酬为 17.43 加元，是墨西哥工人的 2.31 加元的 7 倍多。

然而，雇佣条件 $w=p \times MP_L$ 表明薪酬由产出价格和劳动的边际产品决定。假设加拿大和墨西哥的产出价格是一样的。（毕竟，加入贸易协定的加拿大和墨西哥的公司将在同一个产出市场上竞争，所以它们的价格会很相似。）而且两个国家的薪酬都由市场竞争力决定，从而导致加拿大的薪酬和墨西哥的薪酬在某种程度上不同，因为工人的边际产品不同。

事实上，当时的研究表明加拿大产业工人的生产率是墨西哥同行的6.46倍，这对于消除所谓的墨西哥工人的薪酬优势的想法大有帮助。由此得出加拿大公司即使支付给它们工人的薪酬是墨西哥工人的6.46倍，也就是每小时14.92加元，也毫无竞争劣势。当然，这没有完全消除薪酬差别，但大有作用。而且虽然加拿大工人因生产率差别相对更贵，但有证据显示加拿大的资本也相对便宜，意味着加拿大公司可以用资本替换劳动来与墨西哥公司竞争。加拿大工人为什么更有生产效率？这有许多原因，包括更高的人均资本、更好的教育、更优越的健康医疗体系等。

这给所有公司都上了一课，而不仅仅是那些从事国际贸易的公司。这一课就是公司的竞争力不仅依靠薪酬，还依靠工人的生产效率。支付高薪酬的公司能够与那些支付低薪酬的公司竞争，只要那些享有高薪酬的工人有足够的生产效率从而配得上高薪酬。换言之，公司可以通过提高享有既定薪酬水平的工人的生产效率来提高竞争力。

□ 11.1.4　薪酬税

在许多发达国家，国民养老金计划和工人补偿计划大部分通过对公司课以薪酬税来筹集。在美国，薪酬税税率是 7.65%，在其他许多国家这个数字更高。

"婴儿潮"一代的薪酬

随着第二次世界大战的结束，加拿大和澳大利亚妇女的生育率大幅上升，并一直持续较高水平，直到20世纪60年代中期才开始下降。人口出生数量的剧增被称为"婴儿潮"。这段时间人口出生数量巨大的增加使得20世纪60年代中期至80年代中期劳动市场的工人数量大增，那时"婴儿潮"时期出生的人已经到了进入劳动市场的岁数。实际上，这些加拿大和澳大利亚新进入劳动市场的工人使得劳动供给曲线右移，结果，新工人的薪酬降低了。

研究表明，美国发生了相似的现象，新入职工人供给的增加使准入水平薪酬降低了10%。而且，有证据显示，"婴儿潮"一代对薪酬水平的负面影响还在继续。到20世纪80年代后期，美国"婴儿潮"一代所赚的钱比其他年龄段的人少了 5%～10%。

我们着重关注薪酬税的两个方面。第一，薪酬税对薪酬和雇佣水平的影响。第二，最终谁支付这些税。这些问题可以用图 11-6 来回答。在没有税的情况下，劳动需求曲线是 D_0，劳动供给曲线由 S 表示。竞争均衡薪酬是 w_0，雇佣工人的数量是 L_0。

需求曲线上的点给出了公司在不同的薪酬水平下需要雇佣的工人数量。例如，如果每个工人的薪酬为 w_0，那么公司会雇佣 L_0 个工人。现在，如果政府对公司课征 $t\%$ 的税，那么公司将为每个工人支付 tw_0 的薪酬税。因为公司在雇佣 L_0 个工人时只愿意付给每个工人 w_0 的薪酬，课税后，公司愿意向每个工人支付 w_0-tw_0 或者 $w_0(1-t)$ 的薪酬。例如，假设薪酬税税率是10%。那么，公司的总雇佣成本 w_0 将在政府和工人间分配，政府获得 $0.10\times w_0$，而工人获得 $0.90\times w_0$。

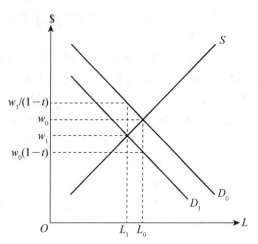

图 11-6　薪酬税对劳动需求的影响

按照这一方式，薪酬税实际上使劳动需求曲线移到了 D_1。公司只有在薪酬水平下降至 $w_0(1-t)$ 时才愿意雇佣 L_0 个工人。因此，需求曲线按比例向下移动 $(1-t)$。均衡雇佣水平下降至 L_1，均衡薪酬（工人们获得的薪酬）下降至 w_1。公司的雇佣成本是 $w_1\div(1-t)$。

注意，虽然薪酬税的课税对象为公司，但税收的部分压力被转移到了工人身上。随着一个工人的雇佣成本上升 [从 w_0 上升到 $w_1\div(1-t)$]，该工人获得的薪酬则降低（从 w_0 降到 w_1）。因此，公司和工人共同分担税负。是公司还是工人承担大部分税负取决于需求和供给的相对弹性。如果需求相对没有弹性，税收对公司的冲击最大；如果供给相对没有弹性，税收对工人的冲击最大。问题在于实际税负与谁正式支付税负没有多大关系。

□ 11.1.5　短期与长期

目前的讨论基于这样一个假设：公司除了劳动外的所有投入都是固定的。这相当于**短期**（short run）。如果公司想在短期内增加产出，它需要雇佣更多工人，或者如果它想降低产出，它需要解雇部分工人。

投入在短期内固定而在一段时间内可以改变，这一段时间被称为**长期**（long run）。例如，加拿大中部的丰田工厂通过扩展来提高丰田卡罗拉的产能。从1993年4月开始宣布这个工程到小车从扩展的生产线上生产出来几乎用了五年时间。因此，对于丰田来说，五年可以算长期了，因为在这段时间内，固定投入和工厂规模都改变了。长期的实际时间长度在不同行业会有很大不同。想一想热狗小贩的例子。对于热狗烧烤来说，固定投入就是烧烤推车。小贩可以在一两天内甚至更短的时间内购买另一辆烧烤推车。这样，长期是指数天而不是数年。

管理经济学：基于战略的视角（第二版）

我们不会深入讨论长期，可以说雇佣法则的第一部分适合于每一个投入。也就是说，公司会一直雇佣工人，直到从投入（保持其他投入固定）中获得的额外收入等于投入的额外成本。

公司在长期相比于短期有更多选择。在短期内，公司可能只改变劳动的投入，而在长期内，所有投入都可以改变。因为公司在长期内有更多选择，投入的长期需求比短期需求更富有弹性。想理解为什么，思考一下：当薪酬相比于其他投入的价格增加时，会发生什么？在短期内，因为成本上升了，公司会解雇一部分工人，但它不能让太多工人下岗，因为这样做产出会下降太多。然而，在长期内，公司可以通过转向使用资本密集型生产方式，例如使用机器，来代替使用相对昂贵的工人。这将会使公司在部分工人被机器取代后维持其产出水平。所以，当既定薪酬改变时，长期内比短期内有更多失业，也可以这么说，长期需求比短期需求更富有弹性，如图 11-7 所示。

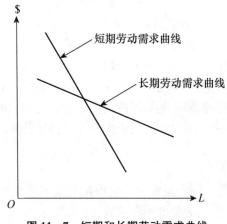

图 11-7　短期和长期劳动需求曲线

11.2　补偿薪酬差额

当前，我们假设所有工作都同等令人愉悦或不愉悦，同等危险或安全，同等令人满意或无回报，等等。但事实并非这样。在苏格兰近海石油钻塔上的工人比在休斯敦外郊石油钻塔上的工人的工作更艰辛。近海石油钻塔工人在海上一待就是几周，而内陆工人可以开车回家与家人共进晚餐。虽然在任何石油钻塔上工作都是危险的，但是近海石油钻塔工人不得不面对那些在内陆工作时不会遇到的问题，如可能从塔上掉入深海或者钻塔被冰川撞了。这些额外困难带来的结果就是，即使内陆工人与近海工人有着一样的 VMP_L，我们也可以预期近海工人会因为这些困难而获得更多薪酬补偿。完全相同的工人因适应工作环境的独特性质而获得的薪酬差额被称作**补偿薪酬差额**（compensating wage differential）。

一般来说，补偿薪酬差额被补偿给那些参与危险性极高或者令人不愉快的工作的工人：大城市如伦敦的出租车司机获得的薪酬高于小地方如剑桥的；飞机试飞员赚的钱比商业航线飞行员高；等等。在这些例子中，工作任务的危险和令人不悦的性质抬高了薪酬。或者，讨论中的其他工作可能尤其令人愉悦和满意，因而薪酬会低一些。例如，投身绿色事业中的环保律师相比于一般出庭律师所接受的报酬可能低一些；体育记者则被认为比报道经济新闻的同行薪酬低一些。

总之，工作条件危险或者令人不悦的公司不得不提供高薪酬来吸引工人，而工作条件令人愉悦的公司将会支付低薪酬。

小 结

- 完全竞争劳动市场指公司和工人都是价格接受者、市场信息完全、工人同质和工人进出行业自由。
- 在完全竞争劳动市场上，薪酬取决于供给和需求而不是单个公司。
- 公司雇佣法则表明公司应该一直雇佣工人直到 $w=VMP_L$，即薪酬取 VMP_L 曲线上向下倾斜的部分。
- 公司劳动需求曲线即 VMP_L 曲线上向下倾斜的部分。
- 产出价格和工人边际产品的变动导致了公司劳动需求的变动。
- 薪酬税从官方来说是由公司支付的，但实际上工人和公司共同承担税负。
- 在短期内，公司只能改变工人数量。在长期内，其他所有投入也可以改变。
- 短期劳动需求曲线比长期劳动需求曲线要陡，因为在长期内公司有更多选择。
- 工作条件危险或者令人不悦的公司不得不支付补偿薪酬差额来吸引工人。

练 习

1. 一个生产企业的唯一投入是劳动，它根据下面的周生产表生产自行车。自行车在竞争市场上以每辆 200 美元的单价销售。

工人数量	自行车产能	工人数量	自行车产能
0	0	3	18
1	5	4	21
2	12	5	23

（a）计算并列表记录每一雇佣水平下劳动的边际产品（MP_L）和劳动的边际产品价值（VMP_L）。

（b）如果工人的薪酬固定为每周 600 美元，公司会雇佣多少工人？画一幅图来解释你的答案。

（c）假设自行车的单价涨到每辆 300 美元。计算新的劳动的边际产品价值（VMP_L），并确定自行车单价上涨后公司雇佣的工人数量。用图来说明你的答案。你刚刚画的劳动需求有什么特点？

（d）假设薪酬涨到每周 800 美元，公司将会雇佣多少工人？（假设自行车单价 $P=300$。）再次用图来说明你的答案。这幅图会是什么样的呢？

2. 一个公司把劳动作为其唯一可变投入。它的日生产函数表示如下：

$$Q=-0.01L^3+L^2+36L$$

其中，L 表示每日的劳动时间。所有市场都是完全竞争的。产出价格是每单位 10 美分，薪酬率是每小时 4.8 美元。

(a) 确定公司在利润最大化下的每天劳动投入时间以及公司每日的总产出。

(b) 假设每日固定投入成本是 40 美元，计算公司的日利润总额。

3. 如果一个公司的短期生产函数是 $f(L)=2L^{1/2}$，产出价格是 $p=1\,000$ 且工人的市场薪酬是 $w=100$，确定公司在利润最大化下会雇佣的工人数量。一定要检查二阶条件。

4. 假设一个劳动市场内的 100 个公司都有同样的短期生产函数 $f(L)=4L^{1/2}$，且产出价格 $p=100$。确定市场劳动需求曲线。如果市场上的工人供给 $L=1\,000w$，确定市场上的均衡薪酬。

5. 假设一个竞争市场的劳动（逆）需求是：

$$W=20-0.01L$$

且劳动供给是：

$$W=0.03L$$

(a) 确定劳动市场上的均衡薪酬和雇佣水平。

(b) 假设 25% 的薪酬税被引入。确定含税的劳动需求曲线方程，从而确定公司支付的薪酬、工人获得的薪酬和总税收。

(c) 比较工人获得的税前薪酬与税后薪酬。同样地，比较公司支付的税前薪酬和税后薪酬。谁承担了更大比例的税负？

(d) 解释为什么承担更大比例税负的一方会这样做。你的答案背后的直觉是什么？（提示：计算税前均衡时需求和供给的弹性。）

6. 假设竞争市场上劳动（逆）需求是：

$$W=40-0.1L$$

且（逆）劳动供给是：

$$W=0.3L$$

(a) 确定劳动市场上的均衡薪酬和雇佣水平。

(b) 现假设一项新的研究表明该工作会对健康产生一定影响，现每个工人要求 10 美元的补偿差额才愿意在该行业工作。给出劳动需求曲线新方程。

(c) 确定劳动市场上新的均衡薪酬。思考一下为什么公司不足额增加工人要求的 10 美元薪酬，以使他们继续在该岗位上工作。

参考文献与延伸阅读

Borjas G. J. (1996) *Labor Economics*. New York：McGraw-Hill.

Foot, D. and Stoffman, D. (1996) *Boom, Bust and Echo*. Toronto：Macfarlance, Walter & Ross.

第12章

培训与激励工人

学完本章，你应该理解：

● 普通培训和特殊培训的区别，以及它对由公司还是工人支付培训成本会产生怎样的影响。

● 绩效薪酬方案会怎样影响工人的生产率。

● 风险规避对薪酬方案选择的影响。

● 比赛怎样影响工人的生产率。

● 递延薪酬会怎样提高工人的生产率和降低人员的流动。

● 效率薪酬会怎样提高工人的生产率和降低人员的流动。

在第11章中，我们描述了完全竞争劳动市场。我们理解了这个基本条件，即公司会雇佣工人直到雇佣的最后一个工人的边际产品价值等于薪酬，是很重要的。竞争市场也存在这样一个概念，即总的来说，薪酬由市场决定而不是由单个公司决定。如果缺少了这些条件，完全竞争劳动市场是非常不现实的。

根据竞争模型，如果产出价格下降，边际产能价值减少，那么公司会迅速削减员工。如果产出价格提高，就业就会增加。在市场上，劳动需求的波动导致薪酬水平频繁地变动。在这样的市场上，工人的流动性非常大，他们从解雇他们的公司流向雇佣他们的公司，这样的事情也许每天都会发生。简言之，竞争劳动市场就像其他任何市场一样，其价格和数量根据供给和需求做出调整。因此，劳动市场的完全竞争模型把工人当作其他经济商品。

实际上，劳动市场的竞争模型把工人当作机器。但工人不同于机器。一方面，当机器作废了，公司可以扔掉它们并购买新的。然而，对于工人，公司可以选择通过培训更新他们过时的技能。而且如果公司不愿意再培训工人，工人可以自己决定接受培训，而

管理经济学：基于战略的视角（第二版）

这对于机器是不可能的。在本章，我们将从公司和工人的角度围绕培训展开讨论。我们讨论为什么要培训且谁支付培训费用。顺着这个思路，我们将区分那些只在特定公司有用的技能和那些在许多公司都必备的技能。

工人与机器的另一个区别是，机器可以日复一日地按同样的方式运转。然而，工人是人类：一些人工作努力，另一些人则不然。一些人能够胜任并有效地工作，另一些人则不称职。当然，如果公司能够分辨出偷懒的人和不称职的人，它们可以开除他们。但问题出现了：对于公司来说，它们很难监督它们的工人。在本章，我们将深入分析那些激励工人合理工作的方法，尤其当持续监督不可能或成本太高时所用的方法。我们将会了解，设计合理的薪酬方案可以向雇工提供适当的激励，即使他们未受到公司密切的监督。

12.1 培 训

在任何一个时间节点上，一个工人都有一定的知识、技能和能力，这些被称为工人的**人力资本**（human capital）。一个工人的人力资本决定了该工人的生产率：工人在知识、技能和能力上越佳，其生产率越高。人力资本不仅仅与基因构成有关。它并不像人的高度那样是固定的。一个工人的人力资本可以通过**经验**（experience）和**培训**（training）来改变。

经验可以通过在某一特定工作上不断花时间来获得，它能使一个工人学会怎样迅速地完成工作任务。因此，经验提高了一个工人的生产率。当然，这是雇主如此热心地雇佣有经验的雇工的原因：有经验的人更富效率。然而，一个工人通过积累经验来提高生产率的速度可能对公司来说太慢。因此，公司可以求助于那些能够快速提高工人生产率的方法。培训因此被引入。

培训有不同的形式。它可以是非常正式的。对公司来说，让雇工接受若干星期的课程，然后通过考试检验的方式比较常见。在其他一些情况下，培训可以是非正式的。例如，新雇工可能与一个经验丰富的雇工在电脑前坐若干小时来"摸清门道"。

对我们来说，培训的关键方面是它是有成本的。就正式培训来说，费用一般支付给提供培训的学院或大学。如果培训课程是公司内部提供的，则必须支付培训师的薪酬以及提供教室设备的费用。而对于非正式培训，成本是按熟练雇工在新工人身上所花的时间计算的。雇工正常的工作时间被挪用会导致公司减产。

诺贝尔奖获得者经济学家加里·贝克（Gary Becker, 1993）指出区分**普通培训**（general training）和**特殊培训**（specific training）非常重要。普通培训提高了所有公司工人的生产率。因此，普通培训给予雇工在许多公司都派得上用场的技能。普通培训的例子有学习怎样开车、获取大学学位和学会广泛使用软件工具如微软办公自动化软件。特殊培训仅仅会提高工人在接受培训的公司里的生产率。因此，特殊培训仅给予雇工在某个公司内使用的技能。特殊培训的例子有学习如何开艾布兰坦克，或者学习仅针对特定公司的软件。

在许多情况下，准确地区分普通培训和特殊培训或许不可能。例如，针对某一公司的软件包的知识毫无疑问含有特殊培训的因素，但软件包的知识可能为雇工提供其他公司所需的编程技能。无论如何，二分法是一个有用的整理思维的方法。

普通培训和特殊培训都能提高提供培训的公司工人的生产率。两种培训都是有成本的。问题是：谁为培训买单？如我们所知，答案在于培训是普通的还是特殊的。这可以使用一个简单的两阶段模型来阐明。工人被雇佣和培训处于第一阶段。在第二阶段，接受过完整培训的雇工为公司工作。

假设 MC_1 是第一阶段工人的边际成本，MC_2 是第二阶段工人的边际成本。同样地，VMP_1 和 VMP_2 分别是第一阶段和第二阶段的边际产品价值。贴现率是 r。公司利润最大化的雇佣条件恰好适用第 11 章的雇佣法则。在两阶段时间框架下，利润最大化条件是雇佣工人的当前边际成本价值等于当前边际产品价值：

$$MC_1 + \frac{MC_2}{1+r} = VMP_1 + \frac{VMP_2}{1+r}$$

假设公司需花 T 美元来培训每个工人。成本包括培训师的薪酬、教室成本等等。公司也支付培训期培训员工的薪酬。因为培训只发生在第一阶段，所以我们把培训薪酬定为 w_1。那么第一阶段工人的边际成本是培训成本加上培训薪酬，即 $MC_1 = T + w_1$。第二阶段没有培训，所以工人的边际成本就是第二阶段的薪酬，即 $MC_2 = w_2$。把两个边际成本等式代入利润最大化条件中：

$$w_1 + T + \frac{w_2}{1+r} = VMP_1 + \frac{VMP_2}{1+r}$$

两边都减去 $w_2/(1+r)$：

$$w_1 + T = VMP_1 + B$$

其中

$$B = \frac{VMP_2 - w_2}{1+r} \tag{12.1}$$

很明显，B 是一个受过培训的工人在第二阶段给公司带来的贴现效益。在这里，我们没有提到培训给工人带来普通技能还是特殊技能。

□ 12.1.1 普通培训

假设工人参加了普通培训。按定义，工人通过培训学会的普通技能在任何公司都有价值。因为受过培训的工人对于提供培训的公司来说值 VMP_2，所以工人在任何公司的边际产品价值都是 VMP_2。这意味着工人在第二阶段的市场薪酬是 VMP_2。公司要么让 $w_2 = VMP_2$，要么冒工人流向其他公司的风险，除此之外别无选择。在式（12.1）中，我们让 $B=0$，那么一个受过培训的工人在第二阶段给公司带来的利润为零。既然 $B=0$，那么式（12.1）可写为：

$$w_1 = VMP_1 - T$$

用语言表达，公司向工人支付的薪酬等于工人第一阶段的市场薪酬减去培训成本。

因此，工人支付了所有的培训成本。实际上这不足为奇。工人的市场薪酬提高了，收获了培训的所有好处。因为公司没有从培训中收获利益，所以公司不支付培训费用也就不奇怪了。

几乎任何提供普通培训的公司都不为培训买单。接受普通培训的工人会在培训期间以低薪酬的方式为此买单。管道工和电工学徒从承包公司学会有用的技能是以低薪酬为代价的。医院的实习医生和律师事务所的实习生在能够独立开展工作之前都必须先学习有用的技能，因此在培训完成之前都得接受低薪酬。无论医院还是律师事务所都不愿意承担他们不能收回的培训成本。最后，许多公司对年轻员工说他们会为员工支付攻读 MBA 的费用，但 MBA 学位实际上是普通培训。尽管公司实际上为学费开了支票，但现在必须弄清楚的是年轻员工在通过学习获得学位时，他们以低薪酬的方式承担了攻读 MBA 的成本。

□ 12.1.2 特殊培训

特殊培训的关键方面是通过培训获得的生产率改善会随着工人离开公司而消失。特殊技能对其他公司毫无用处，所以工人如果离开公司到其他地方工作将不会得到任何益处，而且公司也不能在工人离开后获得任何利益。然而，如果受过培训的工人一直留在公司工作，公司会从工人提高的生产率中有所收获。同样地，问题来了：谁为培训买单？

一个可能是公司支付培训的所有成本，记为 T。工人往往可以在别处赢得 VMP_1，所以公司在两个阶段必须支付的薪酬不得少于 VMP_1，即 $w_1 = w_2 = VMP_1$。既然 $w_2 = VMP_1 < VMP_2$，公司可以在第二阶段以低薪酬的方式收回培训的成本。唯一的问题是，公司不能保证工人不会在第一阶段后辞职。如果工人辞职，公司会遭受损失。公司已经为培训付费却没有机会收获第二阶段更高生产率带来的收益。

另一个可能是工人在第一阶段以低薪酬的方式支付培训费用 T，就像普通培训的例子那样。如果第二阶段的薪酬足够高，培训成本可以被工人收回。假若这样，$w_1 = VMP_1 - T$ 为工人支付的培训费用，且 $w_2 > w_1$，这可以使工人收回培训成本。注意，公司在第一阶段支付 $w_1 < VMP_1$，因此，公司可以从每个工人身上创造利润。理论上，利润会在第二阶段以薪酬的形式补偿工人的培训成本。但没有什么可以阻止公司继续雇佣工人。实际上，公司变成了一个"培训"工厂：雇佣工人，向他们支付第一阶段的低薪酬并许诺他们第二阶段高薪酬，然后违背承诺在第一阶段结束前解雇他们。除非公司向工人保证解雇不会发生，否则让工人支付培训费是行不通的。

无论公司还是工人都不愿投资特殊培训，因为该做法不会为双方提供任何动力在第二阶段让另一方获利。原则上，公司和工人可以签订一个协议，在两个阶段都把双方绑定在一起。实际上，这样的合同是不合法的，因为他们代表契约劳工。

当然，解决问题的办法就是让公司和工人从特殊培训中分享收益。换言之，第二阶段的薪酬可以设定得高于工人在其他地方赚到的，但低于工人的边际产品价值：

$$VMP_1 < w_2 < VMP_2$$

这样的话，工人没有动力辞工，因为第二阶段的薪酬比工人在其他地方拿到的要多（$w_2 > VMP_1$）。公司没有动力去辞退工人，因为支付的第二阶段的薪酬低于工人的边际产品价值（$w_2 < VMP_2$）。

既然工人和公司分享收益，他们同样也分担培训成本。因此，工人支付第一阶段培训成本的一部分，而剩余部分由公司支付。成本和收益按同样的比例被分担和分享。例如，如果公司支付培训成本的 70%，那么它将从培训中获得 70%的收益。如果公司分享太多收益，它会发现这很难吸引求职者。如果未能获得充分补偿，那么有潜力的雇员不愿意为培训投资。另外，如果公司分担了过多的成本，那么公司会被求职者想获得过多培训成本补偿的欲望所淹没。

公司特殊培训的存在对工厂有若干影响。因为辞职率和解雇率在提供特殊培训的公司更低，因此工人在他们公司待的时间一般长于那些只提供很少或不提供特殊培训的公司。因此，特殊培训可能是许多雇员坚持在同一个公司工作这么长时间的一个原因。无论公司还是工人都没有动力结束雇佣关系。一旦工人接受培训，他们获得的薪酬会多于他们在另一份工作中的收入。而公司从受过培训的工人身上获得的利润多于它们支付给工人的成本。

特殊培训也可以解释许多公司在经济低迷时期采用的"最后雇佣的，最先解雇"法则。当产出需求下降、公司决定裁员时，就必须决定裁掉谁。那些在公司工作了很长时间的工人可能比近期雇佣的工人接受了更多的特殊培训。因此，老员工被支付的薪酬低于他们的边际产品价值。他们的薪酬与边际产品价值的差额对老员工有缓冲作用。只要边际产品价值仍然高于薪酬，公司就没有动机去解雇老员工。在经济衰退期，当边际产品价值下降时，公司更可能让新近雇佣的工人下岗。

12.2 激　励

正如我们所知，培训提高了工人的生产率。公司提高工人生产率的另一个方法是激励他们努力工作。实际上，公司的这个问题可能较培训更基本。在某些情况下，它可能是公司如何让它的雇员做的工作超过最小工作量这样一个问题。

例如，许多公司的销售代表把大部分时间都用在办公室之外。因此，公司很难监督他们。让公司雇佣一个人来检查销售代表是否拨打了所有客户电话的成本太大。而且，即使这样做了，也没法保证负责检查的这个人工作做到位了。当然，公司可以雇佣某个人来检查那个负责检查销售代表的人。但雇佣更多监督者不能解决根本问题：谁来监督监督者们呢？设计一个机制来让销售代表主动在第一时间打完所有电话是更好的选择。精心设计这样一个机制能够大大地减少监督量。

当然，这些问题不唯独针对销售代表。让公司一直监督它的雇员也非常困难。一些工人可能休长假。其他的可能关上办公室门看报纸或者上网。在所有这些例子中，工人们的行为导致公司减产。从公司的角度来看，问题是如何让雇员保持工作而少偷懒。如果监督像生产线上那样相对容易，那么这就相对简单了。但在许多情况下，监督不是一个很好的选择，除非有周期性的间隔。所以问题就是当持续监督不可能时，公司怎么做才能激励其员工尽力工作。

这些问题不仅限于工人。在一些所有权和管理权分离的公司，如许多公开上市交易股票的公司，问题是所有者如何激励管理人员努力工作。所有者想要实现公司利润最大化。管理人员可能追求其他目标，如便利设施和名声。商务机、专职司机、高级办公套房、高级餐厅、健身俱乐部、高尔夫俱乐部会员等都不便宜。因此，股东可能对以什么方式限制这些特殊待遇感兴趣。这提出了一个问题，即如何让管理者同样追求股东所期望的，即实现公司利润最大化。

有许多合适的**控制机制**（control mechanism）能让管理人员受到管束。收购或破产的威胁为管理人员努力工作、降低成本提供了动力。董事会或股东有权解雇不称职的管理人员。但这些机制并非总能起作用。对许多大公司而言，破产并非一个真正的威胁。管理人员可以采用"毒丸"计划让收购变得困难。董事会的董事们可能不愿解雇自己委任的管理人员。而且组织数量众多的分散的股东一起达成某件事非常困难，更不用说解雇一个执行总监了。许多股东会发现卖掉股份更简单。既然这些控制机制并不总能完全控制管理人员，那么问题是：股东们可能使用其他什么机制？

从基础层面来说，激励管理人员创造最大化利润的问题就如同激励工人努力工作一样。两者都是**委托–代理**（principal-agent）关系。一个**委托人**（principal）（所有者或管理者）雇佣一个**代理人**（agent）（管理者或工人）来完成任务（使利润最大化或努力工作）。因为任务不易被委托人监督，问题是委托人设计什么样的机制来确保任务得以完满开展。在这一节，我们分析薪酬方案如何被用来激励管理人员和工人做他们的雇主想要他们做的工作。

□ 12.2.1 委托–代理模型

假设在位的华沙加海滩热狗小贩也有一些推车在多伦多。问题是，多伦多离华沙加海滩有两个小时的车程（天气好的话）。既然她不可能同时待在两个地方，那么当她在多伦多的时候，她不得不让某人负责经营华沙加的摊子。当然，这涉及雇佣谁和支付多少薪酬的问题。但真正令她费神的是如何让她雇佣的人在她不在现场监视他们的时候做好工作。

例如，假设她支付给推车管理者跟其他雇员一样的小时薪酬。因为管理者必须承担额外的责任，所以支付给管理者的薪酬高于其他雇工的薪酬是说得通的。但即使她把管理者的薪酬设定在一个合理的水平，她仍然担心管理者不会真正有动力最大限度地经营好热狗摊。固定的小时薪酬意味着无论管理者多么努力工作，他得到的是同样的实得薪酬。既然雇主不可能一直在那检查，管理者可能试图松懈下来。毕竟，当她在多伦多的时候，谁说得清华沙加海滩热狗摊的低业绩到底是霉运气、坏天气，还是一个热衷于晒太阳而不是卖热狗的懒惰的管理者造成的呢？

当她想起当初为什么涉足这一业务的时候，问题就迎刃而解了。她之所以决定经营自己的生意，是因为这样做时，如果她努力工作，她可以赚很多钱。所以为什么不让管理者的薪酬按同样的方式支付呢？换言之，她可以支付给管理者华沙加海滩热狗摊利润中的一定比例。那样会让管理者的目标与她自己的目标一致：热狗摊的盈利越多，他们赚的钱也越多。

热狗小贩偶然发现，在雇主-雇员关系的环境下，委托–代理问题的一个经典的解决办法就是：一个**绩效薪酬方案**（performance-based compensation scheme）。

想要知道如何运作，让我们把小贩的问题以下面的模型表示。假设热狗摊的营业时间是星期三至星期日上午 11 点至晚上 7 点，每周共计 40 小时。雇佣的管理者把 40 个小时分成努力工作时间 e 和怠工（偷懒）时间 s，那么

$$e + s = 40$$

因为绝大多数人喜欢休闲多于工作，在其他因素相同的情况下，假设管理者怠工时间越长就越幸福。为了使问题的假设前提更完善，令管理者的效用函数给定如下：

$$U(m,s)=m+20s^{1/2} \qquad (12.2)$$

其中，m 是管理者的薪酬。这个函数抓住了问题的关键方面：效用随管理者的收入和怠工时间而增加。

假设管理者可以在其他地方找到一份每周 400 美元的工作。然而，让我们假设怠工在这份工作中是不可能的。（也许所有者与管理者共事。）为了让管理者留在热狗摊工作，管理者必须从热狗摊工作中获得与他在其他工作中一样的效用。管理者在其他工作中的效用是 $U(400，0)=400$，因为怠工在那儿是不可能的（$s=0$）。如果管理者在热狗摊上的效用等于他在其他工作中的效用，那么他在热狗摊工作还是做其他工作就无关紧要了。以方程的形式表示如下：

$$m+20s^{1/2}=400$$

求解方程，m 等于必须支付给管理者让他留在热狗摊工作的薪酬：

$$m=400-20s^{1/2} \qquad (12.3)$$

我们把这个方程叫作**薪酬约束**（pay constraint），因为它反映了某人能够接受经营热狗摊工作的最低薪酬。

薪酬约束由图 12-1 表示。既然管理者喜欢怠工，他可以接受在热狗摊怠工的每一额外小时的低薪酬。因此，薪酬约束曲线向下倾斜。例如，管理者对于在热狗摊每周拿 340 美元薪酬和怠工 9 个小时，还是在另一份工作中扎实工作 40 个小时拿 400 美元，是无所谓的。实际上，管理者愿意接受低薪酬但更轻松的工作环境。薪酬约束曲线是凸形的。怠工的最初几个小时对于管理者来说确实很值，所以他愿意放弃一部分收入来获取怠工。但如果他怠工的时间已经很多，额外增加几个小时不会让他觉得更满足，所以只需要很少的薪酬就可以补偿怠工。

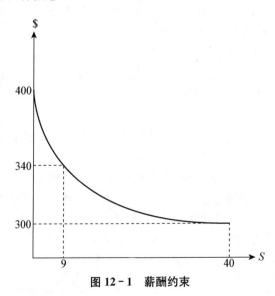

图 12-1　薪酬约束

热狗摊的销售明显减少了管理者的怠工。为了讨论，假设如果管理者不怠工，销售额将是 500 美元，且销售额随着管理者每额外怠工一小时而下降 5 美元。以方程的形式表示，所有者的收入函数如下：

$$R(s)=500-5s \tag{12.4}$$

图 12-2 展示了收入函数和薪酬约束。怠工时间给定，所有者的收入由收入函数上的点表示。同样，怠工时间给定，所有者的成本由薪酬约束上的点表示，因为它给出了管理者愿意在热狗摊工作的可接受的最低薪酬。因此，所有者的利润由收入函数和薪酬约束之间的垂直距离表示。[①]

在我们讨论薪酬方案之前，如果她能够观察到管理者的怠工情况，让我们考察该所有者面临的情况。因为所有者的目标是利润最大化，所有者需要解决以下问题：

$$\max_{s} 500-5s-(400-20s^{1/2}) \tag{12.5}$$

最大化问题的解决办法是给定怠工时间，把方程（12.4）代入收入函数方程，把方程（12.3）代入管理者薪酬约束方程，两者做差，求最大值。对方程（12.5）中的目标函数求导，让结果等于零：

$$-5-(-10s^{-1/2})=0 \tag{12.6}$$

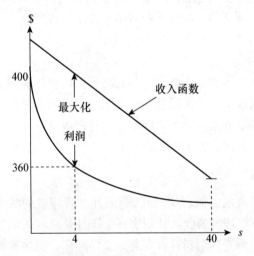

$

400 ——————— 收入函数

最大化

利润

360

4   40   s

图 12-2　热狗摊的收入和利润

求得 $s=4$。这样的话，收入是 $500-(5\times4)=480$，管理者的薪酬是 $400-20\sqrt{4}=360$，利润是 $480-360=120$。当管理者每周怠工 4 个小时且获得 360 美元薪酬时，所有者获得最大利润。这也许非常令你疑惑，因为你可能会认为没有任何怠工的时候才应该是利润最大化的时候。然而，回想一下，只要允许怠工，管理者会愿意接受低报酬。因此，只要允许管理者怠工，所有者会支付少于 400 美元的薪酬。当然，如果怠工的时间太长，销售也会下降。仅当支付的报酬和怠工实现了正确的平衡时，利润才能达到最大化。

——————————————

① 收入函数，严格来说，是净收入函数：它代表所有者扣除支付给其他工人、软饮料生产商、热狗生产商等的成本后余下的收入。

固定薪酬方案

实际上，所有者不可能观察到管理者怠工了多久，因为所有者整天都在多伦多。这意味着所有者不知道管理者是否按利润最大化要求每周怠工 4 个小时。既然她不知道管理者怠工了多久，每周支付管理者 360 美元是否会带来 4 个小时的怠工也是不明确的。为了便于理解，假设管理者每周被支付固定薪酬 360 美元。按定义，固定薪酬意味着无论推车的销售额是多少，管理者都会获得 360 美元。换言之，这意味着无论管理者怠工多久，他都会获得 360 美元。既然怠工没有机会成本，管理者每周将会怠工最长时间即 40 小时。他之所以可以逃脱惩罚，是因为所有者不能观察到管理者工作的时间是多久或者不工作的时间是多久。就她所知，低销售额可能是由于顾客毫无理由地突然对吃热狗不感兴趣的结果。当管理者每周怠工了 40 个小时，收入是 $500-(5\times40)=300$。管理者的薪酬是 360 美元，在固定薪酬方案下，所有者每周损失 60 美元。

当然，所有者可能常常支付给工人低于 360 美元的薪酬，从而获得正利润。例如，管理者会愿意接受 273.51 美元的薪酬且每周怠工 40 小时。[1] 假若这样，所有者的利润将是 $300-273.51=26.49$ 美元，虽然利润是正的但与所有者最大水平的利润相差很远。事实上，在固定薪酬方案下，26.49 美元是所有者能够创造的最高利润：如果她支付给管理者低于 273.51 美元的薪酬，他会跳槽。

关键是，无论支付多少固定薪酬，怠工都会达到每周 40 小时，因为在一个固定薪酬方案下，怠工没有受到惩罚。既然所有者不会知道管理者怠工了多久，管理者会怠工整个工作周。

绩效薪酬方案

无疑，固定薪酬不是非常令人满意。问题之所以出现，是因为管理者不会因怠工而受到惩罚。所有者需要提出一个惩罚怠工的方案。一个可能是把薪酬与利润挂钩。假设所有者提供给管理者如下方案：管理者能够获得管理者从推车上产生的所有收入减去管理者支付给所有者的一个固定值 P 的薪酬。因此：

$$管理者的收入＝总收入-P$$

要理解这是如何实现的，假设 $P=100$。因此，管理者的收入等于总收入减去 100 美元。图 12-3 阐释了管理者的收入计划实际上正好是总收入函数下移 100 美元。假若这样，管理者会因怠工而受到惩罚：管理者怠工得越多，销售额越低，薪酬就越低。无论管理者决定怠工多久，所有者都会获得 100 美元收入。管理者留下剩余的部分，所以我们说管理者是一个**剩余索取者**（residual claimant）。

考虑到 P 由所有者确定，问题是 $P=100$ 是否为所有者所能获得的最高收入。从图 12-3 中可以明显看出问题的答案是否定的。提高 P 值会增加所有者的收入并使得管理者的收入计划往原点靠近。当然，P 值越高意味着管理者的收入越低，所以必须考虑薪酬约束问题。所有者不可能把 P 值设得太高以致管理者没有兴趣在热狗摊上工作。当 P 值上升时，只要收入计划不完全下滑到薪酬约束以下，管理者就没有理由辞退热狗摊的工作。实质上，所有者会让收入计划靠近原点（通过增加 P

---

[1] 这是方程（12.3）中当 $s=40$ 时的 m 值。

值），直到收入计划成为薪酬约束的切线。这样的话，当 P 取图 12 - 3 中的 P^* 值时，P 值达到最大。管理者没有动力辞职，因为收入和怠工的交点 P^* 正好处于薪酬约束上。

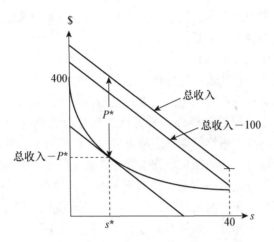

$$\$$$

400

总收入

P^*

总收入 -100

总收入 $-P^*$

s^* 40 s

图 12 - 3 剩余索取者方案下的管理者收入

从图 12 - 3 中可以清楚得知，与 P^* 相对应的怠工水平 s^* 正好等于在原来情况下即当所有者能够观察到怠工量的情况下的怠工水平。最大化 P 值与收入函数和薪酬约束间的最大化距离是一样的。既然利润在 s^* 时达到最大，那么其他任何怠工水平下的利润都会低一些。尤其是固定薪酬方案（$s=40$ 时）下产生的利润一定会低于剩余索取者方案下的利润。在这个例子中，提供给管理者一个绩效薪酬方案会让所有者有更多的收入。

考察这个方案的另一种方式是考虑管理者面对一个固定收入 P 时的选择。管理者的收入是总收入减去 P，或者是 $m=500-5s-P$。管理者的效用由式（12.2）给出。给定 P，管理者致力于使他的效用最大化。换言之，管理者会解决如下问题：

$$\max_s 500-5s-P+20s^{1/2} \tag{12.7}$$

这表明管理者在 P 给定情况下通过选择 s 值使效用最大化。对效用函数方程（12.7）求导并使之等于零，我们得到：

$$-5-(-10s^{-1/2})=0 \tag{12.8}$$

当我们假设所有者能够观察到怠工量时［见方程（12.6）］，这正好与之前的条件一样。因此，管理者效用最大化问题的答案是 $s=4$。因此，在存在怠工的情况下，绩效薪酬方案实现了最大化利润。显而易见，这个方案可行的原因是它使得管理者的效用最大化问题（12.7）基本上与所有者的利润最大化问题（12.5）是一致的。因此，管理者的利益与所有者的利益达成一致。

最后一个细节：P 值如何确定？从图 12 - 3 得知，当 $s=4$ 时，P 等于收入函数与薪酬约束的差额。因此，$P=500-(5\times4)-400-(20\times\sqrt{4})=120$。管理者支付给所有者 120 美元，怠工 4 小时，因而创造收入 $500-(5\times4)=480$。一旦所有者的收入确定了，管理者会获得 $480-120=360$ 的剩余收入。

这个例子阐释了利润分享方案背后的基本观点。如果支付雇员一个固定薪酬，则他们就会只有一点动力为他们的雇主努力工作，因为他们的收入始终不会增长。当你不会因为努力工作而获得额外收入时，努力工作显得没有意义。分给雇员一部分利润收入意味着他们的收入会与雇主的利润一同上升。因此，利润分享方案潜在地吸引雇员努力工作。结果，所有者看到利润在增长。

特许经营安排是绩效方案的另一个例子。一个企业家支付给特许权所有者一定费用并通过经营获得收入。销售代表、房地产经纪人、律师和许多其他职业人员也适用绩效薪酬方案。当销售人员和房地产经纪人完成一笔销售时，他们就可获得一定佣金。民事诉讼律师可以获得一定比例的赔偿金。所有这些都有最简单的动力因素：你越努力工作，你获得的收入就越高。最终结果是雇员更努力工作而所有者的利润更高。

尽管这在原则上可行，然而结果是许多管理者被支付了一个固定薪酬而不像剩余索取者那样。为什么会那样呢？一方面，许多人不会一味地怠工。许多工人以工作为豪，不会因为监督不力而在工作时浪费时间。另一些人有努力工作的动力，因为他们对雇主有一定的忠诚度。还有一部分人如果不努力工作，他们就会感到内疚。在所有这些情况下，雇员都是自愿努力工作的。另一方面，在其他一些情况下，对面临解雇的懒惰的雇员进行定期绩效考核足以阻止怠工。尽管如此，绩效薪酬计划，如利润分享计划，在职场盛行起来。

□ 12.2.2　风险规避

绩效薪酬方案不常见的一个更基本的原因与该方案给工人带来的风险有关。在我们的例子中，管理者的收入是随着热狗的销量而变化的。管理者从热狗摊每周的营业额中支付固定报酬给所有者，然后自己留下剩余部分。如果某一周天气突然变坏，或者相比于平时有更多人待在多伦多看本田赛车比赛，这对于管理者来说是走霉运了。收入的变动对于管理者来说是不可接受的。他可能更倾向于有一份低于热狗摊平均薪酬但能提供稳定收入的工作。

例如，假设"幸运周"的营业额为1 000美元，"霉运周"的营业额为500美元。还假设幸运周与霉运周的发生概率是一样的。管理者期盼的收入是：

$$0.5 \times (1\,000 - P^*) + 0.5 \times (500 - P^*) = 750 - P^*$$

如果 $P^* = 550$，那么管理者平均每周会创收200美元。在幸运周管理者创收450美元，而在霉运周管理者损失50美元。因为无论如何所有者都会拿走550美元，所以管理者承担了公司所有的风险。

如果管理者是**风险规避**（risk averse）的，那么这样的安排不会有效率。一个可能的替代方案会让所有者和管理者双方都有更多的收入。一个风险规避者在平均值一样的情况下会倾向于稳定的收入而不是变动的收入。换言之，一个风险规避型管理者会接受一份均值低于变动收入的稳定收入。例如，一个风险规避型管理者会愿意接受低于200美元的收入，比如说180美元，只要这180美元能够得到保障。因此，管理者会感到满意，因为他倾向于稳定的收入；所有者也会感到满足，因为她的利润也上升了。

同样的讨论也适用于其他许多情况。风险规避型工人更喜欢稳定收入，而不是剩余索取者方案带来的变动收入。这表明只要公司的所有者承担风险，工人愿意接受低于平均水平的固定薪酬。如果公司的所有者自身也是风险规避的，那么情况更是如此。所有者能够通过投资更多公司来降低风险。另外，工人没有这个机会，因为他们的收入大部分只有一个来源。

当然，如果工人的薪酬得到保障，那么薪酬作为一种激励力量便失去了作用。事实是，一个激励工人的薪酬方案必然会暗含一些风险。换言之，在激励和风险之间有个权衡。设计合理的薪酬方案必须平衡工人对稳定收入的需要和公司激励它的劳动的需要。

尽管利润分享方案在公司的低层不是很普遍，但在管理层非常普遍。我们已经了解了利润分享的基本原理。但利润分享在实践中会怎样？我们已经从本质上讨论了，如果管理者的收入基于公司的利润，那么他们会努力工作。原则上，努力工作的管理者会给公司带来更高的利润。但实际情况会是这样吗？答案是肯定的。

12.3　激励管理者

除了利润分享方案，还有其他绩效薪酬方案。如果你考察许多首席执行官的薪酬，他们的收入常常是排位第二高的管理者的两到三倍。这种大幅度提薪的类型很难根据个人边际产品价值得到解释。从执行副总裁晋升到总裁或首席执行官仅仅会导致工作性质和工作职责变化一点点。但如果加薪不能从个人边际产品价值的变化中得到解释，因公司高层晋升带来的如此巨大薪水差别又怎么解释？

□ 比赛

一种途径是把大幅加薪与赢得一场**比赛**（tournament）的奖品进行比较。基本思路是高级管理者潜在地参与到一项根据他们的生产率排位的比赛中来。一旦排位确定，奖励会根据他们的排位而分配，正如在职业运动比赛如网球或者高尔夫球的比赛中一样。通过把大奖颁给最高位的管理者，把少一点的奖颁给低一级的管理者，公司激励每一个副总裁尽可能地努力工作。因此，比赛能激励每一个考虑晋升的人努力工作，正如大巡回赛中的网球运动员或高尔夫球手。仅把丰厚的奖赏授予一个个体是值得的，即使这个奖赏与他们的边际产品价值不相等，因为每一个竞争这个位置的人的边际产品价值都提高了。通过激励所有管理层的管理者，奖励会得到回报。奖励越多，管理层员工就会越努力工作以获得晋升。

比赛打破了个体薪酬与整体边际产品价值的联系。在第11章的基本雇佣问题中，薪酬与个体在公司中的**绝对绩效**（absolute performance）相关。一个生产率更高的个体有更高的边际产品价值，从而获得更高的薪酬。然而，有了比赛，薪酬与**相对绩效**（relative performance）相关。最好的工人获得晋升和加薪，即使他们可能只比排在第二位的雇工好一点点。

然而，通过比赛给管理层排位存在一个潜在的问题。当奖励很高时，竞争有可能变得有破坏性而不会提高生产率。毕竟，赢得比赛的一种方式就是欺诈。在一些情况下，欺诈可能是比努力尝试更容易做出的选择。美国有很多关于医学预科学生的例子。为了在医学院赢得一席之地，他们的竞争如此激烈以致有些人破坏他们同班同学的实验或把图书馆中包含重要阅读材料的书页撕下来。原因是，在美国，医师能赚取的收入如此之高，以致一个医学院的录取就如同一个奖励。既然挤进班级最拔尖学生行列中非常重要，那么在这样一个竞争中，一些人有可能会卑鄙到采取极端手段。

在管理层比赛这样一个背景下，可以想象得到蓄意破坏的现象可能会发生。例如，假设两个部门的负责人知道他们其中一个将是下一届总裁且获得晋升后会获得大幅加薪。因为他们根据他们各自部门的业绩而相互竞争，所以任意一个候选人都有动机去蓄意破坏对手的部门产出。关键报告和信息被延迟，或者外部公司可能拥有优先于对手部门的权利等等。因此，竞争不但不会提高公司的总生产率，反而会有反作用。当竞争者致力于赢得晋升时，蓄意破坏对公司的整体业绩不利。

因此，建立激励与创造破坏之间要有所权衡。很可能，比赛中奖励的大小必须根据情况有所调整。在一个竞争部门相对自主的公司中，一个部门破坏另一个部门的工作是很困难的。在这种情况下，引入给予胜利者一份厚礼的比赛似乎很可靠。然而，在团队协作非常重要的公司中，蓄意破坏的可能会令人担忧。在这种情况下，为了减少潜在的蓄意破坏，比赛应该只有很低的奖赏。在这样极端的例子中，公司可能更喜欢从公司外部挑选总裁而不是冒使公司垮掉的危险。

证据显示大幅加薪在首席执行官层面非常普遍，这表明公司使用比赛作为方案来激励上层管理者。一份对美国 200 个大公司的调查发现，因从副总裁到首席执行官的晋升而带来的平均加薪值是 142%（Main et al.，1993）。

比赛的激励作用

公司内比赛的主要目的是激励管理者更努力地工作。推测起来，如果比赛不能起到激励职业运动员的作用，那么它们在公司工作中起作用的希望也会很渺茫。职业运动员的收入仅依靠获胜，不仅因为奖励的金额，而且因为利润丰厚的赞助合同只会给获胜者。一份有关职业高尔夫球手的调查试图查明比赛是否会提高竞争者的业绩。

1984 年，美国职业高尔夫巡回赛有 45 场比赛。平均起来，第一名的奖金比第二名的奖金多 66%，而第二名的奖金比第三名多 59%。因而，第一名和第二名的差额，与第二名和第三名的差额很大。相反地，第二十二名与第二十三名的奖金差额只有 10%。

比赛原理表明参赛者会被激励在总奖金比较多的比赛中积极努力。实际发现的情况是这样的：在一项比赛中，总奖金每额外增加 100 000 美元，平均击球数就会降低 1.1 次。奖金的结构也表明一名参赛者越接近最优优胜者，他付出的努力也必须越多。因此，可以预见，如果那些有一些击球优势的参赛者能进入最后一轮比赛，他们会比那些远落后于领先者的参赛者更努力。这一预测也可以从职业高尔夫巡回赛数据中得到支持。

资料来源：Ehrenberg and Bognanno（1990）.

12.4 激励非管理者

虽然比赛可能有助于激励上层管理者，但并不是每一个公司内的员工都渴望成为总裁或首席执行官。许多处于低级管理层的员工没有能力或野心去参加一项比赛。在尝试激励低层工人的方案中会有什么问题呢？

□ 12.4.1 计件薪酬与计时薪酬

在发达经济体中，雇员报酬的普遍形式是**计时薪酬**（time rate）。计时薪酬是针对花在工作中的既定时间给出的固定薪酬。它可以是小时薪酬或者周或者月薪酬。如本章之前所讨论的，固定的计时薪酬不会给雇员提供努力工作的动力，因为无论他们如何努力工作，他们的薪酬都是固定的。然而，因为薪酬是有保障的，公司可能支付给风险规避型员工低于他们在绩效薪酬方案中的薪酬。

计时薪酬的另一种可替代的支付方案是**计件薪酬**（piece rate），此方案变得越来越流行。计件薪酬即按照工人的生产效率支付薪酬。在一些产业中，计件薪酬按字面是根据工人生产的每一单位产出而计算的薪酬。例如，服装工人是按照他们缝合的每一件衬衣而获得报酬的，电话销售员按接听电话数获得报酬，销售人员被支付佣金。显然，计件薪酬会有效激励雇员努力工作：他们生产得越多，获得的薪酬就越高。

但使用计件薪酬支付工人薪酬有几个问题。其中一个问题已经在本章前面讨论过。风险规避型工人可能不喜欢计件薪酬给他们收入带来的变动。销售佣金，尤其是昂贵物品如房子和车子的，会随着经济周期而上涨和下降。销售代表的收入会随之变动。如果服装工人的机器坏了或者供应商的材料没有按期到位，那么服装工人就不能生产衬衫。在这两个例子中，工人会因他们无法控制的事情而承担风险。因此，风险规避型工人会选择在那些提供计时薪酬的公司工作。为了吸引风险规避型工人，支付计件薪酬的公司支付的薪酬不得不多于提供计时薪酬的公司的薪酬，因而，公司的利润就低一些。

计件薪酬对于那些生产依靠团队努力的公司不是很合适。例如，在一条生产线上，一个工人的努力对整条生产线的生产效率只有非常小的影响。因此，公司很难衡量一个工人的个人贡献，而这是计件薪酬系统的整个基础。相反，衡量销售人员的产出很容易。这在很大程度上解释了为什么以销售佣金形式呈现的计件薪酬体系对销售人员来说如此普遍。

有关计件薪酬的另一个问题是，在不考虑质量的情况下，它让工人有动力生产尽可能多的实物部件。解决这个问题的一个方法是监督每个工人的生产。但这额外增加了计件薪酬系统的监督成本，且降低了公司的吸引力。一些服装生产工厂通过依靠终端顾客监督的方式来处理质量问题。它们将一张有工人姓名的标签放入最终产品中。这个想法是，如果一个顾客对产品不满意，抱怨会反馈至公司，公司会找出负责的工人。因为工人知道他们可能被发现，他们便会更努力地生产高质量的产品。这降低了公司的监督成本。

最后，在一个计件薪酬系统下，许多工人可能会谨防**棘轮效应**（ratchet effect）。计件薪酬工人面临着一个两难困境。他们越努力工作，收入就越多，而公司很有可能会思考它是否对工作的难度估计过高。因此，为了避免多付工人薪酬，公司可能会考虑降低计件薪酬。然而工人必须更努力工作来维持他们的薪酬。

□ 12.4.2 递延薪酬

目前，我们已经讨论了如何在相对短的时间内用薪酬方案来激励工人和管理者。尽管近来许多报道显示雇员在公司内的工作期限极大地缩短了，而在发达国家中，许多工人仍愿意为同一个雇主工作二十多年。正如我们所了解的，这为公司开创了更多激励工人的方法。

假设一个员工和公司都希望两者之间的雇佣关系可以持续很长时间，直到工人到了**强制退休年龄**（age of mandatory retirement）。假定工人的生产率随着雇员在公司获得的经验的增多而提高。为了便于理解，我们将忽略公司特殊培训的可能性。假定在一个完全竞争劳动市场，随着工人生产率的上升，工人的市场薪酬也会上升。如果我们画出工人薪酬随时间变化的图形，我们就会得到如图 12-4 所示的**年龄-收入剖面图**（age-earnings profile）。

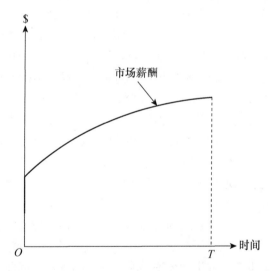

图 12-4 工人的年龄-收入剖面图

令 w_t 代表工人在每一个时期 t 被支付的薪酬，VMP_t 代表工人的边际产品价值，且强制退休年龄在时期 T 的末期产生。工人在公司工作期间所获得的薪酬现值必须等于工人的边际产品价值的现值：

$$\sum_{t=0}^{T} \frac{VMP_t}{(1+r)^t} = \sum_{t=0}^{T} \frac{w_t}{(1+r)^t} \qquad (12.9)$$

既然 $w_t = VMP_t$，如果公司在每一个时期支付工人市场薪酬，那么这个条件毫无疑问是真的。然而，如果工人不是在每一个时期均被支付市场薪酬，那么对于任何 t 都有 $w_t \neq VMP_t$，这个条件仍然必须是真的。如果不是，那么公司将系统地少付或者多付工人在公司工作期间的薪酬。少付薪酬会导致所有工人都辞职，然后去那些他们的终生收入等于市场薪酬的公司工作。多付薪酬会导致工作申请者过多，从而公司会发现它们应该减少薪酬了。

只要式（12.9）被满足，公司就可以选择任何适合它们的薪酬。尤其是，没有什么可以阻止公司让工人的年龄-收入剖面图倾斜以致变得更陡。如图 12-5 所示，年龄-收入剖面图倾斜表明在工人职业生涯早期，工人被支付的薪酬少于市场薪酬，在工人职业生涯后期，他们被支付的薪酬高于市场薪酬，因此，工人被支付**递延薪酬**（deferred wage）。

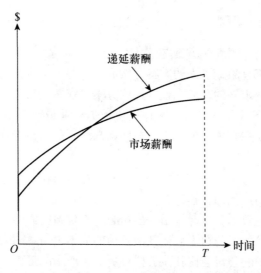

图 12-5 递延薪酬

为什么公司想要工人的年龄-收入剖面图倾斜呢？递延薪酬给予工人在公司工作期间一种很强的动力去努力工作。尽管年轻工人被支付的薪酬低于市场薪酬，但他们知道将来他们的薪酬会提高到市场水平以上，以补偿他们工作初期的低薪酬。当然，当年轻工人变老时，他们能够获得公司补偿的唯一方式是他们仍旧待在公司。这给予年轻工人一种强大的动力去努力工作，以免被解雇。年老的工人被支付高于他们市场价值的薪酬，这给予他们足够激励去努力工作。如果他们因怠工被解雇了，他们可以期待的最好的结果就是另一份等于他们的市场薪酬，但低于他们目前获得的薪酬的工作。

实际上，递延薪酬方案让年轻工人交了一份保证金。保证金是以年轻工人获得低于市场水平的薪酬来体现的。如果年轻工人被抓住怠工且被解雇，那么该工人不能在将来获得高薪。因此，如果年轻工人在公司表现得不尽如人意，那么保证金就没有了。因为递延薪酬是一种强大的动力机制，它们减少了对工人昂贵的监督的需要。定期绩效评估对解雇怠工者予以支持，这将足以让工人产生正面的力量。而且，既然工人必须待在同一公司，直到退休才能收回他们的保证金，那么年老的工人更不可能离开公司。这也减少了人员的流动。

尽管递延薪酬方案使公司受益，工人可能担心公司会在他们年老的时候解雇他们。因为年轻工人被支付的薪酬低于他们的边际产品价值且年老工人的薪酬更高，公司就会有解雇老员工的动力。实际上，公司可以简单地专门从年轻工人那里收取保证金。那么

培训与激励工人

是什么阻止公司这样做呢？也许最重要的因素是公司的名声。如果一个公司被认为是以这样的方式剥削年轻工人的，则公司会发现它很难再吸引任何年轻的求职者。对于那些存在时间长于大多数工人的公司，利用年轻工人从长期来看是不可行的。

递延薪酬方案的一个有意思的副作用是它需要一个强制的退休时间。如果没有一个强制的退休时间 T，那么公司将不能计算出递延薪酬方案的确保条件，即公式（12.9）满足的时间表。最近，关于取消强制退休规定的争论会面临那些使用递延薪酬来管理它们工人的公司的反对。

□ 12.4.3 效率薪酬

在本章中，我们讨论了薪酬方案与工人生产率之间存在一种联系。绩效薪酬方案、比赛和递延薪酬方案都是激励工人的方案。然而，这些方案中没有一个会让公司在工人任职期间支付高于市场水平的薪酬。根据这些方案，那些支付给工人高于他们公允市场薪酬的公司会比其他公司有更高的成本且很快被迫停业或者被收购。另一个观察结果是，在这些方案中，薪酬和生产效率之间的联系与薪酬如何或者什么时候支付有关，而与薪酬水平本身无关。

效率薪酬（efficiency wage）方案的一个基本观点是薪酬与生产率之间有直接联系：工人被支付的薪酬越高，他们将越富有生产率。对于研究效率薪酬的文献可参阅 Weiss（1990）。事实上，要想效率薪酬起作用，公司必须支付给它们的工人高于市场水平的薪酬。然而，支付效率薪酬的公司不会比其他公司的成本更高，因为薪酬与生产率之间有直接联系。支付率薪酬的公司会比其他公司有更富生产率的工人。高薪酬带来的成本被提高的生产率抵消了。效率薪酬可以通过多种方式来影响生产率：减少人员流动，减少怠工，并吸引更多富有生产率的雇员来公司工作。

效率薪酬会减少人员流动和怠工，这一点是很容易理解的。被支付了效率薪酬的工人能够获得的薪酬高于他们能从另一个公司获得的薪酬。因此，他们有动力去努力做到一直待在支付效率薪酬的公司。因而，工人不太可能怠工，因为他们不想被解雇。在其他因素相同的情况下，他们也不太可能辞职。

效率薪酬如何产生一个更优质的求职者库，这一点很难理解。该讨论基于工人能力不同这一假设。能力强的工人有更好的机会且需要高薪酬的工作来吸引他们。支付低薪酬的公司会吸引绝大多数低水平的工人。支付高薪酬的公司会吸引更多高水平的工人。因此，提供高薪酬解决了求职者中的**逆向选择**（adverse selection）问题。

福特汽车公司支付效率薪酬吗

第一次世界大战前的一段时间，总部位于底特律的福特汽车公司创造了汽车史上最成功的车型，T 型车。1913 年，福特汽车公司的年员工流动率是 370％且日旷工率是 10％。1913 年夏季，管理部门委托制作的一份报告显示生产线工人的士气严重低下。1914 年 1 月，福特汽车公司工厂的每日工作时间从 9 小时降到 8 小时且每日最低薪酬比之前的两倍还多，从 2.34 美元升至 5 美元。

有足够的证据表明"5 美元一天"的薪酬超过了市场水平。那时，底特律的其他汽车生产商支付的每日薪酬是 2～3 美元。这也让福特汽车公司的大门前排满了找工作的人。

在"5 美元一天"的方案被引入之后，福特汽车公司的年员工流动率降低至 1914 年的 54％和 1915 年的 16％，生产率提高了 30％，利润也提高了。

资料来源：Raff and Summers（1987）.

小 结

- 培训会提高一个工人的生产率。普通培训会提高所有公司的工人的生产率。而特殊培训仅会提高进行培训的公司的工人的生产率。
- 因为公司不能从普通培训中收获任何利益，因而工人支付了所有培训成本。为了减少人员流动，公司和工人共同分担特殊培训的成本并分享其收益。
- 激励工人付出更多努力是另一种提高工人生产率的方式。固定薪酬方案导致大量的怠工。绩效薪酬方案可以把怠工率降低至零。
- 相比于让他们收入波动的绩效薪酬方案，风险规避型工人更喜欢固定薪酬方案。
- 比赛会给得到晋升的上层管理者带来大幅加薪，因而能激励所有管理者付出更多努力。
- 计件薪酬可以用来激励非管理层，但可能难以执行，因为风险规避型工人的存在、衡量产出的困难以及质量考虑。
- 递延薪酬可以激励工人并减少人员流动。强制退休对于递延薪酬方案的运行很有必要。
- 效率薪酬是一种通过提高薪酬来提高工人生产率的方法。效率薪酬可以减少人员流动和怠工，并提供一个更优质的求职者库。

练 习

1. 在下面的每一个例子中，注明该例子是普通培训还是特殊培训，并给出简单解释。

（a）经济学学士学位。

（b）波音 767 飞行培训。

（c）多伦多大学教务室培训。

（d）澳大利亚邮政邮件分拣机械操作培训。

2. 假设一个受过培训的工人的边际产品价值是每年 25 000 美元。工人培训一年花 12 500 美元并将工人的边际产品价值提高至 50 000 美元。假设工人将只在公司待两年且利率是 10％。假定公司和工人决定平摊培训成本。

（a）算出工人第一年的薪酬。

（b）算出工人第二年的薪酬。

（c）从培训中获得的利润现值超过了成本的现值吗？

3. 假设一个受过培训的工人的边际产品价值是每年 20 000 美元且工人培训一年可以将生产率提高 20％。假设培训成本是 3 500 美元且工人会在公司工作两年。假定工人同意支付培训成本的四分之三且利率是 10％。

(a) 算出工人第一年的薪酬。

(b) 算出工人第二年的薪酬。

(c) 从培训中获得的利润现值超过了成本的现值吗？

(d) 假设利率是 15%。培训是否会被取消？给出解释。

4. 假设一桩小本生意的所有者正考虑雇佣一名管理者，且决定选择绩效薪酬方案来支付管理者的薪酬。假设这名管理者的效用函数由 $U(m, s) = m + 40s^{1/2}$ 给出，其中 m 是管理者的收入，s 是管理者怠工的小时数。在没有怠工的情况下，假设小本生意将实现收入（扣除管理者薪酬以外的成本）1 200 美元，且每怠工一小时，收入下降 25 美元。

(a) 导出小本生意的收入函数。

(b) 导出小本生意的薪酬约束。薪酬约束代表什么？

(c) 假设所有者可以观察到怠工量，导出该生意中利润最大化的怠工小时数。

(d) 假设薪酬方案以一个固定报酬 P 的方式支付给所有者，营业所得的剩余收入给管理者，计算出 P 值。

(e) 这个薪酬方案忽略了管理者薪酬哪一潜在的重要方面？给出解释。

5. 假设一个工人预计会在公司待两年。该工人第一年的边际产品价值是 20 000 美元，从工作中获得经验后，第二年升至 25 000 美元。假设利率是 10% 且工人在第一年被支付 18 000 美元。

(a) 在什么条件下，公司在工人的任职期间不会多付或者少付工人薪酬？

(b) 利用这个条件，计算出工人在第二年可以获得多少薪酬。

(c) 工人在第一年被支付低于工人市场价值的薪酬。你认为工人为什么会选择这样一种安排？

6. 假设一个公司内所有工人的边际产品价值都是每小时 20 美元。怠工是该公司一个主要的问题，所以公司的管理者计划实行递延薪酬方案。假定一个工人的薪酬由下面的公式决定：

工资＝12 美元＋(0.5×工人在公司工作的年数)

假定贴现率是 0 且所有工人进入公司的年龄是 25 岁。该公司的强制退休年龄是多少？

7. 经济咨询公司的一项研究发现，一个雇佣固定数量工人的小公司的薪酬和产出有如下关系：

薪酬（美元）	单位产出	薪酬（美元）	单位产出
8.00	60	12.00	95
10.00	80	12.50	98
11.25	90		

(a) 当薪酬从 8 美元上升至 10 美元时，计算出薪酬的变化率和相应的产出变化率。假定公司内所有其他投入都是固定的，你会建议增加薪酬吗？给出解释。

(b) 分别计算出当薪酬从 10 美元升至 11.25 美元、从 11.25 美元升至 12 美元和从 12 美元升至 12.5 美元时薪酬的变化率和相应的产出增加率。

（c）根据你的计算结果，你认为公司应该采用哪个薪酬方案？给出解释。

（d）你选择的薪酬方案在经济学上的学名叫什么？

参考文献与延伸阅读

Becker，G. S. (1993) *Human Capital*，3rd edn. Chicago，IL：University of Chicago Press.

Borjas，G. J. (1996) *Labor Economics*. New York：McGraw-Hill.

Ehrenberg，R. G. and Bognanno，M. L. (1990) "Do Tournaments Have Incentive Effects?"，*Journal of Political Economy* 98（6）：1307—1324.

Main，B. G. M.，O'Reilly Ⅲ，C. A. and Wade，J. (1993) "Top Executive Pay：Tournament or Team Work?"，*Journal of Labour Economics* 11（4）：606—628.

Raff，D. and Summers，L. (1987) "Did Henry Ford Pay Efficiency Wages?"，*Journal of Labour Economics* 5（4）：S57—S86.

Weiss，A. (1990) *Efficiency Wages：Models of Unemployment，Layoffs，and Wage Dispersion*. Princeton，NJ：Princeton University Press.

第13章

工　会

学完本章，你应该理解：

● 术语"工会密度"的意思。

● 工业化世界中的三种劳资关系系统。

● 多国出现工会密度下降的供给和需求解释。

● 鲁宾斯坦讨价还价模型对于公司−工会谈判的分析意义。

● 工会力量的衡量与导致罢工的因素。

● 工会对工人工资和生产率的影响及工会对公司利润的影响。

在第 11 章和第 12 章中，我们讨论了公司的雇佣和薪酬问题。在这些讨论中，我们潜在地假定公司可以单方面做出雇佣和薪酬决定，不用工人进行任何投入。然而，如果公司的工人都加入了工会，那么如果公司未事先与工会商量，公司就有许多事情不能做。这不仅是礼貌的问题。公司和工会之间的协议从法律上来说是有约束力的合同，所以一个公司单方面行动会违法。

在本章中，我们将讨论当公司所有雇员或者部分雇员是工会会员时，管理者必须面对的问题。不同国家的工会化程度有很大不同，同样，在不同的职场工会所扮演的角色也会有很大不同。因此，我们从不同国家工会化程度和劳资关系系统的比较开始，设法得出工会行为的一般结论。然后我们讨论工会的目标和当一个无工会的职场成立工会后会发生什么。虽然一般观点认为工会对商业无益，但我们将了解到工会可能对公司有积极影响。在工会影响的背景下，我们转向合同讨价还价问题。这里我们将了解到，工会之所以能对公司产生影响，主要是因为工会能从公司撤回劳动服务，也就是罢工。

13. 1 世界各地的工会

衡量一个地区或者一种产业的工会组织的数量的通常方法是**工会密度**（union density），定义为：

$$\frac{工会会员的总数量}{有组织的工人总数量}\times100\%$$

"有组织的工人总数量"排除了那些通常不用加入工会的工人，例如个体经营者、军事人员和农业工人。表 13-1 给出了 1995 年世界各地的工会密度以及此前 10 年间工会密度的变化。[①] 通常，绝大多数欧洲国家有更高的工会密度，而美国和日本的相对较低。

除了各国的工会密度有所不同之外，各国工会在经济和政治中所扮演的角色也有很大不同。第一，对于美国与其他许多讲英语的国家的工会，绝大多数都有悠久的**工联主义**（business unionism）传统，工会的主要目标是通过**集体讨价还价**（collective bargaining）来提高其会员的薪酬和工作条件。讨价还价在这些国家中很盛行，绝大多数都是在公司或企业层面上进行的。尽管加拿大的工会密度实际上比 1985—1995 年增长了一些，但其他讲英语的国家的工会密度在同一时期极大地下降了——美国下降了五分之一，英国和澳大利亚几乎下降了三分之一，新西兰则下降了超过一半。

第二，西欧的工会有更强的政治关系，并且它们对经济和社会问题有更广泛的重要性，比如贫穷和环境问题。这些国家的讨价还价一般都是覆盖整个行业的。例如，1995年，荷兰的企业协议仅覆盖了 8% 的私营部门，而全行业协议率是 75%，而在法国，这些数字分别是 25% 和 80%。在行业内集体讨价还价中，工会代表了特定行业的所有工人，并与一个雇主协会围绕薪酬就多样的工作类型、加班费、工作时间等进行讨价还价。

第三种劳资关系系统综合了英语国家和欧洲国家模型的因素，并且它在日本很普遍。虽然企业层面的讨价还价对于绝大多数工人和企业来说很普遍，但也有许多形式的国家协调会对讨价还价结果产生影响。"春斗"是最著名的一种国家协调形式，它为 25% 的日本工人组织的年度薪酬讨价还价。实际上，春斗的影响比这个数字意味的还要广，因为它作为那些根本没有工会的中小企业加薪的一个基准。在日本，另一种比较普遍的劳资关系系统的形式是工人-雇主合作委员会。它们建立的目的是要解决 20 世纪 70 年代石油危机余波带来的生产率问题，今天它们仍旧在起作用并被许多非日本企业所效仿。

□ 影响工会会员的因素

表 13-1 反映的最突出的一个方面是，绝大多数国家在 1985—1995 年这一时间段内的工会密度下降了。在这十年间，只有 7 个国家的工会密度上升了：其他 25 个国家都见证了工会密度的下降。为了弄清楚为什么会这样，我们需要调查工人组建和

---

① 资料来源：《世界就业报告 1996—1997》（国际劳工局 1997）。墨西哥的工会密度来自 1991 年的数据，而它的密度变化数据是 1981—1991 年的。

加入工会的原因。

表 13 - 1 　　　　　　　工会密度与不同国家工会密度的变化（%）

	工会密度（1995 年）	密度变化（1985—1995 年）
非洲		
埃及	38.8	−9.1
南非	40.9	130.8
美洲		
阿根廷	38.7	−42.6
加拿大	43.5	1.8
哥斯达黎加	37.4	−43.0
古巴	70.2	−29.8
墨西哥	42.8	−28.2
美国	14.2	−21.1
委内瑞拉	17.1	−42.6
亚洲		
日本	24.0	−16.7
韩国	12.7	2.4
菲律宾	38.2	84.9
泰国	4.2	−2.5
大洋洲		
澳大利亚	35.2	−29.6
新西兰	24.3	−55.1
欧洲		
奥地利	41.2	−19.2
丹麦	80.1	2.3
芬兰	79.3	16.1
法国	9.1	−37.2
德国	28.9	−17.6
希腊	24.3	−33.8
匈牙利	60.0	−25.3
以色列	23.0	−77.0
意大利	44.1	−7.4
荷兰	25.6	−11.0
波兰	33.8	−42.5
葡萄牙	25.6	−50.2
西班牙	18.6	62.1
瑞典	91.1	8.7
瑞士	22.5	−21.7
英国	32.9	−27.7

观察工会背后的动机的一种方式是把工会看作出售一揽子服务如一个申诉程序、一种年资制度、更高薪酬、更好的工作保障等的组织，而工人通过工会会费支付费用。因此，我们可以把这种经济看作存在一个提供均衡工会服务的市场，这种均衡是由工会必须提供的服务的"供给"和"需求"的均衡决定的。供给方面由提供工会服务的成本决定，这尤其与组织工人加入工会的成本有关。从这个框架来看，近来的一系列事件解释了为什么工会密度在国际范围内下降如此之普遍。

在需求这一方面，四种力量在起作用：科技进步、全球化、公共部门的收缩和人们对工会的态度。尤其在发达国家中，科技进步率自 20 世纪 90 年代末开始加速。尤其是信息技术在许多行业传播迅速。因此，公司需要雇佣的工人种类已经发生变化，尤其是**蓝领工作**（blue-collar job）的数量下降了，而**白领工作**（white-collar job）的数量上升了。因为工会需求的一个传统来源是蓝领工人，公司内工人构成的转变导致对工会的需求降低。

随着科技的进步，从 20 世纪 80 年代开始，世界范围内对经济的另一主要冲击是全球贸易和资本市场的影响迅速加强，被共同称作**全球化**（globalization）。例如，来自发展中国家低薪酬的竞争导致高薪酬国家中低技能的劳动密集型工作数量稳步下降。发达国家中某些生产行业，如纺织业和消费电子品业，正经历雇员的大量流失。因为一直以来生产行业都是工会的一个主要根据地，这些行业工人数量的下降导致对工会需求的下降。

同样地，公共服务是许多国家自第二次世界大战以来工会增长的另一个源泉。然而，从 20 世纪 80 年代中期以来，世界各国通过精简行政机关数量来应对预算赤字。较少的行政机关工作人员成为工会服务需求降低的另一个来源。

最后，人们对工会的普遍态度，尤其在美国和英国，在 1985—1995 年变得不那么友好了。在美国，空中交通管制员在拒绝接受减薪后被大批解雇。在英国，政府和煤矿的工会就关闭煤矿展开了一番苦战。在这两个例子中，政府在某种程度上取得胜利归因于民意的支持。在某种程度上，民意也反映了对工会的普遍偏好，结果工会的需求下降了。

在供给这一方面，两种力量起了作用。第一，劳动和政府立法发生了变革。自 20 世纪 70 年代末期以来，世界发达经济体的服务生产部门增加了，而商品生产部门减少了。同时，在这些国家的劳动力中，兼职工人、女性工人和年轻工人的数量极大地增加了。工会组织兼职工人所花的成本比全职工人更多。一般男性工人更可能加入工会，而工会不太容易组织女性和年轻工人加入。这两种情形最终都使得 1985—1995 年人们对工会服务的供给下降了。

第二，近年来，许多国家的政府立法对工会都不那么友好了，也许这反映了普通大众的态度。在中欧和西欧经济体中，工会规模大幅缩小可以归因于强制性工会会员制度的结束。① 在美国、英国、新西兰、加拿大和澳大利亚，政府立法让许多工会惯例不再合法，比如第三方纠察，使得工会制度不如从前有效，因而提高了工会服务的成本，并降低了工会的供给。其他与工会没有直接关系的立法也可能冲击工会会员制度。例如，

---

① 表 13-1 显示：工会密度在匈牙利下降了 25%，在波兰下降了 43%。

对工会的原始需求大部分是为了获得体面的薪酬和工作条件。现在许多发达国家都有阻止低薪酬的最低薪酬法和劳动法来保护工人远离不合理的工作条件。因此，让工会来保障薪酬和工作环境的需求因其他立法的出现而下降。

13.2　集体讨价还价与工会力量

正如上文所说明的，英语国家的讨价还价惯例是雇主和当地工会在某个地点就单个协议进行的讨价还价。合同讨价还价是公司-工会关系的核心。讨价还价的结果是确定雇佣条款和条件的合同。在本节我们讨论影响讨价还价结果的几个因素。我们将尤其关注决定工会工人获得大幅加薪还是小幅加薪的因素。

关于集体讨价还价没有一个被广泛接受的理论。但任何一个理论都必须抓住讨价还价的几个基本特点。讨价还价的一个基本特点是合作会带来收益，但就这些收益的分配会产生冲突。合作是达成协议所必需的。在买房或商讨一个劳动合同时，最终协议对商讨的双方代理人来说都是自愿的。[①] 因为协议是自愿的，每一方在某种程度上必须对对方通融，否则会导致协议无法达成，从而丧失潜在收益。另外，一方的收益会导致另一方的损失，从而带来冲突。更高的房价会使卖主的境况变得更好，而使买主的境况变得更糟。

另一个讨价还价的普遍特征是很少能有一个让双方都接受的结果。对于楼盘卖主最坏的情况是销售未遇到预期的买主，所以卖主不得不等待另一个买主的来临。如果工会与公司没能达成协议，它们仍会继续讨价还价。如果仍然未成功，缺少合同可能导致工会罢工或者公司让工人停工。未达成协议的结果叫作**意见分歧点**（disagreement point）。因为如果未达成协议，意见分歧点就出现了，没有任何一方会满足低于他们意见分歧点的协议。因为这个原因，意见分歧点有时叫作"威胁点"，因为如果协议未达成，一方可以用这个结果威胁另一方。

售房者心里有一个他们愿意接受的最低价格，而买房者心里也有一个他们愿意支付的最高价格。工会有一个可接受的最小的加薪幅度，而公司可能有一个准备支付的最大加薪幅度。换言之，所有讨价还价都有一些可能的结果，被称作**讨价还价集**（bargaining set）。假设可接受的最低加薪幅度是 2%，且公司愿意支付的最大幅度是 4%。那么讨价还价集包括所有 2% 与 4% 之间的加薪幅度。当然，如果讨价还价集是空的，那么协议无法达成。

□ 13.2.1　鲁宾斯坦讨价还价理论

我们将学习阿里尔·鲁宾斯坦（Ariel Rubinstein，1982）的讨价还价模型。这是讨价还价过程的一个基本模型，就其本身而论，可以适用于任何讨价还价情形。它既适用于售房或售车时的讨价还价，也适用于公司和工会之间的集体讨价还价。在第 5 章的条

---

① 这在由仲裁决定的合同中不是真正意义上的自愿，仲裁即由第三方强行提供的和解。然而，仲裁和解相对比较少。

件下，鲁宾斯坦模型是非合作博弈的一个例子。当然，讨价还价是一个非常复杂的问题，所以模型必须做出一些简单的假设。

劳动合同可能会非常详细。例如，威尔弗雷德劳里埃大学与其教师协会的一份合同长达 70 多页。薪酬、养老金、晋升规则、合同期、新教师任命、教学任务、就业平等和性骚扰以及其他的一些条款都囊括在合同内。就一份如此复杂的协议所做的讨价还价本身就是一项很复杂的任务。

让我们把事情简化，假设公司和工会就一个固定的美元数额进行讨价还价。假设公司创造的经济利润由 π 表示。工会和公司就 π 如何分配进行讨价还价：50 - 50、60 - 40、90 - 10 还是其他分法。

例如，让我们假设公司有 500 个雇员加入了工会，根据旧合同的条款，每个人被支付 40 000 美元，共计 2 000 万美元。工会可接受的最低加薪幅度是 2%，这会让公司的薪酬总额增加 400 000 美元。公司愿意接受的最大加薪幅度是 4%，这会让薪酬总额增加 800 000 美元。事实上，公司和工会就 400 000 美元进行讨价还价。如果工会仅获得最低加薪，那么它不能从 400 000 美元中得到一分钱；公司全部拿走了。如果公司最终支付了最高薪酬，那么它不能从 400 000 美元中拿到一分钱；工会全部拿走了。依据 50 - 50 的分成，工会和公司各获得 200 000 美元，即会给薪酬单带来 400 000 美元＋200 000 美元＝600 000 美元的增加，或者是 3% 的加薪幅度。

尽管这是对实际发生的情况的一个高度简化的版本，但是它直击问题的核心。在讨价还价结束时，即便是一份非常复杂的集体协议也代表了公司的底线成本。不难理解，薪酬、加班费率、养老金、健康和护齿保险等都是公司运营成本的一部分。但其他问题，比如裁员规则和晋升规则会给公司带来更大的成本。这种成本直接反映在用来确保照章行事的管理成本中。这些规则也可能阻止公司做自己想做的，这给公司带来了隐性成本。因此，当进行合同讨价还价时，公司的管理者对于给工会的开价心中有数，并时刻警惕工会的还价。所以讨价还价实际上超过了合同条款所提出的成本。那么问题是：这些成本会吞没多少 π？

因为实际合同是如此详尽，讨价还价会进行数月。在鲁宾斯坦模型中，合同讨价还价有如下特征。一个理性的公司和理性的工会会进行一系列回合的讨价还价。每一方都面临延误成本。也就是说，讨价还价各回合所花费的时间对公司和工会来说都是代价高昂的。公司和工会轮流向对方出价。如果出价被接受，讨价还价结束。如果出价被否决，讨价还价将在下一轮继续，且双方都承受各自的延误成本。

延误成本由两部分组成。第一部分是双方的直接讨价还价成本。公司和工会必须负担讨价还价者（或至少承担讨价还价者本应花在常规工作中的时间成本）和律师的费用。而且，如果讨价还价中第一次出价未能获得通过，那么随之而来的罢工和停工会产生成本。直接的讨价还价成本比双方因罢工和停工带来的成本要小得多。继续回到我们的例子，让我们假设公司和工会每一方的延误成本达到 200 000 美元。当然，成本相同一般是不可能的，但不妨让我们暂时做出这样的假设。

另一个关键假设是讨价还价双方信息是完全的，且没有不确定的因素。这意味着 π 的大小是确定的。但我们必须考虑一个更为现实的模型，即讨价还价桌上的一方或双方对于 π 的大小都不太确定。例如，即使公司明白与工会合作会带来持续的利润，但也没有足够理由假设工会也知道利润是多少。在没有看到公司的账单和下个月的订货单等的时候，工会不可能知道公司的 π 的大小。然而，带有不确定性因素的讨价还价相比于我们现在所讨论的更加难以进行。因此，我们假设工会和公司一样，都知道 π 的大小。

图 13-1 阐释了鲁宾斯坦模型，即当公司和工会就 400 000 美元进行讨价还价时，每一方的延误成本都是 200 000 美元。纵轴表示工会从讨价还价中获得的金额数，标为 π_U。类似地，横轴表示公司从讨价还价中获得的金额数，标为 π_F。如果工会拿走了所有的钱，也就是 400 000 美元，那么公司将一无所获。公司每从讨价还价中获得一美元，工会就会少一美元。因此，讨价还价得到的所有可能的结果由一条斜率为负、向下倾斜的线段表示，起点是（0，400 000）。线段的横截距落在 400 000 美元，代表如果公司获得400 000 美元，那么工会将一无所获。

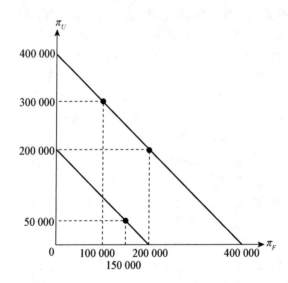

图 13-1　鲁宾斯坦讨价还价模型的解决方案

离原点最远的线叫作讨价还价边界。所有边界线内的点组成了讨价还价集。因为每一轮每一方的延误成本是 200 000 美元，如果未达成协议，讨价还价边界线在每一轮讨价还价后向内移动 200 000 美元。每一方最多从一个协议中获得 400 000 美元，如果在两轮讨价还价过后协议仍未达成，那么从讨价还价中获得的所有可能收益都将被消耗掉。因而，原点表示工会和公司的分歧点。

因为公司和工会都是理性的，"空洞的威胁"的情况就被排除了。例如，假设工会首先向公司出价。工会可能向公司出价 100 000 美元，自己拿走 300 000 美元，且威胁说拒绝接受公司的任何出价。如果公司相信了工会的威胁，它会接受 100 000 美元，因为如果在讨价还价中协议未达成（分歧点），公司将一无所获。但工会的威胁是不可信的。如果公司拒绝工会的出价，双方都会蒙受 200 000 美元的延误成本的损失，导致讨价还价边界向内移动。现在公司可以向工会出价 50 000 美元，自己拿走150 000 美元。工会会接受 50 000 美元，因为有总比没有好。如果工会拒绝了50 000美元，工会和公司将到达分歧点。既然公司不会相信工会的威胁，工会首先进行威胁没有一点意义。

让我们假设工会首先出价。该模型预测工会将向公司出价 200 000 美元，且公司马上接受了出价。想知道为什么会这样，我们使用一种方法，叫**逆向归纳法**（backward induction）来进行阐释。既然工会首先出价，那么第二轮就应该轮到公司来出价。第三轮讨价还价对双方来说都将一无所获。在第二轮中，公司知道工会将接受任何等于或高于分歧点的结果，即如果它拒绝了公司的出价，它也只能获得这么多了。因此，公司将出价为零，自己获得 200 000 美元，工会将接受公司的出价。在第一轮中，工会知道公司会接受任何等于或高于200 000 美元的金额，因为公司常常通过拒绝接受工会的出价，且等到第二轮来获得 200 000 美元。因此，工会在第一轮向公司出价 200 000 美元，公司会接受这一出价。

在鲁宾斯坦模型中，协议的达成没有延误。双方理性的行为与延误成本会让双方达成一个协议。在这个协议中，没有任何一方愿意蒙受延误成本损失。延误成本减少了公司和工会之间可分配的盈余数额。既然双方都是理性的，他们可能会一直否决对方的出价，最终协议未达成，双方都一无所获，博弈结束。从这一点倒推，从而产生了这一讨价还价博弈的解决方案。

延误成本是这幅图中非常重要的一个部分。双方想要避免延误成本的心愿为双方尽快完成讨价还价提供了动力。在某种意义上，延误成本，或使用延误成本的威胁是每一方可能用来对抗另一方的一种武器。因为这个原因，延误成本的大小对公司-工会讨价还价的结果有非常重要的影响。然而，延误成本的相对大小非常重要，而不是它们的绝对大小。图 13-2 和图 13-3 阐释了这一观点。

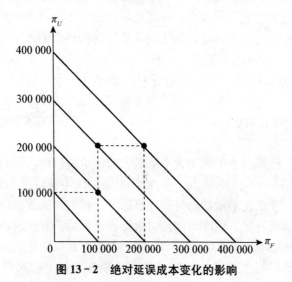

图 13-2　绝对延误成本变化的影响

在图 13-2 中，延误成本的绝对大小随着最初的讨价还价博弈而发生变化。公司和工会双方的延误成本从每轮 200 000 美元降到了每轮 100 000 美元。按绝对值计算，延误成本减少了一半。但按相对值计算，延误成本跟以前是一样的。工会和公司有同等的延误成本。延误成本减半意味着需要进行四轮讨价还价，直到在双方之间分配的400 000 美元盈余被消耗掉。

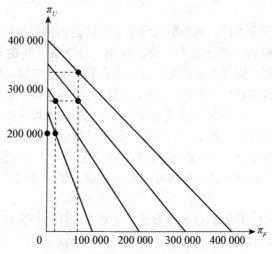

图 13 - 3　相对延误成本变化的影响

让我们继续回到工会首先出价这个例子。这样就意味着公司在第二轮出价，工会在第三轮出价，然后公司在第四轮出价。我们仍然用逆向归纳法来解答这个讨价还价。在第四轮中，轮到公司向工会出价。如果工会拒绝了公司的第四轮出价（分歧点），工会将一无所获。因此，公司可能什么都不会给工会，且自己拿走 100 000 美元。在第三轮中，工会需要向公司出价不高于公司将在第四轮中获得的金额，即 100 000 美元。因此，工会将拿走 100 000 美元，且让给公司同样的金额。在第二轮中，公司将向工会出价 100 000 美元，这也是工会将在第三轮中拿到的，剩余 200 000 美元给自己。因此，在第一轮中，工会将向公司出价 200 000 美元，自己拿走 200 000 美元。当然，双方都知道出价会遵循这样的套路。因此，对工会来说，讨价还价的解决方案是在第一轮向公司出价 200 000 美元。公司会接受这一出价。

延误成本减半对讨价还价的结果没有绝对的影响。当每一方的延误成本都是 200 000 美元时，400 000 美元被平均分配。当延误成本减半至每一方 100 000 美元时，400 000 美元仍被平分。结论是在相对延误成本不变的情况下，绝对延误成本的变化对讨价还价结果没有影响。

在图 13 - 3 中，延误成本的相对大小从最先的讨价还价博弈开始发生变化。公司每一轮的延误成本仍旧是 100 000 美元。但工会的延误成本降低到每轮 50 000 美元。因而，分歧点改变了。在四轮不成功的讨价还价后，公司的延误成本将把它从讨价还价中获得的潜在收入全部消耗掉。但即使四轮讨价还价结束后没有达成协议，工会也只损失了 200 000 美元。因此，分歧点是（0，200 000），而不是以前的原点了。

按相对价值计算，工会的成本下降了 50%。现在延误给公司带来的成本高于给工会带来的成本。换言之，在任意一轮讨价还价中，不达成协议给公司带来的损失高于给工会带来的损失。从这个意义上说，公司有更多的压力要应对。为了避免延误，公司可能相比于工会更愿意放弃讨价还价。换言之，工会应该可以从公司那里获得更多。让我们看一下事情是不是这样。

再次，让工会先出价。跟以前一样，这就意味着公司在第四轮出价。如果工会拒绝公司的第四轮出价，它将获得 200 000 美元（分歧点）。在第四轮中，公司将向工会出价 200 000 美元，剩余 20 000 美元给公司。因而，在第三轮中，工会将向公司出价 20 000 美元，自己拿走 270 000 美元。在第二轮中，公司将向工会出价 270 000 美元，自己拿走 69 000 美元。因而，在第一轮中，工会将向公司出价 69 000 美元，自己拿走 331 000 美元。当然，公司将接受最初的出价。

当延误成本相等时，双方从协议中获得的收入也一样。当工会的延误成本低于公司的时，协议将对工会有利。当工会的延误成本下降到每轮 50 000 美元时，工会从协议中获得的收入升至 331 429 美元。相反，公司的收入从 200 000 美元下降至 68 571 美元。正如我们所猜想的，相对变化支持延误成本低一些的一方，在这个例子中，就是工会这一方。因为公司的延误成本相对较高，公司愿意放弃相对多的讨价还价盈余。简言之，延误成本低的一方获得有利的和解。

鲁宾斯坦模型对集体讨价还价有两层重要含义。首先，双方的相对延误成本是讨价还价和解的一个重要的决定因素。延误成本高的一方在未达成协议的情况下损失更大，因而更愿意放弃更多以求和解。这可以解释为什么工会薪酬收入是顺周期性的——当经济扩张时高一些，当经济收缩时低一些。当商业繁荣时，如果公司未快速地达成协议，损失会比经济放缓时要高一些。同样，当经济增长时，即使协议未达成，工会工人也会很容易找到可替代的工作。因此，当经济扩张时，相对延误成本支持工会而发生移动。所以，在经济周期的回升时期，工会可能达成更有利的协议。

从鲁宾斯坦模型得到的第二个重要的教训更加微妙。没必要为了让延误成本影响协商解决而让延误发生。换句话说，没必要为了让罢工和停工的成本影响讨价还价的结果而让罢工或停工发生。任何信息完全的理性的公司和工会都能看到延误成本对最终协议的影响。如果延误成本的相对差支持一方，那么双方将会充分认识到最终协议必定支持成本低的一方。根据鲁宾斯坦模型，没必要通过罢工和停工来向双方告知双方延误成本的不同。

例如，加入工会的零售工人和他们的雇主们都认识到，圣诞节前的罢工可能给公司带来沉重打击。加入工会的棒球运动员和他们的雇主们也都认识到，世界职业棒球大赛期间的罢工会给球队所有者带来极大的成本。在每一个例子中，这些成本将会反映在讨价还价解决的条款中，而没有必要以发生罢工或停工的形式出现。当然，1994 年棒球季以停工告终，导致世界棒球大赛被取消。罢工和停工是现实世界集体讨价还价的一个代价极高的副作用。这将在 13.3 节讨论。

□ 13.2.2　工会的讨价还价力量

有两种方式来思考工会的讨价还价力量。在上文分析的鲁宾斯坦博弈中，公司和工会就 400 000 美元进行讨价还价。在这个例子中，工会最想要的结果是获得所有 400 000 美元。工会的讨价还价力量可以定义为工会想要的结果与讨价还价结果的接近程度。因此，在上文的例子中，讨价还价的结果越接近 400 000 美元，工会的力量就越大。从上文我们可以看到，当延误成本变化且工会的成本相对低时，讨价还价的结果偏向工会一方。延误成本的变化使得讨价还价力量转向成本相对下降的一方。

在鲁宾斯坦博弈中，公司的雇佣水平假设是固定的。公司和工会仅就一大笔钱进行讨价还价。然而，原则上，公司和工会可以就薪酬率和雇佣水平进行讨价还价。或者，它们可以就薪酬率进行讨价还价，一旦薪酬通过讨价还价确定后，雇佣水平就由公司来确定。[1] 事实上，这是讨价还价协商如何进行的典型方式：公司和工会协商薪酬，然后公司单方面确定雇佣水平。在这种情况下，当公司做出雇佣决定时，薪酬率已事先确定了。因为在给定薪酬的情况下，公司选择利润最大化的雇佣水平，公司遵循雇佣水平由公司的劳动需求曲线决定的定律。这符合我们在第 11 章讨论的情况，除了这里的薪酬是由单个公司-工会讨价还价确定而不是由劳动市场决定。

当然，公司的劳动需求曲线向下倾斜。因而，高薪酬会导致低的雇佣水平。薪酬增加不可避免地会导致一些工会工人失去工作。然而，如图 13-4 所示，裁员的数量取决于公司劳动需求曲线的弹性。如果劳动需求相对没有弹性，那么薪酬从 w_0 上升至 w_1 会导致雇佣数量从 L_0 下降至 L_1。但如果劳动需求是有弹性的，薪酬增长同样的幅度，雇佣数量则从 L_0 下降至 $\tilde{L}_1$。这引出了我们理解工会讨价还价力量的第二种方式。面临无弹性劳动需求的工会在某种意义上比面临有弹性劳动需求的工会力量更大。一个劳动需求曲线无弹性的公司的工会可以在寻求薪酬增长的同时，又不用担心其会员失去工作。

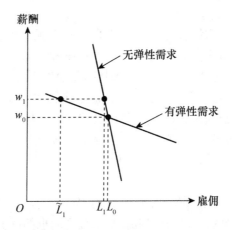

图 13-4　讨价还价力量和劳动需求弹性

因此，讨价还价力量可以由工会有多接近其想要的结果来衡量，也可以由劳动需求曲线的弹性来衡量。工会可能在某些方面有力量，而在其他方面则不然。例如，工会可能从公司获得一个非常大幅的加薪，因为工会有相对低的延误成本。但工会可能不愿意寻求大幅加薪，因为公司的劳动需求非常有弹性。尽管获得大幅加薪是可能的，但这可能导致裁员，最终以丧失许多工会会员为代价。或者，如果工会所在的公司的劳动需求无弹性，工会能够把薪酬提高一些。

无论工会的讨价还价力量有多大，都不要怀疑其来源。工会能够通过罢工获得讨价还价力量。通过把劳动服务无限期地从公司收回，工会能够给公司施加延误成本的压力。正如我们所了解的，这些延误成本是讨价还价力量的一个重要的决定因素。

在回到罢工这个话题之前，我们必须理解一个非常重要的观点。一般人有一个非常

---

[1]　薪酬和雇佣水平讨价还价达成的协议被称作"有效合同"；单独的薪酬讨价还价达成的协议被称作"权利管理合同"。

普遍的错误想法，即工会讨价还价力量的增大导致了更多罢工。例如，有人认为在经济繁荣期，因为工会有更大的讨价还价力量，所以会发生更多罢工。因为在经济繁荣期，工人可以很容易地在别处找到工作，且公司不愿丢掉生意，所以工会的讨价还价力量就增大了。但鲁宾斯坦模型清楚地表明这种推理是错误的。一方讨价还价力量的变化是由双方承认的，意味着这只影响讨价还价结果而不影响罢工活动。因为公司知道工会在经济繁荣期有更大的讨价还价力量，为了避免罢工，它会主动提高薪酬。讨价还价力量的不同解释了薪酬是怎么确定的，而不是解释了由什么原因导致了罢工。

甲壳虫的延误成本

非常成功的新甲壳虫车型，由德国大众汽车公司在 1998 年推出，并于 2001 年在一个工厂里被生产出来了。那个工厂位于墨西哥的普埃布拉，在墨西哥城东部的 60 英里（100 千米）处。工厂也生产经典款甲壳虫车（只在墨西哥售卖）、捷达和高尔夫敞篷版车型（主要供给美国和加拿大市场）。在 2000 年，普埃布拉工厂生产了 425 073 辆车，其中约 80% 的车用于出口。

12 500 个工人就薪酬问题展开的罢工开始于 2001 年 8 月 18 日。最初，双方存在分歧：大众公司的首轮出价是 7% 的加薪，而工会要求加薪 30%。到罢工的第二周，工会把其加薪的要求降至 19%，而大众公司坚持其最初加薪 7% 的出价。

大众汽车公司表示罢工的成本根据停产的市场价值计算是每天 3 000 万美元。因此，罢工 12 天，生产损失的成本为 36 000 万美元。为了更清楚地说明这一点，德国大众汽车公司 2000 年的利润是 82 400 万欧元（75 000 万美元）。换言之，罢工给大众汽车公司带来的成本相当于前一年利润的一半。

但销售额损失对大众汽车公司来说就代表了延误成本吗？有几个原因可以解释为什么销售额损失夸大了罢工的成本。第一，大众汽车公司在罢工期间不需要支付任何薪酬，这会节约一部分钱。第二，罢工发生时，墨西哥、美国和加拿大正处于经济衰退期，意味着无论如何生产都会收缩。第三，罢工期的生产损失可以从罢工前积累的库存得到补充，或者通过罢工后加班提高生产而弥补。事实上，有可能大众汽车公司的延误成本非常小，工会起初错误判断了这一事实，导致了罢工。

资料来源："Striking VW Mexico Workers Vote on New Offer", Reuters, 28 August 2001.

13.3 罢工与停工

罢工指工会工人拒绝工作。停工指公司阻止工人工作。罢工有三种基本的类型。首次合同罢工（contract strike）发生在工会为获得公司承认而进行斗争的时候。**续约罢工**（contract renewal strike）发生在讨价还价期间。**野猫式罢工**（wildcat strike）发生在现有合同期内。野猫式罢工在许多国家的司法里都是非法的，比如美国，但在其他一些国家则不然，比如法国。我们将着重讨论续约罢工，其在罢工数量中占据大多数，对几乎所有罢工的工作时间浪费都有责任。在我们继续讨论之前，有一件事必须提出：尽管罢工引发了许多媒体报道，但是罢工实际发生不多。1995 年，在许多发达国家中，罢工带来的工作时间损失不足 0.1％。

经济学家们难以对罢工的发生原因做出解释。鲁宾斯坦模型阐释了为什么会这样。让我们回到最初公司与工会就 400 000 美元进行讨价还价的例子，如图 13-5 所示。如果在第一轮讨价还价中协议未达成，双方都会蒙受 200 000 美元延误成本的损失，讨价还价边界会如之前所描述的向原点靠近。当然，延误成本是因罢工（或停工）而引起的。

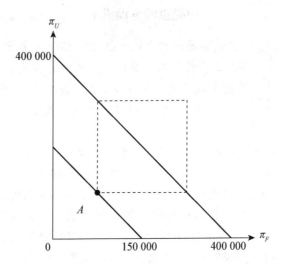

图 13-5　罢工对公司-工会讨价还价的影响

因为讨价还价边界向内移动，任何在第二轮达成的协议都会不如第一轮的协议。例如，如果点 A 是在第二轮中达成的，任何第一轮讨价还价边界上的虚线框内的点都比 A 点好，因为它使双方都能够获得更多钱。当然，这是鲁宾斯坦模型的一个主要观点：协议在第一轮就可以达成，因为双方都知道，如果他们不立即达成协议，他们将面临赔钱。换言之，当双方都知道罢工的成本时，罢工就不会发生了。简言之，罢工是非理性的。

诺贝尔奖获得者经济学家约翰·希克斯以另外一种方式来看待罢工的问题。如果现有理论成功地解释了罢工的结果，那么公司和工会可能都会接受这个结果，而不会让罢工发生。这样的话罢工将不再发生。因此，一个"解释"罢工的理论应该有通过解释罢工而让罢工不再发生的作用。观察表明一个说明罢工将不再发生的合适的理论被称作"希克斯悖论"，这也解释了为什么一个满意的罢工理论如此难以找到。

这一解释很好，但很明显，罢工确实发生了。在现实世界中，集体讨价还价和协议可能无法毫无延误地达成。这似乎完全违反了鲁宾斯坦模型。然而，回想一下鲁宾斯坦模型的两个假定：完全信息和理性行为。

在现实讨价还价情况中，讨价还价桌上至少有一方可能有一些私有信息。这意味着一方的延误成本可能不会完全被另一方知晓。在这种情况下，一方对另一方延误成本的误解可能会导致双方对相对延误成本的误解。因而，每一方可能对讨价还价的结果有不同的期望。期望的不同使讨价还价更复杂，从而导致讨价还价破裂。在这一情况下，罢工或停工可能被用来向对方传递各自延误成本的信息。

另一个可能是，代表们，尤其是工会，可能受某种力量而非理性的经济行为的激励。进行讨价还价的工会领导一般是由工会会员选举出的。因为领导是被选举出来的，政治方面的考量，比如他们会有一种执政的欲望，可能在与公司讨价还价时发挥作用。例如，假设工会工人认为他们应该从公司获得大幅加薪。即使工会领导知道工人的期望是不现实的，他们也可能希望表现得态度强硬而不是接受公司开出的低薪酬。因此，工会领导的连选连任意愿可能致使他们表现得"不理性"。

■ 13.4　工会的作用

目前的讨论集中在工会行为的理论层面。在本节我们将讨论工会的作用，经济学家们已经对此提供了论证。本节首先关注工会对薪酬的影响。但就像经济学中的其他许多事情一样，聚焦于工会的一种作用潜在地忽略了公司的抵消行动。例如，如果工会要求提高薪酬，公司可能会更细致地挑选雇员以做出回应。通过选择更富生产率的工人，公司可以抵消来自工会的加薪要求。

□ 13.4.1　薪　酬

工会对薪酬的影响一般由**工会-非工会薪酬差别**（union-non-union wage differential）来表示。如果 w_U 表示工会薪酬，w_N 表示非工会薪酬，那么工会-非工会薪酬差别是：

$$\delta = \frac{w_U - w_N}{w_N}$$

因此，δ 仅表示工会薪酬与非工会薪酬之间的比例差异。重要的是要注意，薪酬指标 w_U 与 w_N 都是来自那些除了工会会员身份不同之外其他每一个方面都一样的工人。不使用可比较的工人导致的薪酬差别只会捕捉到其他可能与工会无关的因素。

人们普遍持有的一个观点是工会提高了非工会会员的薪酬。这确实发生了，所以争论就产生了，因为无工会的公司被迫与有工会的公司争取同样的工人。而且，所有公司都试图维持不同职位间传统的薪酬差别。因此，如果生产线工人的薪酬通过工会提高了，公司将不得不提高非工会管理工人的薪酬来维持两种职业群体间的传统薪酬差别。这些争论存在的问题是他们忽略了市场势力。如果工会提高了薪酬，公司将裁员。被裁掉的工会工人被迫去无工会的公司寻找工作，因此压低了非工会薪酬。换言之，无工会的公司没有必要与有工会的公司竞争工人。被工会化公司裁掉的工人会增加无工会公司工人的供给。

可能减少市场势力对非工会薪酬影响的一个因素是无工会公司为了使那些加入工会的工人沮丧而提高薪酬。这被称为成立工会的**威胁影响**（threat effect）。威胁影响越大，工会-非工会薪酬差别就越大。威胁影响的大小取决于公司对工会有多厌恶，工会组织非工会工人加入工会有多积极，以及工会组织无工会公司工人加入工会的成本有多大。例如，如果公司极度厌恶成立工会，它可能支付给所有工人同样的薪酬，或者支付给非工会工人的薪酬多于可比的工会工人的。另一个可能减弱市场势力的因素是**队列失业**（queue unemployment）。因为有工会的公司薪酬更高，被解雇的工人可能更偏向于谋求一份有工会的公司的工作，而不是寻求无工会公司的工作。在这种情况下，无工会公司中前工会工人的供给增加速度会减缓，而非工会薪酬下降得会更少。

事实上，薪酬的比较必须使用同样的工人，这使得很难准确地衡量 δ。简言之，除了工会外，其他因素也可能影响薪酬。工会雇员与非工会雇员间存在薪酬差别并不意味着薪酬差异就是由工会的存在引起的。例如，有工会的公司可能雇佣更优质的工人或者他们可能让工会雇员更加努力工作。劳动素质的一些决定因素在实证研究中可以被量化和控制，比如教育、经验和培训。但其他一些决定劳动素质的因素，如激励、工作努力程度和斗志则不容易控制。尽管经济学家可以获得一些在教育、经验和培训上相匹敌的工会与非工会工人群体，但我们仍可能看到差异的存在，因为工会工人受到高度激励，或者在工作上有更高斗志。

另一个衡量 δ 的问题出现了，因为工会的目标很难与工会的作用相分离。传统的观点是工会带来了更高的薪酬。但很可能高薪酬使工会得以成立。工会可能发现组织有高收入工作的工人更容易，且这些工人可能更愿意加入工会。如果是这样，那么即使不存在工会，工会-非工会薪酬差别也会存在。换言之，工会的存在仅仅表明薪酬很高，但并不意味着工会是产生高薪酬的原因。

□ 13.4.2　非薪酬变量

许多工人从工作中获得的货币收益没有反映在他们的小时薪酬或薪水中。工人获得的养老金、护齿保险计划、假期和其他形式的补偿被称为**附加福利**（fringe benefit）。忽略附加福利会低估劳动给公司带来的成本。这是非常重要的，因为有证据表明工会对福利的影响远大于对薪酬的影响。因此，如果把附加福利考虑进工会作用的估算中，得到的结果可能比工会-非工会薪酬差别的估算更大。

工会的另一个作用是由资源分配的多少和经济福利的大小来衡量的。如果工会能够把薪酬提高到高于竞争市场薪酬的水平，那么实质上它们与产品市场里的垄断公司有着同样的作用。同样地，工会对经济福利的影响可以根据我们在第 9 章中对监管行业进行垄断评估时所用的同样的标准来加以判断。举一个简单的例子，思考一下如果工会成功地把一个特殊行业的薪酬提高到高于竞争市场的水平，会发生什么。结果是该行业的工人被裁员，且雇佣水平下降至竞争水平以下。在这一低雇佣水平的情况下，雇佣额外一个工人给社会带来的边际收益大于该工人的边际成本。因为如果该额外的工人没有被雇佣，就没有实现对社会的创收，也就是产生了**无谓损失**（deadweight loss）。很明显，工会能够提高的薪酬水平越高，无谓损失就越大。该损失可以按照产品市场在把价格提高至竞争水平之上情况下解释垄断时所用的同样方式做出解释。

假设我们都认为工会会给它的会员带来高于非工会工人的薪酬。原则上，工会工人可能比他们同行业的非工会工人更富有生产率。事实上，工会工人可能极富生产率，以致能完全补偿他们获得的高薪酬。工会对生产率的作用在经济学中是一个老议题。人们普遍持有这样的观点，即工会通过把约束性的规定强加于公司从本质上降低了生产率。例如，有工会的公司的晋升可能由资历而不是能力决定。或者工会可以讨价还价并达成规定，从而使得公司雇佣多于自主选择的工人。

美国经济学家理查德·弗里曼与詹姆斯·麦道夫提出了另一种观点（参见 Freeman and Medoff, 1984）。他们的讨论基于**离开－投诉假设**（exit-voice hypothesis）。该论断是，在无工会公司，对工作不满意的工人除了离开或退出公司，没有其他选择。一个工人的投诉可能不会引起管理层的注意，反而会因为制造麻烦而被解雇。工会的存在，以及伴随的投诉程序给予不满意的工人表达自己的抱怨的途径，以及保证他们不会因为说出了想法而受到惩罚。因而，有工会的公司应该会有低的人员流失率，因为不满意的工人不会被迫离开。事实表明薪酬在成立工会的公司更高，这使得工会工人不太可能辞职，且有证据表明人员流失率在成立工会的公司更低。人员流失对公司的成本很大，因为工人需要被筛选、雇佣和培训。因此，人员流失率的下降会节约公司成本并提高生产率。

总而言之，无论工会对薪酬、附加福利、人员流失率和生产率的影响有多大，对公司的所有者来说，真正重要的是工会对利润的影响。许多公司抵制工会，试图阻止它们的工人加入工会，因为这意味着所有者们认为工会的存在会削减利润。来自美国的证据表明，成立工会的公司比同行业的无工会公司实现的资本收益低 19%（参见 Clark, 1984）。即使工会的存在提高了工人的生产率，提高的生产率似乎也不可能足以抵消成立工会带来的高成本。然而，来自加拿大的证据不那么清晰。在工会代表由劳工关系局在无记名投票的情况下任命的公司中，利润实际上增加了。这与工会给公司带来有利影响的离开－投诉假设是一致的。但在工人对工会代表投票的公司中，公司的利润估计会下降。

成立工会会影响公司的利润吗

任何有助于降低公司利润的事件最终都体现为公司股价的下降。金融经济学中有一个被称作**事件研究法**（event study methodology）的程序，为了计算事件对公司利润的影响，他们会用这个程序追踪事件发生前后数月的股价。为了研究工会对利润的影响，被考虑的事件是一个之前有非工会雇员的公司成立了工会。通过分析一个公司在加入工会之前和之后的股价，事件研究法能够被用来决定成立工会对一个公司利润水平的影响。

马蒂内罗等人（Mertinello et al., 1995）使用事件研究法确定工会对 66 个在多伦多证券交易所上市的安大略省公司的利润的影响。研究的事件是**工会认证**（union certification）。为了合法地代表一个特定公司的雇员，一个工会必须服从安大略省劳工关系局。

令人惊讶的是，研究发现被批准建立工会的公司的股价未出现很大的下跌。尽管在工会组织的计划宣布的数月中股价下跌了，但股价在接下来的数月得到补偿。对于那些工会的申请被否决的公司，股价没有受到多大影响。这个结果与美国的情况不同，在美国，研究一致发现，当工会成立时，利润下降了。

资料来源：Mertinello et al. (1995).

小　结

● 在发达经济体即英语国家、欧洲其他国家及日本，有三种基本的劳资关系体系。

● 一个简单的工会服务市场的供给与需求模型可以用来解释为什么许多国家的工会密度在 1985—1995 年下降了。

● 鲁宾斯坦模型表明一个理性的公司和工会在每一方的延误成本的信息完全的情况下讨价还价将毫不延误地达成协议。

● 延误成本的相对变化将使协议条款转向支持有相对低的延误成本的一方。没必要为了让延误（罢工或停工）成本影响结果而让延误（罢工或停工）发生。

● 工会讨价还价力量可以根据接近工会偏向的结果的程度以及劳动需求曲线的弹性来衡量。工会讨价还价力量的变化将反映在协议的条款中，而不是发生更多罢工。

● 在实际合同讨价还价中，工会领导的政治考虑或双方对对方的延误成本掌握的信息不充分会导致工人们以罢工和停工的方式表示不满。

● 离开-投诉假设论证了工会可以通过降低公司的人员流失率而提高生产率。

练　习

1. 假设讨价还价边界由以下方程给出：

$$U = 20 - \pi$$

其中，U 是工会的效用，π 是公司的利润。工会的延误成本定为 10，即 $C_U = 10$，公司的延误成本也是 10，即 $C_F = 10$。

（a）画出讨价还价边界的示意图，以 U 为纵轴，以 π 为横轴。标示边界的横截距和纵截距。

（b）在同一幅图中画出第一期延误后的讨价还价边界。再次标示横截距和纵截距。

（c）如果工会首先出价，对于此讨价还价问题鲁宾斯坦模型会给出什么解决方案？

（d）如果公司首先出价，对于此讨价还价问题鲁宾斯坦模型会给出什么解决方案？

（e）在这场博弈中首先出价是否有优势？

2. 假设公司-工会合同中的讨价还价边界给出如下：

$$U = 200 - \pi$$

其中，U 是工会的效用，π 是公司的利润。工会的延误成本定为 100，即 $C_U = 100$，公司的延误成本也是 100，即 $C_F = 100$。

（a）画出讨价还价博弈图，标明讨价还价边界、延误影响和分歧点。

（b）假设公司首先出价，计算出鲁宾斯坦模型对这一讨价还价问题的解决方案。

（c）现假设双方的延误成本都下降至 50，即 $C_U = C_F = 50$。画出讨价还价图并计算出该博弈的鲁宾斯坦解决方案。

（d）从两组讨价还价成本上比较两个方案。你所画的鲁宾斯坦模型有什么特征？给

管理经济学：基于战略的视角（第二版）

出解释。

3. 假设公司-工会合同中的讨价还价边界给出如下：

$$U = 400 - \pi$$

其中，U 是工会的效用，π 是公司的利润。工会的延误成本定为 200，即 $C_U = 200$，公司的延误成本也是 200，即 $C_F = 200$。

（a）画出讨价还价博弈图，标明讨价还价边界、延误影响和分歧点。

（b）假设工会首先出价，计算出鲁宾斯坦模型对这一讨价还价问题的解决方案。

（c）现假设仅公司的延误成本下降至 100，即 $C_F = 100$，而工会的延误成本保持 200 不变。画出讨价还价图并计算出该博弈的鲁宾斯坦解决方案。

（d）从两组讨价还价成本上比较两个方案。你所画的鲁宾斯坦模型有什么特征？给出解释。

4. 假设一个工会对一个公司有很大的讨价还价力量，以致工会可以决定其想要的薪酬。而且假设工会会员集体决定他们的目标应该是使公司雇佣的工会会员的总薪酬最大化。换言之，假设工会决定让公司的薪酬总额最大化。假设公司的（逆）劳动需求曲线给出如下：

$$w = 20 - 0.01L$$

其中，w 表示每个被雇佣的工会会员获得的薪酬，L 表示公司雇佣的工会会员的总数。

（a）写出公司总薪酬额的代数表达式。

（b）假设工会想最大化公司的薪酬额，利用这个表达式，求出工会的最大化问题的结果。

（c）计算出工会最大化问题的一阶条件。使用需求曲线和一阶条件来解决公司的薪酬和雇佣水平。

（d）计算出公司的总薪酬额。

5. 假设一个工会对一个公司有很大的讨价还价力量，以致工会可以决定其想要的薪酬。而且假设工会会员一致决定他们的目标应该是使薪酬差额乘以公司雇佣的工会会员数量的结果最大化。（薪酬差额是工会薪酬与离开公司的工会会员可获得的薪酬的差额。）假设如果工会会员离开公司，他们可以获得的薪酬是 10 美元且公司的（逆）劳动需求曲线给出如下：

$$w = 20 - 0.01L$$

其中，w 表示每个被雇佣的工会会员获得的薪酬，L 表示公司雇佣的工会会员的总数。

（a）写出薪酬差额乘以雇佣的工会会员数量的代数表达式。

（b）假设工会想使薪酬差额乘以公司雇佣的工会会员数量的结果最大化，利用这个表达式，求出工会的最大化问题的结果。

（c）计算出工会最大化问题的一阶条件。使用需求曲线和一阶条件来解决公司的薪酬和雇佣水平。

（d）计算出公司的总薪酬额。

参考文献与延伸阅读

Borjas，G. J. (1996) *Labor Economics*. New York：McGraw-Hill.

Clark，K. B. (1984) "Unionization and Firm Performance：The Impact on Profits，Growth，and Productivity"，*American Economic Review* 74 (5)：893-919.

Freeman，R. B. and Medoff，J. L. (1984) *What Do Unions Do?* New York：Basic Books.

International Labour Office (1997) *World Employment Report 1996-97*. Geneva：International Labour Office.

Martinello，F.，Hanrahan，R.，Kushner，J. and Masse，I. (1995) "Union Certification in Ontario：Its Effect on the Value of the Firm"，*Canadian Journal of Economics* 28 (4b)：1077-1095.

Rubinstein，A. (1982) "Perfect Equilibrium in a Bargaining Model"，*Econometrica* 50 (1)：97-110.

第 4 部分

营销经济学

第 14 章

信息的作用

学完本章，你应该理解：

● 如何用不对称信息模型来描述如下情形，即：一方经济代理人掌握了某些信息，而其他经济代理人没有掌握此类信息。

● 隐藏类别和隐藏行动的区别。

● 逆向选择、道德风险问题及其原因。

● 合同和担保如何被用来缓解逆向选择或道德风险问题。

● 当消费者无法直接辨别产品质量时，他们往往会以价取物。

● 厂商关于最优产品供应策略的选择取决于消费者对产品质量的认识速度、了解产品质量的消费者人数以及厂商控制商品质量的自如度。

● 当厂商的声誉足以影响消费者对于产品质量的认可度时，厂商势必会对其提供的高质量产品定出高价。

在经济模型中最常见的一种假设是所有经济代理人都掌握完全的信息。第 15 章将介绍通过广告的形式，不同的因素影响着厂商向消费者传达信息的动因。现在我们要用一种更宽的视角来审视消费者与生产者之间的信息问题（或者缺乏信息问题）。事实上，我们先假设生产者并不用广告模型来推广产品。然而，如果真是这样，则会导致生产者掌握消费者并不知情的一部分信息，那么这将会如何影响生产者所销售产品的**类型**（type）和产品定价的选择呢？

下面我们来看几个例子。假设一个生产者正在出售某种商品：一个面包师正在出售一块面包或者一个二手车销售员正在兜售一辆 2005 版的小型货车。那个面包师可以制作一块简单的白面包，或者她也可以用最昂贵的面粉和最新鲜的调料烘烤一块最上乘的面包。不必说，那个面包师自然熟知每块面包的价值是多大。但对于消费者来讲，当他们走进面包店时，两块面包看上去的差异并不会很大。那么面包师应当生产哪种面包呢？又该如何对面包进行定价呢？

那个小型货车的销售员则面对一个略显不同的问题。那辆 2005 版的小型货车可能保养得很好或很差。实际上，不管原先的车主对车辆做了哪些养护工作，车子性能本身就有高下之分。因此，实际上那个销售员对于所要出售的商品的质量影响甚小。他或许了解那辆小型货车的质量如何，但是任何潜在买家都无法判别出车的性能和质量。那么那个销售员如何给车定价呢？

事实证明，这一章涉及的一些情境类型在许多不同的模型应用中以不同的形式表现出来。正因为如此，我们将以模型的大体概述来开始 14.1 节，其中纳入了我们正在面对的一些信息问题。然后在 14.2 节，我们将把这些模型应用到具体事例中，即垄断者必须选择出售给消费者的商品类型。

14.1　逆向选择与道德风险

本节我们要探讨的问题是围绕**信息不对称模型**（asymmetric information model）展开的。这些模型描述了在一场博弈中两个经济代理人或者两个参与人之间的经济互动。在信息不对称的情况下展开的一些博弈中，一方会成为卖家或者生产者，而另一方则会成为买家或消费者，即便这里所讲的任意一方所扮演的特定角色取决于特定事例。大体上讲，在信息不对称的博弈中，任何时候、任何地点，每一个参与人所能接触到的信息不一定相同。参与的一方掌握着另一方所不知的信息。面包师深知正在出售的那块面包质量如何，但顾客恰恰相反。那个小型货车销售员清楚那辆 2005 版小型货车质量到底如何，但是那些潜在的买家在购买之前无法辨别车的质量。

□ 14.1.1　隐藏类别与隐藏行动

这些信息不对称模型可以分成两大类，这取决于双方之间信息不对称的特定形式。无论在哪种情境中，一方必定掌握着另一方所没有的信息，我们可以说这种信息的不对称性是由下列两个问题中的一个造成的。

● 在**隐藏类别**（hidden types）的模型中，其中一种类型是一方掌握一部分信息，而另一方却不得而知。参与人的类别是天然决定的，不受任意一方的影响。

● 在**隐藏行动**（hidden actions）的模型中，一方可以选择其中一种潜在行为，但是另一方无法观察到这一行为。

接下来我们再谈谈刚才一直在用的例子，那个面包师有能力去决定那块面包的质量。这是一个典型的隐藏行动问题事例。面包师清楚所售的那块面包的质量，但是顾客对此毫不知情。通过采取一种行为，那个面包师能够决定是选择做一块高质量的面包，还是一块普通的面包。那个面包师选择了一种行为，而这种行为则是为另一方所不知的。

同时，那个小型货车销售员和买家之间也存在着信息不对称。那个销售员起码知道那辆 2005 版小型货车的质量如何。但是那辆车是否为次品取决于它的质量，而不是那个销售员。只有销售员，而不是买家，才清楚到底那辆小型货车是何种类型。所以这里存在着隐藏类别问题。最典型的参照还是阿克洛夫（Akerlof，1970）关于这一特定逆向选择问题的讨论。

☐ 14.1.2 道德风险问题

如果一方拥有机会去采取隐藏行动，从而使自己在以牺牲另一方利益为代价的情况下获益，道德风险问题就出现了。最经典的例子还是在房东和租户之间所引发的道德风险问题。一旦租户搬入房间，其有权决定自己是否为一个好租户。她可以表现得像一个好租户，把住所打理得井井有条。不可否认，想要把住所保持得一尘不染需要租户花费极大的精力，即便不是如此，这还是需要占用租户一定的休息时间。她也可以选择做一个不负责任、不爱护住所的坏租户，甚至可能一年才吸一次尘，任凭各种汤汁溅落到地板上，经常招待一些低素质的访客，这些都会潜在地对房子造成持久性破坏。房东也不可能一直去监督和规范租户的行为，所以租户的选择或者行为一般会对房东隐藏。如果租户利用房东对于信息的闭塞性而去尽情享受，而不懂得去善待房子，那么道德风险问题就出现了。

在这种情形下出现的明确的道德风险问题对租户和房东的博弈结果具有直接和可预计的隐含意义。如果房东接受了租户并让租户搬进房子，那么双方一定会签署以租赁合同为形式的**合约**（contract）。租赁合同由许多条款组成，这些条款是专门用来保护房东免受隐藏行动所带来的负面影响的。最明显的莫过于租户要缴纳一定的押金，在租赁合同到期时，其将被用于补偿房东遭受的各项损失和开销。

另一个关于道德风险问题的例子出现于雇佣关系之中。如果雇员能在监管不严的情况下拿到工资，那么他就会面临不努力工作的诱惑，并且在本应该工作的时间干与工作无关的事情（比如上网）。雇员在损害雇主利益的前提下得到了这些东西。这种问题常常出现于那些员工规模庞大的大企业中，也就是第 2 章中提到的**代理问题**（agency problem）。那些公司的管理者也可以想一些办法来减少此类问题的发生。雇主可以根据员工的表现按劳分配，或者聘请监督人员管理员工，以更准确的方式向老板汇报员工的技能水平和努力程度。这些措施可能会耗费很大一笔资金。我们应该向监督人员支付多少薪水？我们又需要多少监督人员呢？至少来讲，由于信息不对称性的不同类别的存在，这些模型能够为企业辨别隐患。一旦管理者清楚了这些问题，他就能减弱由于信息不对称所带来的负面效应，从而提高企业的业绩和利润空间。

☐ 14.1.3 逆向选择问题

逆向选择问题的性质体现在：当信息完全时，市场是如何运行的；当出现信息不对称问题的隐藏类别时，再一次去看同样的一个市场又是如何运行的。比如，一个工厂的管理者愿意花高价去寻找高技能焊接工。市场上存在着两种类别的焊接工：一种是技艺精湛的焊接工，另外一种则是勉强能焊接两段铜管子的低水平焊接工。某些人注定有焊接天赋，另外一些则能力一般。[1] 如果管理者掌握了完全信息，则她会从众多应聘者之中挑选最有能力的那一个。那些没能力的焊接工在得知管理者不会聘用他们的前提下是

---

① 或者更准确地讲，焊接工的类型是由培训、经验以及能力决定的。

绝对不会去应聘那个岗位的。

现在我们来做一个假设，即管理者在招聘之前不清楚哪一个焊接工的能力更强。如果管理者用高薪来招聘，那么无论是高技能者还是低技能者都会去应聘这个工作。值得注意的是，由于焊接工的层次是为管理者所不知的，所以这就会激发那些低技能的焊接工去应聘这一工作的动力。管理者将会从众多应聘者之中做有效筛选，到最后她说不准就挑选了一个低技能焊接工。同时，那个不能对焊接工层次进行准确识别的管理者在招聘挑选过程中面临着逆向选择问题。更常见的情况是，当掌握信息的特定一方以一种对毫不知情的另一方的利益造成损害的方式不平衡地分布于市场时，市场上就会出现逆向选择问题。那些拥有完全信息的市场则不会出现这种问题。

雇主和雇员的博弈结果也可能受一些事实影响，例如雇主能够预见逆向选择问题，就像我们在谈道德风险问题时所提到的租赁协议，它考虑了房东和租户之间的信息不对称问题。比如雇主可能会先以短期合同的形式去招聘员工，等一段时间之后再依员工的表现对其进行评估。假如雇主对这个临时工的表现满意，那么她会决定聘请其为正式工。[①]

逆向选择和医疗保险

之前有人做过假设，即如果市场上充斥着逆向选择问题，那么其可能会彻底瘫痪。这一假设已经在医疗保险业得到了探究。企业慢慢从缩水到逐渐倒闭的这样一个过程叫作**死亡螺旋**（death spiral）。这一过程会以如下方式出现。在医疗保险市场中，顾客一方掌握着他们自身的身体状况信息，而保险公司却无法得知。保险公司会为每一个保险项目设定价格，而且在公司的众多顾客之中，最为典型的莫过于那些具有更大健康隐患的顾客。如果保险公司发现它们在所保项目中的花费要高于预期，那么它们可能会提高报价。然而，那些健康状况稍好的顾客在面对提价时会选择缩小保险范围。这样会增加顾客的逆向选择以及提高顾客索赔的比例。保险公司进一步的提价将会使那些健康状况良好的顾客逐渐流失。最终，那个保险公司将无法赚取足够的利润来使其在行业内立足，市场将会完全瘫痪。

澳大利亚存在着两种级别的医疗保险体系［参照巴雷特（Barrett）和康隆（Conlon），2003］。由政府来运行的义务医疗保险体系涵盖了基本医疗保障。顾客也可以选择购买私人医疗保险去涵盖更高质量的医疗保障或者是国家保险所不涵盖的类别，比如牙科或者理疗。商业保险业受国家监管，国家规定其不能因年龄和服务类别而歧视顾客。这将会产生潜在的逆向选择问题。保险体系会识别出这类问题，这时候大部分高风险顾客将会得到私有基金的补偿。在1984—2000年期间，商业医疗保险的市场份额从50%下滑到了31%。两位经济学家——巴雷特和康隆（2003）分析了澳大利亚医疗保险市场份额在1989—1995年间急剧减少是否由于消费者持久的逆向选择问题的增长：这个产业

---

① 这些由道德风险问题和逆向选择问题引起的关于招聘、薪酬和动力的事件非常重要，在第11章和第12章已进行过详细的说明。下面是记住逆向选择问题和道德风险问题不同之处的技巧："hazard"（风险）这个词的前两个字母"h"和"a"代表了"hidden action"（隐藏行动）。

是否面临着死亡螺旋？

　　根据在 1989—1995 年间对个人的调查数据，他们首先分析了顾客的健康状况、其他个性特点以及是否选择了医疗保险，用这些因素来决定那些具有重大健康隐患的顾客是否更愿意对商业医疗保险进行投保。健康指标包括一个人是否患上糖尿病、高血压以及一些急性和慢性疾病，包括消费者是否吸烟或者酗酒，是否过于肥胖，又或者是否缺乏运动。巴雷特和康隆的计量经济学分析与影响消费者投保的收入、逆向选择和对风险的态度等因素一致。具体来讲，消费者投保的可能性会随着收入的增加而增大，也会随着健康隐患的加大而减少，比如说吸烟。然而，事实上消费者健康状况的恶化会增加其投保的可能性。虽然从长期来看，不利的健康指标的增加会增加消费者投保的可能性，但是那些对健康具有隐患的行为所带来的效果相对会保持原样。相对于单一的个体，在那些投保的家庭之中更容易找到更加有力的逆向选择影响。

　　他们进行的最后一项操作是，如果从 1989 年起，各项决策均未发生改变，他们就将计量经济学模型应用于对 1995 年市场投保情况的预计。通过对商业医疗保险的投保率的预测以及对真实数据的对比，他们发现了商业医疗保险的市场占有率在除老年人外的所有群体中均急剧下滑。最大的下滑出现于年轻人群体中。这种情况与逆向选择的持久增长密不可分。在众多投保者中，那些健康隐患相对小的群体所占比率会慢慢减少。也正如巴雷特和康隆（2003）所警示的那样，所有投保（不投保）的群体都是非常不同的，所以医疗保险业的下滑不可能只是由逆向选择所带来的死亡螺旋造成的。

　　资料来源：这一案例摘自巴雷特和康隆（2003）。

14.2　单一生产者情形下的产品质量与信息

　　为了使讨论更加直观，我们将把分析范围局限于由垄断者生产一种单一产品的案例之中。这也将使我们的注意力集中于在信息不平衡条件下，垄断者和消费者之间的角色关系。

　　厂家生产出来的商品可以分为以下三大类（在第 15 章中讲解得更为详细）：

　　● **搜寻品**（search goods）：消费者在购买之前就已经清楚该类产品的剩余价值信息。

　　● **体验品**（experience goods）：消费者直到体验完之后才清楚该类产品的剩余价值信息。

　　● **信用品**（credence goods）：消费者永远无法得知该类产品的剩余价值信息。

　　在这一节，我们将主要关注体验品。垄断者既可以生产高品质产品，也可以生产劣质产品。由于这是体验品，所以消费者在购买商品之前对产品质量并不知情。如果这是搜寻品，那么消费者在购买前已经得知产品的相关特性，所以这意味着在生产者和消费者之间不存在信息不对称。这就是我们为什么要把注意力放在体验品上，因为这样那些垄断者才会掌握消费者所不熟知的产品信息。这将会使我们有能力去模拟信息不对称对于垄断者选择哪种层次的商品进行销售所带来的影响。

垄断者所生产和销售的商品有许许多多的特点，这将会改变垄断者和消费者之间的信息不对称影响市场结果的方式。下面我们从一个最简单的例子开始：在此例中，一个消费者只能购买商品一次。

□ 14.2.1 一次性消费

为了使我们的模型更加通俗易懂，假设垄断者一直以不变的边际成本生产一种单一产品。垄断者可以用 c_h 的成本生产高质量产品，或者用 c_l 的成本生产低质量产品，成本 c_h 高于 c_l（我们可以在暗地里假设对于垄断者来讲，生产的产品质量越高，成本也就越高）。产品市场价格可以用 p 来表示，这与产品的质量无关。由于消费者无法在购买产品之前得知其质量，所以消费者只知道她能够通过消费该商品获益"$\bar{s}-p$"。这是一个隐藏行动问题。垄断者能够改变所生产的产品的质量，但是消费者对于所售产品的质量一无所知。

在这一例子中，由于垄断者永远不会生产高质量产品，所以这里存在着道德风险问题。我们需要注意的是，市场的需求和所出售的商品的质量无关。只要 $\bar{s}-p$ 是正的，那么消费者将会一如既往地购买产品。垄断者总会因为生产品质低劣的商品而获得更高的利润空间，这是由于生产这类商品的成本更低。

显而易见，这是源自一个特殊案例的一个特殊结果。在我们所做的假设中，到底是什么东西导致了这样一个结果的出现呢？我们已经假设了消费者对于垄断者所生产及出售的商品的信息一无所知。再比如我们将假设条件放宽，假设有一部分消费者了解垄断者出售的商品的质量，而另外一部分消费者不知道。[①] 那些对产品质量知情的消费者可能是从购买过该产品的消费者口中得知的，也可能是从一本包含该产品信息的杂志上得知的。[②] 现在我们假设 ψ 代表对该产品质量知情的一小部分人，且 $0<\psi<1$。

该模型共有三种不同类型的经济代理人：不知情的消费者、知情的消费者以及垄断者。我们先从前两类消费者开始。假设商品质量优异，则两类消费者都愿意支付 $\bar{s}$，但是如果垄断者生产的是劣质产品，那么两者均不会购买。只要 $\bar{s}-p>0$（即：只要能够使从购买一件高质量产品中获得的总盈余高于消费者必须支付的产品价格），那么任何消费者都会购买高品质商品。

那些知情的消费者对于产品的质量十分清楚，所以他们的问题显而易见。如果垄断者生产高品质产品，他们就会购买，反之亦然。下面我们来看看 $1-\psi$，即不知情的消费者。他们不知道垄断者所售商品的质量是好是坏。我们可以从这两个例子中得知那些不知情的消费者是否购买了该产品。我们会展示出这些消费者最终购买了这些产品。为了这样做，我们又将假设他们没有购买这些产品，这样导致了矛盾的出现。

如果那些不知情的消费者选择不购买垄断者的产品，那么垄断者将面临两种选择：

---

① 本节余下的一些结果和例子均来自 Klein 和 Leffler（1981）。

② 很多杂志能够测试一些商品，比如汽车、自行车、滑雪板、照相设备、电脑硬件和软件以及其他商品。例如，一本电脑杂志会测试不同类型的打印机，再根据它们的基本价格、质量和性能来划分等级。所以消费者可以直接从电脑杂志上了解市面上不同类型的打印机的不同价格和不同质量。

管理经济学：基于战略的视角（第二版）

要么生产高品质产品，要么生产劣质产品。如果垄断者选择生产劣质产品，那么作为商品信息知情人的消费者自然不会购买这些产品，因为没有消费者会购买劣质商品。所以在这种情形下，垄断者的利润将会为零。如果垄断者生产高品质产品，那么他将会赚取 $\psi(p-c_h)$ 的利润，只要 $p>c_h$，垄断者就会一直坚持生产高品质产品。

但是那些不知情的消费者也能够解决这个问题，所以即使他们对产品信息毫不知情，他们也能够预测垄断者会一直生产品质优异的产品，所以那些消费者总能买到高品质的产品。但我们一开始就假定那些不知情的消费者并不会购买垄断者生产的商品。这就形成了矛盾，所以不知情的消费者必须总会购买那些产品。

现在我们来考虑一下垄断者的问题。如果其生产劣质产品，那么成本 c_l 就会下降，那些不知情的消费者就会购买。如果垄断者生产高品质产品，成本 $c_h>c_l$ 就会变高，那么无论对产品信息不知情的消费者（$1-\psi$）还是知情消费者 ψ 都会去购买该产品。由于每个消费者只会购买一件商品，所以我们将垄断者的利润公式列出如下：

高质量时的利润	低质量时的利润
$(p-c_h)\cdot[\psi+(1-\psi)]$	$(p-c_l)\cdot(1-\psi)$

只要高品质产品带来的利润远高于低品质产品，垄断者就会一直生产高品质产品。当出现下列情形时，这种情况将会发生：

$$p-c_h\geq(1-\psi)(p-c_l)$$
$$(1-(1-\psi))p\geq c_h-(1-\psi)c_l$$
$$\psi p\geq c_h-(1-\psi)c_l \tag{14.1}$$

在这个例子中，那些知情的消费者能够对那些一无所知的消费者提供有用的信息。假设你是一个对产品不知情的消费者。你目睹了一些人走进垄断者的店，然后购买了一款产品。当时你不知道垄断者出售的产品质量如何，但是你知道刚刚购买产品的消费者可能是一位行家，同时也知道那个消费者并不会购买劣质产品。如果这是一个知情消费者，那么便可得知垄断者正在出售高品质商品。我们可以说那些掌握产品信息的消费者能够对不知情的消费者产生积极的外部性影响。通过购买高品质产品，知情消费者无形中给不知情消费者提供了有用的信息。

产品市场价格 p 越高，式（14.1）中的条件就越有可能满足，即垄断者会生产高品质产品。如果市场上有足够多的知情的消费者，那么垄断者一定会生产高品质产品，所以我们将会得出以下结论：

结 论

不知情的消费者能够把产品价格视为产品质量的信号，高价等同于高质量。

知情的消费者足够多能够阻止道德风险问题的出现。值得一提的是，知情的消费者

ψ越多，垄断者生产高品质产品的概率就越大。[①]

刚才所分析的案例是关于垄断者的隐藏行动。垄断者能够决定产品的质量。如果知情消费者的数量不多，垄断者会生产低质量的产品，这就会导致道德风险问题的出现。假设我们正在应对一个逆向选择问题，将会发生什么呢？我们假设垄断者要么生产高品质商品，要么恰恰相反。他们清楚所售商品属于哪种类别，但是不能改变产品的质量。这是我们之前所遇到的关于销售员出售 2005 版小型货车的问题。那辆小型货车既有可能性能卓越，又有可能是次品。消费者身上的问题同样如此。可能有些消费者掌握产品信息，他们更倾向于自己动手对车进行改造，经常自己换油和换火花塞，对于汽车的运行既饶有兴趣又体会颇深，而那些不知情的消费者仅仅懂得如何换车胎。那么不知情的消费者是如何判定二手小型货车的质量的呢？他们的决策过程到底给二手车销售的利润最大化问题带来多大隐含意义？

我们可以使用从先前案例中所得到的一个结果来描述二手车市场所发生的情况：当不知情的消费者无法直接得知产品质量时，他们会把产品的价格作为质量的衡量器。在其他一切条件相同的前提下，他们认为更高的价格意味着更好的质量。所以，信息的不对称性总是包括隐藏类型和隐藏行动两者之一。不知情的消费者会认为更昂贵的酒或者优质啤酒会比低价品质量更好，即便他们从未品尝过这些东西。同样的道理，那些不知情的二手车购买者想当然地认为更高的价格就意味着更好的质量。

这些对于二手车销售员意味着什么？信息不对称的存在意味着在二手车市场中的价格机制并不会像其在信息透明化背景下一样运作。我们假设市场供过于求，消费者对于产品信息一目了然。在一个特定的市场价格下，产品数量的供应远高于需求。对于企业管理者来说，最合适的做法就是降低产品市场价格。

如果二手车销售员使用这一策略，将会发生什么？如果二手车销售员手上拥有过多的 2005 版小型货车，以致他只能降价出售，那么这种降价只会使消费者觉得这些小型货车质量低下。由于消费者将价格和质量挂钩，所以这样做会使境况变得更糟。一个对车的性能一清二楚的卖家大体上能够发现，当消费者不清楚产品信息而不是对产品信息知根知底时，消费者对于产品的需求明显会下降。

道德风险与汽车保险

在一个风和日丽的日子里，你静静地驾车行驶在高速公路上，路上车辆不多，但是突然间，一位正在打电话的司机驾车向你迎面开来。他的车撞上了你的前保险杠，你们的车来了个"亲密接触"。虽然双方都无碍，但是两辆车都遭到了严重破损。

这就是我们购买车险的原因之一。道德风险问题存在于在路上行驶的你和其他驾驶员之间。其他驾驶员在驾驶过程中可能非常谨慎，注重安全第一，也有可能粗心大意，随时会发生交通事故。由于你永远无法得知和你一同在路上的驾驶员是哪种类型，所以

管理经济学：基于战略的视角（第二版）

---

① 给定 ψ 时式（14.1）左边的变量是 p，右边的变量是 C_l。如果垄断者在均衡时赚取正的利润（如果利润是负的，那么这一问题将不存在，因为垄断者并不会生产产品来使自己亏本），所以 $p > c_l$，以致当 ψ 增长时，式（14.1）左边会比右边增长得更快，使式（14.1）更可能得到满足。

为了防止意外的发生，你需要购买车险来保护自身的安全。

因为存在着许多种不同类别的保险，所以这个问题远比其看上去的更为复杂。我们来看世界上不同地区所使用的两种不同类型的保险：**责任保险**（liability insurance）和**无过失责任险**（no-fault insurance）。在责任保险中，事故双方都应承担相应的责任。那个由于使用手机而造成车祸的车主可能会承担80%的责任，而你则只需要承担20%。而在无过失责任险中，在任意一方接受损失补偿前，并不需要去评估双方所要分担的责任。使用哪种保险类型取决于你的居住地。例如，在加拿大，有些省份采取了责任保险体系，而其他一些省份则采用了无过失责任险体系。如果需要关于责任保险体系和无过失责任险体系的更详细完整的描述，请参见 Devlin（1993）。

责任保险体系和无过失责任险体系存在着两个比较大的区别。一个是无过失责任险所带来的好处：因为不需要去评估责任方，所以这一体系将会大幅降低行政管理费用。

另外一个重要不同点在于它们影响驾驶过程中所固有的道德风险问题的方式不同。在责任保险体系中，由于粗心造成事故的肇事司机将会承担此次事故的费用。我们从中可以发现，责任保险的使用看上去能够减少一些因疏忽驾驶而带来的道德风险问题，因为肇事司机会因此而承担相应的事故责任。

对无过失责任险体系的批评家认为这一点十分重要，因为无过失责任险体系并不会强制让疏忽大意的肇事司机承担罚款。很多研究（参见 Devlin，1993）表明，当我们用无过失责任险体系来代替责任保险体系后，重大交通事故发生的概率会提升9～16个百分点。

同样，对于保险公司来讲，主营责任保险体系抑或无过失责任险体系所具有的重要性完全不同。但是当存在道德风险问题时，公共策略问题将会非常重要。

□ 14.2.2 保 修

即便市场中存在着影响市场机制表现的信息不对称，管理者仍然能够采取其他策略来减少道德风险问题和逆向选择问题的影响。下面我们来看看那个二手小型货车销售员所拥有的选项。如果他有足够多的二手小型货车，那么我们在之前已经知道降价并不是最好的策略，因为对于那些将产品价格同产品质量相挂钩的消费者而言，降价只会让他们感觉产品质量低劣。事实上，那个销售员可以为消费者提供在相应时间段里对货车的部分或者全部保修服务。消费者并不清楚二手车的质量如何，所以当销售员为消费者提供保修服务时，那些消费者会更倾向于认为这些二手车品质卓越。所以即便所购买的二手车质量低劣，但是由于保修服务的存在，消费者得到了相应的保障。

总体而言，很多生产不同产品的不同厂家通常会提供保修服务，包括汽车、电视机、数码相机、电脑、溜冰鞋、滑雪板以及其他一些商品。对于那些无法得知产品质量的消费者而言，保修服务是质量保障的信号。但是每一种特定商品都具有各自不同的保修服务，就像不同的汽车厂商会提供不同的保修服务一样。一些厂商会对汽车的整个驱动提供保修服务，而另外一些则仅仅对汽车的框架性部件提供保修服务。有些保修期可达四年，有些则可以长达五年。一些厂商会提供延长保修期服务，但消费者需要花费一定的钱来延长汽车保修期。与购买新车相比，购买二手车所获取的保修期相对较短。汽车厂商从未对汽车的排气系统提供保修服务。根据轮胎质量的不同，厂商也会提供不同的保修服务。

为什么厂商会提供不同的保修服务呢？为什么不提供在一定时间内对二手小型货车每一部件的保修呢？还是因为信息的问题。因为二手小型货车销售员并不清楚潜在消费者为哪种群体。如果我考虑购买二手小型货车，则销售员并不知道我是一个小心翼翼且对车子爱护有加的好车主，还是一个不会对车子悉心照料的坏车主。正是由于我既有可能是一个好车主，也有可能是一个坏车主，所以才会导致道德风险问题的出现。如果在我购买二手小型货车后，车子出问题了，那么可能是由于我是一个不爱护车的坏车主，在这种情形下，整车保修服务将会使我从中受益。所以那个销售员最好为顾客提供部分保修。

□ 14.2.3　重复消费与声誉的作用

当由于是体验品而不能使消费者直接了解产品质量时，许多能影响消费者对产品质量的感知的变量出现了。我们已经知道，消费者把产品价格同产品质量挂钩以及保修能够影响消费者的消费理念。在生产特定质量商品方面，厂商也有可能拥有一定的名声。每当厂商向市场推出一种新产品时，其企业声誉显得极其重要。

厂商的声誉确实能够影响消费者对于产品质量的感知，但是其他一些因素也非常重要：

- 厂商改变产品质量的难度有多大？
- 消费者需要多久才能了解产品质量？
- 消费者购买该种商品的频率有多高？

我们将会讨论在两种不同情况下，即厂商一直保持同一产品质量与厂商在不同阶段选择不同的产品质量，企业声誉在决定产品质量过程中所发挥的作用。

厂商一次性选择产品质量

最简单的例子就是厂商无法改变产品质量的情况。假设一家主要的汽车制造商正打算生产一款全新的小型货车。制造商既可以生产高品质汽车，也可以选择生产低品质汽车，但是一旦汽车被设计完成，生产线和生产装置全部到位，同时市场策略也已经整合完成，那么制造商再也无法改变小型货车的质量。生产高品质的汽车确实会提高制造商的成本。制造商会以一个高价来出售其低品质汽车，因为那样做能获取最高的利润。如果消费者不会重复消费该产品或者其了解该产品质量需要很长一段时间，则这一策略是有效的。（消费者每十年才会买一辆新的小型货车，十年后汽车市场将会转型为以生产紧凑型车为主。）

但是我们假设消费者能够快速地了解产品质量，然后还能将这一新款小型货车的质量告诉他们的朋友。厂商制造出来的低品质的汽车将会受此影响，销量将会骤减，从而使企业声誉一落千丈。企业原先的声誉可能非常好，但是一旦消费者得知了产品的真正质量，其声誉则马上就会扫地。

这个说法也同样适用于以下情形：消费者频繁购买该种产品。那些正在决定生产哪种质量的一次性刮胡刀片的厂商必须清楚消费者将会重复购买其产品。如果一个消费者得知厂商所生产、销售的刀片质量低下，则其将会马上转而选择其他品牌的刀片。所以在消费者重复消费的情况下，那些生产劣质刀片的厂商将会因此受到惩罚。总体来讲，如果厂商一如既往地生产同一品质的商品，而且在产品进入市场后无法改变产品质量，则会得出下列结论：

结 论

消费者了解商品质量所需时间越短，或者其进行重复消费的频率越高，则厂商生产高品质产品的概率也就越大。

我们将会把这些结论结合到关于广告的第 15 章中，到时候会描述厂商是如何进行商誉积累的。"商誉"这一概念其实和"声誉"起到差不多的效果，都能使厂商生产高品质的商品。我们来看看德国汽车制造商宝马公司在 1996 年将 Z3 跑车推向市场时是如何对其质量进行定位的。消费者对于全新款 Z3 质量的感知受许多变因的影响，包括该款车的售价和宝马公司的声誉。这个声誉深受宝马公司多年来所生产及出售的汽车的质量以及公司广告力度的影响，因为广告会影响企业的商誉。

宝马公司多年来一直以生产高品质的汽车而扬名，通过广告这种渠道又使其声誉不断提高。同时，宝马汽车会比竞争市场中的同级轿车价格更高一些，特别是其 Z3 跑车的建议零售价比同级别的马自达米埃塔跑车高得多。生产一辆高品质的汽车成本更高，同样地，维持高品质声誉也代价不菲，所以 Z3 的高价位也可能是对其因高品质所带来的高成本的补偿。这个花费包括因生产高品质汽车所需要的高成本，以及为了维护其产品高品质声誉的必要广告费用。

厂商每期都可改变产品质量

现在我们假设厂商正在向市场推出一款全新产品，这款产品既有可能是高品质产品，也有可能是劣质产品。但是厂商有能力在一段时间后改变产品的质量。假设最近有人在附近开了一家比萨专卖店。比萨专卖店可以一开始生产高品质比萨，但是经过一段时间后，它可能会使用低品质的奶酪和少放一些意大利辣香肠，从而使比萨的质量大打折扣。那些重复消费的消费者了解产品质量的周期是如何影响厂商选择生产哪种品质的商品的呢？

事实上，从先前的例子中我们可以证明，厂商一如既往地保持产品质量与厂商在特定时段后改变产品质量所得到的结果是一样的。那就是，消费者重复消费的次数越多，了解产品质量的周期越短，生产者生产高品质商品的倾向性也越强。比如，如果比萨专卖店使用低品质的奶酪，那么那些重复购买的消费者便会流失，从而使比萨专卖店受到惩罚。

但是如果比萨店的租期临近届满，那么生产者将会怎么做呢？我们假设从一开始比萨店老板就和房东签下了三年的租赁协议。当租期临近届满时，店老板可以更换店面或者以另外一个店名重新开始。在这个案例中，比萨店老板在租期临近届满的情况下更倾向于生产低品质的比萨，因为在租期到期后，老板可以重新起个店名，从而不受消费者的惩罚。

在结束这一节之前，我们有必要思考一下另外一个极端的例子。假设厂商生产的产品品质优越，经久不坏，所以消费者不用再进行重复消费。在这一情形下，厂商可能不希望生产优质产品。如果厂商生产低品质的商品，那么消费者将会重复消费，在一些情况下，不生产最高品质商品有可能会大幅度增加销量。

小 结

● 信息不对称用来描述一方经济代理人掌握着一些信息，而另一方经济代理人不掌握信息的情形。

● 如果信息不对称包括了隐藏类型的信息，那么逆向选择问题就会出现；如果存在着隐藏行动的信息，那么道德风险问题就会出现。

● 合同和保修能够减少逆向选择问题或道德风险问题的出现次数。

● 信息不对称往往与市场中的体验品密切相关。

● 当消费者不能直接了解产品质量时，他们会将产品价格和产品质量挂钩。

● 当厂商决定生产哪种质量的产品从而出现道德风险问题时，如果消费者进行的是重复消费，则厂商生产的产品品质会相对较高。

● 厂商所要提供产品的最合适质量取决于消费者了解产品质量的周期、得知产品质量信息的消费者人数以及厂商控制产品质量的自由度。

● 当厂商的声誉能影响消费者对质量的感知时，更高的价格能够作为厂商生产更高质量产品的补偿。

练 习

1. 大学法学院通常要求所有申请者都必须参加统一的法学院入学测试（LSAT）。

（a）法学院能够从这次测试的成绩中得到哪些信息？这些信息能够纠正哪些问题？

（b）目前存在着许多为申请者准备的入学测试预科班，但是这些课程相当昂贵。一些学生交了昂贵的学费去参加预科班，另一些则没有参加。假设法学院在组织这次测试之前并不知道申请的学生是否参加过预科班，这如何影响法学院根据这次测试成绩推断出信息？

（c）由于缺少申请的学生是否参加过预科班的信息，你能够想出法学院可用于解决练习1（b）中出现的问题的方法吗？

（d）如果法学院不采用入学测试来筛选众多申请者，你认为这是一个好学院还是差学院？

2. 如果宝马公司开始生产和福特或者克莱斯勒类似价位的轻型卡车，则消费者会如何感知其质量？如果宝马公司不改变轿车和运动赛车的价格策略，那么你可能会对宝马公司的汽车销量有什么预期？比较市场引入廉价实用的轻型卡车和昂贵优质的卡车两种不同策略所产生的效果。

3. 假设一个消费者对酒的质量起初并不知情。就如我们已经在这一章所讨论过的，消费者能够将产品价格和产品质量进行挂钩。但是另外一种选择则是对不同品种的酒进行研究，阅读关于酒的杂志或者参加品酒课程。

（a）制酒商和消费者之间存在着信息不对称吗？这属于哪一种信息问题？

（b）讨论品酒专家的存在是否会促使制酒商生产高质量产品。

（c）如果市面上有更多的酒类杂志或者提供更多的品酒课程，那么制酒商会生产更高品质的酒吗？

（d）酒类杂志或者品酒课程的花费到底有多重要？如果政府资助品酒课程，你会改变对于练习 3（b）和 3（c）的答案吗？

（e）假设一群当地的制酒商组成一个制酒商联盟，并且会以向顾客免费发放的形式发行酒类杂志月刊。假如你是一个制酒商，那么你愿意加入该组织吗？该组织及其所举办的酒类杂志的出现会让酒业更具竞争力还是更不具有竞争力？

4. 许多零售商为所售产品提供保修服务，无论是电子产品（电脑、音响组件）、白色产品（洗衣机和冰箱）还是汽车。

（a）由买家和卖家之间所存在的信息不对称所引起的哪些问题会导致零售商提供保修服务？这些是道德风险问题还是逆向选择问题？

（b）假如消费者对于零售商的产品为一次性消费，那么这会对零售商提供保修服务带来多大的影响？假如消费者在购买产品之前已经得知产品的质量情况，那么答案会不会变得不一样呢？

（c）很多为所售产品提供保修服务的零售商还会提供有偿附加保修服务。这一类附加保修服务是用来纠正哪一种信息问题的呢？

参考文献与延伸阅读

Akerlof，G.（1970）"The Market for 'Lemons'：Qualitative Uncertainty and the Market Mechanism"，*Quarterly Journal of Economics* 84：488-500.

Barrett，G. F. and Conlon，R.（2003）"Adverse Selection and the Decline in Private Health Insurance Coverage in Australia，1989-1995"，*Economic Record* 79（246）：279-296.

Devlin，R. A.（1993）"Automobile Insurance in Ontario：Public Policy and Private Interests"，*Canadian Public Policy* 19（3）：298-310.

Klein，B. and Leffler，K.（1981）"The Role of Market Forces in Assuring Contractual Performance"，*Journal of Political Economy* 89（4）：615-641.

第 15 章

广 告

学完本章，你应该理解：

● 企业的广告开支包括所有旨在提升销售业绩或者维持市场份额的开支。

● 产品是如何被分类成搜寻品、体验品或者信用品的，这取决于消费者在购买产品之前或者之后，对产品能够给他们带来多少剩余价值的信息的掌握。

● 垄断厂商是如何使用经验法则来合理地从总收益中拿出一部分钱用于产品广告宣传的。

● 合理的广告开支是如何取决于广告的效果以及广告对企业商誉方面的持续影响的。

● 在拥有多个企业的市场中，任何一个企业在广告开支上的改变都将会影响企业市场份额以及市场战略，而且广告越多会使市场竞争越激烈。

一些职业冰球场地的宣传牌及冰面、板球草场以及足球场上都充斥着许多当地的及国内企业的商业广告。同时我们也经常可以在电视上看到一些职业体育明星为各种产品代言，包括各种软饮料和运动鞋。在电视节目的黄金时段，大约有四分之一的时间是广告时段，以吸引消费者购买更多的产品。消费者会经常发现他们的信箱中总是塞满了传单、优惠券以及试用品，而且这样的情形在一周中会出现多次。

广告是什么？为什么企业会有必要将一定的资源花费到广告中？为什么一些产品的广告铺天盖地，而另外一些产品则与广告不沾边呢？对于一些同类产品，为什么有些产品的广告远多于另外一些呢？企业是如何决策其在广告中所需要的花费的？

为了解决这些问题，首先我们必须给广告在市场经济中所扮演的角色定位。我们会发现所有的广告，无论是电视广告还是电台广告，无论是广告牌广告还是报纸广告，无论是显示个人或者企业产品标志或商标的广告还是其他类型的广告，都具备一个共性。

管理经济学：基于战略的视角（第二版）

为了找出这一共性，我们必须回到之前对于消费者行为的最初描述。

在第 3 章中，我们做了许多关于消费者在市场中所扮演的角色的隐性假设。特别地，我们假设消费者对于所售商品的信息一目了然，包括产品价格、替代品和补充品的价格以及产品的所有特性。

对于消费者来说，这意味着大量的信息。简言之，许多商品的价格经常变动，如果我们断定消费者在任何一个时点都能清楚所售特定商品的价格，其实有些言过其实。而且产品本身也会变化，因为市场上不断有新的产品出现。但每当我们描述消费者时，我们依然假设他们对于一切产品的所有特性无所不知。特别是当我们讨论那些消费者可能从未听到过的新产品时，这对于消费者来讲显然意味着大量的产品信息。

■ 15.1 广告事项

广告的关键作用在于传达信息。到目前为止，我们对于消费者行为的简单描述仅仅是假设每一个消费者对每一件产品的信息都一清二楚，在这种情形下，广告就多此一举了。加油站没必要标上油价，汽车公司也没必要通过广告向消费者展示汽车的特点或者招聘销售员向消费者推销汽车，因为消费者已经对所有产品的所有信息一清二楚。所有花费于广告的人力和物力资源都将会是一种浪费。

但在现实中，由于多种原因，消费者缺乏对很多产品的信息。消费者一般不会对进入市场的新产品过于关注，也不会对由于技术更新而导致的产品的价格变动过于敏感。试想一下，在过去的六个月中，一个特定的计算机硬件包（包含存储插件的处理器、硬盘驱动器、显示器、键盘和一些附件）的价格变动了多少次。

但是，除了向消费者提供产品的信息，广告还有另一个作用。广告的目的可以是改变消费者的偏好。到目前为止，在所有的模型中，我们都假设消费者的偏好和品味是固定的。但是对于管理者而言，这一设想是毫不相关的。他必须去考虑目前不会用电脑的消费者可能在将来会上电脑课或者由于工作而不得不去学习电脑操作。一个学生现在可能买不起车，但是可能在不久的将来会考虑买车。在他们进入电脑或者汽车市场后，他们的偏好会受电视、报纸和杂志上的广告的影响。现在企业管理者会把一定的资源用于广告上宣传产品，即便那些接触到广告的消费者并不需要购买电脑或者汽车，因为广告可能会改变消费者未来的偏好。

我们会在本章的剩余部分放宽消费者完全清楚产品信息这一假设，这样做能使我们处理当消费者并不知道一些产品信息，不知道是否要购买产品或者应该以什么价位来购买产品时的市场情形。

为了使我们的讨论更进一步，首先我们从广告的定义开始。

定 义

广告是企业为了增加产品销量或者维持市场份额所做的支出，其可以向消费者传递信息或者影响消费者的偏好。

这一定义意味着企业所做的广告必须涵盖企业在媒体上的所有花费，包括电视、电台、报纸、杂志、传单以及优惠券。但是考虑到广告所扮演的角色，我们还必须包括支付给销售和公关部门的费用、产品包装设计部门的开销等。这些部门的努力就是为了通过广告的形式向消费者传递产品信息。

□ 15.1.1　产品类型

对于所有类型的产品而言，广告所扮演的角色并不都是相同的，因为消费者获得产品信息的渠道也并不都是相同的。这是由所购买产品的类型决定的。我们在之前已经讲过，广告的最终目的在于说服消费者购买产品。在我们简单的部分均衡模型中，我们已经特别地假设了当总剩余价值 s 高于产品价格 p 时，消费者会购买该商品。我们可以预期一位消息灵通的消费者充分掌握了不同产品的价格信息。但是消费者在购买产品之前是如何知道剩余价值的呢？为了回答这一问题，我们有必要将产品分成三种不同类型[①]：

- 搜寻品：消费者在购买之前就已经清楚该类产品的剩余价值信息。
- 体验品：消费者直到体验完之后才清楚该类产品的剩余价值信息。
- 信用品：消费者永远无法得知该类产品的剩余价值信息。

举几个搜寻品的例子并不难。一条牛仔裤、一个苹果、一张复印纸以及一台音乐播放机均是搜寻品，对于这类产品，消费者在购买之前就已经熟知购买该类产品所得到的剩余价值。

然而，一个消费者在实际购买并使用一些产品如一部新小说、一张新唱片、一罐金枪鱼或者炖牛肉之前无法辨别其剩余价值。这就是体验品的具体例子，消费者只有在阅读完整部小说、听完整张唱片、吃完整罐金枪鱼或者炖牛肉之后才能确定产品的剩余价值。

如果一个消费者之前从未确定过购买特定牙膏所带来的总剩余价值为多少，则她可能直到看完牙医之后才能决定牙膏的总剩余价值。如果你不会修汽车，那么你无法辨别你的汽车能再次运行到底是因为修车员换了一个新的催化式排气净化器，还是换了一条新的风扇皮带。牙膏和汽车修理是信用品的典型例子。

想一想广告在上述不同类型产品中所扮演的不同角色。假如消费者已经知道产品为搜寻品，则产品广告可以侧重于提供关于产品价格和供应的信息。但是对于体验品和信用品来讲，广告同时还能告知消费者产品的特点，这些特点会影响消费者所购买产品的剩余价值，因为如果消费者没有看到广告，则消费者只有在购买并使用了产品之后才能清楚这类产品的特性。

□ 15.1.2　广告类别

我们也可以根据所传递的不同类型的信息来描述不同类型的广告。广告可以分成两种不同的类型，一种叫作**硬广告或信息性广告**（hard or informative advertising），另外一种叫作**软广告或劝说性广告**（soft or persuasive advertising）。

---

① 在 Tirole（1988：106）中可以看到这些分类；它们摘自 Nelson（1970）以及 Darby 和 Karni（1973）。

硬广告或信息性广告

硬广告提供了关于产品的价格、可获性或质量等信息。这种类型的广告大致上会使同类产品减少因信息不全而带来的区别。由于企业都想要通过硬广告来展示其产品类别，硬广告会加剧竞争，有利于促进厂家生产高品质产品。这类广告主要是以报纸上的广告为代表。

软广告或劝说性广告

软广告最好的例子就是不同的职业运动员喝不同的饮料，穿不同的跑步鞋。这类广告并没有向消费者提供关于产品价格和存在的具体信息，而是努力使消费者通过该产品联想到特定的画面或者个性。对于企业管理者而言，如果软广告能够影响消费者的偏好，增加消费者对于该产品的需求量，那么软广告仍然十分有效。例如，一个消费者能够从一罐可乐中获得多少剩余价值取决于该可乐能否为消费者解渴。这个时候出现在可乐罐上的一些著名体育运动员形象并不能使消费者解渴。但是消费者会追本溯源，从而联想到一些特定图像，这样消费者购买可乐的剩余价值不仅在于其能否解渴，还在于广告中联想到的特定形象。无论是通过哪种方式，如果产品销售量增长是因为积极的品牌联想会带来更高的剩余价值，就像是将一种特定的苏打水和一个特定的体育明星联想在一起，那么企业也会认为软广告十分有效。电视广告通常被用来指代软广告。

□ 15.1.3 广告的其他事项

在我们清楚地将广告与经济模型中的企业决策问题结合之前，让我们快速地来看看有可能十分重要的广告的另外两个方面。我们在这里介绍广告的这些方面是为了使我们对广告的介绍更全面。我们将会看看其中有多少方面融入 15.2 节和 15.3 节所涉及的企业行为中。

企业间效应

在企业看来，任何广告投入的增加都是为了增加产品的市场需求量。但是由于产品的类型不同，同样是在广告开支中增加投入，可能会带来不同的效果。例如，市场上有两个烟草公司，它们各自占据一半的市场份额。在初始均衡情形下，假如两者均不做广告，则两者都可得到 10 美元的利润。

现在假设第一个公司花了 3 美元为产品做广告，如果那些不抽烟的人在看完广告后仍然不想抽烟，那么总市场份额将会不变。但是第一个公司占据了更大的市场份额，所以它的收入上涨了 5 美元，自然地，第二个公司的收入下跌了 5 美元。所以我们说广告是**掠夺式的**（predatory），因为第一个公司在广告方面的投入增加会使其迅速扩大市场份额，这是以牺牲第二个公司的收入为代价的。下面我们来看看表 15-1。

表 15-1   香烟公司的收益

公司1 \ 公司2	不做广告	做广告
不做广告	10，10	5，12
做广告	12，5	7，7

如果两个公司都采取广告策略，那么它们将会回到原点，还会是各自占有一半的市场份额。但是现在双方都在广告上花费了 3 美元，所以它们的利润都只剩 7 美元。

由纳什均衡定律所引起的这场广告战使得双方均采取广告策略。你可能能从这场简单博弈的结果中认出这是出自第 5 章中的囚徒困境这一例子。如果双方都没做广告，那么行业利润可能会增加，但是由于担心失去市场份额，没有一方愿意单方面减少广告投入。我们认为这些企业存在**广告冗余**（over-advertising）现象，因为如果企业双方都能减少广告投入，那么它们都将会提高利润。

美国啤酒业的广告竞争

自 1950 年开始，美国啤酒业的市场结构进化史很好地显示了企业如何通过广告策略进行竞争从而影响市场份额和利润。在 1950 年，安海斯·布希英博是美国最大的啤酒制造商，占据全美 4.1% 的市场份额。到了 1990 年，其市场份额增加至超过 40%，同时，美国的四大啤酒制造商（安海斯·布希英博、美乐、银子弹和斯多尔）总共控制了全国 86% 的市场份额（Greer，1993）。

虽然有很多因素影响着美国啤酒业的进化，但是广告占据着重要的一席之地。在 1947 年，美国啤酒商平均的广告销售额比率才仅仅超过 3%，但是到了 20 世纪 60 年代前期，这一比率已经攀升升至 7%。

但是 20 世纪 70 年代才是广告的膨胀期。在 1970—1988 年期间，实体产业的广告支出额已经远不止翻了一番。在 1970—1978 年期间，美乐的广告支出费用上涨了超过 320%，对于银子弹来讲，它在 1975—1980 年期间支出超过 660%（Greer，1993）。

有信息显示这一行业大打价格战，而其中参与广告竞争的三个公司不断加大广告投入，同时也增加了市场份额。这些结果同双头垄断模型关于广告竞争的预测一致。但是我们还可以再进一步，就是美国啤酒市场中存在着广告冗余现象。如果企业存在广告冗余现象，则其可以通过减少广告支出来增加企业利润。

如果在广告中的竞争与囚徒困境博弈相似，则结果将会始终如一。如果美国啤酒制造商能够相互协作从而减少广告开支，那么每一个啤酒制造商都将会从中获益，因为这样的话广告成本降低了。但是由于害怕失去市场份额，没有一个啤酒制造商愿意单方面减少广告开支。

资料来源：Greer（1993）.

但是如果换成另外一个市场呢？假设有两个公司，其中一个种植并销售苹果，另外一个则种植并销售橙子。在最初的均衡状态中，双方均不为产品做广告，所以各自可以获得 10 美元的利润。

现在假设苹果种植者想要尝试通过广告向消费者传递新鲜的苹果是健康产品这样一条信息来刺激消费。消费者可能会在看了广告后购买更多的苹果，但是还有可能认识到橙子也是十分健康的水果。在这种情形下，苹果种植者的广告是**合作式的**（cooperative），因为它会导致市场上苹果和橙子的需求量均上升。其他的水果种植者也会因为苹果种植者采取广告策略而获益。苹果种植者通过广告支出使市场上对苹果的需求量增加，同时也使其他水果种植者在不花费任何广告费用的情况下增加市场需求量，从中获益。

假设苹果和橙子种植者均不采取广告策略，所以双方都将获得 10 美元的利润。同时假设为产品做广告需要花费 3 美元。如果一方为产品做广告，则双方的市场需求均会增加，从而使各自增加 2 美元的收益。如果两个企业都采用广告策略，则它们各自都可获得额外 4 美元的收益。这一简单博弈的所有结果都列示于表 15 - 2 中。你可以证实纳什均衡理论在这一博弈中应该为无广告策略。每一个企业都期盼从别人刊登的广告中获益，这种**搭便车**（free riding）问题会导致广告过少，因为如果双方都使用广告策略，利润均会增长。

表 15 - 2 水果种植者的回报

苹果种植者 ＼ 橙子种植者	不做广告	做广告
不做广告	10, 10	12, 9
做广告	9, 12	11, 11

这些例子显然过于简单，但是它们会说明，是使用合作式广告模型还是使用掠夺式广告模型会对企业管理者关于是否需要采用广告策略和到底要在广告上花费多少的决策产生重要影响。在市场中，如果广告是合作式的，没有厂商愿意第一个为产品做广告，因为竞争者会搭便车，在这种模型下，第一个做广告的厂商所取得的好处会外溢到其他厂商。

广告与网络

广告就是传递信息的过程。企业为产品做广告的目的在于向潜在消费者传递产品信息从而刺激他们的需求。但是随着网络时代的到来，易获得、易操作的搜索引擎随处可见，消费者比以往更容易获得更多的产品信息。人们能够通过浏览网页去了解产品的价格、特性等信息，这使他们免去了奔波于不同店进行比较的烦恼，使他们在短时间内更加轻松地获得每一家店的产品信息。我们可以预测，随着消费者越来越容易获得产品信息，市场竞争将会加剧，产品价格也会下落。那么互联网的普及真的具有这种效果吗？

为了回答这一问题，布朗和古尔斯比（Brown and Goolsbee, 2002）研究了互联网在美国是如何影响定期人寿保险市场的。他们选择这一市场是因为定期人寿保险市场在 20 世纪 90 年代互联网使用开始激增以来相对稳定。它不像终身保险那样覆盖人的一生，而且经常包括个人的存款因素从而使其变得参差不齐，定期人寿保险只覆盖了个人的特定阶段，比如一年或者五年。

在 20 世纪 90 年代中期之前，想要得到定期人寿保险的报价非常耗费时间。但是到了 1996 年，大量网站出现了，在这些网站中，消费者需要填写个人信息（年龄、体重、是否为吸烟者等），填完之后将会立刻收到保险公司提供的定期人寿保险的报价。这会大大减少消费者对不同保险公司的不同价格进行比较的开支。

布朗和古尔斯比（2002）发现，和 1992 年特定定期人寿保险的价格相比，1994 年的同类保险价格仅仅下降了约 1%。但是由于互联网的出现使消费者可以比较不同保险公司的价格，到 1996 年，同类保险价格几乎下降了 19%，而到了 1998 年下降了 27%。他们同时还发现，在那些互联网普及率较低的州，1997 年的价格仅下降了 13%，远远小于互联网发达的州所下降的 32%。互联网的普及使得定期人寿保险市场竞争愈加激烈，从而在保险价格不断走低的情况下使消费者人数激增。

我们已经知道，目前一些企业在广告上的开支是为了影响或者改变未来消费者的偏好。总体而言，广告能带来直接的市场需求，但是同时也可能产生跨期影响。这里讨论一下广告和企业、产品声誉之间的关系。例如，一些企业刊登广告是为了向消费者展示其产品质量有多好或者服务有多周到。我们可以说，广告能够帮助企业树立**商誉**（goodwill）。美国 IBM 公司希望不断地通过提供高质量的售后服务来使其在激烈的竞争中脱颖而出，其中一种强化企业声誉的途径便是做广告。同样地，企业商誉也有可能会贬值。如果该公司停止采取广告策略，不能通过广告向消费者传递其产品质量高、售后服务完善等信息，那么消费者则有可能会不看好该公司，最终造成市场的流失。

15.2 垄断市场中的广告

我们首先利用具有制造单一产品 q 的垄断者的经济模型来介绍广告效应。该产品 q 可能是搜寻品，这样的话，垄断者可以通过广告告知消费者产品的价格和可获性。或者 q 是体验品，那么垄断者的广告策略可以包括消费者可能不太注意的特定产品细节。无论是哪种方式，我们先来看看垄断者的问题，因为在一段时间内讨论一位制造商相对来讲简单易行。一旦我们更清楚地知道了在这一模型中广告是如何发挥作用的，我们就可以在 15.3 节中进一步讨论广告在双头垄断市场均衡中的作用。

我们假设垄断者的产品市场价格为 p。市场价格 p 的上涨会导致产品 q 的需求量减少，所以垄断者面临下降的市场需求曲线。假设垄断者的广告开支为 a，如果垄断者增加了广告开支，意味着 a 增加了，则消费者对于产品 q 的需求量也会相应增加。我们用市场需求函数来总结市场价格 p 的变化所带来的影响和广告开支 a 对于垄断者产品 q 的需求量的影响：

$$q=q(p,a)$$

如果市场需求曲线是向下倾斜的，那么 $q_p=\partial q/\partial p<0$。我们已经假设了垄断者在广告开支上的增加会扩大消费者的需求量，所以 $q_a=\partial q/\partial a>0$。但是我们并没有对广告对市场需求量的影响**规模**（size）做出预测，只是给出了它的**符号**（sign）。就像我们下面即将看到的那样，这种影响规模对于垄断者合理地进行广告支出决策非常关键。

垄断者的生产成本是产出水平的增函数：

管理经济学：基于战略的视角（第二版）

$$C(q) = C[q(p,a)]$$

垄断者的问题在于如何给产品市场价格 p 和广告开支 a 定位，从而使自己的利润最大化。注意，总利润将是总收益 $p \cdot q$ 和总成本之间的差额，总成本包括了生产成本 $C(q)$ 以及广告支出 a，因此，我们可以写出垄断者的利润最大化问题：

$$\max_{p,a} \pi^m = p \cdot q(p,a) - C[q(p,a)] - a$$

我们需要注意的是，广告对垄断者的总成本会产生两种不同的影响。首先是广告支出的改变给成本带来的直接影响，在利润函数里用 $-a$ 来表示。但是广告也会对成本产生间接影响，因为广告支出的增加会使产品市场需求函数 $q = q(p,a)$ 扩大。广告成本的增加会使市场需求量增加，同时也会造成垄断者生产成本的增加。

为了解决垄断者的这一问题，我们首先必须解出两个一阶条件，这两个一阶条件是关于两者的选择变量问题（价格 p 和广告支出 a）。关于价格的一阶条件出现于当利润函数中的价格的导数等于零时：

$$\partial \pi^m / \partial p = q + (p-c) \cdot \frac{\partial q}{\partial p} = 0$$

$$p - c = -q \cdot \frac{\partial p}{\partial q}$$

$c = \partial C(q) / \partial q$ 就是垄断者产品的边际成本。[①] 我们通过将关于广告的利润函数的导数设为零来解决关于广告的一阶条件问题。

$$\partial \pi^m / \partial a = (p-c) \cdot \frac{\partial q}{\partial a} - 1 = 0$$

$$p - c = \frac{\partial a}{\partial q}$$

我们需要注意，每个一阶条件的左边都相同，所以我们把这两个一阶条件相结合就能得到：

$$\frac{\partial a}{\partial q} = q \cdot \frac{\partial p}{\partial q}$$

为了让这个公式行得通，每一边都乘以 $\dfrac{q}{a \cdot p}$：

[①] 记住我们需要将链式法则运用于解决因产品价格 p 改变而引起的生产成本的改变问题，因为产品价格 p 会通过影响市场需求间接影响产品的生产成本。

$$\frac{\partial C}{\partial p} = \frac{\partial C(q)}{\partial p}$$

$$\frac{\partial C}{\partial p} = \frac{\partial C[q(p,a)]}{\partial p}$$

$$\frac{\partial C}{\partial p} = \frac{\partial C(q)}{\partial q} \cdot \frac{\partial q}{\partial p}$$

$$\frac{\partial C}{\partial p} = c \cdot \frac{\partial q}{\partial p}$$

我们也可以使用链式法则来解决因广告改变而带来的生产成本改变问题。

$$\frac{q}{a \cdot p} \cdot \frac{\partial a}{\partial q} = -\frac{q^2}{a \cdot p} \cdot \frac{\partial p}{\partial q}$$

$$\frac{1}{p} \cdot \frac{q}{a} \cdot \frac{\partial a}{\partial q} = -\frac{q}{a} \cdot \frac{q}{p} \cdot \frac{\partial p}{\partial q}$$

我们使用需求的价格弹性[1]

$$\epsilon_p = \left| \frac{\partial q}{\partial p} \cdot \frac{p}{q} \right|$$

和需求的广告弹性的定义:

$$\epsilon_a = \frac{\partial q}{\partial a} \cdot \frac{a}{q}$$

将这些定义代入上述公式中,可以得到:

$$\frac{1}{p} \cdot \frac{1}{\epsilon_a} = \frac{q}{a} \cdot \frac{1}{\epsilon_p}$$

$$\frac{\epsilon_a}{\epsilon_p} = \frac{a}{p \cdot q}$$

公式右边是关于广告支出 a 和总收益 $p \cdot q$ 的比。垄断者永远不会选择利润为零的均衡,所以总收益一定会比总成本高,而且广告支出 a 仅仅占了企业总成本的一部分。

这意味着公式 $\epsilon_a / \epsilon_p = \dfrac{a}{p \cdot q}$ 一定是介于 0 和 1 之间的系数。这一关于利润最大化的简单规则告诉我们,垄断者应该以以下方式来选择企业在广告上的支出,即把总收益中用于广告支出的比例同需求的广告弹性和需求的价格弹性之比等同起来。例如,如果需求的价格弹性是需求的广告弹性的 10 倍(所以 $\epsilon_a / \epsilon_p = 0.10$),垄断者就需要将企业总收益的 10% 用于广告支出。在经济和广告领域的专著中[2],这可以表示垄断者为使利润最大化而选择的广告水平的**经验法则**(rule of thumb)。如果需求弹性的比率恒定,则这一经验法则可为垄断者确定合适的广告支出提供便利。

管理者如何确定广告预算

关于垄断者选择什么水平的广告开支的经验法则暗示着广告预算应该占据产品总销售额的特定比例。这一比例应该取决于需求弹性,因为不同产业所面对的情况不同,所以产品广告投入占销售额的比例 a/pq 应该根据不同产业的情况而不同。为了让你有个直观概念,我们在下面列出了 1994 年所选的几个不同行业的广告投入占销售额的比例的相关数据(选自 Batra et al.,1996:542-547)。

---

[1] 注意我们将需求价格弹性定义为市场需求百分比变化与市场价格百分比变化的绝对值之比。只要需求曲线一直往下倾斜,$\partial q / \partial p$ 将会一直为负,所以使用绝对值来记录需求价格弹性能确保这一项总是正的。

[2] 这一模型和经验法则的主要参考文献是 Dorfman 和 Steiner(1954),同时可以参考 Schmalensee(1972)和 Tirole(1988)。

行业	广告预算占比（%）	行业	广告预算占比（%）
饮料	7.5	家用音响设备	3.6
香烟	4.4	管理服务	1.5
毛绒玩具	15.1	唱片和CD	11.7
游戏和玩具	16.4	预包装软件	3.8
杂货店	1.1	音响租赁	2.0

但是企业决策者真的运用了经验法则来确定广告预算吗？自然而言，出于各种不同原因，将我们的理论应用于上述的任何一个产业中都将是不合适的。在对经验法则追本溯源的过程中，我们假设我们所讨论的是一个垄断者，而且想要确定上述一些产业是否为垄断产业是非常困难的。同时，广告预算的多少在很大程度上受许多我们之前未提及的因素的影响，比如广告的持久性影响（参见15.2.1节）和广告战的影响（参见15.3节）。

大量研究人员对企业决策者进行了研究，旨在确定他们是采用什么方法来确定如此庞大的广告预算的（参见 Gilligan，1977；Patti and Blasko，1981；Keown et al.，1989）。1985年，一项关于北欧国家知名耐用品和非耐用品广告负责人的调查显示，超过三分之一的广告决策者将企业广告预算设为产品销售额的1%，其中超过50%的预算被用于给耐用品做广告（汽车、相机、电视和腕表）。一个类似的、关于美国1980年100家领先广告商的调查显示，有超过50%的企业也运用这种销售额百分比模型来设定企业广告预算。同样在英国，1975年对92个企业所做的调查表明，有超过76%的企业运用该百分比方法。

虽然对合理的广告预算的影响因素有很多，但为什么还有如此多的企业决策者会选择使用如此简单的经验法则来设定广告预算呢？即便在这些调查之后企业预算决策变得越来越复杂，但是经验法则十分简单，能够给企业决策者提供实用且成本节约的预算机制。

我们之前已经注意到，改变广告投入对垄断者商品需求的影响对于解决垄断者的问题非常关键。我们可以通过考察垄断者运用经验法则来设定广告预算，进一步阐明广告的需求弹性的定义，这一定义旨在概括广告预算的改变对市场需求的影响。更具体一些，在广告预算上多支出1%，消费者对于垄断者商品的需求会上升多少百分点。如果消费者对于垄断者在广告投入方面所做出的调整不敏感，则意味着广告的需求弹性相对小。在这种情况下，经验法则会指导垄断者把更少的钱用于广告支出。

一方面，最极端的例子就是消费者对于垄断者的产品信息一清二楚。在这种情形下，广告对市场需求的影响为零，因为消费者对垄断者所出售的商品信息无所不知。广告的经验法则表明在这种市场中，企业不需要为产品做广告，所以垄断者应把广告预算设为零（$a=0$）。

另一方面，如果消费者对于垄断者所售产品的特点并不十分了解，那么垄断者在广告预算上每增加1%，都会给市场需求带来更大的影响。其他因素不变，广告的需求弹性越大，企业广告预算在总收入中所占的比重也就越大。

□ 广告与商誉

在这一章的前面部分，我们注意到了广告既有可能影响未来的产品销售，也有可能影响当前的产品销售，因为广告能够影响企业在市场中的声誉。[①] 为了模拟这一方面的广告，我们将会假设企业拥有良好的商誉，用 G 来表示，这会影响商品的市场需求。这个商誉会随着时间的改变而改变，所以我们必须及时记录下任一时间段 t 内企业的商誉状况，用 G_t 表示。在其他条件不变的情况下，企业良好的商誉会增加人们对垄断者产品的市场需求，这会使垄断者不断扩大利润空间。

垄断者可以通过广告来提升企业商誉。然而，如果垄断者不在广告上花点功夫，那么其商誉也会随之贬值。我们假设企业商誉贬值了（$1-\delta$），这里 $0<\delta<1$。然后我们可以记录下在时间段 t 企业的商誉和广告之间的关系，用公式表示如下：

$$G_t = \delta G_{t-1} + a_t$$

注意，如果垄断者在时间段 t 内（$a_t=0$）没有在广告上花任何功夫，那么时间段 t 内的商誉将等于之前时间段内的商誉贬值后所留下的商誉 G_{t-1}。我们可以改写式子，这时时间段 t 内的广告就变成了过去和现在商誉的函数。

$$a_t = G_t - \delta G_{t-1}$$

现在广告只能以间接的方式影响市场需求，比如通过改变企业商誉。所以我们需要修改 15.2 节中的市场需求函数：

$$q_t = q(p_t, G_t)$$

总成本是由总生产成本 $C(q_t)$ 和广告预算 a_t 组成的。所以我们可以将垄断者在时间段 t 的利润函数写作：

$$\pi_t = p_t \cdot q(p_t, G_t) - C(q(p_t, G_t)) - (G_t - \delta G_{t-1})$$

在之前的模型中，垄断者在任何时间段 t 总有两个变量可以选择：产品市场价格 p_t 和广告支出 a_t。但是这一模型更为复杂，因为时间段 t 的广告不仅会影响时间段 t 内的企业商誉，还会影响未来的企业商誉。为了解释得更加清楚，我们列出垄断者在下一时间段 $t+1$ 内的利润。为了得到这一函数，我们只需要把上面的利润函数中的 t 变成 $t+1$，将 $t-1$ 变成 t 就可以了。

$$\pi_{t+1} = p_{t+1} \cdot q(p_{t+1}, G_{t+1}) - C(q(p_{t+1}, G_{t+1})) - (G_{t+1} - \delta G_t)$$

这些就是垄断者在时间段 $t+1$ 的利润。我们需要注意的是，利润直接受时间段 t 内的企业商誉 G_t 的影响。当然，G_t 直接取决于时间段 t 的广告宣传，所以我们可以发现，时间段 $t+1$ 的广告宣传效果会影响时间段 $t+1$ 的企业利润。如果垄断者今天的广告投入多，那么企业以后的商誉就会变得更高，从而也影响了企业未来的利润。

[①] 这一部分的材料更为高深，因为这要求你去了解企业的打折行为。大多数结论都出自这一章节的附录，而且都是间接引用的。这一材料主要的参考文献多少有些高深，包括了 Nerlove 和 Arrow（1962）以及 Friedman（1983）两本书。

但是目前垄断者必须在时间段 t 选择 a_t。在此时间段，垄断者所预计的时间段 $t+1$ 的利润并没有这么大的价值，因为垄断者必须等到时间段 $t+1$ 才能收到回报。所以在时间段 t，垄断者将会对时间段 $t+1$ 的利润进行打折，这个比率我们可以写成 $\alpha>0$。

在这一章的附录中，我们将会解决垄断者利润最大化折扣问题。因此，我们可以得到修改后的经验法则：

$$\frac{\epsilon_G}{\epsilon_p}=(1-\alpha\delta)\cdot\frac{G_t}{q_t\cdot p_t}\quad\forall\, t$$

这个公式和我们之前所得到的经验法则有两点不同：

● 结果取决于时间段 t 内企业商誉（而不是广告）的需求弹性以及商誉（而不是广告）占总销售额的比率。

● 公式右边的分子和 $1-\alpha\delta$ 相乘。

怎样理解这一结果呢？最简单的方法就是用一个特殊的案例去考虑：如果企业商誉下跌至零，将会发生什么？那就意味着 $\delta=0$，所以企业商誉的公式也就变成了：

$$G_t=a_t$$

我们没有必要去为产品做广告，因为我们得到了最初的经验法则结果。不存在企业商誉的最初公式仅仅是这种模型的特殊形式，这时企业商誉在每一个阶段都彻底贬值。

这就意味着我们在简单模型中得到的相同的结果可以应用于此，但是垄断者目前需要那些重要的信息来应用到修改后的经验法则公式中去，使得企业商誉确实会影响市场需求。这个信息体现于商誉的需求弹性方面，即 ϵ_G。在简单经验法则中，垄断者需要了解广告的需求弹性，即 ϵ_a，它描述了广告支出是如何影响市场需求的。

但是这两种模型的真正区别在哪里？从根本上来讲，这种区别来自在不同广告中特定产品类型所传递的特定产品信息不同。如果今天一个汽车公司或者一家当地电脑商店公布打折信息，而且时间可以持续至下周，那么从广告中得到的商誉会在这个打折活动截止时彻底贬值。从另一方面来讲，如果用广告向消费者传递汽车五年保修期或者新电脑终身免费服务的信息，企业商誉会一直得到强化。关于这些模型，我们需要注意的是要考虑到所做广告产品的类型（搜寻品或体验品）以及特定广告形式的特点，然后将它们运用于合理经验法则的结果之中。

我们如何能够通过加入广告的效果来达到修改模型的目的呢？在本章开头部分，我们已经知道广告可分为掠夺式广告和合作式广告。如果我们假定在这一模型中仅有一个公司，那么要表述清楚广告与商誉之间的关系将会十分困难。[①]；但是我们可以假设市场上还有其他企业愿意将资源花费在影响企业商誉的广告上，这样我们就能使这一模型运作起来了。如果我们称垄断企业为 i，其他企业为 j，那么企业 j 在广告上的投入变化（a_j）会影响垄断企业的商誉（G_i）。然后根据广告是合作式广告还是掠夺式广告，我们可以得到下列公式：

合作式 $\leftrightarrow \partial G_i/\partial a_j>0$

---

① 可在 Friedman（1983：152-160）中找到解决这一问题的更先进的方案。

掠夺式$\leftrightarrow\partial G_i/\partial a_j<0$

如果广告类型是合作式，那么苹果种植者（企业 j）在广告投入上的增加会使橙子种植者（企业 i）的商誉增加。但是如果广告属于掠夺式，则烟草公司 j 在广告投入上的增加会导致烟草公司 i 的商誉下跌。

事实上，我们甚至可以把修改后的经验法则结果作为这一更为复杂模型的特殊情形，此时其他企业的广告对垄断者的商誉产生不了任何影响。但是由于目前我们的这一模型过于复杂，所以我们只能将这一话题留给那些感兴趣并会去独立寻找答案的读者。

15.3 双头垄断市场中的广告

现在我们来看两个为影响消费者需求而选择广告水平的公司之间的竞争到底会带来什么结果。我们首先从第 7 章中所提到过的差异化生产模型开始。这一模型由下列假设组成：

- 市场中存在着两个企业，企业 1 坐落于 a，企业 2 坐落于 b。
- 双方都以不变边际成本 c 来出售相同数量的产品。
- 在单位间隔内消费者是均匀分布的。
- 消费者在使用每单位产品时所得到的剩余价值都是 $\bar{s}$。
- 消费者承担线性运输成本 t〔或二次方运输成本 tx^2 和 $t(1-x)^2$〕。

为了方便起见，我们继续讨论市场上只有两个企业的情形。正如第 7 章所讲述的那样，我们假设两个企业都用同样的生产技术生产和销售同样的产品，所以它们都具有同样的不变边际成本 c。双方各自的产品之间只有一个不同点，那就是单位间隔内企业的位置。消费者对于产品具有不同的偏好，这是由它们在单位间隔内的位置决定的。正如我们之前在第 7 章所描述的那样，这种代表产品差异化的单位间隔能够体现出两个不同企业的产品所具有的独有特征。这种差异化有可能是物理位置，但也有可能是其他一些特征，例如颜色、大小或质量。

我们主要关注的是企业在广告方面的竞争，所以我们假设两个企业所生产的商品存在着最大限度的不同。这就意味着企业 1 将会坐落于 $a=0$，企业 2 将会位于 $b=1$。当消费者承担二次方运输成本时，我们能够根据两个企业在位置上的竞争结果去证明假设，因为在第 7 章中可以看到，在这一模型中，企业之间会选择尽可能地远离对方。我们假设每一个企业为每件产品定价为 p_i，这里 $i=1$，2。

为了明确在这一模型中广告宣传的角色定位，我们假设消费者在最初对于任何一个企业产品的存在并不知悉。消费者仅仅依靠企业为产品所做的广告才获悉该产品的存在。假设 ϕ_1 和 ϕ_2 是两个企业各自通过广告为自己赢得的一小部分消费者，那就有 $0\leqslant\phi_1+\phi_2\leqslant2$。我们把企业 i 为将产品信息 ϕ_i 告诉消费者而花费的广告成本标注为 $A(\phi_i)$。假设广告的成本函数如下①

① 在 Grossman 和 Shapiro（1984）一书中可见这一模型。

$$A(\psi_i) = \frac{a \cdot \psi_i^2}{2}$$

这意味着企业在广告上的支出，即将信息传递给消费者（$\psi_i = 1$）的成本，最多为$a/2$。

在企业 1 看来，市场上存在着两类消费者：

● $1-\psi_2$，企业 1 的消费者并没有接触到企业 2 的广告：这是企业 1 的地盘。

● ψ_2，企业 1 的消费者至少接触到一则关于企业 2 产品的广告：这就是在企业 1 的需求函数中存在竞争的部分。

在这一模型中，我们已经清楚广告所能起到的作用。在企业 1 看来，企业 2 的广告越多，了解企业 2 产品的消费者也就越多。ψ_2 越大，企业 1 的产品市场的竞争就会越大。

给定价格分别为 p_1 和 p_2，我们之前在第 7 章中提到过，有一个消费者在单位间隔内位于 x，他对于企业 1 和企业 2 的产品持无所谓态度。对于这个消费者而言，可以看到下列公式①：

$$p_1 + tx^2 = p_2 + t(1-x)^2$$

正如第 7 章中所述，我们不考虑特殊情形，即在均衡时一些消费者没有得到产品，而且每一个企业在当地都有垄断竞争对手的特殊情形，因为我们最感兴趣的是两个企业之间竞争的结果。所以我们假设即便消费者位于 x，其购买该产品所获得的剩余价值 $\bar{s}$ 至少和产品价格加上购买该产品所花费的运输成本一样大：

$$\bar{s} > p_1 + tx^2 = p_2 + t(1-x)^2$$

在第 7 章中，我们列出了企业 1 的产品需求函数：

$$D^1(p_1, p_2) = \frac{p_2 - p_1 + t}{2t}$$

当然，由于我们不得不考虑一些消费者接触到了广告，而另一些却没有这样一个事实，所以这个需求函数就变得有一些复杂了。企业 1 只会全力和企业 2 争夺那些接触过企业 2 广告的消费者。对于那些并没有接触到企业 2 广告的消费者，企业 1 只需要通过传递广告来吸引他们的眼球。所以企业 1 的需求函数变成了：

$$D^1 = \psi_1 \left\{ (1-\psi_2) + \psi_2 \left(\frac{p_2 - p_1 + t}{2t} \right) \right\}$$

一种测量企业改变广告投入对竞争力所带来的影响的方法就是观察广告投入的改变是如何影响需求弹性的。企业 1 的产品需求弹性 ϵ_1 被定义为企业 1 产品的百分比变化，其源自企业 1 产品市场价格的百分比变化：

$$\epsilon_1 = \frac{-\partial D_1}{D_1} \bigg/ \frac{\partial p_1}{p_1} = \frac{-\partial D_1}{\partial p_1} \frac{p_1}{D_1}$$

这个需求弹性告诉我们，当企业 1 产品的市场价格提高 1% 时，其产品市场需求减

---

① 记住我们所假设的是消费者承担的是二次方运输成本。如果位于点 x 的消费者希望购买坐落于单位间隔的极左边位置的公司的产品，那么他必须先从点 x 出发向企业行进，所以消费者在购买该产品时增加了运输成本。

少的百分比。如果市场竞争十分激烈，那么企业 1 的提价行为会给市场的需求带来更大幅度的下跌（ϵ_1 相对较大），但是如果市场竞争并不是十分激烈，那么企业 1 的提价行为给市场需求带来的减少幅度相对较小（ϵ_1 数值小）。

两个企业拥有同样的技术，而且在同一个市场销售相同的产品，所以在均衡时，双方会给产品定出相同的市场价格（$p_1 = p_2 = p$），也会造成相同的广告投入 $\psi_1 = \psi_2 = \psi$。因此，我们用下列公式解出企业 1 的需求弹性：

$$\epsilon_1 = \frac{-\partial D_1}{\partial p_1} \frac{p_1}{D_1}$$

$$\epsilon_1 = \frac{\psi^2}{2t} \frac{p}{\{\psi \cdot [(1-\psi) + \psi(1/2)]\}}$$

$$\epsilon_1 = \frac{\psi p}{t(2-\psi)}$$

所以，广告 ψ 越多，需求弹性 ϵ_1 也就越大，这说明了更多的广告会使市场更具竞争性。

为了求出企业在均衡时所投入的广告，我们需要求解均衡时每一个企业关于产品价格和广告层次的利润最大化问题。我们回想一下每一个企业面对的是不变边际成本 c。所以如果 $a\psi_1^2/2$ 是广告支出，我们可以用下面的公式将企业 1 的利润最大化问题写出来：

$$\max_{p_1, \psi_1} \pi^1 = \psi_1 \cdot \left[(1-\psi_2) + \psi_2 \left(\frac{p_2 - p_1 + t}{2t} \right) \right] \cdot (p_1 - c) - \frac{a\psi_1^2}{2}$$

为了解决这一问题，我们需要回顾企业 1 的两个一阶条件。企业选择的广告支出为 ψ_1，产品价格为 p_1，以致由于产品价格变化或者广告支出变化而导致的利润边际变化等于零。解决问题的办法已经完全在附录中得到了说明。在均衡时，双方企业设定的产品价格 p^a 是相同的，并告知了同样数目的消费者 ψ^a。

$$p^a = c + \sqrt{2ta} \quad \text{假设 } a \geq t/2$$

$$\psi^a = \frac{2}{1 + \sqrt{\frac{2a}{t}}}$$

如果我们将这些代换回企业利润函数，我们可以得到关于均衡利润的公式：

$$\pi^1 = \pi^2 = \frac{2a}{\left(1 + \sqrt{\frac{2a}{t}}\right)^2}$$

既然我们已经解决了企业在双头垄断模型中关于广告的产品差异化的问题，下面我们来阐释这一结果。最好的方式就是将这一模型中的结果拿来和我们之前在第 7 章中得出的结果相比较，因为在这两章中所使用的模型基本相同。在第 7 章中，我们得出的产品均衡市场价格公式为：

$$p_1^n = p_2^n = p^{fi} = \frac{4t - t(a+b)}{3} + c$$

当消费者对于企业所售产品的信息了如指掌时，这就是每一个企业都会设定的均衡市场价格，所以我们将均衡价格标为 p^{fi}，因为它是一个完全信息下的均衡价格。

在本章到目前为止，我们都假设两个企业位于单位间隔内相反的两个末端，所以 $a＝0$，$b＝1$。如果我们将这些条件换成完全信息下的价格，我们能够得到：

$$p^{fi}＝c＋t$$
$$p^a＝c＋\sqrt{2at}$$

只要 $2a＞t$，那么 $\sqrt{2at}＞t$，在这种情况下，在模型中存在广告的均衡价格 p^a 会比信息完全透明化的均衡价格 p^{fi} 高。如果消费者没有完全掌握市场上所流通商品的信息，企业就会看到更低的需求弹性，所以均衡市场价格会更高。产品价格会随着运费 t 和广告费 a 的提高而提高。

如果我们换一个角度去思考这个结果，可能会得到意想不到的结果。我们可以重新理解完全信息下的产品差异化模型，将它理解为企业的广告面向所有消费者。如果每一个企业的广告高至 $\psi＝1$，那么市场结果就会和第 7 章中的一样，即消费者完全清楚产品信息。但是企业并不想做那么多广告，因为这样做会加剧市场竞争。

结 论

与信息完全透明化的市场相比，在企业做广告的市场中，产品价格会更高。

在均衡时，企业究竟会花费多少用于广告支出？通过观察 ψ，我们能够观察到广告支出 a 越低，运输成本 t 越高，企业将会为产品做越多的广告。当然，企业最关心的还是其究竟能通过广告获得多少利润。

眼科服务行业中的广告

我们如何能够确认广告是否能加剧市场竞争，降低产品价格？如果我们将一些行业的广告开支和产品市场价格联系在一起，我们将得不到问题的答案，因为产品市场价格是受多方面因素影响的。

在另外一个研究中，李·本汉姆（Lee Benham）和小约翰·科沃卡（John Kwoka, Jr.）发现了一个特别适合解决该问题的理想环境，即审视美国眼科服务行业的广告和价格策略（Benham, 1972; Kwoka, 1984）。在任何时候，美国的一些州允许播放眼睛检查的广告，而另外一些州却不允许。1963 年以来的资料显示，本汉姆（1972）发现在那些禁播眼科服务广告的州，其眼科服务价格会高出 18～22 个百分点。

虽然这个结果支持广告能够加剧市场竞争、降低产品价格这一结论，但是本汉姆并没有考虑到一个潜在问题。正如我们在第 14 章所看到的那样，当各种产品质量参差不齐时，厂商可能会对更高质量的产品提出更高的售价。这里指的是，并非所有的眼科检查都是一样的。在那些禁播眼科服务广告的州，眼科服务价格可能会更高，因为在那里，眼科医生将更多的时间花在病人身上，提供了更高品质的服务。

通过分析包括眼科医生花在每一位病人身上的时间在内等数据，科沃卡（1984）解释了眼科服务质量有差别的原因。他发现那些做广告的商店的产品价格会比不做广告的商店低 9~11 个百分点，这也证实了广告能够加剧市场竞争这一说法。但是同时他也发现做广告的眼科医生花在病人身上的时间仅仅为 3~5 分钟，从而为消费者提供了更差的服务。这一点我们在第 14 章已经讲过。当我们面对质量参差不齐的体验品时，消费者在购买产品之前并不清楚产品质量，所以可能会根据那些可观察的信号，比如广告或者产品价格，去推断产品质量。

资料来源：本汉姆（1972）和科沃卡（1984）。

从均衡利润公式中我们可以看到，更高的运输成本 t 会导致更多的广告、更高的市场均衡价格 p^a 以及更多的利润。但最有意思的结果是，利润的增长是以广告费用的增长为代价的。这就意味着企业对广告投入的增加会使企业利润提高。

那么，更高的广告费用支出是如何使企业获得更多利润的呢？

如果要以专业的方式来回答这一问题，那就有些复杂，所以我们将其放到本章的附录部分。然而，我们将会提供一个直观性的答案，方法就是考虑广告成本的变化会对均衡广告数量产生什么样的影响。我们之前已经看到，广告成本 a 的增加会使均衡广告数量减少。所以广告成本的变化会对利润产生两个影响：

- **直接影响**（direct effect）：广告成本 a 增加会使利润降低。
- **策略影响**（strategic effect）：广告成本 a 增加会使广告数量减少，使扭曲的信息增加，所以企业可以开出更高的价格，以得到更高的利润。

直接影响较容易理解：在其他条件不变的情况下，广告成本 a 的增加会使企业成本提高，所以企业利润会下降。但是最有意思的是策略影响。由于广告成本 a 提高了，所以广告数量就会相应减少。这会造成市场上关于产品的信息被曲解，因为现在很少有消费者能清楚每一个企业产品的不同之处，因为企业的广告数量减少了。在这种情形下，市场竞争会弱化，所以企业就会提高产品的市场均衡价格（记住之前提到的，a 提高了，产品市场均衡价格也就提高了）。这就是由广告成本改变而产生的策略影响。每一个企业都希望做更少的广告，因为如果真的这样做了，市场竞争就会减弱，从而使每一个企业以更高的产品价格获取更大的利润。这一例子证明了由于广告成本的改变而带来的策略影响远胜于直接影响，所以企业利润的增长将会以广告成本的增长为代价。

这是一个十分重要的结果，因为它再一次强调了市场中两个企业的策略合作关系的重要性。如果我们不去考虑因广告成本改变而带来的策略影响，我们将会得到一个错误的结论：广告成本的提高势必会使企业利润降低（直接影响）。一旦把策略影响考虑进来，我们会发现由广告成本的变化而带来的间接影响与直接影响在改变市场竞争度方面恰恰相反。

小 结

- 广告支出包括企业为增加产品销售或者维持市场份额而发生的一切支出，它既可以向消费者传递信息，又可以试图影响消费者的偏好。
- 如果广告传递的是关于产品价格或者产品存在的硬性信息，则它就是信息性广告，而如果广告是通过影响消费者对产品的理解，使他们将产品和特定形象或个性联想

管理经济学：基于战略的视角（第二版）

到一起，那么它就叫作说服性广告。

● 产品可以分为搜寻品、体验品和信用品，这种分法取决于消费者在购买产品之前或之后是否了解产品的剩余价值信息。

● 广告根据其对于企业间竞争对手需求的影响可以分为合作式广告和掠夺式广告。

● 垄断者在广告支出上的最佳经验法则暗示了，在其他条件不变的情况下，在那些需求的价格弹性相对较低或者广告的需求弹性相对较高的行业中，广告支出占企业总收入的比重要偏高。

● 最佳广告支出也需要考虑其他因素，比如，如果广告能够影响企业商誉，那么这种影响到底能持续多久。

● 在有不止一个企业的市场中，一个企业在广告投入上的改变会影响其产品市场占有率和市场战略。

● 策略影响暗示着更多的广告会带来更激烈的市场竞争，从而使产品价格变得更低，企业的利润更少。

练 习

1. 在表15-2的例子中，如果两个企业使各自的利润增长到6美元而不是4美元，那么收益矩阵将会变得如何？这会改变纳什均衡吗？你能将你的答案与广告的需求弹性以及广告所带来的效应联系起来吗？

2. 一个垄断者以不变边际成本 c 和零固定成本生产产出 q，他将面对下列需求函数：

$$q = b_0 - b_1 p + b_2 a \qquad b_0, b_1, b_2 > 0$$

p 是每一单位产品的市场价格，a 代表广告支出。

（a）写出垄断者的利润函数，主要由产品价格 p 和广告支出 a 组成。

（b）求解两个一阶最大化条件，而且使用它们来求解垄断者的最优市场价格 p^* 和最优广告水平 a^*。

（c）使用需求公式来求解市场价格的需求弹性 ϵ_p 和广告支出的需求弹性 ϵ_a。

（d）用你在练习2（b）和2（c）中的答案来验证根据垄断者的经验法则 $\epsilon_a/\epsilon_p = a/(p \cdot q)$ 得到的、企业广告支出占企业总收入的最优比例。

3. 在许多国家，一些职业协会（比如牙医协会）会提出，由于广告的引入会加剧市场竞争，使协会中的专业人员减少开支并降低服务质量，所以它们认为这些行业不应允许广告进入。

假设你是一位主管牙医广告的政府官员，你会允许牙医做广告吗？或者说，你会禁止此类广告的出现吗？你的提议会对下列哪些方面产生影响？

● 牙医服务的价格；

● 牙医服务的质量；

● 牙医行业的利润。

当你提出建议时，你应该考虑哪些因素？

● 牙医广告带来的效应；

- 牙医广告是掠夺式的还是合作式的；
- 牙医服务是搜寻品、体验品还是信用品。

4. 假设一个行业存在两个企业，它们销售一款只有质量不同的产品，市场中有数量为 $0 < \psi < 1$ 的消费者，他们对市场所售产品的信息一清二楚，但是其他消费者对产品质量并不清楚。厂商 H 出售更高品质的商品，而厂商 L 出售更低质量的商品。两个企业进行价格竞争。

(a) 假设厂商不做广告。在目前为止我们所讨论过的模型中，哪一种模型更适合这一市场？市场上是否存在一种更适合 ψ 个知情的消费者的模型？你会对 $1 - \psi$ 个不知情的消费者使用另外一种模型吗？为什么？

(b) 现在假设厂商能够通过广告这一媒介将其产品质量表现出来。如果一开始时 $\psi = 0$，那么企业在广告上的投入会加剧还是减弱市场竞争？你能将你的答案和伯川德悖论联系起来吗？

(c) 现在假设 $\psi = 1$，所以所有的消费者都清楚厂商 L 所售的产品为劣质产品，厂商 H 所售的产品是高品质产品。如果厂商 L 能够通过广告来使消费者相信它正在生产更高品质的商品，讨论一下厂商 L 选择广告的动机。这将会加剧还是减弱市场竞争？你会期待厂商 H 如何做出回应呢？

附　录

修改后的商誉经验法则

垄断者在时间段 t 所拥有的商誉为 G_t，广告支出为 a_t。如果企业商誉以比率 $1 - \delta$ 贬值，我们可以得到：

$$G_t = \delta G_{t-1} + a_t$$
$$a_t = G_t - \delta G_{t-1}$$

如果垄断者以利率 α 将下一阶段的利润贴现，那么在时间段 $t = 0$，企业的总利润为：

$$\sum_{t=1}^{\infty} \alpha^{t-1} \left[p_t \cdot q(p_t, G_t) - C(q(p_t, G_t)) - (G_t - \delta G_{t-1}) \right]$$

在所有阶段，要想实现最大化，我们需要得到一对一阶条件：

$$\frac{\partial}{\partial p_t} = 0 = \alpha^{t-1} \left[q_t + (p_t - C_t') \cdot \frac{\partial q_t}{\partial p_t} \right]$$

$$\frac{\partial}{\partial G_t} = 0 = \alpha^{t-1} \left[(p_t - C_t') \cdot \frac{\partial q_t}{\partial G_t} - 1 + \alpha \delta \right]$$

$$p_t - C_t' = \frac{q_t}{\frac{\partial q_t}{\partial p_t}}$$

$$p_t - C_t' = \frac{1 - \alpha \delta}{\frac{\partial q_t}{\partial G_t}} \quad \forall t$$

$$\frac{q_t}{G_t \cdot p_t} \cdot \frac{q_t}{\frac{\partial q_t}{\partial p_t}} = \frac{1-\alpha\delta}{\frac{\partial q_t}{\partial G_t}} \cdot \frac{q_t}{G_t \cdot p_t}$$

$$\frac{q_t}{G_t} \cdot \frac{1}{\epsilon_p} = \frac{1-\alpha\delta}{p_t} \cdot \frac{1}{\epsilon_a}$$

$$\frac{\epsilon_G}{\epsilon_p} = (1-\alpha\delta) \cdot \frac{G_t}{q_t \cdot p_t} \quad \forall\, t$$

在存在广告时双头垄断市场利润最大化问题的答案

当企业 1 面对如下需求函数时：

$$D^1 = \psi_1 \left\{ (1-\psi_2) + \psi_2 \left(\frac{p_2 - p_1 + t}{2t} \right) \right\}$$

我们可以将企业 1 的利润最大化问题列出：

$$\max_{p_1, \psi_1} \pi^1 = \psi_1 \cdot \left[(1-\psi_2) + \psi_2 \left(\frac{p_2 - p_1 + t}{2t} \right) \right] \cdot (p_1 - c) - \frac{a\psi_1^2}{2}$$

最优化广告和产品价格暗示着以下两个一阶条件：

聚焦在广告上：

$$\frac{\partial \pi^1}{\partial \psi_1} = 0$$

$$(p_1 - c) \cdot \left[(1-\psi_2) + \psi_2 \left(\frac{p_2 - p_1 + t}{2t} \right) \right] = a \cdot \psi_1$$

$$\frac{p_1 - c}{a} \cdot \left[(1-\psi_2) + \psi_2 \left(\frac{p_2 - p_1 + t}{2t} \right) \right] = \psi_1$$

聚焦在价格上：

$$\frac{\partial \pi^1}{\partial p_1} = 0$$

$$\psi_1 \cdot \left[(1-\psi_2) + \psi_2 \left(\frac{p_2 - p_1 + t}{2t} \right) \right] = (p_1 - c)\frac{\psi_1 \psi_2}{2t}$$

$$1 - \psi_2 + \psi_2 \left(\frac{p_2 - p_1 + t}{2t} \right) = (p_1 - c)\frac{\psi_2}{2t}$$

$$1 - \psi_2 + \frac{\psi_2}{2t} \cdot (p_2 + t) + \frac{\psi_2}{2t} \cdot c = p_1 \cdot \left(\frac{\psi_2}{2t} + \frac{\psi_2}{2t} \right)$$

$$1 - \psi_2 + \frac{\psi_2}{2t} \cdot (p_2 + t + c) = p_1 \cdot \frac{\psi_2}{t}$$

$$\left(\frac{1-\psi_2}{\psi_2} \right) \cdot t + \frac{p_2 + t + c}{2} = p_1$$

由于两个企业是相同的，所以我们知道均衡将会是对称性的。所以为了求解均衡价格 p^a 和广告水平 ψ^a，我们将 $p_1 = p_2 = p$ 和 $\psi_1 = \psi_2 = \psi$ 代入一阶条件：

$$\psi = \left(\frac{p-c}{a} \right) \cdot \left(1 - \psi + \frac{\psi}{2} \right)$$

$$\psi = \left(\frac{p-c}{a}\right) \cdot \left(1 - \frac{\psi}{2}\right)$$

$$\psi = \frac{p-c}{a} - \psi \cdot \left(\frac{p-c}{2a}\right)$$

$$\psi \cdot \left[1 + \left(\frac{p-c}{2a}\right)\right] = \frac{p-c}{a}$$

$$\psi = \frac{2(p-c)}{2a+p-c}$$

$$1 - \psi = \frac{2a+p-c-2p+2c}{2a+p-c}$$

$$1 - \psi = \frac{2a-p+c}{2a+p-c}$$

$$\frac{1-\psi}{\psi} = \frac{2a-p+c}{2(p-c)}$$

$$p = \frac{p}{2} + \frac{t+c}{2} + \frac{1-\psi}{\psi} \cdot t$$

$$\frac{p}{2} = \frac{t+c}{2} + \frac{2a-p+c}{2(p-c)} \cdot t$$

$$p \cdot (p-c) = (p-c) \cdot (t+c) + t(2a-p+c)$$

$$0 = p^2 - cp - tp - cp + ct + c^2 + tp - ct - 2ta$$

$$0 = p^2 - 2cp + c^2 - 2ta$$

$$p = \frac{2c \pm \sqrt{4c^2 - 4(c^2 - 2ta)}}{2}$$

$$p = \frac{2c \pm \sqrt{8ta}}{2}$$

$$p^a = c + \sqrt{2ta} \quad \text{假设 } a \geq t/2$$

$$\psi = \frac{2(p-c)}{2a+p-c}$$

$$\psi = \frac{2(c + \sqrt{2ta} - c)}{2a + c + \sqrt{2ta} - c}$$

$$\psi = \frac{2\sqrt{2ta}}{2a + \sqrt{2ta}}$$

$$\psi^a = \frac{2}{1 + \sqrt{\frac{2a}{t}}}$$

$$\pi^1 = \pi^2 = \frac{2a}{\left(1 + \sqrt{\frac{2a}{t}}\right)^2}$$

广告支出 a 的变化对利润的影响

我们发现，通过求解广告成本所牵涉的利润导数 π^a，广告支出 a 的变化对利润的影响问题可以得到解决。可看下列公式：

$$\pi^a = \frac{2a}{\left(1+\sqrt{\dfrac{2a}{t}}\right)^2} = 2a \cdot x(a)^{-2}$$

其中

$$x(a) = 1+\sqrt{\frac{2a}{t}}$$

通过差异化的链式法则，我们可以得到：

$$\frac{\partial \pi^a}{\partial a} = 2x(a)^{-2} - 4ax(a)^{-3} \cdot \frac{\partial x(a)}{\partial a}$$

其中

$$\begin{aligned}
\frac{\partial x(a)}{\partial a} &= \frac{1}{2}\left(\frac{2a}{t}\right)^{-1/2}\frac{2}{t} \\
&= \left(\frac{2a}{t}\right)^{-1/2}\frac{1}{t}
\end{aligned}$$

因此

$$\begin{aligned}
\frac{\partial \pi^a}{\partial a} &= 2x(a)^{-2} - \frac{4a}{t}x(a)^{-3}\left(\frac{2a}{t}\right)^{-1/2} \\
&= 2x(a)^{-3} \cdot \left[x(a) - \frac{2a}{t} \cdot \left(\frac{2a}{t}\right)^{-1/2}\right] \\
&= 2x(a)^{-3} \cdot \left[x(a) - \sqrt{\frac{2a}{t}}\right] \quad \text{其中：} x(a) = 1+\sqrt{\frac{2a}{t}} \\
&= 2x(a)^{-3} > 0
\end{aligned}$$

这个导数是正的，所以广告投入 a 的增加会使企业利润增加。

参考文献与延伸阅读

Batra, R., Myers, J. G. and Aaker, D. A. (1996), *Advertising Management*, 5th edn. Upper Saddle River, NJ: Prentice-Hall, especially pp. 542–547.

Benham, L. (1972) "The Effect of Advertising on the Price of Eyeglasses", *Journal of Law and Economics* 15 (2): 337–352.

Brown, J. R. and Goolsbee, A. (2002) "Does the Internet Make Markets More Competitive? Evidence from the Life Insurance Industry", *Journal of Political Economy* 110 (3): 481–507.

Darby, M. and Karni, E. (1973) "Free Competition and the Optimal Amount of Fraud", *Journal of Law and Economics* 16 (1): 67–88.

Dorfman, R. and Steiner, P. (1954) "Optimal Advertising and Optimal Quality", *American Economic Review* 44 (5): 826–836.

Friedman, J. (1983) *Oligopoly Theory*. Cambridge: Cambridge University Press, especially pp. 136–142.

Gilligan, C. (1977) "How British Advertisers Set Budgets", *Journal of Advertising Research* 17 (1): 47−49.

Greer, D. F. (1993) "The Beer Industry", in L. L. Duetsch (ed.) *Industry Studies*. Englewood Cliffs, NJ: Prentice-Hall.

Grossman, G. and Shapiro, C. (1984) "Informative Advertising with Differentiated Products", *Review of Economic Studies* 51 (1): 63–82.

Keown, C. F., Synodinos, N. E. and Jacobs, L. W. (1989) "Advertising Practices in Northern Europe", *European Journal of Marketing* 23 (3): 17–28.

Kwoka Jr, J. E. (1984) "Advertising and the Price and Quality of Optometric Services", *American Economic Review* 74 (1): 211–216.

Nelson, P. (1970) "Advertising as Information", *Journal of Political Economy* 81: 729–754.

Nerlove, M. and Arrow, K. (1962) "Optimal Advertising Policy under Dynamic Conditions", *Economica* 29: 129–142.

Patti, C. H. and Blasko, V. (1981) "Budgeting Practices of Big Advertisers", *Journal of Advertising Research* 21 (6): 23–29.

Schmalensee, R. (1972) *The Economics of Advertising*. Amsterdam: North-Holland.

Tirole, J. (1988). *The Theory of Industrial Organization*. Cambridge, MA: MIT Press, especially pp. 106, 115, 289–295.

第 16 章

捆绑销售

学完本章，你应该理解：

- 捆绑销售的含义。
- 通常在哪种条件下捆绑销售能增加利润。
- 纯粹捆绑销售和混合捆绑销售的区别。
- 与纯粹捆绑销售相比，混合捆绑销售中的利润权衡。
- 搭配销售的含义。
- 为什么搭配销售是二级价格歧视的一种形式。

在第 4 章，我们研究了公司怎样提供一份仅由数量或质量来进行区别的产品清单，并且通过二级价格歧视来进行定价，从而增加利润。例如，汽车制造商能够通过提供同一款车的标配和高配两种车型来提高利润，它们认为不同的汽车消费者对空调、汽车天窗和高品质立体声音响有不同的选择。在这一章，我们讨论公司怎样把相关的产品捆绑起来进行出售，从而增加利润。这一行为被称为**纯粹捆绑销售**（pure bundling）。例如，电脑出售通常包含了电脑运行所需的操作系统，还有文字处理软件、电子表格软件包、普通绘图软件、计算软件，甚至一些游戏。电脑零售商出售的电脑通常只包含一套完整的软件。公司可能以单独的价格出售捆绑起来的产品，但也允许消费者单独购买其中某个产品。这被称为**混合捆绑销售**（mixed bundling）。例如，如果电脑公司允许消费者购买一些额外的软件，比如分开来购买电子表格软件包，那么这就是混合捆绑销售。另外一个例子就是，在餐馆举办一场宴会可选择主菜、主食和甜点。如果餐馆只允许用餐者选择举办宴会，那么餐馆的这种行为就是纯粹捆绑销售。如果餐馆允许消费者选择举办一场宴会，或者可根据菜单来点菜，那么餐馆的这种行为就是混合捆绑销售。

除了增加利润外，公司进行捆绑销售还有另外两方面的原因。第一，有时不同产品捆绑起来出售对公司更实惠。例如，在生产汽车时就安装音响设备比以后由技工安装这一设备更便宜。第二，一些产品捆绑起来出售是因为它们的选择价值。我们来看电脑软件的例子：即使消费者现在不用这款软件，他们也认为也许在将来的某一天会用到这款软件。尽管这两个例子很好地解释了捆绑销售的情况，但我们仅仅注意到这些原因的存在，并认为它们不适用于本章将要建立的模型。这里我们将分析捆绑销售及与之类似的**搭配销售**（tie-ins）行为，这是公司用来实施二级价格歧视或者获得超过分开定价的消费者剩余和利润的方式。

本章我们先通过一些简单的例子来讨论公司捆绑销售从而增加利润的基本方式。然后我们介绍用于描述捆绑销售市场结果的总体框架。最后我们讨论搭配销售。

16.1 捆绑销售概述

对捆绑销售最简单的解释是，它是指利用消费者对不同的产品进行不同估价的一种行为。假设公司提供两种产品进行出售：产品1和产品2。通过假设每个消费者消费每件产品的估价与消费另一产品的估价相互独立，这些产品之间关系的本质就很清楚了。这就意味着对两件产品总的估价与把每件产品的单独估价加起来的和相等。只要消费者从消费两件产品中获得价值，那么这些产品可能完全不同或相关。必须注意到这与二级价格歧视不同，在二级价格歧视的情况下，每个消费者只从选单中选择一件产品。

为了研究捆绑销售的回报，我们假定市场有 A、B、C 和 D 四个消费者，垄断厂商出售产品1和产品2两件产品。只要消费者能从中获得净剩余，他们每种产品最多只买一件。市场需求方面的相关信息是每个消费者对每件产品的估价，如表 16-1 所示。

在供给方面，假设生产产品1的边际成本为150美元，生产产品2的边际成本为200美元。我们从最简单的情况入手：在公司对每件产品区别对待的情况下，假定产品1和产品2的垄断价格。解决产品1问题所需要的信息见表 16-2。我们可以看到产品1利润最大化的价格为300美元，销量为三件。对于产品2，我们同样可以计算出它的利润最大化价格为325美元，此时出售两件产品。当垄断厂商给每件产品分别定价时，总利润为700美元。

表 16-1 捆绑销售市场

	估价（美元）		
消费者	产品 1	产品 2	产品 1 与产品 2
A	100	500	600
B	300	325	625
C	350	270	620
D	500	100	600

表 16-2 垄断厂商销售产品 1 时的价格和获得的利润

价格（美元）	需求量	总收入（美元）	利润（美元）
500	1	500	350
350	2	700	400
300	3	900	450
100	4	400	−200

管理经济学：基于战略的视角（第二版）

下面我们讨论纯粹捆绑销售的情况：公司把两件产品捆绑起来当作一个组合来出售。生产这个产品组合的边际成本为 350 美元，即产品 1 和产品 2 的边际成本之和。回到表 16-1，我们注意到，当我们增加每个消费者对两件产品的估价时，消费者 A 和 D 的估价都是 600 美元，因此我们只需考虑这一捆绑的三种价格。在表 16-3 中，我们总结了在这三种价格下垄断厂商的销售量和利润。

表 16-3   纯粹捆绑销售时的价格和获得的利润

价格（美元）	需求量	总收入（美元）	利润（美元）
625	1	625	275
620	2	1 240	540
600	4	2 400	1 000

我们从表 16-3 中可以看到垄断厂商的总利润从 750 美元增加到 1 000 美元。把这些产品捆绑起来出售能够增加利润有两方面的原因。第一是公司可以获得更多的支付意愿，比如消费者 A 和 D。当产品分开销售时，消费者 A 和 D 两件产品都不买，但是当两件产品捆绑起来出售时，所有消费者都会购买由两件产品捆绑起来构成的产品组合。第二，通过把两件产品捆绑起来，垄断厂商并不需要对每件产品降低价格，从而卖给那些对产品有较低估价的消费者。由于消费者对两件产品的估价存在负相关，因此这个收益较大。

但是有没有哪种方式使垄断厂商能够从每个消费者身上获得更多的支付意愿，尤其是消费者 A 和 D，他们对单个产品有更高的支付意愿？注意到消费者 A 和 D 对产品中的每个估价都小于边际成本。是否存在一种方式，能够让垄断厂商把产品 1 和产品 2 单独卖给消费者 A 和 D，从而获利更多，而不是让他们购买两种产品的组合呢？

为了实现这个目标，垄断厂商采取混合捆绑销售。混合捆绑销售是指至少单独销售某些产品，同时也销售一些捆绑产品。用这种方式，每件单独的产品都可成为捆绑的替代品，因此这个问题像二级价格歧视，虽然由于涉及多件产品有点复杂。在 16.2 节进行系统分析前，我们讨论一个关于混合捆绑销售的简单例子。

这个混合捆绑销售如下：产品 1 要价 500 美元，产品 2 要价 500 美元，产品 1 和产品 2 捆绑起来要价 620 美元。当四个消费者看到这个价格清单时，消费者 A 购买产品 1，消费者 D 购买产品 2，消费者 B 和 C 购买捆绑组合。这样垄断厂商获得的总利润为 1 290 美元。混合捆绑销售是通过从那些对每件产品有高估价的消费者身上获得更多的剩余来增加利润的。同时，厂商可以对每个捆绑组合开出更高的价格，因为不再需要通过降价把产品卖给那些对某件产品有高估价和对另一产品有较低估价的消费者。

混合捆绑之所以被当作二级价格歧视的一种，在于它给每种类型的消费者设计了一张产品价格质量-数量的清单。每个消费者通过他购买的产品反映出他的类型：他选择购买捆绑组合还是单件产品取决于哪种产品能带给他较高的净剩余。

16.2 市场份额与捆绑销售

通过用图解法来研究这个问题，我们可以从另外一个视角了解捆绑销售。我们继续讨论这个简单的例子：垄断厂商以边际成本 c_1 和 c_2 生产两种产品，因此生产捆绑组合的成本为 c_1+c_2。有许多消费者，每个人对每件产品都有一个保留价格，分别为 R_1 和 R_2。假设这些估价或保留价格在消费者之间随机分布，因此垄断厂商不知道消费者各自的估价。为使问题简单起见，我们假定估价对每个消费者是相互独立的，而实际上就假定了保留价格是均匀分布的。假定保留价格的均匀分布需要对每件产品的保留价格规定最大值。为了使问题简单点，我们假定每件产品的最大保留价格是相同的，为 p_{m_x}。这就意味着这组可能的保留价格可以用一个正方形来表示。

捆绑销售与价格歧视

有线电视行业被描述为通过捆绑销售实现价格歧视的典型例子。在美国，电视行业由许多电视台组成，可以分为四类。第一类是广播网，如 ABC、FOX 和 PBS，它们通过无线电和电缆进行传播、转播。第二类是由有线电视网络编程组成，它们是由电缆进行传输的，如 CNN、MTV 和 ESPN。第三类是高级编程网络，主要播出时间长的电影，如 HBO。第四类是按次付费网络。有线电视网将其中的两个或更多的种类组成捆绑组合来服务当地市场。通常它们提供三种类型的捆绑组合。最基本的捆绑包括广播网和一些有线电视程序网络。扩展的有线电视服务包括所有的基本有线电视和许多有线电视程序网络。高级和按次付费网络不进行捆绑销售，而是单独提供优质服务。本质上市场存在基本有线电视的纯粹捆绑销售和高级网络的个别选择。

克劳福德（2008）分析了有线电视行业的行为是否与价格歧视的行为相一致。他发现，对于大的捆绑组合，需求更具有弹性。这是因为大的捆绑组合能吸引更多的消费者，又因为捆绑组合价格与平均估价相等而价格微小的变化对这没有影响。我们回到表 16-2，没有进行捆绑销售的产品的需求曲线更为陡峭（价格变化在 100 到 500 之间），然而表 16-3 显示，捆绑组合的需求曲线变化更为平缓（价格变化在 600 到 625 之间）。研究发现，捆绑组合的需求越多（15 家最大的有线电视），价格就越具有弹性，这与有线电视公司进行价格歧视是一致的。克劳福德（2008）也测试了在电视网络的需求与其他已捆绑的网络呈负相关时，弹性的增加是否越大，例如，向由广播网（PBS，CNN 和 CSPAN）组成的捆绑组合增加 MTV。

克劳福德（2008）使用美国 1996 年有线电视网多样化的数据，包括捆绑组合、每个捆绑组合中的电视台，以及每个捆绑组合的价格和市场份额。他发现给某个捆绑组合增加 15 个最流行电视台中的 10 个能提高这个捆绑组合的需求弹性，这与价格歧视的假设是一致的。这些影响中的 6 个在统计上很显著。然而剩下的 5 个电视台减少了需求弹性，这 5 个影响与 0 一样，没有造成统计上的影响。此外，增加那些有吸引力的电视台（如 MTV）往往能增加需求弹性，这比增加一般性的电视台更有效果。由于特别感兴趣的网络估价很可能与捆绑组合中的其他电视台呈负相关，这与第二个假设一致。

因此，有线电视行业的价格和捆绑销售大体上与有线电视各频道捆绑后在消费者之间进行价格歧视的这个假设一致。

我们以与 16.1 节相同的方式继续讨论。首先给出没有使用捆绑销售时的结果。如图 16-1 所示，R_1 和 R_2 是与产品 1 和产品 2 估价相关的轴。P_{m_x} 是对每件产品最大的支付意愿。我们假定垄断厂商提供产品 1 和产品 2，并设定价格为 p_{m_1} 和 p_{m_2}。对产品 2 的估价比 p_{m_2} 大的消费者将选择购买一单位产品 2，对产品 1 的估价比 p_{m_1} 大的消费者将选择购买一单位产品 1。图 16-1 表明四种不同的结果都会发生。首先，对产品 1 和产品 2 的估价分别比 p_{m_1} 和 p_{m_2} 小的消费者将不会购买任何产品。这类消费者由矩形 C 来表示。其次，对产品 1 的估价比 p_{m_1} 大但对产品 2 的估价比 p_{m_2} 小的消费者将选择购买产品 1 而不是产品 2，这类消费者由矩形 D 来表示。再次，对产品 2 的估价比 p_{m_2} 大但对产品 1 的估价比 p_{m_1} 小的消费者将只购买产品 2，这类消费者由矩形 B 来表示。最后，对两种产品的估价都比它们的价格大的消费者将购买两种产品，这类消费者由矩形 A 表示。消费者对可能价格均匀分布的假设表明：潜在市场份额的正方形中每个矩形所代表的份额相等，这个正方形的最大估价为 p_{m_x}。例如，如果 $p_{m_1} = p_{m_2} = 0.5 \cdot p_{m_x}$，那么每个矩形的大小一样，代表整个市场的 1/4。

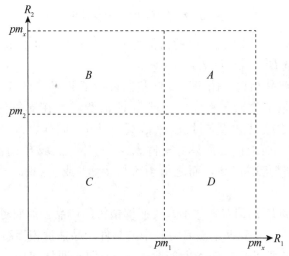

图 16-1　分别出售的结果

接下来我们考虑纯粹捆绑销售的情况。现在垄断厂商把两件产品捆绑起来以价格 p_b 进行出售，而不是把两件产品分别以价格 p_{m_1} 和价格 p_{m_2} 进行出售。只要消费者对两件产品的估价之和 $R_1 + R_2$ 比捆绑组合的价格 p_b 大，消费者就将购买捆绑销售的产品。这一情况如图 16-2 所示，捆绑组合的价格由坐标为 $(0, p_b)$ 和 $(p_b, 0)$ 的直线表示。从图 16-2 中我们看到垄断价格为 p_{m_1} 和 p_{m_2}，由此我们知道捆绑是怎样提高利润的。我们注意到图 16-2 的区域 B' 加上区域 B'' 与图 16-1 的区域 B 相等。同样，$C' + C'' = C$，$D' + D'' = D$。

为了使问题简单一些，我们并不解释为何捆绑组合的价格 p_b 是最佳价格，而仅仅说明为什么选择价格 p_b 能够提高利润。然而，很重要的一点是，p_b 必须比两个垄断价格 $p_{m_1} + p_{m_2}$ 的和小，因为当产品 1 和产品 2 分开出售时，选择价格 p_{m_1} 和 p_{m_2} 可以最大化利润。如果 p_b 比 $p_{m_1} + p_{m_2}$ 大，与产品分开出售相比，捆绑销售的利润比较低。

$R_1 + R_2$ 估价的和比 p_b 大的消费者将选择购买捆绑销售的产品。可由图 16-2 中区

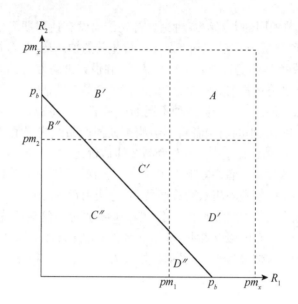

图 16-2 纯粹捆绑销售的结果

域 $A+B'+C'+D'$ 表示。如果消费者的估价为 $R_1+R_2<p_b$，他们将不会购买捆绑出售的产品，这可由区域 $B''+C''+D''$ 表示。

与分别出售的产品相比，图 16-2 向我们展示了捆绑销售潜在的得和失。捆绑销售通过两种方式增加收入。首先，区域 B' 的消费者现在支付价格 p_b 去购买捆绑销售的产品，他们之前只愿意支付 p_{m_1} 来购买产品 1。同样，区域 D' 的消费者现在支付 p_b 来购买产品，而他们之前只愿支付 p_{m_2}。此外，区域 C' 的消费者现在更愿意以价格 p_b 购买捆绑销售的产品，而之前当价格为 p_{m_1} 或 p_{m_2} 时，他们不愿购买两件产品中的任何一件。

然而在区域 B'' 和 D'' 的消费者并不购买捆绑销售的产品，他们更愿意以价格 p_{m_1} 或 p_{m_2} 购买其中的产品之一。这些消费者对其中的某件产品估价相当高，而对另一产品估价相对低。区域 A 的消费者本来会以价格 $p_{m_1}+p_{m_2}$ 购买两件产品，但是他们现在仅支付 $p_b<p_{m_1}+p_{m_2}$ 的价格购买捆绑销售的产品。只要获利的区域比损失的区域大，垄断厂商就可以通过捆绑销售来增加利润。

如果垄断厂商采取混合捆绑销售的办法，它们能获利更多吗？这可由图 16-3 进行说明。假设垄断厂商提供下面的混合捆绑：产品 1 以价格 p_{m_1} 出售，产品 2 以价格 p_{m_2} 出售，或者捆绑起来以价格 p_b 出售。现在共有四类消费者：既不购买产品 1 也不购买产品 2 的消费者；只以价格 p_{m_1} 购买产品 1 的消费者；只以价格 p_{m_2} 购买产品 2 的消费者；以价格 p_b 购买捆绑产品的消费者。为了区分这些消费者，我们需要知道这些消费者购买什么。任何一个消费者均有四种选择：

(1) 不买东西，那么获得的消费者剩余为 0。

(2) 买产品 1，那么获得的消费者剩余为 $R_1-p_{m_1}$。

(3) 买产品 2，那么获得的消费者剩余为 $R_2-p_{m_2}$。

(4) 买捆绑销售的产品，那么获得的消费者剩余为 $R_1+R_2-p_b$。

不买任何东西的消费者由区域 C'' 表示。在混合捆绑销售条件下，区域 B'' 和区域 D''

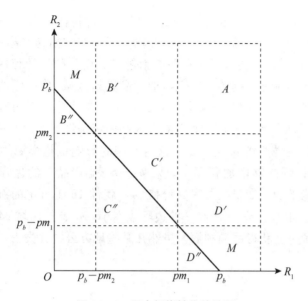

图 16-3　混合捆绑销售的结果

的消费者将选择购买两种产品中的一种，然而在图 16-2 中的纯粹捆绑销售条件下，区域 B'' 和区域 D'' 的消费者并不购买产品。在混合捆绑销售条件下，这将有所获利，因为不购买产品的消费者的数量在混合捆绑销售条件下下降了。

我们来仔细考虑只买产品 1 的消费者。这些消费者主要分布于矩形 $D'+M$ 区域内。为了弄明白这一点，所有估价比 p_b 大的消费者〔位于由点 $(0, p_b)$ 和 $(p_b, 0)$ 构成的直线右侧的消费者〕将购买捆绑销售的产品或只购买产品 1 或产品 2。另外要注意的是，估价比 p_{m_1} 大的消费者将购买产品 1 或捆绑销售的产品。为了知道他们是购买捆绑销售的产品还是只购买产品 1，我们需要把他们从购买捆绑销售的产品获得的净剩余 $R_1+R_2-p_b$ 和从购买产品 1 获得的净剩余 $R_1-p_{m_1}$ 进行比较。消费者将购买捆绑销售的产品，如果

$$R_1+R_2-p_b>R_1-p_{m_1}$$
$$R_2>p_b-p_{m_1} \tag{16.1}$$

式（16.1）表明，消费者对产品 2 的估价比购买产品 1 和产品 2 的捆绑组合所需的额外价格还高，而不是单单购买产品 1 的价格。为了说明问题，我们在图 16-3 中产品 1 的价格 p_{m_1} 上画一条水平线，与表示捆绑价格的直线点 $(0, p_b)$ 和 $(p_b, 0)$ 相交。这条线的高度，由纵轴表示，与 $p_b-p_{m_1}$ 相等，因为三角形 D' 的底与高相等。[①] 因为这条线的高度与方程右边的条件相等，我们知道位于这条线之上的消费者对产品 2 的估价比 $p_b-p_{m_1}$ 高。矩形 $D'+M$ 中的消费者位于这条线之下，因此他们只购买产品 1。由同样的分析我们得知，矩形 $B''+M$ 中的消费者将只购买产品 2。所有这些只购买两件产品中的一件的消费者（区域 B'、D' 和 M）有一个共同的特征：他们对某件产品的估价相对来说比较高，而对另一产品的估价相对比较低。位于区域 $A+B'+C'+D'$ 的消费者将购买捆绑销售的产品。

第 16 章

捆绑销售

---

① 你可能要回忆起高中时学的代数，注意到 D' 是等腰直角三角形，所以底和高相等，且为 $p_b-p_{m_1}$。

我们可以得到的第一个结论是：与纯粹捆绑销售相比，混合捆绑销售的销量更大。购买纯粹捆绑销售产品的消费者会继续购买混合捆绑销售产品（区域 C''），两组消费者（区域 B'' 和 D''）都会购买混合捆绑销售产品而不购买纯粹捆绑销售产品。但是对收益和利润的影响是模糊的。首先，把产品卖给区域 B'' 和 D'' 的消费者能够增加收益，而卖给区域 M 的消费者收益会下降。其次，在纯粹捆绑销售条件下，这些消费者以价格 p_b 购买这个捆绑组合，而在混合捆绑销售条件下，他们只买两件产品中的一件，因此他们只支付价格 p_{m_1} 或 p_{m_2}。这对利润的影响也是模糊的。任何对区域 B'' 和 D'' 新顾客的销售都能够增加利润。如果 $p_b - p_{m_2}$ 比产品 2 的边际成本大甚至小一点，总利润很可能增加。如果公司提高价格 p_b，就像 16.1 节中的例子一样，消费者购买捆绑的产品，且 $p_b - p_{m_2}$ 比产品 2 的边际成本小，也就是区域 M 的消费者，那么经销商将从消费者身上获得巨额利润。虽然在某些地方公司会失去一些顾客，但总的利润还是会增加。

16.3 搭配销售

一些产品必须结合起来使用，消费者才能获得效用。例如，无论是打印机还是打印机的墨盒，缺少了其中一个都不能使用。以这种方式连在一起销售的产品称为搭配销售。不像捆绑销售，搭配销售的产品并不需要以固定的数量出售。例如，你想更换墨盒，并不需要每次买一台新的打印机。搭配销售的产品具有典型的互补性。搭配销售的产品可能在技术上具有关联性。例如，设计打印机的时候只有生产商生产的墨盒才能够配套这台打印机。或者说搭配销售的产品可能受合同条款的制约。例如，只有产品的零部件由原生产商提供并进行修理，产品的保修才有效，虽然从技术上来说，其他产品也可满足这一需要。接下来的讨论我们会忽略产品搭配销售技术上的因素，尽管目前的讨论会产生把产品的搭配销售建立在技术层面上的动机。为了简化，我们考虑只有一件产品 X 和多件产品 Y 一起出售的情形。例如，产品 X 可能是打印机，产品 Y 可能是打印机墨盒。

在这一部分讨论搭配销售的主要动机在于实施二级价格歧视。当不同的消费者有不同的支付意愿时，搭配销售使得不同的消费者以不同的价格来购买产品。在实践中，搭配销售实际上是在量上进行打折。为了理解这一点，想想购买产品 X 和 Y 时，你将面临两部收费。对产品 X（打印机）的支付是固定的费用。对产品 Y（打印机墨盒）就像两部价中的一个变量。尽管所有消费者都以相同的价格购买产品 X，但需求高的消费者比需求低的消费者购买更多的产品 Y。因此，对于需求高的消费者来说，产品 X 的价格和每件产品 Y 的价格相比较低，因为产品 X 的价格分布于更多的产品 Y 中。

为了使搭配销售的分析正式化，我们使用和分析二级价格歧视类似的模式。有两类消费者，类型 1 和类型 2，产品 Y 的逆需求方程为：

类型 1 消费者：$p_y = a_1 - b_1 \cdot q_y$

类型 2 消费者：$p_y = a_2 - b_2 \cdot q_y$

管理经济学：基于战略的视角（第二版）

在这里和前面一样，$2a_2>a_1>a_2$ 且 $b_2>b_1$。垄断厂商知道有两类消费者，但不知道每个消费者属于哪一类。我们假设产品 X 除非与产品 Y 结合起来使用，否则就没什么用处。我们将采用类似于两部收费制的价格结构。两部收费制结构与我们在第 4 章看到的将有很大的不同。不是在单件产品上附加固定费用和每件产品的费用，而是固定费用是对产品 X 支付的价格，而每件产品的费用是对每件产品 Y 支付的价格。

假设每件产品 Y 的边际成本为 MC，p_y 为每件产品 Y 的价格。图 16-4 表明价格为 $\overline{p}_y$ 时，低需求的消费者（类型 2）选择购买 q_2 的产品，高需求的消费者（类型 1）选择购买 q_1 的产品。三角形 $a_2d\overline{p}_y$ 表示两类消费者对产品 X 支付的价格。这与低需求的消费者以价格 $\overline{p}_y$ 消费 q_2 的产品所获得的消费者剩余相等。如果两类消费者都愿意购买产品 X 和 Y，这就是产品 X 的最高价格。矩形 $\overline{p}_y deMC$ 表示出售产品 Y 给低需求消费者获得的利润，矩形 $\overline{p}_y fgMC$ 表示从高需求消费者处获得的利润。

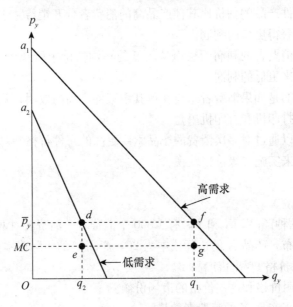

图 16-4　搭配销售定价

不同于第 4 章的两部收费问题，本章所讨论的每件产品的最优价格比边际成本大。原因是在搭配销售条件下，使用的是每件产品的价格来获取两类消费者的消费者剩余。第 4 章的两部收费制适用于只有一种类型的消费者。在这种情况下，一个单一的固定费用就可获得消费者剩余。当前我们讨论的是两种类型的消费者。尽管降低产品 Y 的价格将提高产品 X 的价格，但垄断厂商通过提高每件产品的价格并且把产品 Y 的额外数量涨价后再卖给高需求的消费者，能够比以固定价格出售产品 X 获得更大的收益，这样垄断厂商就能够赚取巨额利润。这可由图 16-4 表示。

同样，在第 4 章讨论的二级价格歧视问题中，垄断厂商把产品 Y 的价格降至边际成本。但是在现在的例子中，虽然这将提高由一个小三角形代表的向每个消费者所索取的费用，但将失去从高需求消费者身上以每件产品的价格获得的大量利润。

捆绑销售和搭配销售都是关于公司怎样定价和销售产品从而增加利润的例子。在这一章我们阐明了价格歧视理念不但可以运用于垂直差异化产品，而且可以运用于联系松散的产品。

小 结

● 捆绑销售是把两件或更多的联系松散的产品联合起来，并以单一的价格出售的行为。

● 纯粹捆绑销售指的是把各种产品一起出售的一种行为，即消费者不能分开购买组合中的某种产品。

● 混合捆绑销售指的是把各种产品捆绑起来出售的一种行为，同时消费者也可分开购买。

● 纯粹捆绑销售能够比把产品分开来出售获取更多利润，因为每件产品更高的平均价格可以带来更多的消费者剩余。

● 通过向对某件产品的估价比其他产品高的消费者分开销售并索取高价，混合捆绑通常可比纯粹捆绑获得更多的利润。

● 如果高估价消费者的利润无法由从较低的平均估价中所获得的较大利润来弥补，捆绑销售或许会带来更低的利润。

● 搭配销售指的是如果消费者想要获得其中某件产品的效用，就必须把两件产品结合起来使用，例如打印机和打印机墨盒。

● 搭配销售可以通过对多次消费的产品索要更高的每件价格并对只消费一次的产品索要相对低的价格来实施二级价格歧视。

练 习

1. 公司出售两种产品，X 和 Y。有 1 000 个消费者。消费者对两种产品的估价在 0 到 150 之间均匀分布。产品 X 的边际成本为 20，产品 Y 的边际成本为 30。公司以价格 75 出售产品 X，以价格 90 出售产品 Y。

（a）用图形说明价格和这些价格的市场份额。

（b）计算出购买产品 X 的消费者数量。

（c）计算出购买产品 Y 的消费者数量。

（d）计算出不购买任何产品的消费者数量。

（e）计算出公司获得的利润。

2. 公司出售两种产品，X 和 Y。有 1 000 个消费者。消费者对两种产品的估价在 0 到 150 之间均匀分布。产品 X 的边际成本为 20，产品 Y 的边际成本为 30。公司把两种产品捆绑起来出售，价格为 110。

（a）用图形说明价格和捆绑组合的市场份额。

（b）计算出购买这个捆绑组合的消费者数量。

（c）计算出出售这个捆绑组合所获得的利润。

（d）把出售这个捆绑组合获得的利润和练习 1（e）中计算出的利润相比。纯粹捆绑销售增加利润了吗？用图形进行解释。

3. 公司出售两种产品，X 和 Y。有 1 000 个消费者。消费者对两种产品的估价在 0 到 150 之间均匀分布。产品 X 的边际成本为 20，产品 Y 的边际成本为 30。公司对产品

X 的定价为 75，对产品 Y 的定价为 90，两个产品捆绑起来出售的价格为 110。

（a）用图形说明价格和这些价格的市场份额。

（b）计算出只购买产品 X 的消费者数量。

（c）计算出只购买产品 Y 的消费者数量。

（d）计算出只购买这个捆绑组合的消费者数量。

（e）计算出不购买任何产品的消费者数量。

（f）计算出公司获得的利润。把这些利润和练习 1 及练习 2 的进行对比。混合捆绑销售增加利润了吗？用图形进行解释。

4. 垄断厂商出售打印机和只适用于自身打印机的墨盒。有两种类型的消费者，类型 A 和类型 B。打印机墨盒对于类型 A 消费者的逆需求方程为 $p = 100 - 5q$。打印机墨盒对于类型 B 消费者的逆需求方程为 $p = 70 - 7q$。打印机墨盒的边际成本为 10。如果公司对打印机墨盒要价 20，

（a）计算出公司可以把打印机出售给两类消费者的最高价。

（b）计算出出售给类型 A 消费者获得的利润。

（c）计算出出售给类型 B 消费者获得的利润。

参考文献与延伸阅读

Adams，W. J. and Yellen，J. L.（1976）"Commodity Bundling and the Burden of Monopoly"，*Quarterly Journal of Economics* 90（3）：475-498.

Crawford，G. S.（2008）"The Discriminatory Incentives to Bundle in the Cable Television Industry"，*Quantitative Marketing and Economics* 6（1）：41-78.

Kobayashi，B. H.（2005）"Does Economics Provide a Reliable Guide to Regulating Commodity Bundling by Firms? A Survey of the Economic Literature"，*Journal of Competition Law and Economics* 1（4）：707-746.

Pepall，L. ，Richards，D. and Norman，G.（2008）*Industrial Organization：Contemporary Theory and Empirical Applications*，4th edn. Oxford：Blackwell.

第 17 章

耐用品

学完本章，你应该理解：

- 耐用品的本质。
- 科斯猜想及其隐含的市场势力。
- 恢复耐用品垄断者市场势力的策略。
- 消除二手货市场的权衡。
- 哪种条件下市场结构与对耐用性的选择无关。

管理经济学：基于战略的视角（第二版）

　　截至目前，我们都隐含地假设商品购买后只能在一定时期内消费。事实上，许多商品都是耐用的，它们能提供长久的服务。耐用品的一些例子包括汽车、电脑、图书和音乐唱片等。考虑到耐用性，时间需要被区分为一系列时期。非耐用品仅仅在消费当期内提供服务。而耐用品不仅可以在一个时期内进行消费，而且可以在多个时期内让消费者受益。这就使问题变得有点复杂。首先，耐用品不只被使用一次。其次，耐用品可以被再次出售并由其他使用者再次使用。这就意味着使用过的耐用品在未来时期里可以作为新生产的耐用品的替代。耐用性使公司的策略变得更复杂，这可以从两方面进行分析。第一，生产者和消费者的决定变成多个时期的问题而不是单个时期。每个时期所采取的决定依赖于每个代理人对于未来时期的期待。第二，耐用性改变了市场结构。耐用品的每个拥有者对于原产品的生产者来说是一个小型潜在竞争对手。

　　在这一章我们将分析在多个时期耐用品竞争的三个例子。第一个是在哪种条件下市场势力会减少，结果就是著名的**科斯猜想**（Coase conjecture）。第二个例子就是公司在哪种条件下会消除二手货市场——以教材作为例子。第三个例子分析与垄断相比，在竞争的市场上对于耐用性是否有不同的动机——结果就是著名的**斯旺不相关结果**（Swan irrelevance result）。

288

17.1 科斯猜想

科斯猜想认为只要价格调整的时间间隔很小，销售耐用品的垄断厂商就没有市场势力。猜想的第一部分是一个引人注目的结果：耐用品垄断厂商没有**市场势力**（market power）。但是价格调整的情况没有立即显现出来：为什么价格调整的时间间隔小就有关系呢？这里我们最好用一个跨期价格歧视的例子来进行阐释。跨期价格歧视是二级价格歧视的一种形式，公司在后期以不同的价格提供大量相同的产品。举个例子，有个出版商首先以精装本发行一本书，几年后再以平装本发行这本书。毫无疑问，精装本由于其更牢固结实的封面，花费更高。同一本书精装本和平装本价格不一样仅仅是因为封面的花费不同和其他呈现方式不一样，这是不可能的事情，这更可能是一个跨期价格歧视的问题。

跨期价格歧视似乎是很合理的，这依赖于这样一个假设：至少有一些消费者不愿意以很低的价格去购买低质量的书。科斯猜想的正式说明需要认真考虑这些假设。最好用一个简单的模型来阐释。首先我们做出两个简单的假设：

（1）耐用品永远可用。

（2）耐用品的确定供给量为 q_c，生产的边际成本从 0 到 q_c，无上限。

图 17-1 阐明了市场竞争的结果。给定供给量为 q_c，那么均衡价格就为 p_c，卖方获得的利润就是图中的阴影区域。

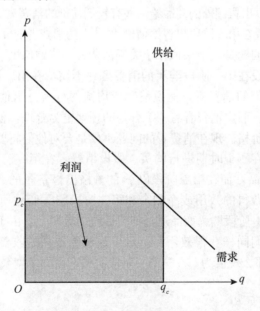

图 17-1　耐用品市场

如果由跨期价格歧视的垄断厂商来销售，那么价格和销售量又是怎样的呢？如图 17-2 所示。在第一阶段，垄断厂商选择利润最大化的价格 p^m 和销售量 q^m。估价大于 p^m 的消费者都会选择购买该产品。垄断厂商获得的利润就是图中的浅灰色区域。在第二阶段，市场上剩下的消费者为估价比 p_1^m 低的消费者。这用需求曲线中低于 p_1^m 的部分来表示。在第二阶段，垄断厂商将利润最大化价格设定为 $p_2 = p_c$ 并出售剩下的 $q_c - q_1^m$ 件商品。这是跨期价格歧视的一个例子。这种结果的一个重要特征是竞争性价格是为出售商品所设定的价格之一。

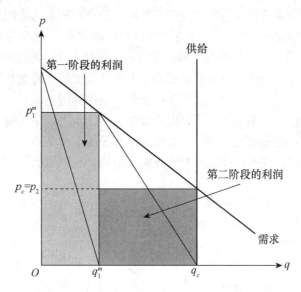

图 17-2   垄断厂商：跨期价格歧视

这种策略对于垄断厂商来说不仅是许多获利策略中的一种，而且是最获利的策略。在每个阶段，公司都可以出售额外的商品给那些有较低估价的消费者，而不需要对超边际的商品降低价格，比如说在第一阶段出售给估价比 p_m^1 大的消费者的商品即为超边际的商品。

这种模型存在的问题是，结果依赖于关于消费者期待的似乎不怎么合理的假设。具体来说，它隐含地假设在第一阶段购买的消费者并不期待在第二阶段商品的价格下降。尽管卖家可能愚弄他们的消费者，但说消费者均衡的行为是由他们被愚弄的结果导致的，这似乎也不合理。假定消费者有一个合理的预期更为合理，他们知道垄断厂商在未来时期为产品设置的价格。现在消费者的问题不仅是要对他们将要购买的产品的价格做出选择，而且要决定在哪个时期进行购买。假设消费者在第一阶段希望垄断厂商以 p_1 的价格出售 q_1 量的产品，而在第二阶段以 p_2 的价格出售 q_2 量的产品。现在消费者将把第一阶段购买商品所获得的效用或净剩余和第二阶段购买商品所获得的净剩余进行比较。假设消费者在第一阶段购买商品通过消费后获得效用 U。由于产品具有无限期耐用性，在以后阶段里他们同样获得效用 U。对于这种无限期的收益，我们考虑其当前价值。如果利率为 r，那么现值为 U/r。第一阶段购买产品的净剩余为

$$NS^1 = U + \frac{U}{r} - p_1 \tag{17.1}$$

如果消费者放弃第一阶段消费产品的机会，推迟到第二阶段购买产品，他们就从第二阶段开始获得收益。现值就像之前一样，也为 U/r。因为产品是在第二阶段购买的，所以在第一阶段他们可以留出 p_2 去以利率 r 获得利息，因此在第二阶段他们实际上只要支付 $p_2/(1+r)$。第二阶段购买产品的净剩余为

$$NS^2 = \frac{U}{r} - \frac{p_2}{1+r} \qquad (17.2)$$

第一阶段和第二阶段购买的区别在于

$$NS^1 - NS^2 = U - p_1 + \frac{p_2}{1+r} \qquad (17.3)$$

消费者把今天消费获得的净剩余 NS^1 和明天消费获得的净剩余 NS^2 进行比较①，如果式（17.3）是正数，消费者将选择在第一阶段购买，如果式（17.3）是负数，消费者最好选择在第二阶段购买。消费的时间越短，效用 U 越小，r 的值也越小，今天消费的净收益也越小。随着每个时期变得越来越短，与均衡相一致的价格和公司愿意出售产品的最低价格——竞争价格相等。

问题是在现在任何时候，垄断厂商都要面对在未来时期产品本身的竞争。产品在不久的将来会成为最初购买和消费的产品的替代品。今天和明天消费的替代性越大，垄断厂商所维持的市场势力越小。价格调整的时间间隔越小，明天的产品就几乎和今天的一样，因此是几乎完美的替代品，这消除了垄断厂商进行跨期价格歧视的市场势力。

必须注意到这个结果并不是由二手货市场竞争导致的。任何在第一阶段以高价购买产品的消费者均表明他们对产品的估价足够高，他们在未来任何时期都不愿意以较低的价格出售该产品。

□ 减少来自未来产品的竞争的策略

公司采取各种各样的策略来减少来自未来产品的竞争。这些策略中许多的主旨是承诺未来对产品不进行减价。因此这些策略的目的是通过把产品出售给高估价的消费者来获得垄断利润，而牺牲了从低估价消费者身上获得的利润。我们讨论的策略包括：

（1）出租；

（2）合同承诺；

（3）限量。

出租（leasing），而不是出售商品，是承诺未来不削减产品价格的一种策略。对于这样一种策略要想获利，公司必须不是实质上转让产品的使用权，只有对产品拥有所有权，才能从产品上获得收益。德塞（Desai）和普罗希特（Purohit）1999 年的研究表明，更大的耐用性与出租汽车的可能性成正相关。出租产品使公司做出未来时期不削减价格的承诺，因为出租终止时，要为消费者设置一个新的价格。公司不再向低估价的消费者以较低的价格出售商品，而愿意以较高的价格把商品出售给高估价的消费者。最佳的策略是在任何阶段都以垄断价格出租所有产品。

如果出租的条件不存在，那么公司可以使用特定的**合同承诺**（contractual commitments）来承诺不降低价格。合同承诺的第一个例子是卖家承诺在任何时候都愿意以初始出售价格从买家手中买回产品。这减少了公司在未来削减价格的动机，因为在未来如果公司确实削减了价格，那么以高价购买产品的消费者会把产品卖还给公司，然后再以

---

① 夏伊（Shy, 1995）认为二手教材市场也可用伯川德模型进行分析，但结果在本质上是一样的。

较低的价格购买该产品。与此相似的一个策略是最优价或最低价条款：公司在任何时候都以最优价或者最低价出售产品。因此，如果公司在未来时期以较低的价格把产品出售给低估价的消费者，那么需要对以前以较高价格购买产品的消费者进行补偿。这些政策都承诺不削减价格，因为在未来从把产品出售给低估价的消费者中获得的收益都会被对过去把产品以高价格出售给高估价的消费者的补偿抵消。

出租和合同承诺都是公司承诺在未来不会降低产品的价格，而**限量**（limits to capacity）则是承诺在未来不再生产该产品。实施这一策略的一种方式是在第一阶段以垄断产量确定工厂的产量，因此公司在未来就不能够生产更多的产品。例如，体育收藏品通常都是以限量版出售。

■ 17.2 二手产品的竞争

如果消费者对于产品的估价随着时间的改变而改变，又会怎样呢？这为二手产品与新产品的竞争创造了机会。已经分析过的一个例子是大学生使用的教材。学生对于教材的估价取决于他们所修的课程是否采用该教材。教材市场的一个特征是通常会发行一些教材的新版本，原因是为了消除二手教材市场。具体来说，如果讲师在课程上要求的教材是最新的版本，这就减少了旧版本教材的替代性和它们对于消费者的价值，同时也减少了二手教材的竞争性。这一行为能够成为论据在于存在这样一种观念，那就是教材的价格相对来说比较高，并且新版本的发行只是在以前版本的基础上做了些表面上的改变。

这似乎是一个很容易懂的例子，但是仔细分析后发现出版商是否希望消除二手教材市场依赖于市场上的条件，包括生产成本和更新成本。我们将在 17.2.1 节进行更正式的讨论，但是影响生产成本和更新成本之间的权衡的一个重要因素是二手市场提高了学生购买新书的意愿：如果学生知道他们可以把书卖给下一年级的同学，那么他们将更愿意购买新书。

□ 17.2.1 **教材市场模型**

我们假定有两个阶段并且有两类参与人。第一类参与人是能在两个阶段出售教材的垄断出版商。第二类参与人是可以在每个阶段上课的两组学生。为了简化讨论，我们假定在每个阶段有相同数量的 n 个学生。假定每个学生都可拿到价值为 V 的教材，无论新的还是旧的。用 p_t 表示教材在 t 阶段的价格。学生的净剩余为：

$$NS_t \equiv \begin{cases} V - p_t & \text{如果学生买书} \\ 0 & \text{如果学生不买书} \end{cases}$$

最后我们假定学生很有远见，因此他们可以预期出版商的行动。

现在我们转向市场供给方面。事实上，新教材由拥有垄断供应权的出版商提供。假定生产教材的边际成本为 c。在第二阶段开始时，垄断厂商可以决定是否更新该教材，此时的花费为 F。这就意味着垄断厂商在两个阶段里必须做两种类型的决定。在第二阶段开始时，垄断厂商必须决定是提供新版本的教材，还是在第二阶段里继续使用第一个版本。同时在每个阶段里，出版商也必须决定教材的价格。

□ 17.2.2　市场结果

解决两个阶段的模型问题通常要用到逆推法：我们先考虑垄断厂商在第二阶段的收益。如果垄断厂商在第二阶段发行新的版本，利润最大化的价格设置为 $p_2=V$。我们假定所有学生都购买教材，垄断厂商可设定市场能承受的最高价格，即对于学生来说的教材价值。必须注意到引进新版本的教材会导致使用过的第一版本的价格为 0。垄断厂商在第二阶段获得的利润用 $\pi_{NE,2}$ 表示为：

$$\pi_{NE,2}=n\cdot(V-c)-F \tag{17.4}$$

只有当 $\pi_{NE,2}$ 是正数时，才会引进第二版本。

现在我们考虑垄断厂商和学生在第一阶段面对的问题。为了让学生们愿意购买，每个学生获得的价值包括在第一阶段使用教材的价值 V 和在第二阶段出售使用过的教材所赚的钱。我们假定在第二阶段，学生们教材的价值为 0。

我们注意到学生们预见到垄断厂商会引进新的版本，这就意味着他们的教材在第二阶段再次出售的价值为 0。因此在第一阶段任何一个学生最多愿意支付的教材价值为 V，垄断厂商在第一阶段设置价格为 $p_{NE,1}=V$。因此垄断厂商如果在第二阶段提供一个新的版本，垄断厂商在第一阶段所获得的利润为：

$$\pi_{NE,1}=n\cdot(V-c) \tag{17.5}$$

垄断厂商在两个阶段销售两个版本的教材获得的总利润为式（17.4）和式（17.5）的和：

$$\pi_{NE}=n\cdot(V-c)+n\cdot(V-c)-F \tag{17.6}$$

如果垄断厂商在第二阶段没有提供新的版本，情况又是怎样的呢？现在我们需要描述针对已使用过的教材的市场行为。因为有许多学生想出售他们使用过的教材，因此旧书的市场也充满竞争性。如果旧书供大于求，即 $q<n$，那么学生们将在旧书的价格上进行竞争，甚至价格降为 0。如果书的数量至少和需购买的数量一样多，出版商将愿意卖更多的产品，而二手产品的价格降为 ι。因此这种市场销售情况可表示为：

$$P_S=\begin{cases}0 & q<n\\c & q\geqslant n\end{cases}$$

只要班级的规模 n 从第一阶段到第二阶段不会缩减，二手教材和新教材在第二阶段都将以价格 c 出售。所以垄断厂商在第二阶段不会获得任何利润。

但是因为在第二阶段学生可以以价格 c 出售他们的旧教材，学生在第一阶段愿意以 $V+c$ 的价格购买新教材。这就意味着垄断厂商在第一阶段对新教材可以索要更高的价格，即 $p_{FE,1}=V+c>V=p_{NE,1}$，垄断厂商在第一阶段获得的利润为：

$$\pi_{FE}=n\cdot(V+c-c) \tag{17.7}$$

垄断厂商如果在第二阶段不引进新版本，那么它的利润将为 0。式（17.7）为垄断厂商在第二阶段不引进新版本时所获得的总利润。

耐用品

现在我们有了所有所需信息，接着来看垄断厂商在第二阶段是否会引进新版本的教材。如果引进新版本获得的利润［式（17.6）中的 π_{NE}］比没有引进新版本获得的利润［式（17.7）中的 π_{FE}］高，垄断厂商将选择引进新版本。即应该引进新版本：

$$\pi_{NE} - \pi_{FE} = n \cdot (V - 2c) - F > 0 \tag{17.8}$$

这个等式表明班级规模 n 越大，固定成本 F 越小，出版商越可能引进新的版本。这两方面的影响都是由直觉得来的。生产成本 c 同样会造成影响。生产成本越小，两个阶段的利润率就越大，新版本的获利就越大。对于学生来说，教材的价值不可能增加两次。这是因为当没有新的版本时，教材的价值 V 提高了出售教材的收益性。因此 V 只能算一次，因为在新教材可用于出售的额外阶段里，它是价格的一部分。

总之，对于出版商来说并不是更新教材就能带来利润。教材如果是用于较小的班级，拥有高的生产成本和更新成本，也许对于出版商来说在最初的销售价格上获取更大的价值显得更有利可图。

17.3　最优耐用性

我们常说竞争会导致价格下降。但同时我们也认为竞争越大的市场，产品的质量可能越高。对许多产品来说在质量方面很重要的是耐用性。通常认为没有竞争就没有耐用的产品。我们都知道这样一个事实：如果产品不能用了，消费者常常会购买同一产品，这时垄断厂商就可以每次都获得垄断利润。我们认为垄断厂商有提供不耐用产品的动机，这样消费者就不得不经常购买同一产品。斯旺（1970）认为在某些特定条件下，垄断厂商选择提供与竞争市场相同的耐用性。

□ 17.3.1　斯旺模型

斯旺模型包含两个阶段。消费者和公司也持续两个阶段。为了使模型具体，我们来讨论灯泡市场。每个消费者在每个阶段都愿意支付价格 V 来获取照明服务。假定耐用性没有带来额外的好处。因此如果灯泡持续两个阶段，消费者将支付 $2V$ 的价格。有两种类型的灯泡。耐用性较短的灯泡仅持续一个阶段，生产的边际成本为 c_s。第二类为耐用性较长的灯泡，可以持续两个阶段，生产的边际成本为 c_L。为了使问题更有趣，我们假定 $V > c_s$ 和 $2V > c_L$。

教材计划报废

虽然有种说法认为公司使用计划报废来增加利润，这一行为是否存在，证据相对来说比较少。问题是耐用品的技术革新比较快，真正的报废可能比预期的要快。另外一个问题是通常很难获得二手产品市场的系统资料。有人声称教材市场拥有计划报废的特征，可能是因为人们不相信经济学原理进步如此之快，从而能够调整新版本。用教材市场来分析是个很好的例子，这有两个方面的原因。首先，一旦教材指定后，出版商在某种程度上确实成了垄断厂商，这和其他耐用品不一样。其次，使用过的教材很可能成为新教材很完美的替代品。另外一个在模型上具有迅速改变特征的市场是汽车市场。但是二手汽车市场的问题很严重，以至牵动着全部二手车市场理论。

伊苏卡（Iizuka，2007）收集了新旧经济学教材的价格和市场份额的资料，这些教材在美国各大学书店销售，总共占到了全美大学教材市场的46%。来源于其他方面的关于教材的信息比如说书店和图书馆网站对这一资料进行了补充。这些资料的主要不足在于它们没有包括学生之间的销售或网上销售，虽然伊苏卡（2007）有证据表明他分析的阶段即1996—2000年这些市场相对较小。新教材的市场份额反映出在新版本面市之前，它呈一种下降趋势，之后又开始循环。他同时也举了个新教材的市场份额没有下降并且新版本没有被生产出来的例子。

在伊苏卡（2007）的计量经济学分析中，他关注三个影响教材修订可能性的变量。第一，抓住出版商想消除二手书市场的动机，包括二手书的市场份额。第二，关注由于技术改变导致教材报废的影响，包括自上个版本出版后所过去的时间。第三，当教授考虑选择哪本教材时，竞争减少了出版商的市场势力，包括教材各种各样的修订。虽然他做了大量的计量经济学分析，但值得注意的是，他对原理型教材和应用型教材分开进行分析。由于更大的市场规模和该领域相对固定的特性，人们认为消除原理型二手教材的市场动机更大（例如，与管理和市场营销经济学教材进行对比）。

伊苏卡（2007）确实发现修订的可能性随着二手教材市场份额的总体水平增加而增加，这与出版商寻求消除二手教材市场的猜测一致。然而随着时间的流逝，出版商发现修订还是很重要的，技术报废扮演了一定的角色。竞争似乎没有任何重要的影响（这与下面这种情况一致，即教材一旦被采用了，对于教授来说就是高的转换成本，这确实造就了垄断市场）。很明显，当考虑原理型和应用型两类教材时，二手教材对应用型教材的影响比对原理型教材的影响更大。另外，与应用型教材相比，之前的修订已经过的时间对原理型教材的修订可能性有较大影响。这些结果使教材修订实质上是计划报废的这一情况变得更不明确。

□ 17.3.2 垄断厂商的选择

垄断厂商选择生产耐用时间长还是耐用时间短的灯泡，取决于哪种类型的灯泡更能获利。我们假定垄断厂商的要价与消费者对于灯泡的估价相等。因此垄断厂商从销售耐用时间短的灯泡中的获利为：

$$\pi_s = 2 \cdot (V - c_s)$$

垄断厂商从销售耐用时间长的灯泡中的获利为：

$$\pi_L = 2V - c_l$$

如果我们从销售耐用时间长的灯泡中的获利减去销售耐用时间短的灯泡中的获利，我们发现耐用时间长的灯泡更能获利，如果

$$\pi_L - \pi_S = 2c_s - c_l > 0$$

否则耐用时间短的灯泡更能获利。关于耐用性的选择取决于哪一个是提供两个阶段照明服务的最廉价的方式。

□ 17.3.3 竞争性结果

我们已经知道当垄断厂商生产灯泡时是什么决定其耐用性的。现在我们假定有许多公司生产灯泡，所以灯泡的市场竞争很激烈。在竞争性均衡的情况下，所有公司的要价与生产的边际成本相同。如果两种类型的灯泡都得以提供，消费者会选择获得两个阶段照明服务的最廉价方式。消费者可以选择以 c_l 的价格购买耐用时间长的灯泡或者以 $2 \cdot c_s$ 的价格购买两个耐用时间短的灯泡。因此消费者将选择购买耐用时间久的灯泡，前提是这种选择更便宜，即：

$$2c_s - c_l > 0$$

如果这个条件成立，均衡时厂商将提供耐用时间长的灯泡。但这个条件与促使垄断厂商只生产和提供耐用时间长的灯泡的条件完全相同。当然，如果灯泡市场具有竞争性而不是被垄断，对于消费者来说好处更多，但是产品的耐用性还是一样，无论灯泡市场具有竞争性还是被垄断。

各类论文也尝试研究在哪种条件下垄断对耐用性有影响，并得出了同样的惊人结果。这个结果通常被证明与斯旺（1970）模型的某些假设相符。最显著的变化在于除了获得两个阶段耐用时间长的照明服务外，还有些从耐用性中得到的额外好处。例如，如果你购买耐用时间短的灯泡，你不得不经常去商店，因此购买耐用性更好的商品可以降低交易成本。

小　结

- 耐用品是能够在多个时期提供一系列效用的商品。
- 耐用品垄断厂商会面临来自它自己未来生产的产品和已经出售的产品的竞争。
- 科斯猜想认为在特定条件下，出售耐用品的垄断厂商不存在市场势力。
- 在科斯猜想成立的条件下，由于消费者等待未来低价格的商品，跨期价格歧视不能实现。
- 出租、合同承诺和限量等策略通过承诺不降价和不出售更多的产品来支持跨期价格歧视。
- 在教材市场，出版商通过引进教材的新版本来保护市场势力。
- 然而，新版本降低了出版商对早期版本的要价，如果产品有较高的转售价值，消费者将愿意支付较高的价格。
- 更新成本越低，班级的规模越大，估价越高，生产教材的边际成本越低，出版商将越愿意更新教材。
- 在特定条件下，垄断厂商将选择与竞争市场有同一耐用水平的产品。
- 如果不同质量产品的估价没有不同，公司将以耐用性来最大限度地降低提供一系列服务的成本。

练 习

1. 耐用品市场包含以下条件：

- 逆需求方程为 $p=100-q$；
- 生产的边际成本为 0；
- 产品总供应量为 75；
- 至少有两个阶段。

（a）如果耐用品的供应具有竞争性，那么市场出清价格将为多少？

（b）如果耐用品的垄断厂商所面对的消费者不具备策略性，那么每个阶段应如何设置价格？销售量为多少？

（c）如果科斯猜想成立，那么每个阶段应如何设置价格？销售量为多少？

2. 假设要为 2010 级学生引进市场营销经济学的教材。学生认为教材的价值为 100。生产的边际成本为 20。在 2010 年和 2011 年有 100 个学生需要这本教材。

（a）如果在 2011 年没有新的版本，那么在 2010 年学生愿意为教材支付的最高价格为多少？

（b）要使出版商对发行新的版本和不发行新的版本持无所谓态度，升级的成本 F 应为多少？

（c）如果 F 比练习 2（b）计算的数量少，那么大部分学生在 2010 年愿意为教材支付多少钱？

（d）如果 F 比练习 2（b）计算的数量少，那么学生在 2011 年愿意为教材支付的价格是多少？

3. 有一个包含两个阶段的市场。耐用性高的灯泡持续两个阶段。耐用性低的灯泡持续一个阶段。生产耐用性高的灯泡的成本为 3，而生产耐用性低的灯泡的成本为 1，所有的灯泡提供相同质量的照明服务。

（a）市场将生产高质量还是低质量的灯泡？请解释。

（b）现在假设每次购买灯泡产生的交易成本为 1。这会对垄断厂商出售灯泡的价格带来怎样的影响？在竞争性的市场上又是怎样？

（c）如果购买灯泡需要的交易成本为 1，市场仍将生产高质量灯泡还是低质量灯泡？请解释。

（d）如果要改变你对练习 3（c）的答案，那么所需要的交易成本的值为多少？

第 17 章

耐用品

参考文献与延伸阅读

Church, J. and Ware, R. (2000) *Industrial Organization: A Strategic Approach*. New York: McGraw-Hill.

Desai, P. S. and Purohit, D. (1999) "Competition in Durable Goods Markets: The Strategic Consequences of Leasing and Selling", *Marketing Science* 18 (1): 42–58.

Iizuka, T. (2007) "An Empirical Analysis of Planned Obsolescence", *Journal of Economics and Management Strategy* 16 (1): 191–226.

Shy, O. (1995) *Industrial Organization*: *Theory and Applications*. Cambridge, MA: MIT Press.

Swan, P. L. (1970) "Durability of Consumption Goods", *American Economic Review* 60 (5): 884-894.

Waldman, M. (2003) "Durable Goods Theory for Real World Markets", *Journal of Economic Perspectives* 17 (1): 131-154.

第 18 章

拍　卖

学完本章，你应该理解：

● 什么是拍卖。

● 怎样从非对称信息的角度分析拍卖。

● 不同拍卖类型的特征。

● 不同拍卖类型中使用的策略和可能出现的结果。

● 赢者的诅咒及用于克服它的策略。

● 拍卖存在的潜在问题。

　　截至目前，在我们的分析中很少提到买方和卖方的交易过程。往往是这样，卖方为他们的产品定价，而买方决定每种产品买几件，有可能一件都不买。在买方和卖方之间的其他合同条款是很容易理解的。在发达国家的日常生活中，大部分交易以这种方式进行。交易的一种可替代的方式是买方和卖方进行个人协商，在价格和其他合同条款上进行讨价还价，直到达成一致或双方谈判破裂。而介于这两种交易方法之间的就是**拍卖**（auction）。拍卖有好几种方式，每种类型的拍卖有一些共同的特征：一是某件商品在某个时点用于拍卖；二是一群潜在的买家聚集在一起，他们每个人为他们想买的商品出价一次或多次；三是如果最高的出价对于卖方是可接受的，那么商品将由出价最高的买方得到。

　　在过去，对于消费者来说，拍卖仅仅局限于收藏品和房产领域。对于公司来说，最知名的拍卖就是对建筑合同投标。然而自 20 世纪 80 年代末期以来发生了巨大变化。首先是易趣网和其他网上拍卖为消费者提供了更多商品的拍卖途径，同时也为产品销售创造了更多机会。结果网上拍卖在各公司各行业之间引起了竞争，这些行业以前没有受到拍卖的太多影响。最后政府部门也采用拍卖手段去销售更大和更知名的商品，比如被用于传播无线电、电视和手机信号的频谱，用水权，以及其他财产。

如果你参加过拍卖或者仅仅在电视上看过直播，你应该会有以这种方式进行交易的情感体验。然而对于拍卖如何运作等相关有价值的见解，经济学家提出了博弈论和非对称信息模型。确实，经济学家在政府举办的拍卖中对于拍卖的设计扮演了重要的角色。

如果存在非对称信息，拍卖对于交易商品是一种有价值的方法。尤其是对于卖方来说，如果卖方对于自己想出售的商品不确定需求情况，那么采取拍卖的形式销售商品就特别有效。如果卖方了解每个投标人的估价，那么卖方所要做的就是协商价格。然而，卖方显然没有这方面的信息。由于缺乏投标人估价的相关信息，卖方可以采用拍卖的形式来揭示哪个投标人对商品估价最高。拍卖同时也可揭示最高估价是多少，虽然我们常看到一些拍卖仅揭示商品的次高估价。如果拍卖的商品对于所有买家有共同的价值（称之为共同价值商品），那么拍卖将揭示最乐观投标人的估价。

在拍卖中，我们把买方和卖方想象成博弈的参与人。很明显，每个参与人的收益依赖于拍卖中的其他参与人，每个参与人都意识到了这一点。这就引起了战略性相互依赖，最适合用博弈论进行分析了。也就是说，如果参与人相互竞争，那么拍卖将会运作得比较好。竞争对于聚合和反映不同投标人的分散信息有影响。市场竞争性越强，拍卖在反映信息方面就表现得越好。

在本章我们将首先用第 5 章的结构来分析拍卖作为一场博弈是怎么运作的。在讨论中将回顾不同的拍卖种类。紧接着我们将分析不同拍卖的结果。最后我们将讨论共同价值拍卖中的一个假定的现象——赢者的诅咒。

18.1　作为博弈的拍卖

回顾在第 5 章，为了分析一场博弈，我们需要以下信息：
（1）许多参与人。
（2）每个参与人都有许多策略和行为。
（3）描述每个参与人的每个策略组合的收益情况。
（4）博弈规则。
我们现在将博弈当中的每一个元素都应用于拍卖。在讨论参与人的策略前，我们先开始讨论博弈的规则。

□ 18.1.1　参与人和支付

如果我们具体到某场拍卖，参与人似乎是一目了然的。卖家有商品用于拍卖，然后有一些潜在的买家。潜在的买家不一定要出现在拍卖现场，可以由代理人代理，称之为**代理投标人**（proxy bidder），代表买家进行投标。拍卖中也需要有一个拍卖商来运作拍卖。为了把注意力集中于更重要的问题上，对于这些拍卖中的参与人我们只做简要的介绍。

首先，我们假定在拍卖中一个卖家仅有一件商品用于拍卖。对于多件商品用于拍卖的情形，也已有了相当成熟的拍卖理论，但由于这个问题比较复杂，因此我们仅关注单件商品的拍卖。我们也不分析**采购招标拍卖**（procurement auctions），这种拍卖有一个买家（政府）和多个卖家（承包商），卖家之间相互竞争一个买家。但是在这部分的分析很容易被拓展应用于采购招标拍卖。对于政府部门来说，用于拍卖的商品可以是实施某项特定业务的权利。

其次，我们假定拍卖商或者代理投标人以中立的方式运作，从而有效地排除了委托-代理问题。最后我们假定买方和卖方对风险持中性态度。

每个参与人在经济上最重要的特征是对拍卖中的商品进行估价。我们认为卖方有一个他们愿意出售商品的最低价格，有时我们称之为**保留价格**（reserve price）。在实践中，我们常常把保留价格简化为 0。然而在一些情况下，我们允许卖方把保留价格设置为高于他们愿意出售的最低价格。

每个买家也可以通过他对所出售商品的估价来进行描述。买家估价有两种建模方法：买家的私人价值或者是所有买家的共同价值。**私人价值**（individual valuations）意味着每个投标人对所出售商品的估价不一样。[①] 这似乎适用于许多商品的拍卖，比如在易趣网上提供的收藏品、房产和大部分商品的拍卖。

共同价值（common value）假定适用于当拍卖的商品对于所有消费者来说都能产生相同价值的情形。这种对估价的限制最适用于比如土地采矿权和其他投资商品。共同价值假定表明商品本身并没有与任何一个买家在收益或成本上有特殊的关联。需要注意的是共同价值假定并不意味着在投标时给商品赋予相同的价值。每个买家对于商品的价值都有自己的想法。如何对共同价值拍卖建模将在本章后面进行讨论。

最后我们还是要强调拍卖是一场非对称信息的博弈。具体来说，一方面，我们认为每个参与人都知道他自己的估价，但并不知道其他参与人的具体估价。另一方面，拍卖中的参与人对于相互之间的估价都有一个假设。

在拍卖中，卖方的相关收益将会超过他们愿意出售商品的最低价格。成功投标人的收益将会等于他们的估价减去所支付的商品价格。而投标失败者的收益将为 0。

□ 18.1.2　拍卖规则

如果我们先讨论四种不同类型的拍卖，将有助于简化我们对于每个参与人的策略空间的讨论。每种类型的拍卖有不同的规则。

英式拍卖

英式拍卖先由拍卖商宣布一个价格，拍卖即开始了。刚开始的价格也许是卖家的保留价格，但也许更低。投标人开始连续给出更高的价格，增额至少为最低加价幅度。当没有买家愿意出比当前价格更高的价格时，拍卖即终止。如果当前价格比最低拍卖价高，商品就由最高出价人获得。最高出价人支付当前价格。

荷兰式拍卖

荷兰式拍卖首先由拍卖商宣布一个大大高于卖家的保留价格的价格，然后拍卖商逐步降低价格。当投标人愿意以当前价格购买商品时，拍卖即停止。如果当前价格比卖家的保留价格高，商品就由停止拍卖的投标人所得并支付当前价格。

---

① 具体来说，所有买家的估价都来源于相同的分布，且具有独立性。假定所有参与人都知晓这个分布。

第 18 章

拍

卖

301

密封式投标拍卖

在密封式投标拍卖中，每个投标人把各自的标写在纸上并装入信封里（或以一种不被其他投标人知道自己投标信息的方式交给拍卖商）。拍卖商收齐所有信封并查看所有投标，如果最高投标价比保留价格高，那么商品就由出最高投标价的人所得并由投标人支付商品价格。

集邮家或维克里拍卖

在集邮家或维克里拍卖中（后文将称之为集邮家拍卖），每个投标人把各自的标写在纸上并装入信封里（或以一种不被其他投标人知道自己投标信息的方式交给拍卖商）。拍卖商收齐所有信封并查看所有投标，此时商品将由出最高价的人所得，而此投标人只需以次高投标价支付商品。如果次高价格比保留价格低，该商品将不被出售。

□ 18.1.3 策 略

参与人必须选择的策略空间是一些可能的投标集。对于发生于多个时期的英式和荷兰式拍卖，买家所选择的策略必须包括每个时间点上的行动。在策略空间的选择上，投标不能基于以前所发生的情形。对于卖家而言，策略是要么接受要么拒绝拍卖中最后的投标结果。

在这一点上，我们注意到，从其他参与人估价所扮演的角色的角度出发，拍卖的四种类型可以分成两组。第一组是英式和集邮家或维克里拍卖。这两种拍卖的共同特征是：赢者所支付的价格并不由赢者愿意支付的最高投标价决定。相反，赢者所支付的价格由次高价投标人决定。第二组包括荷兰式拍卖和密封式投标拍卖。在这些拍卖中，赢者支付他们的投标价格。在第一组中，每个投标人仅根据他自己的估价信息进行投标。确实，在英式拍卖或集邮家拍卖中，每个参与人都有相同类型的策略。在荷兰式拍卖或密封式投标拍卖中，每个投标人不但根据自己的估价信息进行投标，而且根据其他竞争者的估价信息进行投标。

18.2 拍卖的均衡结果

正如任何博弈一样，为了研究拍卖结果的决定因素，我们需要运用一种解决方案。在这里我们运用纳什均衡策略或者说针对不完全信息的改进方法之一。由于均衡的实质在两组拍卖之间不一样，我们将依次讨论每组的均衡。

□ 18.2.1 英式拍卖与集邮家拍卖

我们先讨论每个参与人遵循的最佳策略：这在本质上相似并且产生相同的结果。进一步说，英式拍卖和集邮家拍卖的最佳策略都是占优策略。

我们先开始说明，在对于集邮家拍卖的最佳策略选择中，每个买家以他们真实的估价进行投标。这个结果我们最好以仅有两个投标人的特例进行呈现。我们注意到第一个投标人在拍卖中期待的收益为：

$$E(\pi_1) = \text{prob}(b_1 > b_2) \cdot (v_1 - b_2) \tag{18.1}$$

其中，b_1 和 b_2 分别代表参与人 1 和参与人 2 的投标，v_1 是第一个投标人的估价，π_1 表示第一个投标人的收益，$E(\cdot)$ 表示期望。

在式（18.1）中，第一个投标人收益的第一个组成部分是第一个投标人给出最高投标价的概率。第二个组成部分是如果他赢得拍卖，第一个投标人将获得的消费者剩余。如果第一个投标人没有赢得拍卖，那么收益为 0，因此我们可以忽视收益的组成部分。

在第二个参与人的投标 b_2 给定的情形下，我们考察策略选择 $b_1 = v_1$ 是否为最佳策略。我们考虑两种情况：第一个投标人的估价比他认为的其他投标人的投标价更大或者更小。如果 $v_1 > b_2$，第一个投标人的投标除非是 $b_1 = v_1$，否则不可能增加赢的概率。如果以其他价格进行投标，即使赢了也不会改变所获得的消费者剩余。如果 $v_1 < b_2$，那么第一个投标人赢的概率为 0。只有 $b_1 = v_1$ 时才能获得这个结果，其他投标都不能。因此，$b_1 = v_1$，无论 v_1 比 b_2 大还是小。同样，对于第二个投标人的最佳策略选择也可进行类似的讨论，即他的投标估价 $b_2 = v_2$。

在英式拍卖中，最佳策略的不同可以解释投标过程的连续性。只要当前价格或投标价小于或等于投标人的估价，就应该选择以最佳策略进行投标。

这两种拍卖的结果都是投标人以最高的估价赢得拍卖的商品，并以投标人中次高的估价进行支付。

□ 18.2.2　荷兰式拍卖与密封式投标拍卖

需要注意的第一个结果是在相当宽泛的条件下，荷兰式拍卖和密封式投标拍卖的结果相同。因此在这里我们将讨论密封式投标拍卖并把结论运用于荷兰式拍卖。

在密封式投标拍卖中，每个买家要么为对商品有最高估价的参与人，要么不是。进一步说，如果参与人赢得了商品，他们将支付投标价。不同于第一组拍卖，每个参与人的出价比他们对产品的估价略低。具体来说，每个参与人运用他自己的估价和估价分布的信息去估计其他投标人的平均估价，最后出价仅仅比这略高一点。

□ 18.2.3　卖家的收入

根据以上详述的条件，结果很明显：四种拍卖产生相同的结果。最高估价的参与人以比次高估价高一个最小加价幅度的投标价获得商品。这一结果对一些假设非常敏感。例如，在第一价格密封式投标拍卖中，这个结果出现次数仅为平均值，然而在英式和集邮家拍卖中，每次都可观察到这个结果。如果卖家对风险持中性态度，他将仅仅关注平均回报而不在意四种拍卖之间的关系。然而，如果卖家是风险规避的，他将更喜欢一个变化更小的结果，因此相对于密封式投标拍卖或者荷兰式拍卖来说，他更倾向于英式或集邮家拍卖。

□ 18.2.4　保留价格

前面提到，卖家可能设定一个比卖家愿意接受的最低价格高的保留价格。举例来说，我们可看到这将使风险中性的卖家处于更有利的境况。虽然卖家垄断了商品，但设置保留价格确保卖家不会以低的价格出售商品。

假定市场上有一个卖家向两个潜在的买家拍卖商品。卖家不知道每个买家的市场估价，但是知道他们估价的分布情况。具体来说，卖家知道每个买家对于 v_high 和 v_low 的估价概率都是 0.5。这就意味着由两个低估价投标人组成市场的概率为 0.25，同样由两个高估价投标人组成市场的概率也为 0.25，而由一个低估价和一个高估价投标人组成市场的概率为 0.5。假设最低加价幅度为 1。如果卖家选择英式拍卖而不设置保留价格去出售他的商品，卖家的收入 $E(R)$ 为：

$$E(R) = 0.25v_\text{low} + 0.5(v_\text{low} + 1) + 0.25v_\text{high}$$

卖家可以通过将保留价格提高为 v_high 而增加收入。在这种情况下，收入为：

$$E(R) = 0.75v_\text{high} + 0.25 \times 0$$

只要高估价比低估价足够大，卖家就能从拍卖中增加预期收入。注意到在这个例子中，卖家不出售他的商品的概率为 0.25。结果卖家将限制供应，因此卖家将提高商品的售价。风险规避型卖家更不热衷于以这种方式设置保留价格。

18.3 共同价值拍卖

第二种可用于分析拍卖中潜在买家的方法就是假定购买的商品对于每个消费者来说具有共同的价值，但是每个潜在买家对于商品有一个不同但相关的事前价值。我们用 v 来表示所有消费者对于商品的共同价值。第 i 个消费者的估价可以表示为：

$$v_i = v + \varepsilon_i$$

ε_i 对于第 i 个买家来说是一个随机变量。它可以被认为是从概率分布中抽取的，就像标准正态分布一样。

在英式拍卖中，赢得拍卖的人是对 ε_i 有最高价值的消费者。此消费者将以次高的估价来支付。除非赢得拍卖的人运气足够好从而从概率分布中有所收获，否则消费者将支付比商品本身价值更高的价钱。这被称为**赢者的诅咒**（winner's curse）。

我们可以得知在共同价值拍卖中，对于投标人的最佳策略在于使投标价比他们对产品的估价低，这一行为就是众所周知的**压低报价**（shading）。进一步说，如果竞争者人数更多，那么买家最好加大对投标价的压价幅度。这是因为存在这样一个事实：许多投标人有更高的 ε_i（潜在的买家也许不得不支付）。有经验的投标人确实在压低报价吗？亨德里克斯（Hendricks）和波特（Porter）于 1998 年研究了可能含有油田的土地的投标，他们发现拥有更少信息的投标人在投标上通常比拥有更多信息的投标人更保守，这表明有经验的投标人在某种程度上弥补了赢者的诅咒。这同时也建议运作具有共同价值商品拍卖的拍卖商应提供相关信息以减少对商品的不确定性，因为这能降低潜在买家的压价幅度。

网上拍卖

在易趣网上的拍卖规则表明易趣网拍卖与集邮家或者维克里拍卖很类似。易趣网的成功和规模使得研究者对其抱有很大的兴趣。举个拍卖的例子来说，在消费者愿意投标一个他们看不到且可能放置在世界的另一边的商品前，易趣网不得不克服大量的非对称信息问题。

我们先说明易趣网和维克里拍卖的相似性。在易趣网上进行的商品拍卖有特定的终止时间。在易趣网上进行拍卖，投标人必须输入一条信息，那就是他们愿意为商品支付的最高价格。投标由一项程序来执行（自动化的招标代理）。从当前已提交的标中，自动化的招标代理选出最高和次高的投标。给出最高投标价的参与人将赢得当前的招标。当前的赢标是在次高标的基础上加上加价幅度。例如，最高投标价为 10 美元，次高投标价为 9 美元，其他所有投标都少于 9 美元，最低加价幅度为 0.10 美元，投标价为 10 美元的参与人赢标。如果该参与人赢得拍卖，那么他应该支付 9.10 美元.

只有在另一个投标人加入拍卖中（或者已存在的投标人修改他的标）并且愿意支付比当前赢标更高的价格时，拥有当前赢标的参与人才能改变。如果新加入者的投标价少于 9 美元，那么拍卖的结果不会改变。如果新加入者的投标价多于 10 美元，那么该竞标者以 10.10 美元赢得当前标。如果新加入者的投标价多于 9 美元但少于 10 美元，那么当前拍卖的获胜者不会改变，但是当前赢标价为新的竞标价加上 0.10 美元。

每次拍卖都在限定的时间内进行，并且给出最高投标价的投标人在拍卖结束时成为赢者。

对于易趣网来说若想要成功，首先它的经营者需要设计一场拍卖。但是他们不得不克服程序上的非对称信息。在线下拍卖中，投标人通常有机会在拍卖前了解产品。除此之外，买家和卖家都有表述明确并且容易适用的相关权利来确保交易的进行，否则将可获得适当的补偿。例如，在交易结束之前需要交纳一定的定金，如果没有收到全款就是一种违约行为。

这些条件在易趣网的拍卖中不可能实现，投标人充其量只能看到商品的一张图片。进一步说，买方和卖方可能处于不同的区域甚至位于不同的国家，在那些地方用来确保协议得以执行的法律规定不够明确，更有甚者是可能根本不存在类似法规。

因此，根据其构想并随着时间的推移，易趣网增加了一些服务：为买家提供有关待售商品的质量和卖家诚信的可靠信息，如果交易出了问题，便采取相关的措施和启动补偿过程。这些服务中最引人瞩目的是提供大量关于卖家和买家之前交易的信息。在交易结束时，买家和卖家可以相互评级并给出简短评价。交易量大的卖方可以从评级中看出来，表明他们在交易中的表现一直令人满意。在易趣网中得到的经验是卖方很在意这些评级！

注：想了解关于这个案例的更多信息，请参考 Bajari 和 Hortaçsu（2004）。

18.4　拍卖的潜在问题

在这里，我们有必要讨论在拍卖中存在的一些问题，包括：

（1）合谋。

（2）玩弄规则。

卖家要面对的第一个问题是投标人也许会聚在一起合谋并压制竞争。这可以有许多方式。例如，一群投标人聚在一起决定谁赢得拍卖，然后再协商他们各自的投标以达到他们的目的。关于拍卖中合谋的问题已经有许多记载，包含了许多有趣的例子。

卖家要面对的第二个问题是要好好设计拍卖规则，要预见到投标人会在这些规则上大做文章。毫无疑问，投标人肯定会以有利于他们自身的方式来解释这些规则。在易趣网拍卖中有这么一个例子。易趣网的拍卖时间是有限制的。投标人等到拍卖的最后时刻再提交他们的标的。这被称为"最后一分钟出价策略"。很可能投标人可以使用软件使这一策略自动化。然而它却是合法的，这令其他一些买家很沮丧（至少包括本书作者之一）。对此的一个解释是它是对尝试使用增量投标策略（这在如易趣网这样的集邮家拍卖中不算最佳策略）的投标人的一个最佳应对策略。这些问题在 Bajari 和 Hortaşçu (2004) 中有更深层次的探讨。在政府资产的拍卖中有一些更为有趣的例子。

小 结

- 拍卖是在非对称信息情况下实施的一种交易。
- 拍卖可以作为一种非对称信息的博弈进行分析。参与人对于商品有私人价值或者有共同价值。
- 有四种类型的拍卖——英式拍卖、荷兰式拍卖、密封式投标拍卖和集邮家拍卖。
- 在英式和集邮家拍卖中，最佳的投标策略是基于投标人自身对于产品的估价。
- 在荷兰式和密封式投标拍卖中，最佳的投标策略是使投标价低于投标人自己的估价。
- 在特定情况下，根据纳什均衡策略，四种类型的拍卖皆可带来相同的期望收益。
- 保留价格可用于拍卖中来增加收益，但可能导致卖不出商品。
- 赢者的诅咒在共同价值拍卖中是一个潜在的现象，赢者的投标价很可能大于产品真正的价值。
- 拍卖中存在的潜在问题是合谋和玩弄规则。

练 习

1. 有两个投标人竞标一个产品：每个投标人的估价可为 90 和 150（同等概率）。最低加价幅度为 1。举行的是英式拍卖。
   (a) 说出投标人估价的所有可能情况。
   (b) 如果没有保留价格，计算出卖家的期望收益。
   (c) 计算出卖家利润最大的保留价格。
   (d) 如果有保留价格，计算出卖家的期望收益。
   (e) 卖家应该设置保留价格吗？请解释。

2. 为什么在集邮家拍卖中，以真实估价进行投标是最佳策略？为什么以这种方式形成的一系列策略被称为纳什均衡策略？请解释。

3. 有观点认为与密封式投标拍卖相比，赢者的诅咒在英式拍卖中可能不那么严重。请解释。

参考文献与延伸阅读

Bajari, P. and Hortaçsu, A. (2004) "Economic Insights from Internet Auctions", *Journal of Economic Literature* 42 (2): 457-486.

Hendricks, K. and Porter, R. H. (1988) "An Empirical Study of an Auction with Asymmetric Information", *American Economic Review* 78 (5): 865-883.

Liebowitz, S. J. (2002) *Re-Thinking the Network Economy*. New York: AMA-COM, Chapter 4.

McAfee, R. P. and McMillan, J. (1987) "Auctions and Bidding", *Journal of Economic Literature* 25 (2): 699-738.

McMillan, J. (2002) *Reinventing the Bazaar: A Natural History of Markets*. New York: Norton, Chapters 6 and 7.

Varian, H. (2003) *Intermediate Microeconomics*, 6th edn. New York: Norton, Chapter 17.

第 19 章

产品生命周期

学完本章，你应该理解：

● "产品生命周期"的含义及其各个阶段。

● 周期成长阶段的 Bass 模型和网络外部性模型。

● 随着市场规模的增大，市场结构的外生性和内生性沉没成本的本质和意义。

● 不同类型竞争中企业数量和市场规模之间的关系。

● 在市场萎缩时，成本和规模对市场结构的不同决定作用。

在产品销售中看似规律的周期在许多产品中都得到了确认。因为它与人的生命周期相似，这个周期被称为**产品生命周期**（product life cycle）。产品生命周期可概括如下：在第一阶段，产品"出生"或被引入市场。在第二阶段，它经历了快速成长阶段。在第三阶段，产品达到成熟。在第四阶段，产品衰退和消失。这个周期在市场营销和经济学中都引起了极大兴趣。

在展开叙述之前，有必要讨论一下主要定义问题。虽然产品历经导入期、成长期、成熟期和衰退期的过程通常被称为产品生命周期，但将其称为**产品市场生命周期**（product market life cycle）可能更加准确，因为它所指的周期就是如此被应用的。个别产品可能并未贯穿整个周期，也可能其周期很快完成，周期本身变得没有意义。与其分析**个别产品**（individual product）的生命周期的进展，不如分析**产品市场**（product market）的生命周期更富有成效和恰当：在某一时间点，对于所有产品均为合理替代品的市场。

另外，对产品市场生命周期的典型分析往往不只局限于讨论销售，而是包括行业中公司的一系列决定，如定价、研发、广告和利润。为了便于讨论，在描述一般的产品生命周期模型后，我们重点关注市场结构，因为最新的经济模型确实对这个议题做出了

管理经济学：基于战略的视角（第二版）

贡献。

19.1 产品生命周期概述

产品生命周期最初出现在市场营销文献中。从图 19-1 中我们可以清晰地看到，产品生命周期分四个不同的阶段：导入期、成长期、成熟期和衰退期。

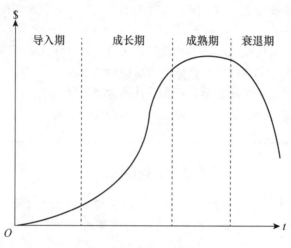

图 19-1　产品生命周期的阶段

□ 19.1.1　导入期

在此阶段销售增长缓慢。一个或者几个企业生产出新产品，便形成了一个产业。每个企业需要承担启动费用，如研发经费支出。在导入期，广告往往是信息性的，因为企业不仅出售它们的产品，还需要告知消费者有关产品的存在和用途。销售通常很慢，企业可能亏损（寄希望于将来获得利润）。

新产品对现有产品的优势越大，在导入期所花费的时间越短。新产品使用起来越简单，公司越容易传达自己的优势，比如进行试用。新产品与任何相关的产品越兼容，这个阶段也将越短。需要注意的是，所有的这些特点也使竞争者的进入可能性更大。

□ 19.1.2　成长期

在第二阶段，销售增长迅速，产品创新者的利润上升。产品创新者能够利用"干中学"和规模经济的优势。由于外部竞争者的进入可能需要一段时间，竞争在这个阶段可能是比较有限的。但最终竞争者可能会通过几乎没有差异化的产品进入，产品创新者的利润将开始下降。

□ 19.1.3　成熟期

在第三阶段，行业的销售趋于平稳。竞争可能会增加，除非进入壁垒导致寡头垄断的市场结构持续。当促销成本上升和价格下调时，行业利润可能下降。在这个阶段，广告往往是软广告或说服性广告，现在需要有说服力的宣传，因为产品的差异不大。

□ 19.1.4 衰退期

当新产品取代老一代产品时，销售开始下降，价格竞争变得更加激烈。有强大品牌的公司可能赚钱，但其他公司开始亏损。

在产品市场生命周期中识别产品市场不同方面的行为也是有用的。例如，克勒帕（Klepper，1996）指出了在产品生命周期中的市场结构的五大规律。

- 进入者的数量或者是一直下降，或者先上升、后下降。在两种情况下进入者的数量变为零。
- 生产企业的数量增长，达到一个高峰，然后稳步下降（甚至当市场增长时）。
- 生产者的数量达到顶峰后，企业的市场份额趋于稳定。
- 生产者的数量达到顶峰之前，产品设计的种类达到顶峰。
- 生产者的数量达到顶峰之前，新进入者占据大多数新的产品设计。

产品生命周期的长度

有关产品生命周期的第一个问题是：它能持续多久？克勒帕和格雷迪（Klepper and Graddy，1990）分析了 46 个新行业几十年的发展。这是从《托马斯美国制造商名录》收集到的 1887—1981 年间的数据。涉及的行业范围相当广泛，包括生活消费品，如电热毯和唱片，以及生产资料，如火箭发动机和氟利昂压缩机。产业目录包括那些出现于 19 世纪后期的产业（如洗发水），以及发展于第二次世界大战后的产业（如激光）。克勒帕和格雷迪（1990）确定了产业往往要经过的三个阶段。一是**成长阶段**（growth stage），其开始于行业发轫阶段，当该行业中的企业数量达到顶峰时便终结了。二是**淘汰阶段**（shakeout stage），这时企业数量会迅速下降。三是**成熟阶段**（mature stage），这时行业中的企业数量已经达到稳定。需要注意的一点是很多行业不必经过所有三个阶段。具体来说，只有 38 个行业进入衰退阶段，只有 22 个行业进入成熟阶段。这本身就意味着产品生命周期要经历相当长的时间。

他们观察到的第一个规律是，进入第二阶段的产品，其成长阶段平均持续 29.3 年。这是很长的时间。当然，这个数目有相当大的变化：有 23 个行业经历了 20～40 年的成长阶段。经历最长成长阶段的是陀螺仪和拉链产业（55 年），最短的为荧光灯产业（2 年）。淘汰阶段平均为 10.5 年。这段时间长得惊人。同样，虽然有 17 个行业经历了 5～15 年的淘汰阶段，其结果也不尽相同。完成淘汰阶段时间最长的是青霉素产业（23 年），而完成淘汰阶段时间最短的产业是荧光灯、洗发水和低温储罐产业（1 年）。最后，成熟阶段的时长也有相当大的变化。到 1981 年为止，一些行业如汽车轮胎和留声机唱片的相对稳定的状态保持了近 50 年。

克勒帕和格雷迪（1990）接下来分析的统计数据是每个阶段企业数目的平均年度变化。需要注意的是，所有这些统计数据都是指净变化。这些统计数据将任何一段时间内进入和退出的比率进行了保守估计。在成长阶段，每年平均 3.8 个企业加入这个行业。然而，在淘汰阶段，每年每个行业平均减少了 4.1 个企业。这些数字有相当大的变化，但一般来说，一个阶段的持续时间越短，企业数量的平均变化越大。在淘汰阶段低温储罐行业的企业每年减少了 29 个。在电热毯行业的 51 年成长期中，大约每 3 年有 1 个企业进入。在成熟阶段，每 5 年平均有 1 个企业进入。值得指出的是，在淘汰阶段，企业数量平均缩减了大约一半，尽管还会有相当大的变化。在淘汰过程中，洗发水行业企业数从 114个萎缩到 109 个，但到淘汰阶段末期，汽车轮胎行业企业数从 275 个缩减至 64 个。

最后，在几类小型行业中，克勒帕和格雷迪（1990）还分析了在行业的生命周期内的产量和价格走势（以 5 年为间隔）。平均而言，他们发现了与产品生命周期类似的结果。产出增长率在行业初期非常高，但随着时间的推移增长放缓。20 多年后，平均增长速度为 2.7% 左右，这个数目还有相当大的变化。随着时间的推移，实际价格趋于下降，虽然最快速的下跌出现在最初几年。行业的实际价格在头 5 年平均每年下降12.6%。这低估了实际的价格下降，因为一个产业的商品往往在前几年会提高质量。

一般情况下，产业初期会持续相当长的一段时间，并且企业数量、行业产量和价格都有相当大的变化。

19.2　导致销售增长的原因

现在，我们已经定义了产品生命周期，我们的下一个任务是建立一个简单的模型，这个模型可以解释为什么产品生命周期可以用来解释产品市场的行为。

我们的模型需要回答的第一个问题是为什么销售会增加。在理想情况下，模型也将解释为什么对新产品最初需求的增长相对较慢。其中一个是产品扩散模型——Bass 模型。第二个更现代的模型是具有网络外部性的产品需求模型。我们现在阐释这些模型。

□ 19.2.1　产品扩散模型——Bass 模型

Bass 模型的基本思想是相当直观的。有一些愿意尝试新产品的消费者，他们被称为创新者。还有其他的消费者，他们只有在与使用过新产品的人接触后才愿意尝试新产品。这表示在时间 t 消费者消费新产品的可能性或概率为：

$$\Pr(\text{Adoption}_t) = a + b \cdot F(t) \tag{19.1}$$

其中，$F(t)$ 是在时间 t 已经采用该产品的消费者比例。在这种情况下，可以证明，在时间 t 消费者的比例可以通过一个逻辑函数表示，如图 19-2 所示。当然，图 19-2 与表示产品生命周期的导入期、成长期和成熟期的图形惊人地相似，这使得 Bass 模型是实现这一目的的合适模型。

□ 19.2.2　网络外部性

市场生命周期的成长模式和市场结构的发展模式都可以作为网络外部性的产品的直接结果。我们说如果个人消费产品所获得的利润取决于有多少其他消费者也消费该产品，那么就存在一个**消费网络外部性**（network externality in consumption）。

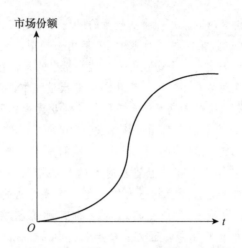

市场份额

O ——— t

图 19-2　Bass 模型中不同时期的市场份额

两大类网络外部性已经在文献中得以确定。第一类被称为**直接网络外部性**（direct network externality）。在这种情况下，个体消费产品的收益来自使用该产品的其他人。直接网络外部性的例子包括电话、传真、电子邮件和在线角色扮演游戏。对于这些产品，每个消费者的利润依赖于有多少其他消费者也使用该产品。没有其他玩家的在线角色扮演游戏确实是一个很无聊的游戏。

第二类被称为**间接网络外部性**（indirect network externality）。在这种情况下，当越来越多的消费者使用最初的产品，个人消费产品的收益就源于互补性产品。比如那些被认为具有硬件-软件关系的产品。例如，特定的游戏机的效用，如索尼 PlayStation 3、微软 Xbox 360 或任天堂 Wii，取决于所设置的游戏，每个游戏可以通过一个控制台来使用。使用特定的控制台的消费者数量越大，越有可能将游戏写入该控制台。在这种情况下，通过鼓励开发可以让更多消费者参与的游戏，每个消费者给该平台游戏的其他消费者带来了利益。具有直接网络外部性的产品可以形成**现实网络**（physical network），而具有间接网络外部性的产品可以构建**虚拟网络**（virtual network）。

现在我们证明，具有网络外部性产品的市场的成长可以用一条逻辑曲线来表示。具体来说，在导入期销售相对平缓，在成长期销售迅速增长，在之后的成熟期销售平稳下降。此外，该模型还为市场如何可以从竞争结构改变为垄断结构提供了解释。

对网络外部性建模的最简单方法是从一个最多有 N 个消费者的市场开始，其中，每个消费者对产品有一个估值 $v=1, \cdots, \hat{v}, \cdots, N$。为了显示这个模型是如何工作的，假设在市场价格为 $\hat{p}$ 时，估价为 $\hat{v}$ 的消费者就为边际消费者。有次低估价 $\hat{v}-1$ 的消费者不会购买此类产品：只有消费者 $\hat{v}, \cdots, N$ 会购买。这样，我们可以写出在市场上消费者的实际人数为：

$$n = N - \hat{v} \tag{19.2}$$

如果这个产品是一个标准产品，其市场亦将有向下倾斜的需求曲线。但是，由于该产品具有网络外部性，其对第 i 个消费者的效用（以及保留价格）可以写作：

$$U_i = v_i * n \tag{19.3}$$

其中，U 表示效用，n 是市场上消费者的实际数量。效用随着 n 的增大而增大，所以网络越大，消费者越愿意付费加入网络。我们分两个步骤推导出网络市场需求方程。第一，我们注意到必须满足边际消费者（仍然会购买产品的有最低估价的消费者）的条件。第二，我们使用公式（19.2）所得出的消费者数量信息，推算出类似于产品的需求方程。

现在来考虑对于加不加入网络持无所谓态度的边际消费者。如果价格稍高一些，这些消费者不会加入网络，所以价格必须正好等于边际消费者的效用或保留价格：

$$p = \hat{v} \cdot n \tag{19.4}$$

但是，我们从式（19.2）知道，边际消费者的估值必须满足 $\hat{v} = N - n$，将其代入式（19.4），我们得到一个均衡条件：

$$p = n(N - n) \tag{19.5}$$

这个方程得到了具有估值 $\hat{v}$ 的消费者的支付意愿 p，他们加入了有 n 个消费者的网络。[①]

通过观察式（19.5）的一阶导数（$N - 2n$）和二阶导数（-2）的符号，我们可以确定它具有驼峰形，如图 19-3 所示。在图 19-3 中，横轴表示在网络中 n 的大小。一旦网络达到一定大小 n^*，像任何其他产品一样，只能通过降低加入网络的价格而获取更多的客户。然而，在低的网络规模（低于 n^*）中，支付意愿随市场规模增大而增强。这是市场的两个特征相互作用的结果。首先，为了确定与保有 n 个消费者时一致的最低市场价格，注意到这些消费者必须是对该产品具有最高偏好或估值的几个消费者，如式（19.2）所示。其次，要注意到进入效用函数的网络中的消费者数量。因此，当我们在图 19-3 中沿曲线上的点向右移动时，参与市场的消费者数量 n 会增加、边际消费者的估值 $\hat{v}$ 会降低：逐渐递减的大数值（$\hat{v}$）乘以逐渐增大的小数值（n）。这就是图 19-3 中的需求曲线呈驼峰形的原因。

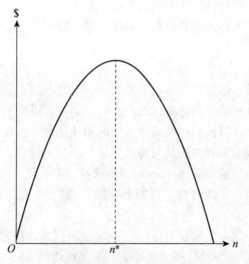

图 19-3　具有网络外部性的市场的需求曲线

---

① 在理论文献中，这种类型的均衡被称为理性预期均衡。支付意愿取决于网络中的参与者的预期数量，在均衡时这是实际数目。

现在，我们已经确定了此类市场需求曲线的形状，下一步是确定市场均衡。为简单起见，我们假设产业具有规模不变的生产技术，所以供给曲线是水平的。这条水平的供给曲线被绘制在图 19-4 中。我们可以用图 19-4 来确定三个可能的均衡点，标记为 1、2 和 3。第一个均衡点"1"是零销售均衡。该公司愿意以这个价格提供 0 单位产出，但如果网络中没有其他消费者，那么没有消费者愿意以这个价格购买。标记为"2"的第二个均衡点是一种低销售均衡，其中较小的消费者数量 n_2（对该产品具有强烈的偏好）位于网络中。第三个均衡点标记为"3"，是一个大的销售均衡，其中有大量消费者 n_3 乐意加入网络，因为有很多其他消费者也都位于网络中。

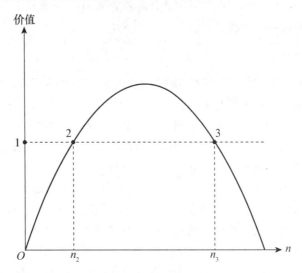

图 19-4　具有网络外部性的市场的三个均衡点

要确定最终在这个具有网络外部性的市场会发生什么，我们需要做另一组假设，才可以应用此模型来了解产品的生命周期。具体来说，我们需要做出两个关于市场行为均衡的假设：

- 均衡经历了网络中消费者数量的小幅冲击。
- 如果人们的支付意愿超过成本，供给增加（反之亦然）。

第一个假设是很直观的，因为在网络产生时，消费者可能不确定它的好处，因为他们不知道自己的价值（或者他们对网络中人数的预期是暂时乐观的还是悲观的）。因此，小部分消费者可能加入或离开网络，对需求变化不起决定作用。第二个假设可以被认为是网络的运营商使用的**经验法则**（rules of thumb）。相对于固定成本而言，加入网络的边际成本可能较低。因此，运营商很可能会"随大流"，并允许消费者随意加入或离开网络。

图 19-4 中的三个均衡，现在可以归为稳定或不稳定。**稳定均衡**（stable equilibrium）是市场在经受小幅冲击后可恢复的均衡。**不稳定均衡**（unstable equilibrium）是市场经受小幅冲击后永远无法恢复的均衡。图 19-4 中，标为 1 和 3 的那两个均衡点是稳定的，但标记为 2 的均衡点是不稳定的。为探究原因，假设我们开始于稳定的均衡点之一，设想发生小的正冲击后会发生什么：极少数的消费者加入该网络。由于网络中消费者数量增加，成本超过加入网络的利润，所剩无几的消费者最终再次离开网络。同样

地，在少数消费者遭受负冲击后（标记为 3 的均衡点），由于极少数消费者离开网络，消费者的收益超过提供网络的成本，因此，那些离开网络的消费者将最终重新加入网络。然而，在标记为 2 的低销售均衡点，少量消费者加入网络后，消费者的收益超过提供网络的成本，更多的消费者将继续加入网络，直到达到第三个大的销售均衡点。同样地，一小部分消费者离开网络后（一个小的负冲击），消费者的收益小于提供网络的成本，因此更多的消费者将继续离开网络，直到达到第一个无销售均衡点。均衡点 2 可被看作网络的**临界规模**（critical mass）。一旦网络已经达到了这个规模，就会产生积极反馈和扩展网络，直到达到大的规模。

上述描述与产品生命周期的相似性是显然的。产品达到临界规模 n_2 之前的阶段对应于导入期，网络规模（以及对产品的需求）增长缓慢。临界规模期过后，网络达到高销售均衡点（在图 19 - 4 中从 n_2 到 n_3），对应于成长阶段，这时需求增长非常迅速。成熟阶段对应于高销量均衡时期。

这种模型的结果也暗示了成长期和成熟期可能的市场结构。如果在导入期有多种类型的产品，那么成长期某一产品的快速增长表明，这一产品将是成熟期最大量的单一产品，而其他产品已被放弃。这被称为**倾斜**（tipping）。需要注意的是：创新者的知识产权战略有可能强烈影响市场结构。个人电脑行业的早期就发生了这样一个例子。制作个人电脑的权利被广泛授权，所以个人电脑而不是其竞争对手，成了电脑的一个最普遍的形式。个人电脑由许多不同的生产商提供。在另一方面，微软的操作系统成为单个最大的操作系统，而它只是由一个公司提供。一旦一个公司（如微软）已经达到了临界规模，市场就转移到大型销售均衡。有人认为，进入者很难取代现在的产品。考虑到个人消费者面临的问题，即决定是否使用该产品而不是主导产品：他们决定是否在他们的新个人电脑上安装 Linux 操作系统。此消费者可能对 Linux 有强烈的偏好，但只要他们相信其他消费者将继续留在大网络中，从而使绝大多数软件将只适用于微软的操作系统，原来的大网络仍更具有吸引力。如果有足够大的消费群体对其他产品有更强的偏好，其他产品可能更有吸引力，但这将要求采取协调行动。

▌ 19.3 在扩张与成熟期市场结构的决定因素

到目前为止，我们专注于探讨在产品生命周期中决定销售模式的因素。市场结构问题也很重要，因为我们普遍认为一个市场的垄断程度或竞争程度与盈利能力和企业行为模式相关。萨顿（Sutton，1991）的理论提供了一个合理的框架，我们可以用它来分析产品生命周期的市场结构。我们已经完成这个框架的工作机制探究。但是，该建模方法有所不同，所以我们先花一些时间介绍该模型。

从这些模型中得出的相关生命周期模型的结论最终将取决于公司进入市场所必需的沉没成本的类型。由于在导入期和成长期，新市场的销售都会增加，市场集中度取决于进入市场所要求的沉没成本。此外，市场越具有竞争力，就越集中。

要注意的是，萨顿（1991）的框架并没有为市场规模扩大提供解释。但它确实提供了一致性预测，即随着市场规模的增大，市场结构的发展也会加速，以适应广告和研发的变化。

□ 19.3.1　市场结构

在微观经济学和产业经济学中，市场结构通常是给定的，而且具体的市场结构与特定行为类型相联系。更具体地说，具有大量企业的行业都假定是有竞争力的，有少数企业的行业都被认为是竞争力不强的。企业数量越少，就越有可能发生合谋。

萨顿（1991）的理论框架始于不同的方式。第一，市场结构具有内生性，他的重点是均衡市场结构。这通过企业进入的条件进行了很好的概括，直到另外的企业进入不再获利。行业利润的大小就变成了市场结构的决定因素。行业利润越大，均衡点上企业的数量就越多。萨顿框架的第二个不同的特征是，竞争的本质是可以假定的。我们已经考察了同质产品的伯川德竞争、异质产品的伯川德竞争和寡头垄断的古诺模型。这些模型都可以被认为代表竞争的不同强度。合谋行为被认为代表最小的竞争形式。在这些模型中已经假设，虽然结果可能会改变，但竞争的性质不随公司数量而改变。例如，如果在古诺寡头垄断中有大量的企业，其结果类似于一个竞争激烈的市场。然而，这种竞争还没有实质的改变。

将竞争水平视为外生变量合理吗？目前尚没有成熟的理论来解释不同行业的竞争程度。然而，一个明显的竞争程度的重大变化发生在 20 世纪最发达的经济体。当时这些经济体立法限制反竞争行为，比如合谋、独家经营、独家销售和维持转售价格。乔治·西米恩迪斯（George Symeondis，2002）研究了 1956 年英国通过《限制性贸易惯例法》后，曾经的合谋行业以及竞争性行业的市场结构的变化。他发现，与以前竞争的产业相比，先前合谋行业的市场结构变得更加集中。这些结论可以以粗略的方式进行归纳。标准的微观经济学假定市场结构决定行为和盈利能力。与此相反，从长远来看，受行为决定因素影响的行业的基本盈利能力决定了市场结构。

□ 19.3.2　沉没成本

萨顿（1991）的框架的另一个创新在于区分了两种类型的沉没成本，即外生性沉没成本和内生性沉没成本。外生性沉没成本有两个特点。第一，它们必须由所有的进入者承担。第二，成本的大小不能由企业选择。外生性沉没成本的一个例子是扣除任何残值后最小有效规模的生产企业的价值。

内生性沉没成本有三个特点。首先，内生性沉没成本不一定由进入者承担。换句话说，不论这些成本由谁承担，生产都可以发生。其次，内生性沉没成本的支出会导致公司的产品需求增加。最后，支出规模是该公司的决策变量。内生性沉没成本的一个例子是广告开支的水平。以软饮料行业为例。超市的饮料货架通常放置的不仅有由软饮料行业主要公司做过大量广告的可乐及苏打水品牌，也有其他广告不多的品牌。

□ 19.3.3　均衡市场结构的决定因素

我们可以把市场结构视为一个三阶段博弈的结果。在第一阶段，企业进入市场，企业承担外生性沉没成本。在第二阶段，企业决定是否承担任何内生性沉没成本，如果是，决定成本支出。在第三阶段，进入者在产品市场竞争，其收益取决于价格竞争的激烈程度。这场博弈的均衡条件为企业一直进入，直到进入后的利润降为零。

在下面的分析中，我们将假定每个企业只提供一种产品。虽然这是最简单的分析案例，但它是不太现实的，因为特别是在拥有不同产品的行业中，企业往往销售多种产品。例如，丰田和大众在同一市场内销售许多不同型号的汽车。对于为什么某些公司提供多种产品，并没有一个普遍接受的理论解释。所以与其强加理论，萨顿（1991）把对单一产品公司的预测作为一个行业中企业数量可能的上限。虽然萨顿（1991）谨慎地用上限而不是关系进行了分析，为简单起见，我们将专注于对关系的预测。除非公司提供的产品的数量与市场规模有系统性的变化，否则多产品的企业数量随着市场规模的变化应该或多或少地与单个产品企业数量的变化方式相同。

我们首先考察了企业数量和具有外生性沉没成本的市场规模之间的关系。然后，我们对外生性和内生性沉没成本的市场进行了再次分析。

仅涉及外生性沉没成本

进入市场的公司必须承担外生性沉没成本的情况，主要会产生两种结果：

- 集中度和市场规模负相关。
- 集中度和市场规模的关系与竞争程度负相关。

为显示这些结果，我们把市场规模记作 S 并放在了需求方程中，如下所示：

$$\text{需求方程：} q = S \cdot (a - p)$$
$$\text{逆需求方程：} p = a - q/S \tag{19.6}$$

逆需求方程的图形将以非常直观的方式揭示市场规模 S 如何影响市场。最大支付意愿 a 不受市场规模扩大的影响。相反，逆需求曲线的斜率 $1/S$ 随着市场规模的增大而变小。如果我们考虑到市场中的每一个实际消费者都对该产品有不同的估值，并且至多购买了一单位产品，那么市场规模扩大就意味着更多的消费者提供了不同的估值。在供给方，我们假设一个在所有企业中不变的边际成本 c。我们现在探讨在三种典型的竞争形式中，市场结构和市场规模之间的关系，即合谋、古诺竞争和伯川德竞争。

合 谋

对 N 个企业所在市场的合谋形式建模的标准方法，就是假设所有 N 个企业都有共同行为，就好像它们是一个垄断者。由于所有企业都有相同的不变成本，我们可以将垄断产出、成本及其他参数放进市场规模的函数中，方法和第 3 章一样，并令边际收益等于边际成本。如果只有一个公司，垄断利润用 $\pi_{Coll,1}$ 表示，等于：

$$\pi_{Coll,1} = S \cdot \left[\frac{(a-c)}{2} \right]^2 - F$$

利润完全取决于市场规模 S、最大支付意愿 a，以及边际成本 c 和外生性沉没成本 F。特别是它不随公司数量的变化而变化。利润表达式的第一部分可以被认为是可从企业合谋中赚取的馅饼。每一个进入市场的公司都可分得一杯羹。第二部分表达的是该行业中每个企业必须承担的固定成本 F，所以如果行业中有 N_{Coll} 个公司，总固定成本将是 $N_{Coll} \cdot F$。仅当馅饼足够大，足以覆盖进入企业所产生的外生性沉没成本时，才会有企业进入。即：

$$\pi_{Coll,1} = S \cdot \left[\frac{(a-c)}{2} \right]^2 - N_{Coll} \cdot F = 0$$

在均衡点上企业数量的计算公式如下：

$$N_{Coll} = \frac{S}{F} \cdot \left[\frac{(a-c)}{2} \right]^2$$

市场上企业数量随着市场规模 S 以及最大支付意愿 a 的增大而增加（呈线性），随边际成本 c 和外生性沉没成本 F 的减小而减少。图 19-5 展示了在企业合谋情况下，企业数量 N_{Coll} 与市场规模 S 之间的关系。

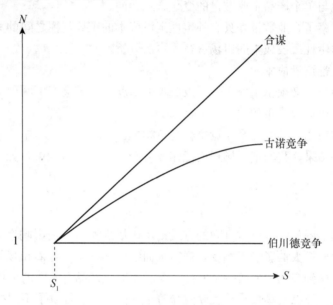

图 19-5　不同类型的竞争中市场规模和企业数量的关系

古诺竞争

在第 6 章中，我们分析了古诺双头垄断模型。然而，我们目前的问题是要求解企业数量变化的模型。为更容易地求解这个模型，我们关注这种情况，即同一市场的不同厂商生产相同的产品，我们继续假设市场上的所有企业都有相同的边际生产成本 c。在这种情况下，单个公司的利润方程可以写为：

$$\pi_{Cournot,N,i} = \left[a - \frac{\sum_{j=1}^{N} q_j}{S} - c \right] \cdot q_i - F \tag{19.7}$$

q_{-i} 是除企业 i 以外的所有企业的总产出，因此，$q_{-i} = q_1 + q_2 + \cdots + q_{i-1} + q_{i+1} + \cdots + q_N$。第 i 个公司的反应函数通过令利润函数（19.7）的导数等于零来求出，求解 q_i[①]：

$$q_i = R^i(q_{-i}) = \frac{S(a-c)}{2} - \frac{q_{-i}}{2}$$

---

① 请注意，在方程（19.7）的方括号中的中间项的分子含有 q_i。

我们知道，所有的企业用相同成本生产相同的同质产品，所以在均衡时，每个企业会生产相同的产出水平。均衡将是对称的，所以 $q_{-i} = q_i \cdot (N-1)$。在这种情况下，第 i 个公司的均衡产出将是：

$$q_i = S \cdot \left[\frac{a-c}{N+1} \right] \tag{19.8}$$

为找出第 i 个公司赚取的利润水平，将式（19.8）中第 i 个公司的产出代入利润方程（19.7），注意到 $\sum_{j=1}^{n} q_j = N \cdot q_i$，于是有：

$$\pi_{i,Cournot,N} = S \cdot \left[\frac{a-c}{N+1} \right]^2 - F \tag{19.9}$$

需要注意的是，每个企业的利润是行业 N 中企业数量的递减函数。实际上，随着企业数量的增加，任何单个企业的市场势力都在减少。在古诺竞争下，厂商的均衡数量 $N_{Cournot}$ 是由方程（19.9）等于 0 时的值决定的：

$$N_{Cournot} = (a-c) \cdot \left[\frac{S}{F} \right]^{0.5} - 1$$

就像在企业合谋中的情况一样，企业数量随着最大支付意愿的增强而增加，随边际成本和外生性沉没成本的降低而减少。但与合谋企业不同，企业数量增加的比例小于市场规模的比例。事实上，我们可以看到，在各级市场规模 S 下，$N_{Collusion} \geqslant N_{Cournot}$，除非当市场规模为 S_1、企业数量 $N=1$ 时。这种关系也如图 19-5 所示。

伯川德竞争

伯川德竞争在第 6 章中讨论过。第 6 章的伯川德悖论必须用在我们目前的模型中。因为具有相同的不变边际成本时，所有企业生产同质产品，所以在有两个或两个以上的企业的伯川德均衡中，价格必须等于边际成本。在这种情况下，无论什么市场规模 S，唯一可能的均衡数量是 1。如果有任何一个以上的企业试图进入市场，竞争将导致每个企业亏损。价格会向下竞价到边际成本，并且不会有足够的收入来支付固定费用，所以没有其他企业会不断进入。在伯川德竞争下，企业的数量（总是等于 1）与市场规模的关系可以从图 19-5 中的企业合谋与古诺案例的相应结果中获得。

内生性沉没成本

本节的主要结论是：随着市场规模的扩大，企业数量有一个上限。此外，与外生性沉没成本的情况不同，可能不存在企业数量和市场规模之间的统一关系。要得出这些结果超出了本课程范围的数学知识。但是，中心思想可以通过传达信息的方式概述。

根据萨顿（1991）的方法，我们将广告作为内生性沉没成本的例子，并做出以下三个附加假设：

- 每个企业都需承担外生性沉没成本，并且可能需承担内生性沉没成本。
- 最小的成本必须在广告对产品需求产生任何影响之前支付。
- 广告支出的收益递减。

第一个假设仅要求企业承担一些因进入市场而必须承担的外生性沉没成本（如建厂）。进入市场的企业可能会也可能不会承担额外的内生性沉没成本，这一点我们在前面已经讨论过了。第二个假设排除了对需求只有较小影响的较低的广告支出，但同时，这也意味着，如果广告的收益不够大，公司最好不做广告。第三个假设排除了收益日益增加的广告，因为那会增大垄断倾向。另外，两种极端情况比较有趣。首先，如果有非常大的收益递减，这意味着广告支出会比较少。如果有相对较小的收益递减，这意味着广告支出将相对较高。

在呈现结果前，我们需要回顾一下，内生性沉没成本如何进入三个阶段的博弈以及模型的意义。首先，我们记得关于内生性沉没成本（广告支出）的决定是在该企业已经决定是否进入和留在博弈中之后、产品市场竞争的最后阶段之前做出的。正如前面所描述的，广告被认为影响企业的产品需求。广告的收益取决于市场上其他公司的产出和广告支出。另外，可以证明，广告的收益随着市场规模的扩大而增加。如果广告可以增加公司产品的市场份额，那么收益的价值随市场规模的扩大而增加。因此，由于广告宣传影响该公司的产品需求，广告开支的利润最大化水平依赖于公司竞争对手的广告量以及市场规模。换句话说，产品进入市场参与竞争博弈之前是广告的博弈，广告的潜在收益由每一个企业选择的广告的数量以及产品市场竞争的利润决定，而这个利润往往会随市场规模的扩大而增加。

由于广告效果随市场规模的扩大而增大，如果做了广告，广告开支的水平随市场规模的扩大而增加。这种关系决定了内生性沉没成本行业的主要结果：随着市场规模的扩大，企业数量会达到上限。随着市场规模的增大，而不是随着更多的企业进入市场，已经位于市场中的企业在广告上的花费越来越多，这就提高了任何新企业进入市场的内生性沉没成本，并最终阻止了企业进一步进入市场。市场规模 S 和企业数量 n 之间的关系，可见图 19-6。

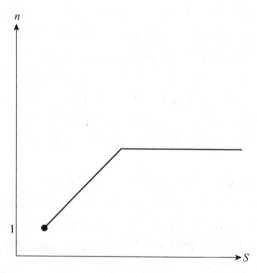

图 19-6　存在内生性沉没成本时市场规模和企业数量的关系：标准情形

外生性沉没成本、内生性沉没成本和市场结构

冷冻食品将继续占据任何超市的至少一个过道。此细分市场包括散装产品，如豌

豆、比萨饼、菠菜和鱼，以及冷冻即食套餐（一度被称为电视晚餐）和甜点。主要制造商包括家喻户晓的鸟眼珍珠和莎莉集团等。通常也有自有品牌的产品，以及少数鲜为人知的品牌。此外，速冻食品生产商也销售给非零售网点，如酒店、航空公司和医院。由于技术相对简单而且价格便宜，所以一家制造公司进入冷冻食品业的成本相对较低。正是消费者类型的多样性使冷冻食品业成为外生性和内生性沉没成本如何塑造行业结构的一个令人信服的实例。我们发现零售行业的消费者对广告的反应最大。然而，除品牌零售业之外，在这一行业，广告通常是不重要的，价格竞争才是最重要的。第一个需要注意的事实是，在20世纪90年代初的美国，虽然冷冻食品业有1 500～1 600个企业，但企业集中度仅为40%。然而，这个中等集中度并非在整个行业的各个领域都成立。例如，在1987年，三大主导企业在冷冻食品业占有约80%的市场份额。一般来说，少数大品牌通过零售环节各占冷冻食品市场的一部分。然而，也有大量的微小生产者不出售国内品牌产品。相反，这些小生产者出售给大企业、非零售部门或当地市场的专营店。

虽然我们能够冷冻食品已经有一段时间了，但真正将冷冻食品用于零售只能追溯到20世纪20年代，源于克拉伦斯鸟眼（Clarence Birds Eye）的创新。在这个阶段，冷冻食品的主要竞争对手为便宜得多的罐头食品。20世纪20—30年代期间进行了一系列产品创新改良（冷冻食品从看起来不吸引人的方块形变成了松散形），并降低了分发食品的成本。这是很重要的，因为零售商从不断打开和关闭的冰箱里分发食物比从货架上分发罐头食品更昂贵。到第二次世界大战时，冷冻食品零售额与非零售额相比仍相对较小。但成交额由1947年的11.32亿英镑上升为十年后的56.61亿英镑。1949年有了重要的发展，刚进入市场的Snow Crop开始做电视广告，同时产品大幅降价。

20世纪50年代战后经济快速增长，冷冻食品业的广告支出迅速增加，同时价格也在下降，直到冷冻食品成为罐头食品的竞争对手。Snow Crop的广告加降价的试验性做法被证明非常成功后，其他几个企业纷纷效仿。广告的重要性可从联邦贸易委员会（FTC）自1959年开始对广告进行的统计得以证明。鸟眼以及Minute Maid（尽管Minute Maid将水果和蔬菜业务分离出来，成立了另一个主要冷冻蔬菜公司，但它购买了Snow Crop）占速冻食品业全部广告支出的46.2%。六个最大企业的广告占销售额的比例为5.2%，紧随其后的六个企业则只占2.7%。联邦贸易委员会在当时的报告中指出，紧随鸟眼和Minute Maid的公司很难从与这两大巨头同台竞技中赚取利润。20世纪50年代的较量结束后，该行业中成功进入市场的企业积极创新，行业进入相对稳定期。例如，斯旺森通过引入电视晚餐成为佼佼者，绿巨人（皮尔斯伯里品牌）引入了冷冻菜。行业内的兼并数量也相当大。随着经济的增长导致冷冻食品市场规模持续增大，冷冻食品业的企业数量从1960年的不到300个增加到1 500个。在此期间，非零售部门显然仍然保持着高度的分散。

关于这种情况有两个显著特点。首先，尽管冷冻食品行业的零售品牌部门和其他部门具有相同的技术，零售部门和其他部门之间在集中度上有巨大差异。其次，这种市场集中度差异与广告这一内生性沉没成本的上升有关。

注：该信息请见萨顿（1991：第8章）。这本书中包含好几个非常值得一读的有趣的案例研究。

最后，在结束本节之前，我们要讨论不同层次广告的影响。如果广告的收益迅速递减，广告的支出将永远不会非常高。这表明，与外生性沉没成本的情况一样，企业的数量 n 的上升速度不会和市场规模 S 一样快，如图19-7所示。

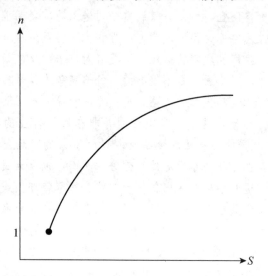

图19-7　存在内生性沉没成本时的市场规模和企业数量的关系：广告的有限影响

如果广告的收益缓慢减少，萨顿（1991）认为有**出局**（shake-out）的可能。具体来说，尽管企业的数量在只有外生性沉没成本时上升到一定数目，但一旦达到广告可以赚取利润的市场规模，广告就会随着市场规模的继续扩大而迅速增加。如图19-8所示，企业的均衡数量可能跌破只有外生性沉没成本时企业达到的最大数量。

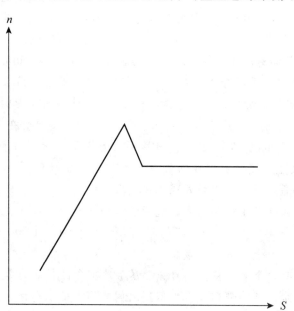

图19-8　存在内生性沉没成本时市场规模和企业数量的关系：广告有极端影响

19.4 衰退产业的市场结构

到现在为止，我们还没有分析过产品生命周期衰退阶段的市场行为。这一最后阶段的特点是对产品的需求下降。在本节中，我们提出两种方法，以在需求下降的产业中对市场结构建模。

□ 19.4.1 根据成本的退出

标准微观经济学理论的应用预测了企业退出市场的时间取决于其成本。具体而言，在短期内，当价格低于平均可变成本时，生产停止。从长远来看，如果残值超过未来利润的现值，企业就报废了。在均衡状态下，如果它们的固定成本变为沉没成本，具有不同平均可变成本的企业有可能存活下去。如果成本差异是由规模经济引起的，这表明，如果需求下降，小规模公司将先于大规模公司退出市场。

□ 19.4.2 根据企业规模的退出

格玛沃特和奈尔巴夫（Ghemawat and Nalebuff，1985）提出了一个模型：如果产品的需求下降，企业规模将它置于战略劣势。该模型表明，规模较大的企业可能比规模较小的企业更早退出市场，这一结果与基于成本退出市场的结论相反。格玛沃特和奈尔巴夫的模型侧重于外生性需求下降的简单例子。目前只有两个企业，1 和 2，产量为 K_1 和 K_2。假设企业 1 比企业 2 大，所以 $K_1 > K_2$。两个企业都没有可变生产成本，但有固定成本 $c \cdot K_i$。还假定两个企业的产品需求使得边际收益都是正的，因此这两个企业一直大量生产。这意味着这两个企业的平均成本为 c。

注意企业规模所带来的影响。拥有最大产量的企业生产最多的产品。还要注意的是，如果这是市场中唯一的企业，企业越大，价格越低。

因为我们对企业退出市场的顺序感兴趣，现在我们观察每个企业决定退出的时机。在时点 0，我们假设这两个企业都大量生产并盈亏平衡：$p(K_1+K_2, 0) = c$。从下一刻起，我们假设负的需求冲击导致需求下降，$p(K_1+K_2, 0) < c$。但至少一段时间内，如果一个企业退出市场，另一企业可以经营获利。每个企业都有一个决策变量：什么时候它们会退出？哪个企业会先退出，大企业还是小企业？

结果表明，博弈中有两个纳什均衡。在每一个纳什均衡中，两个企业中的一个会在时点 0 退出。之所以有企业选择在时点 0 退出，是因为如果另一个企业仍然存在于市场中，在时点 0 退出可以使企业退出的损失最小。另一个企业在最后的时点退出，它可以作为市场中的唯一企业盈利运营。设企业 i 的退出时间为 t_i^*。因为企业 i 可以以较小的规模运营并保持盈利，价格仍将高于平均成本 c，所以 $t_1^* < t_2^*$。

纳什均衡是通过如果退出企业 j 选择留在市场中，存活的企业 i 将留在市场中直到 t_j^* 这一威胁而得以持续的。我们可以将两个纳什均衡归结为 $\{t_1^*, 0\}$，$\{0, t_2^*\}$。

虽然有两个纳什均衡，但其中的一个可以忽略不计，因为它是基于令人难以置信的威胁——永远不会发生的威胁。唯一的潜在可信的纳什均衡存在于大企业 1 首先退出市场。这是因为企业 1 实施威胁而存在于市场中直到 t_2^* 是永远不会盈利的。因为 $t_1^* <$ t_2^*，如果企业 1 留在市场中直到 t_2^*，它将一直遭受损失，然后在 t_2^* 时期之后，如果它仍留在市场中，则将继续遭受亏损。

然而，企业 2 继续留在市场中直到 t_1^* 的威胁是潜在可信的，因为将有一段 $t_2^* - t_1^*$ 的时期来弥补由留在市场中造成的损失，直到企业 1 在 t_1^* 时刻退出市场。之所以如此，是因为当小企业独自留在市场中时比大企业独自留在市场中时的价格更高、时间更长。只要 $t_2^* - t_1^*$ 这段时间足够长，小企业的威胁就是可信的。因此，基于可信威胁的唯一的纳什均衡是大企业首先退出：$\{0, t_2^*\}$。

这个结果对产品生命周期的含义是：如果成本差异足够大，那么这些成本差异将决定退出的方式，以及在衰退阶段的市场结构。另外，如果成本差异并不大，也没有其他由产品的差异引起的实质性的优势，那么企业的大小可能会决定退出的模式以及衰退阶段的市场结构。

小 结

- 产品的生命周期是对产品市场的典型生命的描述。
- 产品生命周期的四个阶段是导入期、成长期、成熟期和衰退期。
- 在 Bass 模型中，成长期被建模为一个扩散过程，市场中的模仿者向创新者学习。
- 在网络外部性模型中，当网络由于具有较大的规模而变得更有吸引力时，成长期作为正反馈出现。
- 在网络外部性模型中，在成长期之后，市场结构可能是垄断或竞争，这取决于创新者的知识产权战略。
- 在不断成长的市场中，企业的数量取决于市场的竞争程度以及企业进入市场的沉没成本的类型。
- 外生性沉没成本必须由进入市场时的所有公司负担，其规模不由进入者决定。
- 内生性沉没成本增加了产品需求，可能无法在进入市场时由企业负担，其规模由进入者确定。
- 市场竞争越激烈，均衡时存在的公司的数目越小。
- 如果只有外生性沉没成本，对于大多数类型的竞争来说，随着市场规模的增大，企业数量增多。
- 如果市场有内生性沉没成本，即使市场增大，企业数量也可能增加较小，并可能停止增加。
- 在衰退的市场中，规模可能会变成战略劣势，从而导致大企业首先退出市场。

练 习

1. 市场逆需求函数由式（19.5）给出，行业的供给方程是 $p = n$。关于动态变化的假设与 19.2.2 节相同。

（a）用图形来说明市场。图中要包括所有的均衡点。

（b）讨论你识别出的各均衡点的稳定性。

（c）如果行业的边际成本增加为 $a \cdot n$，在你的图形中指出新的均衡点，讨论价格和网络规模的可能动态变化。

2. 一个公司发明了一种具有网络外部性的非耐用品。

（a）公司为该产品申请了专利，并拒绝授权。该公司还积极为其产品的所有可能变体申请专利。说明和解释此产品生命周期内可能的公司数量。

（b）如果公司决定自由许可生产产品，而又对产品所有可能的变体申请专利保护，情况又如何？说明和解释产品生命周期内可能的公司数量。将答案与练习 2（a）的答案对比，并做出解释。

（c）如果公司决定自由许可生产产品，但并没有对产品所有可能的变体申请专利保护，说明产品生命周期内可能的公司数量，将答案与练习 2（a）和练习 2（b）的答案对比，并做出解释。

3. 思考一旦广告支出超过一定的数额，广告对产品的需求产生的影响。

（a）如果市场是合谋的，说明和解释产品生命周期内可能的公司数量。

（b）如果市场满足古诺竞争的特点，在同一幅图中画出可能的公司数量，解释答案与练习 3（a）的答案的不同之处。

4. 行业内只有两个企业，平均成本函数为：$C_n = A - BQ + C_nQ^2$，其中 C_2 大于 C_1。行业的产品需求已经开始下降。

（a）在一幅图上画出代表两个企业平均成本的曲线。

（b）若企业不是战略性的，预测企业退出的可能顺序，并详细说明。

（c）若企业是战略性的，预测企业退出的可能顺序。在什么情况下，答案可能与练习 4（b）相同？做出尽可能详细的解释。

参考文献与延伸阅读

Baptista, R. (1999) "The Diffusion of Process Innovations: A Selective Review", *International Journal of the Economics of Business* 6 (1): 107-129.

Cabral, L. M. B. (2000) *Introduction to Industrial Organization*. Cambridge, MA: MIT Press, Chapter 14.

Ghemawat, P. and Nalebuff, B. (1985) "Exit", *RAND Journal of Economics* 16 (2): 184-194.

Klepper, S. (1996) "Entry, Exit, Growth and Innovation over the Product Life Cycle", *American Economic Review* 86 (3): 562-583.

Klepper, S. and Graddy, E. (1990) "The Evolution of New Industries and the Determinants of Market Structure", *RAND Journal of Economics* 21 (1): 27-44.

Mahajan, V., Muller, E. and Bass, F. M. (1990) "New Product Diffusion Models in Marketing: A Review and Directions for Research", *Journal of Marketing* 54 (1): 1-26.

McAfee, R. P. (2002) *Competitive Solutions*. Princeton, NJ: Princeton University Press, Chapter 5.

Quester, P., McGuiggan, R. L., Perreault, Jr, W. D. and McCarthy, E. J. (2004) *Marketing: Creating and Delivering Customer Value*, 4th edn. Sydney:

McGraw-Hill.

Shapiro, C. and Varian, H. R. (1999) *Information Rules*. Boston, MA: Harvard Business School Press.

Sutton, J. (1991) *Sunk Costs and Market Structure*. Cambridge, MA: MIT Press.

Symeondis, G. (2002) *The Effects of Competition: Cartel Policy and the Evolution of Strategy and Structure in British Industry*. Cambridge, MA: MIT Press.

VanHoose, D. (2003) *eCommerce Economics*. Mason, OH: Thomson Learning, Chapter 3.

Varian, H. (2003) *Intermediate Microeconomics: A Modern Approach*, 6th edn. New York: Norton, especially pp. 631−637.

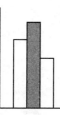

奇数问题答案

第1章

1. (a) 方程（1.2）是需求函数，方程（1.3）是供给函数。

(b) $P=1.6$，$Q=68$。

(c) $\eta=0.47$（无弹性），$\eta s=1.88$（富有弹性）。

(d) $P=1.8$，$Q=64$。

(e) 80%，20%。

(f)

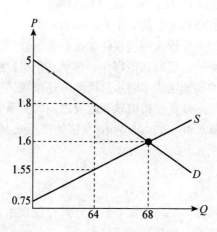

3. (a) $P=50$，$Q=1\,000$。

(b) 240。

(c) 52，11 520 美元。

(d) 如下图所示：

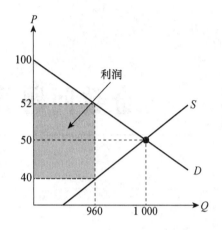

第2章

1. 许可费 $\hat{p}$ 是企业的**固定成本**（fixed cost）。正如我们在第3章将看到的，固定成本的存在产生了规模收益递增。在其他条件相同的情况下，我们看到规模收益递增表明企业会变得非常大。如果许可费 $\hat{p}$ 非常大，这将使任何新的互联网服务供应商都很难与该大型互联网服务供应商一争高下，所以如果 $\hat{p}$ 非常大，我们预期市场中有非常少的互联网服务供应商。如果政府降低 $\hat{p}$，互联网服务供应商的固定成本将下降，这使新的小企业在本行业的竞争更容易，也会降低规模收益的程度，以及增加我们希望看到的市场上互联网服务供应商的数量。

3. 许多企业生产多种产品，所以一开始就识别与每个生产商有关的特定产品是很重要的：

微软公司
- 产品名称：微软的 Internet Explorer Web 浏览器。
- 行业竞争者：Mozilla 的火狐、Safari、Opera 等。
- 买家：个人电脑批发商和零售商，个人电脑消费者
- 供应商：这个行业的主要投入市场往往非常有竞争性。
- 替代品：下载（数字）信息的其他媒介，移动（手机）电话。
- 潜在进入者：进入的高固定成本暗示这可能不是市场环境最重要的因素。
- 政府：最近美国的反垄断案使得微软和政府之间的关系非常重要。

如果你考虑不同的微软产品，如 MSWord 文字处理器或 Vista 操作系统，可能如何使你的答案改变？

希捷科技
- 产品名称：硬盘驱动器。
- 行业竞争者：西部数据，三星集团，日立环球存储技术，富士通，东芝，等等。
- 买家：个人电脑制造商、批发商和零售商
- 供应商：这个行业的主要投入市场往往非常有竞争性。
- 替代品：便携式媒体存储设备，CD-DVD。
- 潜在进入者：进入的高固定成本暗示这可能不是市场环境最重要的因素。
- 政府：政府监管很可能不是市场环境最重要的因素。

澳洲航空公司

- 产品名称：在澳大利亚国内的航空旅行。

- 行业竞争者：维珍蓝航空，捷星。

- 买家：游客、商务旅客、旅游公司和旅游团。

- 供应商：航空服务生产的许多重要的投入，如飞行员和空乘人员加入了工会，因此澳洲航空公司和代表工人的工会之间的关系是非常重要的。

- 替代品：铁路或公路旅行。

- 潜在进入者：最近进入和退出澳大利亚国内航空旅行市场一直都是非常重要的，导致价格竞争激烈。

- 政府：由于航空业是受政府监管的，澳洲航空公司必须了解政府对航空业的监管的任何潜在变动。

如果你考察的是澳洲航空公司的国际航班而不是国内航班，你的答案会如何改变？

意大利餐馆

- 产品名称：坐下来吃饭。

- 行业竞争者：在附近的其他意大利餐馆和其他餐馆。

- 买家：外出吃饭的消费者。

- 供应商：这个行业的主要投入市场往往非常有竞争性。

- 替代品：在家里吃，外卖。

- 潜在进入者：餐饮业的流动性可能会非常高，所以进入和退出具有潜在的重要性。

- 政府：政府管制很可能不是市场环境最重要的因素。

第3章

1. ● 同质化的产品，许多企业（卖方）：个人电脑，商品，企业股份。

● 同质化的产品，几个企业：铝冶炼，镍冶炼。

● 差异化的产品，很多企业：医生，牙医，律师。

● 差异化的产品，几个企业：电子产品，航空企业，啤酒。

● 垄断行业：生产受专利保护的药物的制约企业。

3. （a）短期（固定成本为5）。

（b）$c_F=5$，$c_V=q$。

（c）$AFC=5/q$，$AVC=1$，$AC=1+5/q$。

（d）$MC=1$。

5. （a）$r(q)=10q-2q^2$。

（b）$q^*=9/4$。

（c）$p^*=22/4$。

（d）$c=29/4$，$r=99/8$，$\pi=41/8$。

7. （a）$q^M=1$。

（b）$p^M=19$，$\pi=-90$。

（c）不，因为该企业正在遭受经济损失。

(d) 除非企业能够获得可以以较低成本生产产品的技术，或者除非它们能够实行价格歧视。在这两种情况下，问题就产生了：为什么现有的企业不能做同样的事情？

第 4 章

1. (a) $Q=1\,000-200p$。

(b) $p=2$。

(c) 消费者剩余（每个消费者的固定费用）为 9。

(d) $r=2\,100$，$c=1\,200$，$\pi=900$。

(e) 不，所有可用的消费者剩余已被该公司从个人消费者处获取，所以任何为了获取更多消费者剩余的尝试都会导致利润降低。

3. (a) 市场之间没有转售。

(b) $Q_1=25$，$Q_2=15$，所以总产量是 40。

(c) $P_1=30$，$P_2=20$。

(d) $r=1\,050$，$c=200$，$\pi=850$。

5. (a) $Q_1=8$，$Q_2=7$，所以总产量是 15。

(b) $P_1=60$，$P_2=110$，$\pi=875$。

(c) $Q=15$，$P=70$，所以 $Q_1=4$，$Q_2=11$。

(d) $\pi=675$。

7. (a) $q_b=60$；$q_l=20$。

$p_l=1\,000$；$p_b=3\,000$。

从每个 l 消费者处得到的利润是 800，而从每个 b 消费者处得到的利润是 2\,400。

(b) $q_b=60$ 且 $q_l=15$；

$p_l=900$ 且 $p_b=3\,375$。

从每个 l 消费者处得到的利润是 750，而从每个 b 消费者处得到的利润是 2\,775。从每个 b 消费者处获得的利润的上涨数量，比从每个 l 消费者处获得的利润的下跌数量更多。l 消费者并不高度重视丢失的部分，但由于 b 消费者现在并不是太满意 l 数量，企业可以通过对 b 消费者收取更高的价格赚取更多的消费者剩余。

第 5 章

1. (a) 博弈参与人：OPEC 成员：阿尔及利亚，印度尼西亚，伊朗，伊拉克，科威特，利比亚，尼日利亚，卡塔尔，沙特阿拉伯，阿拉伯联合酋长国和委内瑞拉。

策略：原油生产水平。

收益：原油销售利润。

博弈规则：OPEC 决定每个成员的石油生产配额，成员的产量不得超过其获得的配额。

(b) 最好建模为合作博弈，因为 OPEC 成员通过开会分配每个成员的生产配额。但是，也有这样的时期：成员做出欺骗行为，它们生产的石油产量高于它们的生产配额。在非合作博弈下，单个 OPEC 成员可以通过生产超出其配额的产量而增加其收益。如何才能保证 OPEC 成员不做出欺骗行为呢？

3.

工人 管制者	工作	怠工
管制	$v-h-w,\ w-g$	$-h,\ 0$
不管制	$v-w,\ w-g$	$-w,\ w$

(a) <u>管制者</u>：如果工人工作，最佳反应策略是不进行管制。如果工人怠工，只要 $h<w$，最佳反应策略是管制。管制者没有占优策略。

<u>工人</u>：如果管制者监视，只要 $w-g>0$，最佳反应策略是工作。如果管制者不监视，最佳反应策略就是怠工。工人没有占优策略。

(b) 纯策略中没有纳什均衡。没有参与人有最佳反应策略，如在 5.4.4 节中所描述的匹配硬币游戏。

5.（a）下图显示了当行为为策略补充的时的纳什均衡 N：

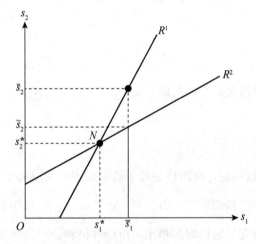

如果公司 2 选择策略 $\bar{s}_2$，公司 1 的最佳反应是 $\bar{s}_1$。

（b）$\bar{s}_2$ 不是公司 2 对 $\bar{s}_1$ 的最佳反应，因为公司 2 不在反应函数（$\bar{s}_1$，$\tilde{s}_2$）上。公司 2 宁可从 $\bar{s}_2$ 减少到 $\tilde{s}_2$。

第 6 章

1.（a）利润函数：

$$\pi^1=q_1[750-15q_1-15q_2]-cq_1$$
$$\pi^2=q_2[750-15q_1-15q_2]-cq_2$$

一阶条件：

$$\pi^1_1=750-30q_1-15q_2-c=0$$
$$\pi^2_2=750-15q_1-30q_2-c=0$$

（b）反应函数：

$$R^1=25-\frac{c}{30}-\frac{q_2}{2}$$
$$R^2=25-\frac{c}{30}-\frac{q_1}{2}$$

两个反应函数的图形如下图所示：

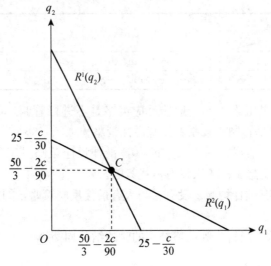

(c) 古诺均衡：
$$q_1^c = q_2^c = \frac{50}{3} - \frac{2c}{90}$$

(d) 均衡市场价格与企业均衡利润：
$$p^* = 250 + 2c/3$$
$$\pi^1 = \pi^2 = 2\,500 - \frac{100c}{9} + \frac{c^2}{135}$$

3. 价格竞争将导致均衡，此时价格等于边际成本，所以每个企业会收取 $p_1^b = p_2^b = c$ 的价格，每个企业将生产和销售的产出为 $q_1^b = q_2^b = 25 - \frac{c}{30}$。每个企业在均衡时获得零利润。同古诺均衡与斯塔克尔伯格均衡相比，市场价格和公司利润较低，而在伯川德均衡时企业进行价格竞争，均衡市场产量较高。

5. 下图显示了当企业 2 的反应函数比企业 1 的反应函数陡峭时的古诺均衡 C：

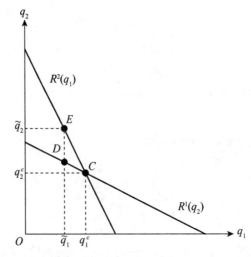

管理经济学：基于战略的视角（第二版）

古诺均衡保持在点 C，其中反应函数曲线相交。但是，如果任一企业选择与古诺均衡不同的策略，模型将变得不稳定。例如，如果企业 1 选择点 D，$\tilde{q}_1 < q_1^c$，那么企业 2 的最佳反应就是在点 E 选择 $\tilde{q}_2$，这会使市场远离古诺均衡。

第 7 章

1. 假设我们按照啤酒的口味轻重划分不同种类的啤酒。用水平线代表产品差异化，将淡啤酒放在水平线最左端，将像黑啤等高度数啤酒放在最右端：

拉格啤酒可能位于这条线的中间附近，而黑啤比拉格啤酒口味更重，更靠近线的右端。冰啤酒口感较轻，没有后味，所以它可能位于拉格啤酒和淡啤酒之间。

即使消费者均匀分布在这个代表产品差异化的间隔区间，将冰啤酒放在淡啤酒和拉格啤酒之间，就是为了增加啤酒市场份额：无论是有点喜欢重口味啤酒的淡啤酒饮者，还是可能喜欢淡啤酒的拉格啤酒饮者。如美国的安海斯·布希英博公司和米勒（Miller）公司，加拿大的拉巴特公司和摩尔森公司都是全国范围的销售商，这些公司不希望有竞争对手推出新产品来捕获市场份额，因此它们会同时推出新产品，如冰啤酒。

3. （a）从之前的练习可知，每个企业的反应函数如下：

$$p_1 = R^1(p_2) = \frac{15 + 2c_1 + p_2}{4}$$

$$p_2 = R^2(p_1) = \frac{30 + 2c_2 + p_1}{4}$$

如果企业 1 的成本 c_1 由于罢工而上升，那么企业 1 的反应函数的截距会增加，因此，企业 1 的反应函数会向右移动。

（b）从前面的问题可知，每个企业的均衡价格如下：

$$p_1^b = 6 + \frac{8c_1}{15} + \frac{2c_2}{15}$$

$$p_2^b = 9 + \frac{2c_1}{15} + \frac{8c_2}{15}$$

如果 c_1 上升，企业 1 的价格上升了 $\partial p_1^b / \partial c_1 = 8/15$，企业 2 的价格上升了 $\partial p_2^b / \partial c_1 = 2/15$。

（c）从前面的问题可知，每个企业的均衡产量如下：

$$q_1^b = 24 - \frac{28c_1}{15} + \frac{8c_2}{15} = 4$$

$$q_2^b = 36 + \frac{8c_1}{15} - \frac{28c_2}{15} = 16$$

因此，企业 1 的市场份额为 20%，企业 2 的市场份额为 80%。当 c_1 上升时，企业 1 的产出下降了 $\partial q_1^b / \partial c_1 = 28/15$，企业 2 的产出上升了 $\partial q_2^b / \partial c_1 = 8/15$，因此，企业 1 的

市场份额一定会下降，企业2的市场份额一定会增加。从前面的问题可知，每个企业的均衡利润如下：

$$\pi_1^b = \left[6 - \frac{7c_1}{15} + \frac{2c_2}{15}\right]\left[24 - \frac{28c_1}{15} + \frac{8c_2}{15}\right]$$

$$\pi_2^b = \left[9 + \frac{2c_1}{15} - \frac{7c_2}{15}\right]\left[36 + \frac{8c_1}{15} - \frac{28c_2}{15}\right]$$

因此，c_1上升时，企业1的利润下降，企业2的利润上升。

第8章

1. （a）当$c=60$时，$\pi^{1d} - \pi^{1a} = -4F + 120\sqrt{F} - 450$。

（b）需要注意$\pi^{1d} - \pi^{1a}$是$\sqrt{F}$的二次函数，求得$\sqrt{F} \approx (25.6, 4.4)$，或$F \approx (655.36, 19.36)$。当$F=655.36$时，在阻止进入和容纳进入下，利润均为负，所以当$F \approx 19.36$时，$\pi^{1d} = \pi^{1a}$。只要$F > 19.36$，就有$\pi^{1d} > \pi^{1a}$。

（c）由于固定成本F越来越大，现有企业更有可能阻止进入。

3. （a）滑雪靴就是一个捆绑销售的例子，这一猛犬策略能加剧竞争。

（b）服装销售投资不足，是由于只投资特定类型的服装。这是一个幼犬策略，适合采用价格竞争的企业使用。

（c）验光师采用产能过度投资的猛犬策略。

第9章

1. （a）$Q^M = 1\,000$，$P = 40$。

（b）$Q^* = 1\,333.33$，$P^* = 36.67$。

（c）

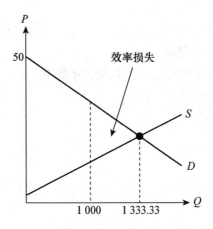

3. （a）100。

（b）$MCs = 14 + 0.1Q \cdot 60$。

（c）50。

（d）不，它减少了太多新闻纸产量。将税收设定为4美元（等于边际社会外部成本）。

第10章

1. （a）$MC_1 = MC_2 = MR$。

（b）$q_1 = 69$，$q_2 = 11$，总产出为80。

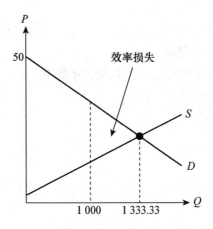

管理经济学：基于战略的视角（第二版）

（c）$MC_1 = MC_2 = MR = 80$。

（d）$p = 100$。$c_1 = 2\,346$，$c_2 = 638$，$\pi = 5\,016$。

3.（a）互补品，因为一个产品的价格上涨会增加消费者对另一产品的需求。

（b）$p_1 = 19.87$，$p_2 = 24.52$。

（c）$p_1 = 15.29$，$p_2 = 23.43$。价格比练习 3（b）中的低，因为产品是互补品。练习 3（b）所用的公式忽略了提高一个产品的价格会减少消费者对其他产品的需求的影响。

（d）利用练习 3（b），$\pi = 2\,322.39$。利用练习 3（c），$\pi = 2\,379.14$。

5.（a）$T = 5$。

（b）$q_M = q_P = 2$，$p = 9.5$。

（c）$T = 7.5$。

（d）正确的转移价格利润是 5，不正确的转移价格利润是 2.75。

第 11 章

1.（a）见下表：

工人数量	边际产品	MRP（$P=200$）	MRP（$P=300$）
0	0	0	0
1	5	1 000	1 500
2	7	1 400	2 100
3	6	1 200	1 800
4	3	600	900
5	2	400	600

（b）4。

（c）5。当产品价格上升时，雇佣的工人数也会增加（假设工资恒定）。也就是说，劳动需求是派生需求。

（d）4。当工资上涨时，雇佣的工人数下降（假设产品价格恒定）。

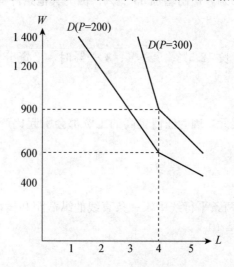

3. $L^* = 10$。满足二阶条件。

5. (a) $L = 500$, $W = 15$。

(b) $W = 16 - 0.008L$。公司支付 $W = 300/19$，工人收入 $W = 240/19$，税收是 $480\,000/361$。

(c) 工人工资下降了 $45/19$，公司所付工资增长了 $15/19$，因此工人负担的税收比例更大。

(d) 工人负担 75% 的税收，公司负担 25%。在最初的均衡点，需求弹性是 3.0，供给弹性是 1.0。税收负担落在弹性更小的一方身上，在该例中就是落在工人身上。

第 12 章

1. (a) 普通培训，因为这些技能在许多雇主那里很有用。

(b) 普通培训，因为这些技能在许多航空公司中很有用。（至少对于拥有波音 767 的航空公司是如此。）

(c) 特殊培训，如果有的课程是多伦多大学独有的。可能有通用组件的注册技能可以在其他大学适用。

(d) 特殊培训，因为邮件分拣机械可能没有在澳大利亚的其他地区使用。

3. (a) 工人的净工资是 $20\,000$ 美元减去培训费用 $2\,625$ 美元，即净工资为 $17\,375$ 美元。

(b) 工人支付 75% 的成本，所以必须获得 75% 的培训收益。由于第二年的培训收益是 $4\,000$ 美元，工人必须得到其中的 $3\,000$ 美元，那么第二年的工资就是 $23\,000$ 美元。

(c) 收益的现值是 $4\,000/1.1$ 美元，这比成本的现值 $3\,500$ 美元要高。

(d) 收益的现值是 $4\,000/1.15$ 美元，这比成本的现值 $3\,500$ 美元要低，这样培训就会被取消。

5. (a) VMP 的现值必须与 MC 的现值相等。

(b) $27\,200$ 美元。

(c) 因为在工作的第二阶段，工人所得工资比工人的边际产品价值要高。

7. (a) 工资增长 25%，产出增加 $33\frac{1}{3}\%$。因为其他条件都没有变化，因此工资增加，收益必须增加。

(b) 当产出分别增长 12.5%、$5\frac{5}{9}\%$、$3\frac{3}{19}\%$ 时，工资分别增长 12.5%、$6\frac{2}{3}\%$、$4\frac{1}{6}\%$。

(c) 工资是 11.25 美元，因为任何更高的工资都会引起比产出增长更大比例的工资增长。

(d) 效率工资。

第 13 章

1. (a) 和 (b) 在两条平行线中，一条直线的纵截距和横截距都是 20 而另一条直线的纵截距和横截距都是 10。

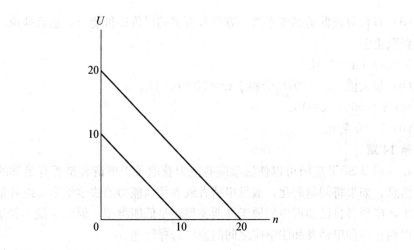

(c) 截于 10。

(d) 截于 10。

(e) 没有。

3. （a）在两条平行线中，一条直线的纵截距和横截距都是 400，而另一条直线的纵截距和横截距都是 200。原点是分歧点。

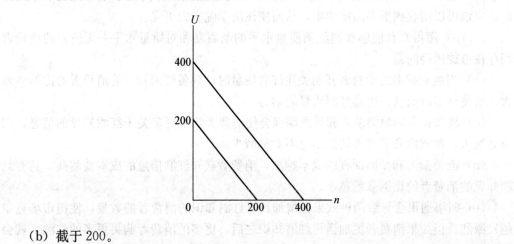

（b）截于 200。

（c）一条直线的纵截距和横截距都是 400，另一条直线的纵截距在 200 处，而横截距在 300 处。分歧点在 (200，0)。解决方案是 100 给工会，300 给公司。

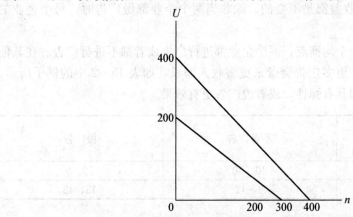

(d) 有相对较低延迟成本的一方具有更多的讨价还价能力，也就是说，它可以从博弈中获取更多。

5. (a) $(w-10)L$。

(b) 最大值 $(w-10)L$ 受制于 $w=20-0.01L$。

(c) $L=500$，$w=15$。

(d) 7 500 美元。

第 14 章

1. (a) LSAT 成绩可以使法学院有能力获取关于申请者是否有足够的法律学习能力的信息。如果将问题简化，假设申请者或者是高能力的法学学生，或者是低能力的法学学生，申请者自己知道他们属于高能类型还是低能类型，但法学院不知道。LSAT 成绩可以纠正这种申请者和法学院之间的逆向选择问题。

(b) 高能力申请者即便不参加任何预科班也能在 LSAT 考试中取得高分。低能力申请者在上了预科班以后可能考试成绩会更高。因此法学院可能无法区分没有上过预科班的高能学生和上过预科班的低能学生。

(c) 法学院可以使用其他信息，如其他大学课程的成绩，或者大学教师的推荐信。

(d) 将 LSAT 成绩作为评判标准的法学院可能更能区分高能学生和低能学生，因此也应该可以招收到更多高能学生，从而使该法学院实力更强。

3. (a) 懂得并且能够控制红酒质量水平的制酒商和对质量水平一无所知的消费者间存在道德风险问题。

(b) 当越来越多的消费者开始关注红酒质量时，具备红酒知识的消费者的比例 ψ 增大，这使得制酒商获得提高红酒质量的动力。

(c) 越来越多的酒类杂志和品酒课程会使消费者获得更多关于红酒质量的信息，以及 ψ 增大，制酒商和消费者间的信息不对称减少。

(d) 酒类杂志和品酒课程的成本越高，消费者获知红酒信息的成本就越高，具有红酒知识的消费者的比例 ψ 就越小。

(e) 时事通讯会导致两种效果：增加具有红酒知识的消费者的数量，使得市场竞争越发激烈。但如果消费者更加懂得红酒知识之后，更多的消费者购买更多的红酒，就会使得市场规模扩大。

第 15 章

1. 表 15-2 中，所有收益都是不变的。除非当两个企业都做广告时，每个企业的收益增加 2 美元。

现在在这场博弈中有两个均衡点，两个企业都进行广告或者都不进行广告。在其他所有因素都相同的情况下，更多广告会带来更多收入增长，如表 15-2 中的例子所示。这意味着广告使得需求更加具有弹性，或者说广告更有效果。

苹果种植者 ＼ 橙子种植者	不做广告	做广告
不做广告	10, 10	12, 9
做广告	9, 12	13, 13

3. 对美国视力检测服务的研究支持以下结论，即广告导致竞争升级，以至做广告的企业所售价格更低，服务质量更差。如果广告使得牙齿整形市场竞争更激烈，那么牙医服务价格就更低，牙医服务的质量就会下降，牙齿整形产业的利润就会下降。广告的有效程度，以及广告是掠夺性的还是合作性的，将取决于广告是否能够以及从何种程度上能够使得人们光临牙科诊所。牙医服务很有可能是一种体验品。

第 16 章

1. （a）在矩形 A（20%）中，只有产品 Y 被购买。在矩形 B（30%）中，只有产品 X 被购买，在矩形 C（20%）中，产品 X 和 Y 都被购买。

（b）500。

（c）400。

（d）300。

（e）51 500。

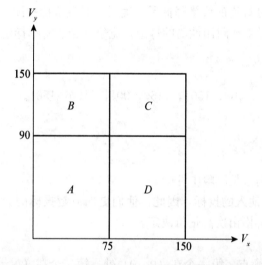

3. （a）在矩形 R（5.33%）中，只有产品 Y 被购买。在矩形 S（11.67%）中，只有产品 X 被购买。在区域 $(P+M+N+Q)$（59.72%）中，捆绑销售的产品被购买。

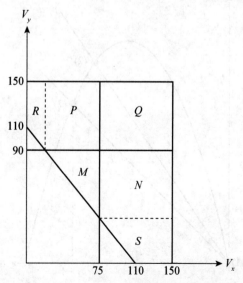

(b) 53.33。

(c) 116.67。

(d) 597.22。

(e) 232.78。

(f) 43 850。这比捆绑销售利润（43 867）和分开销售利润（51 500）都更低。原因是与分开出售产品相比，捆绑销售产品的利润不大，分开销售产品 X 的利润比捆绑销售时的利润更低。

第 17 章

1.（a）25。

(b) 第一阶段价格为 50，数量为 50。第二阶段价格为 25，数量为 25。

(c) 第一阶段价格为 25，数量为 75。第二阶段无销售。

3.（a）当生产成本低时市场生产低质量灯泡。

(b) 垄断者将所有灯泡的价格降低了 1 美元。对竞争价格没有影响。

(c) 垄断者将选择生产耐用性高的灯泡。竞争性企业将选择生产耐用性低的灯泡。

(d) 0。

第 18 章

1.（a）{90，90}，{90，150}，{150，90}，{150，150}。

(b) 105.5。

(c) 150。

(d) 112.5。

(e) 是的，如果卖家是风险中性的。

3. 参与人观察其他人的投标，因此，他们更加清楚投标的分布以及他们的投标在整个分布中的位置。价格由次高估价决定。

第 19 章

1.（a）有两个均衡点。第一个在（0，0）处，第二个在（N−1，N−1）处。

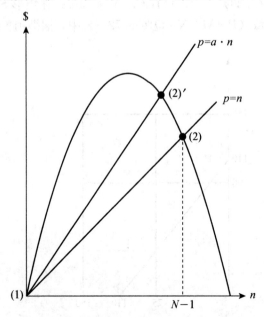

管理经济学：基于战略的视角（第二版）

(b) 第一个均衡点不稳定，第二个均衡点也不稳定。边际成本增加。

（c）新的均衡点是（2′）。边际成本增加之后价格上升，网络缩小。

3.（a）这是个标准情形。该产业就像是外生性沉没成本产业，直到广告开始产生利润，因为之后企业停止进入市场。做广告后市场具体的发展态势取决于需求对广告的反应。（见图 19 - 6～图 19 - 8。）

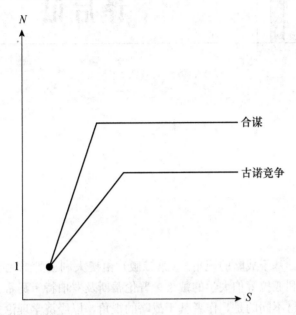

（b）企业数量减少，因为古诺竞争导致利润降低。此外，在广告产生利润之前，市场规模需要增大到一定程度。

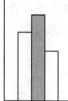

译后记

　　《管理经济学：基于战略的视角》（第二版）由澳大利亚悉尼大学经济学教授蒂莫西·费希尔和澳大利亚拉筹伯大学的戴维·普伦蒂斯及罗伯特·瓦希克合著而成。与以往的管理经济学教材不同的是，作者基于战略的视角，以经济学理论为基础，借助于决策方法和数学工具，帮助管理者分析和制定能使企业目标得以实现的管理决策。全书有以下特点：

　　一是体例新颖，结构完整。在大多数章的开始，以本章需要理解的几个问题导入，学习目标十分明确。全书将教材正文、案例分析、参考文献与延伸阅读、各章练习等相关内容，在教材中融合成一个有机的整体。

　　二是逻辑性强。在总体布局上，全书共分四个部分，包括企业的微观经济学基本理论和博弈论的基本工具、博弈论的应用与企业间的策略互动、企业内部的策略互动、基于营销经济学的应用等。各部分之间前后呼应，相互耦合，有利于帮助学生理解从理论方法到实践应用的逻辑过程，培养科学的思维方式。

　　三是实践性强。在内容安排上，本书突出实践导向，每章均有引导案例，这些案例源于实际，背景熟悉，易于理解，便于操作，同时又与正文呼应，十分有利于培养学生的应用能力。在大部分章节结束之后，既有对该章提纲挈领的小结，又有颇具针对性的练习题。

　　四是拓展性强。在大多数章节的末尾，均有参考文献与延伸阅读等。在特定的专业背景下阅读这些材料，不仅有利于学生"知其然"，而且有利于"知其所以然"，进而收到触类旁通、举一反三的效果。

　　本书适用于经管类本科生、研究生和 MBA 学生使用，由于其易读性和自成体系，既可供对管理经济学感兴趣的读者参阅，又可以作为管理人士的学习参考书和企业培训用书，对广大社会读者也是一本有益的读物。

本书的出版得到了高晓斐编辑的鼎力支持和热情帮助，特此鸣谢。作为译者，我们对他一丝不苟的工作态度和恪尽职守的敬业精神由衷钦佩。除此之外，我们还要感谢金通教授惠予的无私帮助。

本书初稿翻译完成后，承蒙陈刚教授对全书的内容进行了十分详细、认真的审阅，并提出了很多有益的建议，谨在此表示衷心的谢忱。

本书由余慕鸿主译。具体翻译分工如下：余慕鸿翻译本书内容简介、作者简介、目录、前言、第1章。焦帅翻译第2～7章；郑加仁翻译第8～13章；余慕鸿、王震宇翻译第14、15章；余慕鸿、严火荣翻译第16～18章；缪佳翻译第19章、奇数问题答案。余慕鸿、焦帅对第1～17章做了校译和文字统稿，余沛对第18、19章等内容做了校译和文字统稿。

本书是译者们同心协力、精诚合作的结晶，个中苦乐，唯吾自知。在担负繁重的教学与行政管理任务之余，翻译论析矻矻日夜，思忖斟酌孜孜寒暑，"一名之立，旬月踟蹰"，劬劬之情，谦谦之心。尽管如此，仍恐有瑕疵错漏，敬祈方家指正！

译后记

343

经济科学译丛

序号	书名	作者	Author	单价	出版年份	ISBN
58	环境经济学(第二版)	查尔斯·D·科尔斯塔德	Charles D. Kolstad	68.00	2016	978-7-300-22255-4
59	MWG《微观经济理论》习题解答	原千晶等	Chiaki Hara	75.00	2016	978-7-300-22306-3
60	现代战略分析(第七版)	罗伯特·M·格兰特	Robert M. Grant	68.00	2016	978-7-300-17123-4
61	横截面与面板数据的计量经济分析(第二版)	杰弗里·M·伍德里奇	Jeffrey M. Wooldridge	128.00	2016	978-7-300-21938-7
62	宏观经济学(第十二版)	罗伯特·J·戈登	Robert J. Gordon	75.00	2016	978-7-300-21978-3
63	动态最优化基础	蒋中一	Alpha C. Chiang	42.00	2015	978-7-300-22068-0
64	城市经济学	布伦丹·奥弗莱厄蒂	Brendan O'Flaherty	69.80	2015	978-7-300-22067-3
65	管理经济学:理论、应用与案例(第八版)	布鲁斯·艾伦等	Bruce Allen	79.80	2015	978-7-300-21991-2
66	经济政策:理论与实践	阿格尼丝·贝纳西-奎里等	Agnès Bénassy-Quéré	79.80	2015	978-7-300-21921-9
67	微观经济分析(第三版)	哈尔·R·范里安	Hal R. Varian	68.00	2015	978-7-300-21536-5
68	财政学(第十版)	哈维·S·罗森等	Harvey S. Rosen	68.00	2015	978-7-300-21754-3
69	经济数学(第三版)	迈克尔·霍伊等	Michael Hoy	88.00	2015	978-7-300-21674-4
70	发展经济学(第九版)	A. P. 瑟尔沃	A. P. Thirlwall	69.80	2015	978-7-300-21193-0
71	宏观经济学(第五版)	斯蒂芬·D·威廉森	Stephen D. Williamson	69.00	2015	978-7-300-21169-5
72	资源经济学(第三版)	约翰·C·伯格斯特罗姆等	John C. Bergstrom	58.00	2015	978-7-300-20742-1
73	应用中级宏观经济学	凯文·D·胡佛	Kevin D. Hoover	78.00	2015	978-7-300-21000-1
74	计量经济学导论:现代观点(第五版)	杰弗里·M·伍德里奇	Jeffrey M. Wooldridge	99.00	2015	978-7-300-20815-2
75	现代时间序列分析导论(第二版)	约根·沃特斯等	Jürgen Wolters	39.80	2015	978-7-300-20625-7
76	空间计量经济学——从横截面数据到空间面板	J·保罗·埃尔霍斯特	J. Paul Elhorst	32.00	2015	978-7-300-21024-7
77	国际经济学原理	肯尼思·A·赖纳特	Kenneth A. Reinert	58.00	2015	978-7-300-20830-5
78	经济写作(第二版)	迪尔德丽·N·麦克洛斯基	Deirdre N. McCloskey	39.80	2015	978-7-300-20914-2
79	计量经济学方法与应用(第五版)	巴蒂·H·巴尔塔基	Badi H. Baltagi	58.00	2015	978-7-300-20584-7
80	战略经济学(第五版)	戴维·贝赞可等	David Besanko	78.00	2015	978-7-300-20679-0
81	博弈论导论	史蒂文·泰迪里斯	Steven Tadelis	58.00	2015	978-7-300-19993-1
82	社会问题经济学(第二十版)	安塞尔·M·夏普等	Ansel M. Sharp	49.00	2015	978-7-300-20279-2
83	博弈论:矛盾冲突分析	罗杰·B·迈尔森	Roger B. Myerson	58.00	2015	978-7-300-20212-9
84	时间序列分析	詹姆斯·D·汉密尔顿	James D. Hamilton	118.00	2015	978-7-300-20213-6
85	经济问题与政策(第五版)	杰奎琳·默里·布鲁克斯	Jacqueline Murray Brux	58.00	2014	978-7-300-17799-1
86	微观经济理论	安德鲁·马斯-科莱尔等	Andreu Mas-Collel	148.00	2014	978-7-300-19986-3
87	产业组织:理论与实践(第四版)	唐·E·瓦尔德曼等	Don E. Waldman	75.00	2014	978-7-300-19722-7
88	公司金融理论	让·梯若尔	Jean Tirole	128.00	2014	978-7-300-20178-8
89	公共部门经济学	理查德·W·特里西	Richard W. Tresch	49.00	2014	978-7-300-18442-5
90	计量经济学原理(第六版)	彼得·肯尼迪	Peter Kennedy	69.80	2014	978-7-300-19342-7
91	统计学:在经济中的应用	玛格丽特·刘易斯	Margaret Lewis	45.00	2014	978-7-300-19082-2
92	产业组织:现代理论与实践(第四版)	林恩·佩波尔等	Lynne Pepall	88.00	2014	978-7-300-19166-9
93	计量经济学导论(第三版)	詹姆斯·H·斯托克等	James H. Stock	69.00	2014	978-7-300-18467-8
94	发展经济学导论(第四版)	秋山裕	秋山裕	39.80	2014	978-7-300-19127-0
95	中级微观经济学(第六版)	杰弗里·M·佩罗夫	Jeffrey M. Perloff	89.00	2014	978-7-300-18441-8
96	平狄克《微观经济学》(第八版)学习指导	乔纳森·汉密尔顿等	Jonathan Hamilton	32.00	2014	978-7-300-18970-3
97	微观经济学(第八版)	罗伯特·S·平狄克等	Robert S. Pindyck	79.00	2013	978-7-300-17133-3
98	微观银行经济学(第二版)	哈维尔·弗雷克斯等	Xavier Freixas	48.00	2014	978-7-300-18940-6
99	施米托夫论出口贸易——国际贸易法律与实务(第11版)	克利夫·M·施米托夫等	Clive M. Schmitthoff	168.00	2014	978-7-300-18425-8
100	微观经济学思维	玛莎·L·奥尔尼	Martha L. Olney	29.80	2013	978-7-300-17280-4
101	宏观经济学思维	玛莎·L·奥尔尼	Martha L. Olney	39.80	2013	978-7-300-17279-8
102	计量经济学原理与实践	达摩达尔·N·古扎拉蒂	Damodar N. Gujarati	49.80	2013	978-7-300-18169-1
103	现代战略分析案例集	罗伯特·M·格兰特	Robert M. Grant	48.00	2013	978-7-300-16038-2
104	高级国际贸易:理论与实证	罗伯特·C·芬斯特拉	Robert C. Feenstra	59.00	2013	978-7-300-17157-9
105	经济学简史——处理沉闷科学的巧妙方法(第二版)	E·雷·坎特伯里	E. Ray Canterbery	58.00	2013	978-7-300-17571-3
106	管理经济学(第四版)	方博亮等	Ivan Png	80.00	2013	978-7-300-17000-8
107	微观经济学原理(第五版)	巴德、帕金	Bade, Parkin	65.00	2013	978-7-300-16930-9
108	宏观经济学原理(第五版)	巴德、帕金	Bade, Parkin	63.00	2013	978-7-300-16929-3
109	环境经济学	彼得·伯克等	Peter Berck	55.00	2013	978-7-300-16538-7
110	高级微观经济理论	杰弗里·杰里	Geoffrey A. Jehle	69.00	2012	978-7-300-16613-1
111	高级宏观经济学导论:增长与经济周期(第二版)	彼得·伯奇·索伦森等	Peter Birch Sørensen	95.00	2012	978-7-300-15871-6

图书在版编目（CIP）数据

管理经济学：基于战略的视角：第二版/蒂莫西·费希尔（Timothy Fisher），戴维·普伦蒂斯
（David Prentice），罗伯特·瓦希克（Robert Waschik）著；余慕鸿等译. —北京：中国人民大学出版
社，2019.8

（经济科学译丛）

书名原文：Managerial Economics：A Strategic Approach（Second Edition）

ISBN 978-7-300-23886-9

Ⅰ. ①管… Ⅱ. ①蒂… ②戴… ③罗… ④余… Ⅲ. ①管理经济学 Ⅳ. ①C93-05

中国版本图书馆 CIP 数据核字（2017）第 007627 号

"十三五"国家重点出版物出版规划项目

经济科学译丛

管理经济学：基于战略的视角（第二版）

蒂莫西·费希尔

戴维·普伦蒂斯　著

罗伯特·瓦希克

余慕鸿　等　译

Guanli Jingjixue：Jiyu Zhanlüe de Shijiao

出版发行	中国人民大学出版社				
社　　址	北京中关村大街 31 号		**邮政编码**	100080	
电　　话	010 - 62511242（总编室）		010 - 62511770（质管部）		
	010 - 82501766（邮购部）		010 - 62514148（门市部）		
	010 - 62515195（发行公司）		010 - 62515275（盗版举报）		
网　　址	http：//www.crup.com.cn				
经　　销	新华书店				
印　　刷	北京昌联印刷有限公司				
规　　格	185 mm×260 mm　16 开本		**版　　次**	2019 年 8 月第 1 版	
印　　张	22.5 插页 2		**印　　次**	2019 年 8 月第 1 次印刷	
字　　数	512 000		**定　　价**	58.00 元	